Daniel Wilhelmi
Michael Vaupel

Unentdeckte Chancen

DANIEL WILHELMI
MICHAEL VAUPEL

Unentdeckte Chancen

Rohstoffe und
Emerging Markets
von morgen

FinanzBuch Verlag

Bibliografische Information der Deutschen Bibliothek:
Die Deutsche Bibliothek verzeichnet diese Publikation in der
Deutschen Nationalbibliografie; detaillierte bibliografische Daten
sind im Internet über **http://dnb.ddb.de** abrufbar.

Covergestaltung: Stephanie Villiger, Judith Wittmann
Gesamtbearbeitung: Druckerei Joh. Walch, Augsburg
Lektorat: Dr. Renate Oettinger
Druck: Druckerei Joh. Walch, Augsburg

1. Auflage 2007
© 2007 der deutschen Ausgabe:
FinanzBuch Verlag GmbH
Frundsbergstraße 23
80634 München
Tel. 089 651285-0
Fax 089 652096

Für Fragen und Anregungen:
wilhelmivaupel@finanzbuchverlag.de

ISBN 978-3-89879-276-9

┌─ Weitere Infos zum Thema ─────────────────────────────
www.finanzbuchverlag.de
Gerne übersenden wir Ihnen unser aktuelles Verlagsprogramm

INHALTSVERZEICHNIS

WIDMUNG & DANKSAGUNG

Daniel Wilhelmi

Widmung

Für meine besten Freunde Pat, Henrik, Niggle, Jörg, Jeff, Rob P., Andrea, Mo, Julia, Cory und Leif. Ich danke Euch für Jahre echter Freundschaft. Wahre Freunde machen das Leben erst zu etwas Besonderem.

Danksagung

Ich möchte mich ganz herzlich bei allen bedanken, die an diesem Buch mitgearbeitet haben. Zudem danke ich Lisa Nölle, Maren Teichert, Julia Sudman und Hermann Heuser sehr herzlich für ihre Hilfen und Anregungen. Mein größter Dank gilt meinem großartigen Co-Autor Michael Vaupel, der die Zusammenarbeit mit mir mit der Geduld eines tibetanischen Mönches ausgehalten hat. Aber was soll ich hier große Ausreden erfinden, warum das Buch so lange gedauert hat: 2006 war halt Fußball-WM ... Danke, Michael.

WIDMUNG & DANKSAGUNG

Michael Vaupel

Widmung

Meinen Eltern

Danksagung

Es gibt einige, denen ich danken möchte.

Unserem Verleger Christian Jund und seinen Mitarbeitern.

Jochen Steffens, dem besten Charttechniker, den ich kenne.

Daniel Wilhelmi – nicht nur fachlich top, sondern auch menschlich. Ich habe die Erfahrung gemacht, dass ich mich auf ihn beruflich wie privat unbedingt verlassen kann (außer vielleicht, wenn es um Abgabetermine geht).

Gott.

VORWORT
MICHAEL VAUPEL

163 Milliarden Dollar.

Das ist der Betrag, den Saudi-Arabien 2006 durch Ölverkäufe eingenommen hat (geschätzter Wert, deshalb plus/minus ein bis drei »Milliärdchen«). Das ist der höchste Wert seit zwei Jahrzehnten, und hauptsächlich diesen Erdöleinnahmen verdankt Saudi-Arabien 2006 einen Leistungsbilanzüberschuss von rund 100 Milliarden Dollar.

Die Saudis und andere Nationen senden immer mehr Öl nach China, wo die Ölnachfrage weiter steigt und die Ölimporte laufend wachsen. Das sind gute News für Saudi-Arabien: Höhere Energienachfrage = höhere Ölexporte, zu höheren Preisen.

Nicht, dass ich den Saudis diese Einnahmen nicht gönnen würde. Als Rheinländer liegt mir Neid fern. Aber für unsere europäischen Volkswirtschaften könnte ich mir eine sinnvollere Verwendung dieser Gelder vorstellen. Schauen wir uns doch einmal Brasilien an: Dort wird Benzin durch Ethanol ersetzt – und bereits die Hälfte des Benzinverbrauchs wird durch im eigenen Land produziertes Ethanol substituiert. In Brasilien wird Ethanol aus Zucker hergestellt. Und Ethanol ließe sich auch in Mitteleuropa problemlos herstellen: Aus Zuckerrüben. Das ist nur der erste Schritt, sozusagen die erste Generation nachwachsender Treibstoffe. Noch attraktiver ist die Herstellung aus Biomasse wie Ernteresten (Stengel, Blätter). Mit diesem »Bio-Benzin« ließen sich gleich mehrere Fliegen mit einer Klappe schlagen:

▌ Die Abhängigkeit von Ölimporten würde verringert – was beruhigend sein wird, wenn China weiter so stark wächst und das Öl immer knapper (und teurer!) werden wird. Zudem könnten die Ölexporteure dann nicht mehr so stark »Öl als Waffe« einsetzen, wie zum Beispiel in den 1970ern.

▮ Die Handelsbilanz würde sich verbessern. Denn statt Öl aus dem Ausland zu importieren, würde das Geld in der eigenen Volkswirtschaft bleiben. Volkswirtschaftlich genial!

▮ Eine nachhaltigere Entwicklung wäre möglich: Denn das Öl ist irgendwann weg, Ethanol hingegen lässt sich aus nachwachsenden Rohwaren gewinnen.

▮ Und last but not least könnte sich auch die Umwelt freuen: Denn die Emissionen von durch Ethanol betriebenen Autos liegen erheblich unter denen, die mit normalem Benzin angetrieben werden.

Warum ich Ihnen das in der Einleitung dieses Buches erzähle? Damit sind wir mitten drin im Thema »Rohstoffe und Rohwaren«! Denn bereits in diesen wenigen Zeilen habe ich umrissen, worum es bei diesem Thema geht: im Prinzip immer um Angebot und Nachfrage. Um nichts anderes. Wenn bei einem Rohstoff das Angebot stagniert oder zurückgeht und die Nachfrage steigt, dann wird der Preis dieses Rohstoffes tendenziell steigen. Und wenn das Angebot wächst und die Nachfrage zurückgeht, dann wird der Preis dieses Rohstoffes tendenziell sinken. Immer sind Angebot und Nachfrage die bestimmenden Faktoren.

Auf der Nachfrageseite wird in den nächsten Jahren besonders China der wichtigste Faktor sein. Daran besteht für mich kein Zweifel. China ist zwar nicht immer der größte Nachfrager (bei Erdöl zum Beispiel sind das nach wie vor die USA), aber die chinesische Nachfrage wächst absolut am stärksten. Ich bin davon überzeugt, dass dies noch einige Jahre so bleiben wird.

Es geht darum, Entwicklungen zu erkennen und sich dann entsprechend zu positionieren. Und es geht darum, auch einmal um die Ecke zu denken. Denn natürlich können Sie Geld verdienen, wenn Sie auf einen steigenden Ölpreis setzen. Aber vielleicht (ich finde: wahrscheinlich) können Sie noch mehr verdienen, wenn Sie auf einen Anstieg des Zuckerpreises setzen.

Dieses Buch erhebt nicht den Anspruch, eine Weisheit zu verkünden, die für alle Zeiten gültig ist. Das ist NICHT der Fall. Für den Rohstoffmarkt der 1980er mit seinen Überkapazitäten hätte dieses Buch genauso wenig gepasst, wie es wahrscheinlich im Jahr 2030 passen wird. Dieses Buch ist für die Situation geschrieben, die wir jetzt vorfinden und die meiner Einschätzung nach noch bis mindestens 2010 anhalten wird. Mindestens. Wenn Sie dieses Buch also jetzt in den Händen halten und dieses »jetzt« ein Jahr nach 2010 ist – dann sparen Sie sich das Weiterlesen. Wenn dieses »jetzt« aber ein Jahr zwischen

2007 und 2010 ist – dann kann ich Ihnen nur raten, sich aufmerksam an die Lektüre zu machen.

Rohstoffe haben gegenüber Aktien von Unternehmen übrigens den Vorteil, dass sie nicht pleitegehen können. Es gibt keine »Gewinnwarnungen«, keine kriminellen Vorstände, keine Tricksereien. Die Fakten liegen bei Rohstoffen auf dem Tisch. Es geht immer um Angebot und Nachfrage, nicht um heiße Luft.

Und noch etwas: Dieses Buch soll Ihnen weniger »heiße Tipps« geben. Es geht mir stattdessen darum, Ihnen das notwendige Rüstzeug zu vermitteln, das Sie für erfolgreiches Investieren am Rohstoffmarkt brauchen. Da passt das chinesische Sprichwort: »Gib jemandem einen Fisch, und du ernährst ihn einen Tag. Lehre ihn zu fischen, und er braucht ein Leben lang nicht zu hungern.« Also: Ich möchte Ihnen keinen Fisch geben, sondern Ihnen beibringen, wie man Fische fängt!

Michael Vaupel,
Rohstoffexperte

VORWORT
DANIEL WILHELMI

Einer meiner absoluten Lieblingsfilme ist der Klassiker »Wall Street«. Ich habe diesen Film, in dem Starregisseur Oliver Stone die Wall Street der Yuppie-mäßigen Börsenszene der 80er skizziert, locker 20 Mal gesehen. Nach meiner Meinung muss jeder börseninteressierte Anleger diesen Film zumindest kennen. Andererseits bin ich allerdings auch der Meinung, dass der 1. FC Köln zu den fünf besten Mannschaften in der Fußball-Bundesliga gehören sollte. Das zeigt, dass meine Meinung durchaus debattierbar ist.

In »Wall Street« spielt der amerikanische Schauspieler Michael Douglas den Börsentycoon Gordon Gekko. An einer Stelle sagt Gekko zu dem ehrgeizigen Broker Bud Fox einen Satz, der mein Verständnis von Börse so geprägt hat wie kaum ein anderer Satz oder eine Börsenweisheit:

Gordon Gekko: »The most valuable commodity I know of is information.«
(zu Deutsch: »Das wertvollste Gut, das ich kenne, ist die Information.«)

Das ist einer der entscheidenden Unterschiede zwischen der Masse der erfolglosen Anleger und der kleinen Gruppe von Investoren, die an den Börsen langfristig erfolgreich sind (auf einen anderen Unterschied gehe ich später noch ein).

Es gibt zwei eng miteinander verwobene Megatrends, die weitsichtigen Anlegern in den kommenden Jahren überdurchschnittliche Gewinnchancen bieten werden: Das sind die Emerging Markets und Rohstoffe. Aber warum nur von einem Trend profitieren, wenn Sie beide kombinieren können? Dafür müssen Sie allerdings wissen, was Sie tun. Sie müssen Informationen haben, um die richtigen Anlageentscheidungen zu treffen. Und zwar Informationen, die eben noch nicht überall zu lesen sind.

Um Ihnen möglichst viele Informationen aus beiden Gebieten zu bieten, haben sich Michael Vaupel und ich für dieses Buch zusammengetan. Denn Herr Vaupel

Börsentycoon Gekko und der junge Broker Bud Fox in dem Film »Wall Street«

Quelle: Twentieth Century Fox 1987

Abbildung 1: »Gier ist gut« (»Greed is good«). Bis heute ist dieser Satz von Gekko, für dessen Rolle Michael Douglas mit dem Oscar ausgezeichnet wurde, in der Finanzwelt eines der bekanntesten Filmzitate. Aber die beste Weisheit des Films ist nach meiner Meinung: »The most valuable commodity I know of is information.«

ist ein ausgewiesener Experte für Rohstoffe, und mein Spezialgebiet ist die Welt der Emerging Markets. Das führt mich zu den Besonderheiten dieses Buches.

Meiner Meinung nach unterscheiden zwei Konzepte dieses Buch von anderen Finanzbüchern (neben meinem unglaublich attraktiven Foto natürlich ...). Da ist zuerst mal, dass Sie durch unser Autorenteam de facto zwei Bücher in einem bekommen. Denn wie Sie an den unterschiedlichen Schreibstilen bemerken werden, haben wir beide dieses Buch zu gleichen Teilen geschrieben. Das hier ist nicht jener Fall, dass ein Autor 90 Prozent schreibt und der andere nur seinen Namen vorne draufklebt.

Das führt direkt zu dem zweiten Konzept, das nach meiner persönlichen Meinung dieses Buch zu einer spannenden Lektüre macht. Mit »Emerging Markets & Rohstoffe« erhalten Sie gleich zwei völlig unterschiedliche Investmentstrategien in einem. Mein Co-Autor Michael Vaupel hat Ihnen in seinem Vorwort ja bereits erläutert, dass sein Ansatz in diesem Buch ist, Ihnen als Experte für

Rohstoffe die notwendigen Basisinformationen für erfolgreiche Anlagen in diesem Megatrend zu erläutern.

Mein Ansatz in diesem Buch ist hingegen ein anderer: Mein Ziel ist es, Ihnen mit diesem Buch Ideen und Möglichkeiten in der Welt der Emerging Markets vorzustellen, um von dem Aufstieg der Emerging Markets und dem Boom der Rohstoffe zu profitieren. Dabei geht es nicht darum, genau wie Herr Vaupel es sagte, Ihnen die »heißen Tipps« zu präsentieren.

Vielmehr möchte ich Ihnen in diesem Buch frühzeitig Informationen über Anlagemöglichkeiten darstellen, von denen Sie in der alltäglichen Börsenwelt noch, und ich betone das Wort »noch«, nichts oder nur sehr wenig hören. Da schließt sich der Kreis zu Gordon Gekko. Wenn Sie diese Informationen schon heute besitzen, dann haben Sie genau den entscheidenden Vorsprung vor der Masse der Anleger.

Deshalb war es unser Ziel, Ihnen in diesem Buch einen neuen Ansatz über die Emerging Markets und über die Rohstoffe zu präsentieren. Eben nicht das allseits bekannte Basiswissen über Rohstoffe wie Kupfer oder Aluminium. Inzwischen weiß sogar ein RTL2-Zuschauer, dass der Kupferpreis aufgrund der industriellen Nachfrage der Emerging Markets massiv angestiegen ist. Das können Sie überall nachlesen.

Nein, wir sind der Meinung, dass es vor allem für den Bereich Rohstoffe mehr als genug Basisliteratur gibt. So viel »Basis« können Sie gar nicht lesen, wie hierfür in den vergangenen Jahren publiziert wurde. Da brauchen Sie nicht noch ein Buch, das Ihnen Basiswissen vermittelt. Zumal Sie damit eben schon längst keinen Informationsvorsprung mehr haben.

Deshalb haben wir in diesem Buch absichtlich völlig auf die Industriemetalle verzichtet. Wir sind der Meinung, dass Sie nicht das x-te Rohstoffbuch brauchen, das Ihnen sagt, dass bei Nickel die Lagerbestände leer sind. Genau das Gleiche gilt für Öl. Es gibt mehr als genug Öl-Bücher – da ist Ihr Informationsvorsprung gleich null.

Stattdessen haben wir uns im Energiesektor auf zwei Bereiche konzentriert, über die Sie eben noch nicht überall etwas lesen: Ethanol und Uran. Und statt der Industriemetalle haben wir den Fokus auf die immer noch völlig vernachlässigten Agrar-Rohstoffe gelegt. Wir legen auch einen Schwerpunkt auf den Rohstoff Wasser, mit dem sich kaum jemand beschäftigt, obwohl dieser Sektor unglaublich spannend ist.

Das Gleiche gilt für die Emerging Markets. Die Masse der Anleger entdeckt gerade die BRIC-Staaten (Brasilien, Russland, Indien und China). Deshalb klammern wir diese bekannten Schwellenländer gezielt aus und konzentrieren uns stattdessen auf Emerging Markets wie Vietnam oder Kasachstan, die bisher kaum jemand überhaupt auf der Watchlist hat.

Dieses Buch ist also keines der zahlreichen »Basiswerke«. Vielmehr wollen wir cleveren Anlegern, die immer einen Schritt weiter denken als die Masse der Anleger, einen Informationsvorsprung bieten, der den Lesern dieses Buches den entscheidenden Vorteil frühzeitiger Informationen bietet. Und da Sie dieses Buch gerade in der Hand halten, gehe ich davon aus, dass Sie zu dieser kleinen Gruppe weitsichtiger Anleger gehören.

Um in dem gelungenen Sprichwort-Bild von Herr Vaupel zu bleiben: Herr Vaupel wird Sie in diesem Buch über die richtige Anwendung der Angelausrüstung informieren. Und ich zeige Ihnen in meinen Teilen auf, wo es unentdeckte, interessante Gewässer gibt, in denen das Fischen in den kommenden Jahren besonders chancenreich ist. Denn Sie wissen: Wenn Sie als Erster an einen bisher unbekannten See kommen, haben Sie die Chance, die dicksten Fische zu fangen.

Doch dafür brauchen Sie die Informationen, wo sich diese unbekannten Seen befinden. Und genau diese Informationen, die eben nicht auf jeder Landkarte verzeichnet sind, bietet Ihnen dieses Buch. Sollten Sie also nach der Lektüre dieses Buches zu Ihrer Frau sagen: »Schatz, ich habe da für nächsten Sommer einen tollen Zelturlaub auf einem Uran-Feld in Kasachstan gebucht«, dann haben Sie zwar einen netten Ehekrieg am Hals, aber dafür haben Sie verstanden, wie an der Börse die überdurchschnittlich großen Gewinne gemacht werden.

Indem man frühzeitig neue Trends, unbekannte Emerging Markets oder vergessene Branchen von morgen entdeckt und sich vor der Anlegermasse darüber informiert. Genau das ist das Ziel dieses Buches. Wenn am Ende dieses Buches ein wild vollgeschriebener Zettel mit neuen Investmentideen vor Ihnen liegt, dann haben wir unser Ziel erreicht.

Ich wünsche Ihnen viel Spaß bei diesem Buch. Wenn Sie mein erstes Buch *Emerging Markets – Simplified* oder einen meiner Börsendienste lesen, dann wissen Sie, dass ich großen Wert darauf lege, dass dieses Buch Sie nicht nur staubtrocken informiert, sondern auch unterhält und schmunzeln lässt. Denn wir haben nur dieses eine Leben – da sollten wir es uns so angenehm und lebenswert wie möglich machen.

Have a successful day,

Daniel Wilhelmi,
Emerging-Markets-Experte

P.S.: Es mehren sich derzeit die Zeichen, dass die ersten Industriemetalle in den nächsten zwei Jahren ihren mittelfristigen Zenit überschreiten werden. Das ist ein weiterer Grund, warum wir den Industriemetall-Sektor komplett ausgeklammert haben.

Das Entscheidende für Sie ist, nicht in Panik zu verfallen. Wenn die Zeit kommt, dass einige Industriemetalle in eine Baissephase übergehen, so werden Sie dann garantiert von allen Seiten lesen und hören, dass der Rohstoff-Bullenmarkt am Ende ist.

Glauben Sie das auf keinen Fall. In Haussephasen steigen nie alle Sektoren gleichzeitig an. Selbst wenn die Industriemetalle konsolidieren, wird der Rohstoff-Bullenmarkt lediglich in einem anderen Segment des Rohstoffmarktes weitergehen. Einige dieser Sektoren stellen wir Ihnen in diesem Buch vor.

KAPITEL 1

Der Bullenmarkt des Megatrends »Rohstoffe«

Wir sind davon überzeugt, dass wir uns im Bereich der Rohstoffe aktuell in einem Bullenmarkt befinden. Das gilt übrigens auch für die Rohwaren, also Güter wie Zucker, Mais, Kakao etc. Aus Vereinfachungsgründen werden wir im Folgenden aber nur von »Rohstoffen« sprechen, auch wenn die Rohwaren ebenfalls gemeint sind. Wir sagen nicht, dass wir uns in einer »Neuen Ära« befinden, in der die Rohstoffpreise nur noch steigen werden. Das ist nicht der Fall.

Nichts ist für die Ewigkeit, und auch der aktuelle Bullenmarkt im Bereich »Rohstoffe & Rohwaren« wird sein Ende finden. Unserer Einschätzung nach in etwa dann, wenn Ihnen die »Bild«-Zeitung Tipps für Rohstoffinvestments gibt, Sie ein Brennstoffzellen-Auto fahren und weltweit seit mindestens fünf Jahren Milliarden in die Exploration neuer Rohstoffvorkommen gesteckt worden sind.

Dann wird das Rohstoffangebot wieder deutlich über der Nachfrage liegen, und gleichzeitig wird das Angebot stärker wachsen als die Nachfrage. Unsere Prognose: Das wird jedoch nicht vor 2010 der Fall sein. Bis dahin werden wir einen lupenreinen Bullenmarkt erleben!

Charakteristika von Rohstoff-Bullenmärkten

Das Gute bei Rohstoff-Bullenmärkten ist, dass sie niemals weniger als zehn Jahre dauern. Warum das so ist, dazu gleich. Zunächst zum historischen Rückblick, der diese Einschätzung bestätigt: Denn im vorigen Jahrhundert lassen sich drei abgeschlossene, eindeutige Rohstoff-Bullenmärkte identifizieren, alle jeweils mindestens mit zehn Jahren Dauer.[1]

Diese Bullenmärkte decken sich zeitlich übrigens keineswegs mit den Konjunkturzyklen: Denn einer dieser Rohstoff-Bullenmärkte begann circa 1933, in der Weltwirtschaftskrise. Lösen Sie sich bitte also zunächst einmal von dem Gedanken, dass Rohstoff-Bullenmärkte nur dann auftreten können, wenn die Weltwirtschaft boomt. Das KANN so sein – da bei einer boomenden Weltwirtschaft auch die Nachfrage nach Rohstoffen steigt. Es MUSS aber keineswegs so sein. Denn auch während der Weltwirtschaftskrise boomten die Rohstoffpreise, trotz der zurückgehenden Nachfrage. Der Grund: Die Nachfrage ist eben nur eine Seite der Medaille. Die andere ist das Angebot. Wenn die Nachfrage zwar sinkt, aber das Angebot noch stärker, dann steigen die Preise eben.

Anbei der Chart des Rohstoff-Bullenmarktes, der von 1968 bis 1981 ging, also rund 13 Jahre. Wiedergegeben durch den CRB Rohstoffindex der Rohstoffpreise am Kassamarkt (= sofortige Lieferung, sofortige Bezahlung). Dieser Index wurde im folgenden Chart (Abbildung 2) im Jahr 1967 auf 100,00 gesetzt, damit Sie die prozentuale Entwicklung leichter einschätzen können.

Was Sie diesem für einen Rohstoff-Bullenmarkt typischen Chart entnehmen können? Mehrere Punkte, die charakteristisch leicht zu erkennen sind – und dennoch weithin nicht beachtet werden. Konkret:

Faustregeln für einen Rohstoff-Bullenmarkt

▎ Ein Rohstoff-Bullenmarkt dauert – wie angesprochen – von seinem Anfang bis zu seinem Ende mindestens zehn Jahre.

▎ Der Beginn eines Rohstoff-Bullenmarktes lässt sich nicht immer sehr leicht identifizieren (sehen Sie sich den Beginn in Abb. 2 an). Wenn es aber ein-

---

1 *Diese drei Bullenmärkte fanden statt: 1906–1923, 1933–1953, 1968–1981. Quelle: The CRB Commodity Yearbooks. Die Anfangs- und Endjahre der Bullenmärkte lassen sich jedoch nicht immer genau festlegen, weshalb teilweise alternative Angaben mit jeweils einem Jahr Unterschied möglich sind.*

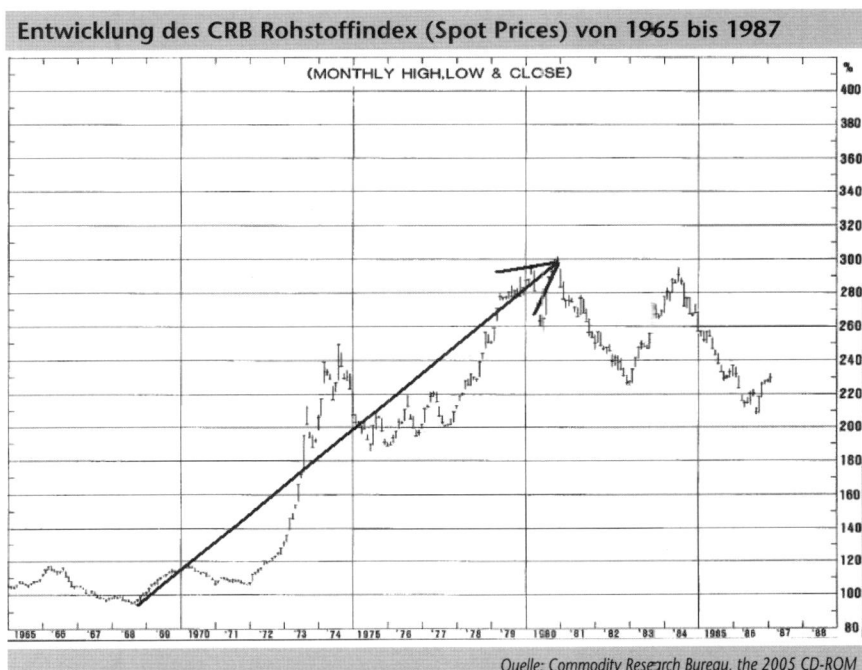

Entwicklung des CRB Rohstoffindex (Spot Prices) von 1965 bis 1987

Quelle: Commodity Research Bureau, the 2005 CD-ROM

Abbildung 2: Insgesamt 13 Jahre dauerte dieser Rohstoff-Bullenmarkt, und während dieser Zeitspanne verdreifachte sich der durchschnittliche Rohstoffpreis per saldo.

mal richtig losgegangen ist, dann gibt es innerhalb von zwei, drei Jahren mindestens eine Verdoppelung der Rohstoffpreise.

▌ Nach dieser ersten Verdoppelung gibt es – sehr wichtig! – eine Korrekturphase. In dieser wird bis zu ein Drittel des vorherigen Zuwachses (für Charttechniker das Stichwort: Fibonacci) wieder abgegeben. Auch diesmal wird das so sein, davon sind wir überzeugt. Von denjenigen, die kurz vor Beginn der Korrekturphase eingestiegen sind, werden dann viele fluchend mit Verlusten aussteigen. Smarte Investoren jedoch freuen sich, in dieser Korrekturphase ihre Bestände nochmals günstig aufstocken zu können.

▌ Wenn diese Korrekturphase abgeschlossen ist, verdoppeln sich die Rohstoffpreise noch einmal. Dann ist das Ende des Bullenmarktes erreicht.

Bitte nehmen Sie diese Beobachtungen nicht wörtlich. Eine »Verdoppelung« kann auch ein Zuwachs von 120 oder 130 Prozent sein. Es geht hier nicht um genaue Prozentzahlen, sondern um spezielle charakteristische Trends, die sich bei Rohstoff-Bullenmärkten identifizieren lassen. Die Vergangenheit hilft uns bei der Einschätzung eines aktuellen Trends. Und warum sollte ausgerechnet der jetzige Bullenmarkt anders als seine Vorgänger ablaufen? Alles wiederholt sich auf der Welt und damit auch in der Finanzwelt – die Menschen werden nur nicht alt genug, um das zu bemerken.

Deshalb unsere Prognose: Auch der jetzige Rohstoff-Bullenmarkt wird nicht bedeutend anders als seine Vorgänger ablaufen. Noch etwas: Das genaue Top und damit den perfekten Ausstiegszeitpunkt am Ende des Bullenmarktes zu bestimmen ist reine Glückssache. Lassen Sie sich von niemandem weismachen, er könne das tagesgenau: Nur Lügner können das. Was Sie aber wissen sollten: Wenn sich nach der obligatorischen Korrekturphase die Rohstoffpreise noch einmal verdoppelt haben, dann wird es langsam Zeit, auszusteigen.

Die Fundamentalanalyse

So weit der historische Rückblick. Jetzt konkret zum aktuellen Bullenmarkt. Ein Rohstoff-Bullenmarkt muss per Definition fundamental begründet sein. Denn ohne fundamentale Begründung können die Rohstoffpreise nicht jahrelang steigen, weshalb es in diesem Fall also auch keinen Bullenmarkt geben kann. Die Fundamentalanalyse untersucht zwei große Blöcke: das Angebot und die Nachfrage. Eine gute Fundamentalanalyse ist sowohl statisch als auch dynamisch. Statisch bedeutet, dass sie untersucht, ob das Angebot über der Nachfrage liegt, unter der Nachfrage oder ihr entspricht. Ein über der Nachfrage liegendes Angebot drückt tendenziell auf den Preis, bei einem unter Nachfrage liegenden Angebot ist das Gegenteil der Fall.

Für die Prognose der weiteren Entwicklung greift die statische Analyse allerdings zu kurz. Dazu ist eine gute dynamische Fundamentalanalyse unerlässlich. Bei dieser von uns durchgeführten Analyse geht es darum, welche RICHTUNG Angebot und Nachfrage nehmen. Ein Rohstoff-Bullenmarkt braucht zwingend eines der folgenden Ergebnisse der dynamischen Fundamentalanalyse:

▌ Angebot fällt, Nachfrage steigt

▌ Angebot fällt, Nachfrage stagniert oder fällt ebenfalls, jedoch nicht so stark wie das Angebot

▌ Angebot stagniert, Nachfrage steigt

❚ Angebot steigt, Nachfrage steigt allerdings noch stärker: Das ist zum Beispiel der Fall, wenn es zwar neue Minen gibt, diese aber die zusätzliche Nachfrage nicht annähernd befriedigen können

Ganz wichtig: Einer dieser Punkte MUSS erfüllt sein, sonst kann es keinen Rohstoff-Bullenmarkt geben! Es handelt sich hier um eine grundlegende Voraussetzung, die Sie unbedingt verstehen sollten. Bitte beachten Sie, dass der zweite Punkt auch in einer Rezession erfüllt sein kann. Er war es zum Beispiel zum Zeitpunkt des Rohstoff-Bullenmarktes, der in der Weltwirtschaftskrise begann. Weltweites Wirtschaftswachstum ist deshalb keine zwingend notwendige Bedingung für einen Rohstoff-Bullenmarkt.

Zum aktuellen Bullenmarkt: Ist bei diesem einer der Punkte erfüllt? Natürlich. Und zwar laut unserer Analyse Punkt 3. In den nächsten Jahren bis 2010 könnte sich Punkt 3 in Punkt 1 verwandeln – was aber für die Fortsetzung des Rohstoff-Bullenmarktes keine Rolle spielen würde, denn auch dieser Punkt würde ihn fundamental sehr gut begründen. Nur die Begründung für den Bullenmarkt hätte sich geändert, er selbst hätte weiterhin Bestand.

Halten wir fest: Die fundamentale Begründung für den aktuellen Bullenmarkt lautet: Das Angebot stagniert, die Nachfrage steigt. Schlüsseln wir nun beide Seiten der Angebot-Nachfrage-Seite weiter auf.

Die Nachfrageseite

Bei der Nachfrageseite brauchen wir im Prinzip nur ein Wort zu sagen: China! Denn China ist DIE treibende Kraft auf der Nachfrageseite. Der Rohstoffhunger des chinesischen Drachen ist geweckt, und sein Appetit ist gewaltig. Das zeigt sich schon daran, dass sich die chinesischen Rohöl-Importe zwischen 2000 und 2005 verdreifacht haben. Dieser Importbedarf wird weiter steigen.

Keine Frage: China boomt, seit Jahren. 2005 lag das chinesische Wirtschaftswachstum bei geschätzten 9,0 Prozent. Übrigens: Vollkommen im Gegensatz zu anderen Regierungen stapelt die chinesische Regierung eher tief, was offizielle Zahlen betrifft, da sie den Eindruck einer Überhitzung vermeiden möchte. Wir sehen deshalb die Möglichkeit, dass das chinesische Wirtschaftswachstum in den vergangenen Jahren durchaus bei 10,0 Prozent gelegen haben könnte.

Aber ob 9,0 Prozent oder 10,0 Prozent – das ist gar nicht entscheidend. Das chinesische Wirtschaftswachstum könnte auch bei »nur« fünf oder sechs Prozent liegen – das wäre immer noch eine Größenordnung, für die nur das Wort »Boom« passt. Jahrelanger Boom. Eine solche Volkswirtschaft braucht natür-

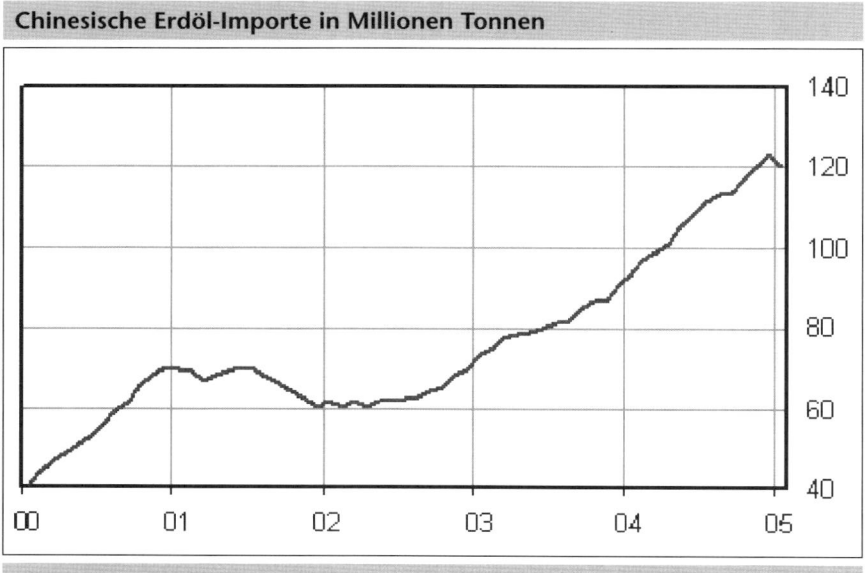

Chinesische Erdöl-Importe in Millionen Tonnen

Quelle: Commodity Research Bureau, the 2005 CD-ROM

Abbildung 3: Von 40 auf 120 Millionen Tonnen in fünf Jahren – ein Zuwachs von 200 Prozent. Ein Einbruch ist sehr unwahrscheinlich.

lich Rohstoffe. Und eine Volkswirtschaft wie China braucht in diesem Fall auch riesige Mengen an Rohstoffen. Wie viel genau – dazu gibt es Zahlen:[2]

2005 hat China schätzungsweise von der Produktion DER WELT verbraucht:

- sieben bis acht Prozent der Erdölproduktion
- 25 Prozent der Aluminiumherstellung
- 27 Prozent der Stahlproduktion
- 27 Prozent der Eisenerzförderung
- circa 30 Prozent der Jahresproduktion von Kohle und Koks
- circa 40 Prozent der Zementproduktion

Das liegt deutlich über dem Anteil Chinas an der weltweiten Wirtschaftsleistung (gemessen am Bruttoinlandsprodukt = BIP der Welt), denn dieser Anteil liegt bei unter zehn Prozent. Für uns besteht kein Zweifel: Der Anteil Chinas an der weltweiten Wirtschaftsleistung wird mindestens in den nächsten fünf

---

2 *Quelle: Zahlen der Taipan Group, Baltimore.*

Jahren weiter ansteigen. Zusammen mit diesem Anteil wird die chinesische Rohstoffnachfrage weiter steigen.

Da China inzwischen eine Größe unter den Rohstoffnachfragern geworden ist, wird dadurch auch die weltweite Rohstoffnachfrage steigen. Besonders bei Rohstoffen wie Aluminium, wo China 2005 mit einem Verbrauch von geschätzten 6,78 Millionen Tonnen zum weltweit größten Verbraucher aufgestiegen ist.[3]

Oder bei Erdöl, wo China längst Japan überholt hat, was den Verbrauch betrifft, und nur noch die USA mehr Erdöl konsumieren. Aber auch in anderen Sektoren ist der Rohstoffhunger von China fast schon erschreckend. Nehmen wir den Bereich Eisenerz: Derzeit produziert China mehr Stahl als die USA, Russland und Deutschland ZUSAMMEN. 2004 produzierte China 220 Millionen Tonnen Stahl, 2005 waren es schon 342 Millionen Tonnen.[4] Zuwachsrate: selbst für China außergewöhnliche 55,55 Prozent. Und dennoch ist China immer noch ein Stahl-IMPORTLAND. Und wo mehr Stahl produziert wird, da steigt die Nachfrage nach Eisenerz. Entsprechend explodiert die chinesische Eisenerznachfrage: Das »Reich der Mitte« importierte im Jahr 2004 208 Millionen Tonnen Eisenerz, 2005 waren es dann schon 258 Millionen Tonnen, und im laufenden Jahr werden es voraussichtlich gut 300 Millionen Tonnen werden. Wegen dieser starken Nachfrage aus China konnte der brasilianische Eisenerzförderer Companhia Vale do Rio Doce (CVRD) mehrere satte Preiserhöhungen von bis zu 90 Prozent (im Februar 2005) relativ problemlos durchsetzen. Und das wird ganz bestimmt noch nicht das Ende der Fahnenstange gewesen sein.

Dabei muss für eine Fortsetzung des Rohstoff-Bullenmarktes das derzeitige Tempo, das China vorlegt, noch nicht einmal beibehalten werden. Falls es das würde, dann wäre ohnehin in einem Dutzend Jahren Schluss: Denn dann würde die Rohstoffproduktion der GESAMTEN WELT nicht mehr ausreichen, um alleine den chinesischen Rohstoffbedarf eines Jahres zu decken! Betrachten Sie deshalb bitte Schlagzeilen, die möglicherweise einen »Wachstumseinbruch in China« verkünden werden – von 9,0 Prozent auf sechs Prozent oder fünf Prozent – vor diesem Hintergrund. Auch fünf Prozent oder sechs Prozent chinesisches Wirtschaftswachstum sind für die Fortsetzung des Rohstoff-Bullenmarktes vollkommen ausreichend.

China ist übrigens nur die prominenteste Volkswirtschaft, deren Nachfrage nach Rohstoffen explodiert. Ähnliches gilt auch für andere Emerging Markets

---

3 *Quelle: China Security Journal, zitiert nach »Märkte und Zertifikate 45/05«, S. 9.*
4 *Quelle: Schätzung von MEPS International (Gruppe von Stahlanalysten).*

Entwicklung der chinesischen Im- und Exporte

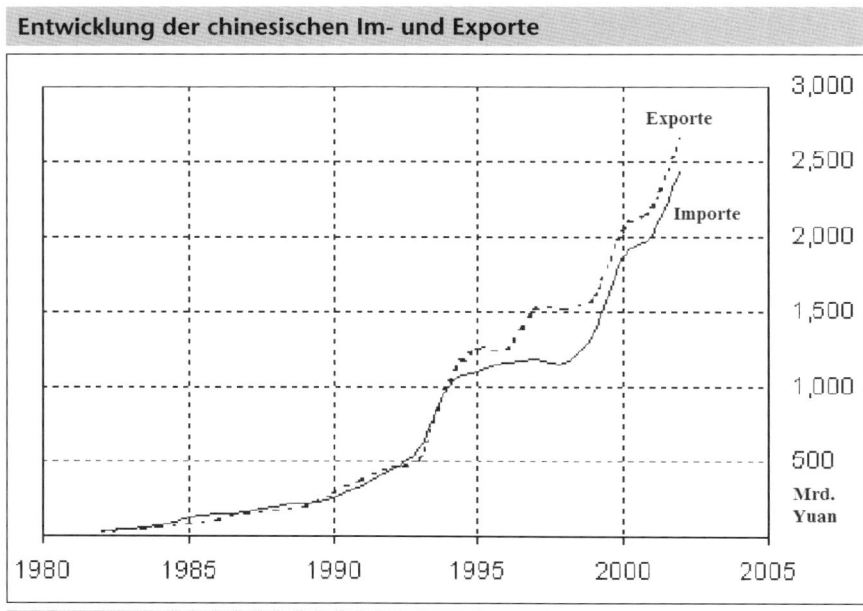

Quelle: Commodity Research Bureau, the 2005 CD-ROM

Abbildung 4: Der chinesische Außenhandel boomt – sowohl Im- als auch Exporte wachsen mit beeindruckendem Tempo. China erzielte seit Mitte der 1990er regelmäßig einen Außenhandelsüberschuss.

wie Indien, Singapur oder Thailand, die eben einfach nur kleiner sind. Die prozentualen Zuwächse liegen aber lediglich leicht beziehungsweise gar nicht unter denen Chinas. Und wenn sich das Wachstum bei diesen Volkswirtschaften verlangsamen sollte, dann stehen Staaten wie Vietnam bereit. In allen diesen Märkten sehen wir ein atemberaubendes Wachstum: Während England 58 und die USA 47 Jahre brauchten, um ihren Pro-Kopf-Output zu verdoppeln, schafften und schaffen das Indonesien in 17, Südkorea in elf und China in zehn Jahren.[5]

Das ist eine Entwicklung, die Sie zur Kenntnis nehmen sollten. Bleiben wir bei der wichtigsten und für den Rohstoffmarkt entscheidenden Volkswirtschaft – China. Wie lange wird China weiter wachsen können, wann sind möglicherweise die Grenzen des Wachstums erreicht?

---

5 Quelle: Mahbudani, Kishore: »The Pacific Way«, in: Foreign Affairs 74, S. 100–103.

Eins ist klar: Auch China wird nicht »ewig« weiterwachsen können, genauso wenig wie jeder andere beliebige Markt. Aber noch ist die Ausgangsbasis relativ niedrig, sodass sich Chinas Boom auf Jahre beziehungsweise Jahrzehnte hinaus fortsetzen kann. Zumindest aber bis zum Jahr 2010 – was deshalb nach wie vor das von uns anvisierte frühestmögliche Ende des Rohstoff-Bullenmarktes bezeichnet.

Die aktuelle Situation Chinas ist vielleicht mit jener der alten Bundesrepublik zu Beginn der 1950er vergleichbar: Aufgrund der relativ niedrigen Ausgangsbasis und der fleißigen Bevölkerung konnten über ein Jahrzehnt lang sehr hohe Wachstumsraten erzielt werden.

Der wirtschaftliche Aufstieg Chinas lässt sich in eine historische Perspektive setzen – und dann wird einiges klarer, wie wir finden. China kehrt im Prinzip auch wirtschaftlich nur zu seiner historischen alten Größe zurück, eine ganz natürliche Entwicklung. Dies zeigt die Tabelle in Abbildung 5 sehr eindrucksvoll:

Anteil von Volkswirtschaften an der weltweiten Güterproduktion

	Land						
Jahr	Nordamerika, West- und Mitteleuropa	China	Japan	Indischer Subkontinent	Russland/ UdSSR, Osteuropa	Brasilien, Mexiko	Andere
1750	18,2%	32,8%	3,8%	24,5%	5,0%	In »Andere«	15,7%
1800	23,3%	33,3%	3,5%	19,7%	5,6%	In »Andere«	14,6%
1830	31,3%	29,8%	2,8%	17,6%	5,6%	In »Andere«	13,1%
1860	53,7%	19,7%	2,6%	8,6%	7,0%	0,8%	7,6%
1880	68,6%	12,5%	2,4%	2,8%	7,6%	0,6%	5,3%
1900	77,4%	6,2%	2,4%	1,7%	8,8%	0,7%	2,8%
1913	81,6%	3,6%	2,7%	1,4%	8,2%	0,8%	1,7%
1928	84,2%	3,4%	3,3%	1,9%	5,3%	0,8%	1,1%
1938	78,6%	3,1%	5,2%	2,4%	9,0%	0,8%	0,9%
1953	74,6%	2,3%	2,9%	1,7%	16,0%	0,9%	1,6%
1963	65,4%	3,5%	5,1%	1,8%	20,9%	1,2%	2,1%
1973	61,2%	3,9%	8,8%	2,1%	20,1%	1,6%	2,3%
1980	57,8%	5,0%	9,1%	2,3%	21,1%	2,2%	2,5%

Quelle: Bairoch, Paul: »International Industrialization Levels from 1750 to 1980«, in: Journal of European Economics History 11 (1982), S. 269–334, zitiert nach: Huntington, Samuel: »Kampf der Kulturen«, S. 127.

Abbildung 5: China hat einen Absturz von 32,8 Prozent auf 2,3 Prozent hinter sich ... aber die Aufholjagd hat 1953 begonnen!

Die Tabelle zeigt, dass China vor dem Zeitalter der Industrialisierung rund ein Drittel der weltweiten Güter hergestellt hat. Ein weiteres Viertel kam aus Indien und Pakistan. Übrigens ganz im Gegensatz zu Japan, das damals als geschlossene Volkswirtschaft von der Produktion her unbedeutend war. Nordamerika und die west- und mitteleuropäischen Staaten kamen hingegen noch nicht einmal auf ein Fünftel der weltweiten Produktion.

Das änderte sich jedoch ab 1800 schlagartig: Durch den mit Beginn der Industrialisierung kometenhaft einsetzenden Aufstieg insbesondere Großbritanniens, später der USA und Mächten wie dem Deutschen Reich fiel China relativ gesehen stark zurück. Das große China fiel immer weiter ab, wurde auch politisch zum Spielball fremder Mächte. Das zeigte sich wirtschaftlich daran, dass der Anteil Chinas an der weltweiten Güterproduktion schrumpfte und schrumpfte, bis im Jahr 1953 mit 2,3 Prozent der absolute Tiefpunkt erreicht war.

Doch ab diesem Zeitpunkt verkehrte sich der 150 Jahre dauernde wirtschaftliche Rückgang Chinas in sein Gegenteil: Chinas Anteil an der weltweiten Güterproduktion ist seit 1953 ständig gestiegen. Bis 1980 hatte sich dieser Anteil auf 5,0 Prozent mehr als verdoppelt, inzwischen wird die Marke von zehn Prozent angepeilt. Wird China wieder den Anteil von 32,8 Prozent erreichen, den es im Jahr 1750 hatte? Eine seriöse Prognose darüber ist natürlich unmöglich. Aber wundern würde es uns nicht.

Hauptsache, sie fängt Mäuse ...

Übrigens: Wenn Sie der Ansicht sind, dass der chinesische Wirtschaftsboom durch die kommunistische Führungsriege behindert wird, dann liegen Sie falsch. Denn schon 1978 betrieb der damalige Führer der chinesischen KP, Deng Xiaoping (1997 verstorben), eine sehr pragmatische Wirtschaftspolitik, die er wie folgt rechtfertigte:»Egal, ob die Katze schwarz oder weiß ist, Hauptsache, sie fängt Mäuse.« Darum geht es, und genau deshalb gibt es im offiziell kommunistischen China einige der hervorragendsten Kapitalisten der Welt.

Die Angebotsseite

Während die Nachfrage nach Rohstoffen steigt, stagniert das Angebot. Nehmen wir einen der wichtigsten strategischen Rohstoffe – das Erdöl. Die USA, einst der weltweit größte Ölförderer der Welt, haben schon 1971 den Zenit ihrer Erdölförderung überschritten. Großbritannien folgte

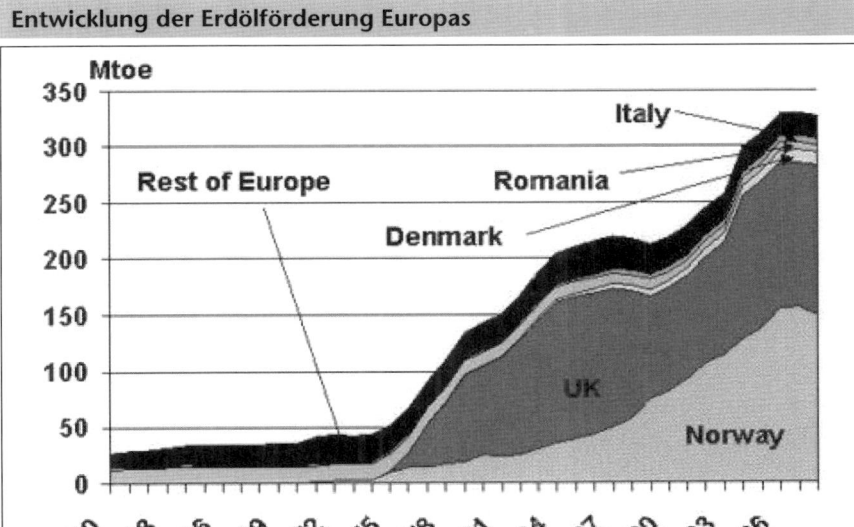

Entwicklung der Erdölförderung Europas

Quelle: OECD Energy Statistics and Balances, BP Amoco Statistical Review

Abbildung 6: Der größte Teil des europäischen Erdöls kommt aus der Nordsee, weshalb Groß-britannien und Norwegen die bedeutendsten Erdölproduzenten Europas sind.

1999.[6] Auch die norwegische Erdölproduktion überschritt Ende der 1990er ihren Höhepunkt. Ab circa 1997 geht die Erdölförderung Europas insgesamt zurück (siehe Abbildung 6).

Dieser Produktionsrückgang konnte bis jetzt von OPEC-Mitgliedern wie Saudi-Arabien relativ problemlos ausgeglichen werden. Und mehr als das: Auch die steigende Erdölnachfrage Chinas konnte bedient werden. Doch inzwischen ist die OPEC in die Nähe ihrer maximalen Produktionskapazität gelangt. Das Angebot beginnt insgesamt zu stagnieren. Gleichzeitig steigt die Nachfrage weiter. Wir möchten das Thema Erdöl an dieser Stelle nicht vertiefen, da darüber schon so sehr viel geschrieben wurde. Das sind keine neuen Informationen für Sie. Es ist auch nur ein Beispiel für einen strategischen Rohstoff mit mehr oder weniger stagnierendem Angebot.

---

6 *Quelle: Deutsche Bank Research, in: »Märkte und Trends« 4/2005, S. 7.*

Denn Öl ist im Bereich »Rohstoffe« nicht die Ausnahme, sondern die Regel. Nehmen wir Silber. Dort wurde in den vergangenen Jahren zwar tendenziell leicht mehr aus Silbergruben geholt – 2002 lag die Minenproduktion bei 18.800 Tonnen, 2004 bei 19.700 Tonnen.[7] Gleichzeitig ging das Silber-Recycling in diesen Jahren jedoch deutlich zurück: Im November 2004 sank es sogar auf ein Sieben-Jahres-Tief (ein Minus von 21,5 Prozent gegenüber dem entsprechenden Vorjahreswert). Diese Entwicklung führt dazu, dass das Angebot an Silber insgesamt stagniert. Noch. Denn bald wird es sogar sinken: Der aktuell bekannte Bestand an Silberreserven reicht bei der derzeitigen Förderung nur noch schätzungsweise 14 Jahre, wenn keine neuen Vorkommen entdeckt werden.[8] Dazu mehr in Kapitel 5.

Sie merken es schon: Besonders interessant sind für uns die Rohstoffe, bei denen das Angebot aktuell stagniert und bald fallen wird – bei gleichzeitig weiter steigender Nachfrage. Denn das ist eine sehr gute Kombination für steigende Preise. Diese Rohstoffe behandeln wir deshalb in separaten Kapiteln.

Das Angebot stagniert

Für dieses Kapitel ist entscheidend: Per saldo stagniert das weltweite Rohstoffangebot derzeit mehr oder weniger. Bei einzelnen Rohstoffen geht das Angebot tendenziell bereits jetzt zurück. Die Zahl dieser Rohstoffe wird zunehmen. Denn es ist eigentlich eine Binsenweisheit, dass die Rohstoffvorkommen begrenzt sind. Irgendwann werden einfach keine neuen Öl- oder Silbervorkommen mehr gefunden. Und die vorhandenen Vorkommen sind irgendwann schlicht und ergreifend aufgebraucht.

Bei anderen Rohstoffen lässt sich das Angebot noch erhöhen. Aber – und das ist das Entscheidende: Das braucht seine Zeit. Genau das ist der Grund dafür, dass Rohstoff-Bullenmärkte in der Vergangenheit immer mindestens zehn Jahre gedauert haben. Das wird auch diesmal nicht anders sein. Bedenken Sie Folgendes: Der aktuelle Rohstoff-Bullenmarkt begann unserer Einschätzung nach Ende 2001. Bei einzelnen Rohstoffen mag der Bullenmarkt schon etwas früher begonnen haben, aber für den Gesamtmarkt gilt: Ende 2001.

Und die Produzenten von Rohstoffen/Rohwaren denken erst dann über eine Ausweitung ihrer Produktion nach, wenn die Preise eine Zeitlang gestiegen sind.

---

7 Quelle: Wert für 2002 aus dem CRB Commodity Yearbook 2005, Wert für 2004 von GFMS, London.
8 Quelle: USGS US Geological Survey.

Dieser Umdenkungsprozess braucht erfahrungsgemäß seine Zeit. So haben zum Beispiel die südamerikanischen Eisenerz-Minen wie die bereits erwähnte Companhia Vale do Rio Doce (CVRD) nicht direkt Anfang 2002 daran gedacht, ihre Kapazitäten deutlich zu erweitern. Aber als CVRD dann im Februar 2005 eine satte Preiserhöhung von 90 Prozent durchsetzen konnte, waren beim CVRD-Management wahrscheinlich Dollar-Zeichen in den Augen zu sehen. Das sind die Momente, in denen eine Ausweitung der eigenen Kapazitäten beschlossen wird. Abbildung 7 zeigt dies sehr deutlich: Obwohl die Rohstoffpreise seit 2001 steigen, begannen die Kapazitätserweiterungen erst 2003, und zwar eher zaghaft. Erst seit 2004/2005 wird wieder richtig Geld in die Erschließung neuer Vorkommen investiert. Aber es braucht seine Zeit, bis sich die gewachsenen Explorationsbudgets in Form eines tatsächlich erhöhten Angebots widerspiegeln. Bei Minengesellschaften sprechen wir hier von mindestens sechs Jahren. Das ist der Grund, warum wir erst für die Jahre ab 2010 mit deutlich erhöhtem Angebot rechnen – und deshalb dann das Ende des Bullenmarktes anvisieren. Vorher nicht.

Welt-Metall-Explorationsbudgets

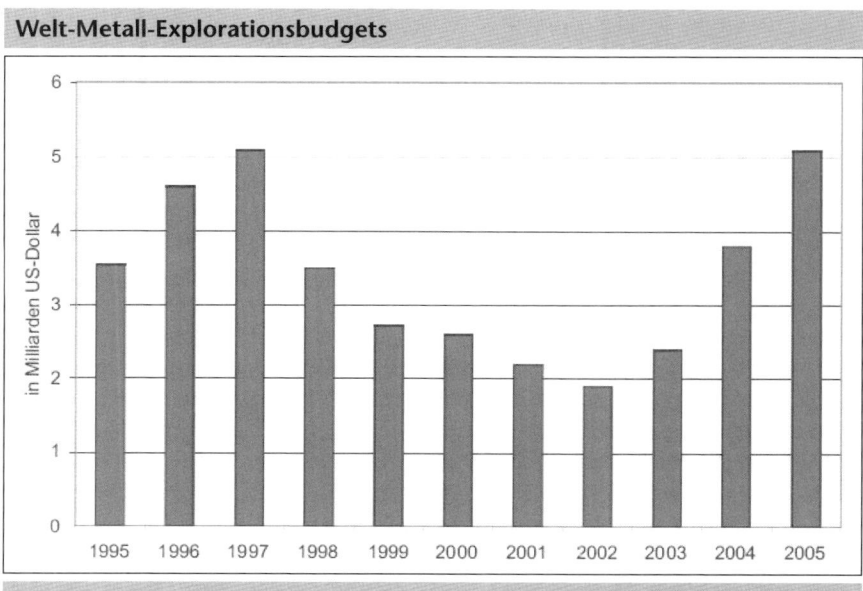

Quelle: ABN Amro Research, Bloomberg

Abbildung 7: In 2004 und 2005 setzten die Eisenerz-Produzenten deutliche Preiserhöhungen durch (alleine 2005 um 90 Prozent) – und erst dann erhöhten sie die Explorationsbudgets. Bis sich das in einem erhöhten Angebot widerspiegelt, vergehen allerdings mindestens sechs Jahre.

Bei Rohstoffen ist das aber eine ganz andere Sache als zum Beispiel am historischen »Neuen Markt« – wo das Management nur einfach eigene Aktien verkaufen musste. Nein, bei Rohstoffen muss die physische Produktion erhöht werden, und das geht nicht von heute auf morgen. Vom Entschluss bis zur zusätzlichen Förderung vergehen Jahre.

Das gilt übrigens auch für die meisten Rohwaren: Denn wenn zum Beispiel ein Kaffeepflanzer seine Produktion erhöhen möchte, dann muss er mindestens drei Jahre warten, bis die neuen Pflanzen tragen. Die Anfangskosten amortisieren sich nach frühestens zwölf Jahren. Bei Kakao ist es ähnlich: Neu gepflanzte Kakaobäume tragen erst nach drei Jahren und erreichen ihre volle Produktivität erst zehn Jahre nach der Pflanzung.

Auch die Rindfleischproduktion lässt sich nicht schlagartig erhöhen – denn die Mastrinder wollen erst einmal gefüttert werden. Mastvieh benötigt viel Weideland, und Lebendrinder brauchen eine Menge Futter. Wenn es zu viel oder nicht genug Regen gibt, dann wird das Weideland weniger Rinder ernähren können. Alles Faktoren, die mit einkalkuliert werden müssen und eine schnelle Erhöhung des Angebots verhindern.

In der Zwischenphase von der eingeleiteten Erhöhung des Angebots bis zum tatsächlichen Eintreffen des zusätzlichen Angebots wird der Preis des entsprechenden Rohstoffs beziehungsweise der entsprechenden Rohware weiter steigen. Dies wird nach einiger Zeit zu gewissen Substitutionseffekten führen, solange noch kein zusätzliches Angebot eingetroffen ist. Diese »Substitutionseffekte« sind sehr einfach zu erklären: Nehmen wir einmal an, Rindfleisch wäre knapp und würde im Preis stark steigen. Dann würden die Verbraucher Rindfleisch substituieren = ersetzen, zum Beispiel durch Schweinefleisch.

Irgendwann ist der Punkt erreicht, an dem der Preis des betreffenden Rohstoffs nicht mehr weiter steigt, denn er wird von zwei Seiten aus unter Druck gesetzt. Einmal von der Nachfrage her: Nach Möglichkeit wurde substituiert, das heißt nach Ersatz gesucht, die Nachfrage nach diesem Rohstoff geht vielleicht sogar zurück. Und gleichzeitig wird sich die Erhöhung des Angebots mit einigen Jahren Verzögerung am Markt bemerkbar machen.

Dann kann es zu folgendem typischen Zyklus kommen: Der Preis des betreffenden Rohstoffs fällt wieder, das Angebot übertrifft die Nachfrage. Daraufhin wird für einige Anbieter die Produktion unrentabel, Minen werden geschlossen beziehungsweise Anbauflächen verringert. Irgendwann steigt die Nachfrage dann wieder, das Angebot hingegen sinkt – und der Preis steigt wieder. Dann beginnt das ganze Spiel von vorne.

Das alles spielt sich nicht innerhalb von Wochen oder Monaten ab, sondern innerhalb von Jahren beziehungsweise Jahrzehnten. Das ist die Erklärung dafür, dass ein Rohstoff-Bullenmarkt mindestens zehn Jahre andauert. Und der jetzige hat Ende 2001 begonnen.

Unsere Schlussfolgerung ist eindeutig: Boomende Nachfrage, stagnierendes oder sogar fallendes Angebot = steigende Preise!

Michael Vaupel

KAPITEL 2

Der Bullenmarkt des Megatrends »Emerging Markets«

11,3 Prozent ...

Diese unglaubliche Zahl beziffert das Wirtschaftswachstum Chinas, des Emerging Market Nummer eins, im zweiten Quartal 2006. Es war das höchste Quartalswachstum in China seit zwölf Jahren. Im ersten Halbjahr 2006 wuchs die Wirtschaft des roten Drachen um gigantische 10,9 Prozent. Die Dynamik der chinesischen Wirtschaft ist so groß, dass die Weltbank am 15. August 2006 ihre Prognosen für das chinesische Wirtschaftswachstum in 2006 in einem riesigen Schritt von 9,5 auf 10,4 Prozent erhöhen musste.

Dies sind mehr als nur reine Wirtschaftszahlen. Dies sind mehr als nur Belege darüber, dass es in den Emerging Markets boomt. Das sind Zeichen eines historischen Wandels. Es sind die Vorboten einer neuen Zeitrechnung. Und die Nachricht der Vorboten lautet: Die Welt ist im Wandel. Das 21. Jahrhundert wird das Jahrhundert der Emerging Markets sein.

Hier liegen die größten Investment-Chancen unserer Generationen. Nur versteht die Masse der Anleger nicht, die Zeichen der Zeit richtig zu deuten. Im

Nachhinein, im Jahr 2050 oder so, werden die Anleger zueinander sagen: Der Aufstieg der Emerging Markets war doch völlig offensichtlich. Warum haben wir denn nur die Zeichen damals nicht gesehen?

Wenn ich Ihnen folgende aktuellen Zeichen nenne, wie würden Sie dieses Land beurteilen?

1. Nach einer neuen Studie lebten in diesem Staat in 2004 13 Prozent aller Bürger in Armut oder sind von einem Abrutschen in die Armut betroffen.

2. In 2005 sind 144.800 Bürger dieses Landes ausgewandert. Die Zahl der Auswanderungen steigt seit 2001 jedes Jahr immer weiter an.

3. Die Bevölkerung dieses Landes wächst nicht mehr, sondern ist in den letzten zwei Jahren sogar geschrumpft. Bis 2050 soll die Bevölkerungszahl um circa zwölf Prozent schrumpfen.

4. In 2050 wird die Zahl der 60-Jährigen in diesem Land doppelt so hoch sein wie die Zahl der Neugeborenen. Die Zahl der 80-Jährigen wird sich bis 2050 fast verdreifachen.

5. Die Gruppe der Bürger im erwerbstätigen Alter wird sich von heute bis 2050 um circa 25 Prozent verringern.

6. Die Reallöhne sind in den vergangenen fünf Jahren in jedem Jahr gegenüber dem Vorjahr gesunken.

7. Die Volkswirtschaft ist in den zurückliegenden fünf Jahren im Durchschnitt um zwei Prozent langsamer gewachsen als die Weltwirtschaft.

8. In zwei der vergangenen fünf Jahre wurde ein negatives Wirtschaftswachstum verzeichnet.[9]

Die Liste ließe sich endlos fortführen. Aber ich ziehe hier einen Schlussstrich. Ich denke, Sie haben den Punkt verstanden. Was würden Sie über ein solches Land und dessen künftige Entwicklung sagen? Wie würden Sie dessen Perspektiven für die Zukunft einschätzen? Ich bin mir ziemlich sicher, dass Sie sagen würden: Dieses Land hat seinen Zenit überschritten. Das ist es jedenfalls, was mir diese Zeichen und Daten sagen. Ach, übrigens: Diese Fakten

---

9 Quellen: Allianz Group Research, Deutsche Bank Research, Statistisches Bundesamt.

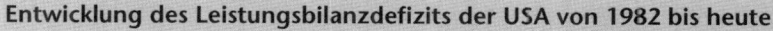

Entwicklung des Leistungsbilanzdefizits der USA von 1982 bis heute

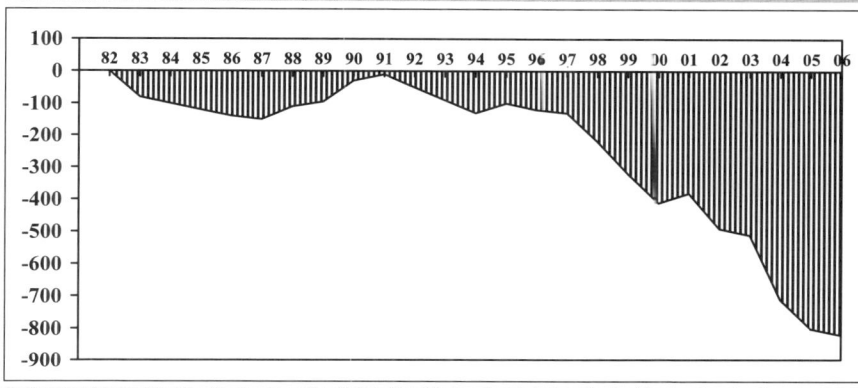

Quelle: Sanders Research Associates

Abbildung 8: Da muss jedem Volkswirt schwindelig werden. Die Verschuldung der USA hat in den zurückliegenden zwei Jahrzehnten (Grafik 1982 bis 2006) dramatisch zugenommen. Das ist die Quittung für eine unkontrollierte Haushaltspolitik à la »American Style«. Fairerweise muss man sagen, dass die USA historisch fast immer mit einem Verschuldungsproblem zu kämpfen hatten, doch es ist nie etwas passiert. Aber irgendwann ist immer Schluss.

habe ich mir nicht ausgedacht. Das Land, von dem hier die Rede ist, gibt es wirklich. Es ist – Deutschland.

Doch dieser Abstieg ist kein Deutschland-spezifisches Problem. Ob es die rasant überalternde Gesellschaft in Japan oder die »Verschuldeten Staaten von Amerika« sind – gehen Sie einfach unvoreingenommen mit offenen Augen durchs Leben, und Sie können die Zeichen des Wandels erkennen. Überall.

Die glorreiche Blütezeit der etablierten Industrieländer nähert sich unaufhaltsam dem Ende. Ihre Nachfolger stehen jedoch schon bereit, um das Erbe anzutreten. Es sind die Emerging Markets – die neuen Mächte des 21. Jahrhunderts.

Dieser Machtwechsel ist keine Prognose von mir. Er zeigt sich bereits in den wirtschaftlichen Entwicklungen – Sie müssen die unverkennbaren Zeichen nur sehen. Schauen Sie sich nur Abbildung 9 an, und es wird offensichtlich, dass die Emerging Markets das Wachstum der Weltwirtschaft getragen haben.

Ich möchte die Auslöser dieses beeindruckenden Aufstieges der Emerging Markets an dieser Stelle jedoch gar nicht weiter vertiefen. Allein über dieses

Prozentuales Wirtschaftswachstum der wichtigsten volkswirtschaftlichen Regionen

	2002	2003	2004	2005	2006 (Prog.)	2007 (Prog.)
Industrieländer	1,3	1,8	2,9	2,4	2,8	2,1
Euro-Raum	0,9	0,8	1,9	1,4	2,6	2,0
Deutschland	0,0	-0,2	1,2	0,9	2,4	1,2
Japan	0,1	1,8	2,3	2,6	2,8	2,1
USA	1,6	2,5	3,9	3,2	3,3	2,3
Emerging Markets	4,0	5,1	6,7	6,0	6,2	5,7
Asien	6,2	6,9	7,7	7,4	7,7	7,0
Lateinamerika	-0,2	1,5	5,6	4,1	4,6	4,1
Osteuropa	3,7	5,5	6,4	5,0	5,3	5,0
Welt Gesamt	1,8	2,5	3,7	3,2	3,5	2,9

Quelle: Allianz Group

Abbildung 9: Diese Zahlen sagen mehr als 1.000 Worte. Die Weltwirtschaft wurde in den vergangenen fünf Jahren vor allem von den Volkswirtschaften aus den Emerging Markets getragen. Ohne die USA sähe die Lage in den Industrieländern noch schlimmer aus. Diese Entwicklung wird sich in den kommenden Jahren fortsetzen.

Thema könnte ich ein Buch in der Größenordnung von »Der Herr der Ringe« schreiben (hm, vielleicht sollte ich das irgendwann mal tun. Aber zuerst würde ich ein Buch mit dem Titel schreiben: »Warum können die Emerging Markets aufsteigen, aber der 1. FC Köln nicht?«).

Viel interessanter ist für Sie die Frage, warum der Bullenmarkt der Emerging Markets weitergeht. Denn wichtig ist für Anleger nicht, was war, sondern was kommen wird. Deshalb möchte ich Ihnen im Folgenden fünf Hauptgründe nennen, warum der wirtschaftliche Aufschwung der Emerging Markets weitergehen wird.

Fünf Gründe, warum der Megatrend der Emerging Markets weitergeht

Auf den ersten Grund für die Fortsetzung des Bullenmarktes der Emerging Markets bin ich bereits eingegangen: das rasante Wirtschaftswachstum. Die

Schwellenländer dieser Erde sind in den vergangenen Jahren rasant gewachsen und haben dabei Wachstumsraten vorgelegt, die wir uns in Deutschland nur durch ein Fernrohr anschauen können. Aber was viel wichtiger ist: Das hohe Wirtschaftswachstum wird auch in Zukunft so bleiben.

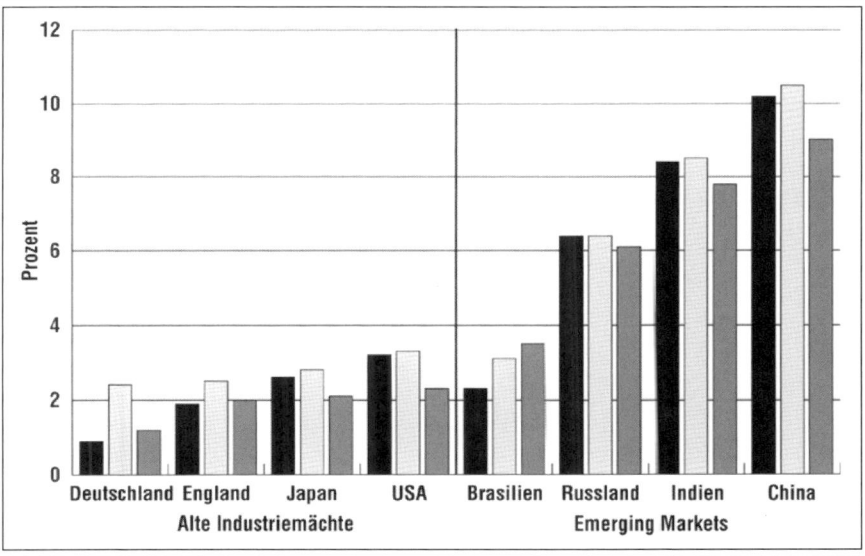

Vergleich des Wirtschaftswachstums der vier großen Industrieländer und der vier BRIC-Emerging-Markets für 2005–2007

Quelle: Allianz Group/Dresdner Bank Research, Deutsche Bank Research, Goldman Sachs Research

Abbildung 10: Wenn ich nur eine einzige Grafik in dieses Kapitel eingebaut hätte, dann wäre es diese geworden. Dieses Bild sagt alles: Die wirklichen Wachstumsstories finden wir nicht mehr in den Industrienationen, sondern in den Emerging Markets. Der schwarze Balken steht für 2005, der hellgraue Balken für 2006 (Prognose) und der dunkelgraue Balken für 2007 (Prognose).

Die Emerging Markets werden auch in den kommenden Jahren der Motor der Weltwirtschaft sein. Die sprudelnden Gewinne aus diesem Wachstum und die immer weiter steigenden ausländischen Direktinvestitionen sind nur zwei der Gründe, warum mit China, Indien und Co. die neuen Wirtschafts-Supermächte heranwachsen. Kein Wunder: Schon heute leben allein in den vier BRIC-Staaten (Brasilien, China, Indien und Russland) 42 Prozent der gesamten arbeitsfähigen Weltbevölkerung zwischen 15 und 64 Jahren!

Deshalb ist es nach Studien der renommierten Investmentbank Goldman Sachs auch nur noch eine Frage der Zeit, bis die großen BRIC-Emerging-Markets die Volkswirtschaften der alten Industrieländer niederwalzen und dann hinter sich lassen werden.

In Abbildung 11 sehen Sie eine Grafik, die jeder Emerging-Markets-Investor kennen muss: Es ist der berühmte »Zeitplan« der Investmentbank Goldman Sachs. Dieser ist eine Schätzung, wann die Volkswirtschaften der aufstrebenden BRIC-Staaten die alteingesessenen Industriestaaten überholen werden (unter der Voraussetzung, dass verschiedene Parameter wie Reformwilligkeit, Wirtschaftswachstum etc. beibehalten werden). Fraglos ein beängstigendes Bild für die Menschen, die nur den Status quo betrachten und nicht die Zeichen der Zeit sehen.

Aber die Wahrheit ist: Die reale Entwicklung ist schon viel weiter. Das ungebremste Wachstum der zurückliegenden Jahre und die verbesserte volkswirtschaftliche Situation (Beispiel Währungsreserven: Allein China verfügt über

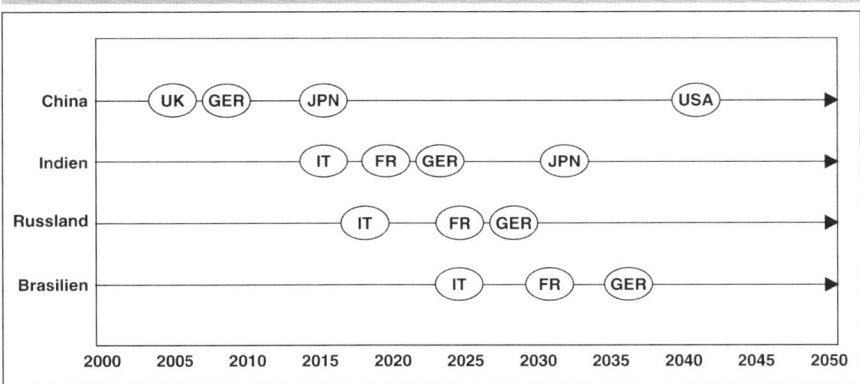

Wann werden die Industriemächte der G-6 von den Volkswirtschaften der großen Emerging Markets überholt?

Quelle: Goldman Sachs Research

Abbildung 11: Bitte rechts ranfahren. Bis auf die USA haben die alten Industriemächte nichts mehr auf der linken Spur verloren. Als Erstes wird Italien überholt, gefolgt von Frankreich. Deutschland wird China noch in diesem Jahrzehnt Platz machen. Zwischen 2020 und 2025 rauscht dann Indien vorbei. Nach der Studie von Goldman Sachs werden uns Russland gegen 2028 und Brasilien gegen 2036 überrundet haben.

Währungsreserven von 1.000 Milliarden US-Dollar) haben dazu geführt, dass die Zeitpunkte, zu denen die Industrieländer von Brasilien, China, Indien und Russland überrollt werden, sogar noch früher eintreten werden als erwartet. Nach der neuesten Studie der Investmentbank Goldman Sachs wird die Wachablösung in der Weltwirtschaft schneller stattfinden als bisher angenommen.

Denn die großen Emerging Markets haben sich in den vergangenen Jahren (bis auf Brasilien) volkswirtschaftlich und reformpolitisch sogar noch besser entwickelt, als bisher allgemein erwartet worden war. So werden die Emerging Markets aus den vier BRIC-Ländern die G-6-Industriestaaten schon 2035 überholen (bisher war 2040 geschätzt worden). Das ist nicht einmal mehr in 30 Jahren (China wird die USA ebenfalls schon in 2035 überholen und damit die größte Volkswirtschaft der Welt werden).

Kein Wunder: So gehen die Schätzungen verschiedener Finanzinstitute beispielsweise davon aus, dass die indische Wirtschaft bis 2050 jährlich um circa sechs Prozent wachsen wird – und dann 50 Mal so groß sein wird wie heute. Für Brasilien und China liegen die Schätzungen für das langfristige Wirtschaftswachstum bei gut vier Prozent. Zum Vergleich: Im gleichen Zeitraum bringen es Japan auf ein durchschnittliches Wirtschaftswachstum von circa 1,4 Prozent und Deutschland auf 1,7 Prozent. Auch der ehemaligen Lokomotive der Weltwirtschaft wird der Dampf ausgehen: Die Schätzungen für das langfristige Wirtschaftwachstum der USA liegen bei circa 1,9 Prozent.

Dieses anhaltend hohe Wirtschaftswachstum der Emerging Markets wird dazu führen, dass sich die Struktur der Weltwirtschaft, so wie wir sie in den vergangenen Jahrzehnten kannten, komplett verändern wird. Die alten Industrienationen werden zurückfallen und Platz machen für die neuen Wirtschaftsmächte des 21. Jahrhunderts.

Die Basis für dieses kontinuierliche Wirtschaftswachstum der Emerging Markets findet sich in dem zweiten Grund: der Demographie. Während die Bevölkerung in den Industrieländern immer weiter überaltert, verfügen die Emerging Markets (bis auf China und Südkorea) über junge Bevölkerungsstrukturen. Es heißt ja nicht umsonst: »Der Jugend gehört die Zukunft«.

Die jungen Generationen sichern den Schwellenländern auf Jahre große Ressourcen an erwerbsfähigen Menschen, welche die Volkswirtschaften tragen können. Während in Deutschland das Sozialsystem kollabiert, sehen sich die meisten Emerging Markets keinen Überalterungsproblemen gegenüber, die negative Einflüsse auf die Wirtschaftsentwicklung haben.

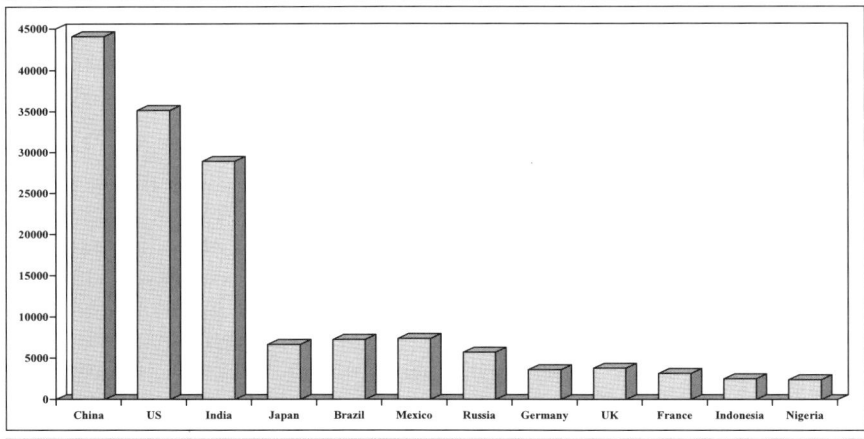

Abbildung 12: *Dies ist eine Schätzung. Aber wenn sich der Aufschwung in den Emerging Markets nur weiter so fortsetzt wie in den vergangenen Jahren (er muss nicht mal über den Erwartungen liegen), dann werden dies die zwölf größten Volkswirtschaften im Jahr 2050 sein. Darunter sind dann nur noch fünf der heutigen Industrieländer. Deutschland wird von Platz vier auf Platz acht zurückfallen.*

Aber noch viel wichtiger als die absoluten Bevölkerungszahlen (Bevölkerungsgröße und Durchschnittsalter) ist der dritte Grund: Diese jetzt heranwachsenden, jungen Generationen haben erstmals mehr Geld, als sie brauchen, um ihre Grundbedürfnisse (zum Beispiel Nahrung, Wohnung etc.) zu befriedigen. Die Menschen aus China, Indien, Polen oder Ägypten bis nach Mexiko verfügen mit dem Aufschwung ihrer Volkswirtschaften über mehr und mehr Kapital, das immer stärker in den eigenen Konsum fließt.

Da liegt das große Problem der Industrieländer: Die geburtenstarken Jahrgänge kommen nicht nur nach und nach ins Rentenalter, wodurch sie immer geringere aktive Beiträge zur Wirtschaftsentwicklung leisten. Die Baby Boomer haben nach Jahrzehnten des Konsums doch schon alles. Seien wir ganz ehrlich: Schauen Sie sich in Ihrer Nachbarschaft um. Wir besitzen doch schon längst alles, was wir brauchen (bitte unterscheiden Sie hier zwischen dem, was wir wirklich brauchen, und dem, was uns das Marketing der Konsumkonzerne vorgaukelt, dass wir es brauchen).

Vergleich des Durchschnittsalters der G-6-Industriestaaten und sechs Emerging Markets

Industrieland	Population	Alters-durchschnitt	Emerging Markets	Population	Alters-durchschnitt
Deutschland	82 Mio.	42,6	Brasilien	188 Mio.	28,2
England	60 Mio.	39,3	China	1.313 Mio.	32,7
Frankreich	61 Mio.	39,1	Indien	1.100 Mio.	24,9
Italien	58 Mio.	42,2	Mexiko	107 Mio.	25,3
Japan	127 Mio.	42,9	Russland	143 Mio.	38,4
USA	300 Mio.	36,5	Südafrika	44 Mio.	24,1

Quelle: CIA World Factbook, Auswärtiges Amt, Deutsche Bank Research

Abbildung 13: Das »Smart Money«, das »schlaue Geld der Börse«, geht immer dahin, wo die Zukunft liegt und die Wachstumschancen (und damit die Gewinnmöglichkeiten) am größten sind. Bekanntlich ist die Jugend die Zukunft. Die Zahlen der Tabelle sprechen daher eine eindeutige Sprache, in welchen Ländern die Zukunft zu finden ist.

Ganz anders in den Emerging Markets. Nehmen wir beispielsweise den Automobilmarkt: In Deutschland haben 55 Prozent aller Menschen bereits ein Auto. In China sind es gerade einmal 1,5 Prozent. In Indien sogar erst 0,8 Prozent. In den nächsten 20 Jahren wird die Zahl der Menschen mit einem Auto in Deutschland um gut zehn Prozent steigen. Für Indien wird im gleichen Zeitraum ein Anstieg um circa 500 Prozent erwartet – und selbst dann haben erst 4,8 Prozent aller Inder ein Auto.

Die Zukunft des Konsums liegt in den Emerging Markets. Nicht umsonst drängen die Firmen aus den Industrienationen wie wild in die Schwellenländer. Die Top-Manager der Konsumbranche aus Europa und den USA haben es längst begriffen: Dort wird in den kommenden Jahren das ganz große Geschäft gemacht. Nicht in Miami, Manchester oder München.

Der Binnenmarkt der Emerging Markets wird sich in den kommenden Jahren zur neuen Stütze des Aufschwungs der Schwellenländer entwickeln. Damit wird die Abhängigkeit vom Export reduziert, und das Wirtschaftswachstum wird auf ein breites Fundament gestellt. Diese Entwicklung ist neu; sie hat es in den früheren Aufschwüngen der Emerging Markets in dieser Breite noch nie gegeben. Klar, es gab immer viele Menschen in China, Brasilien oder Indien. Aber diese pure Größe nützt wenig, wenn, wie früher, kein Kapital vorhanden ist, um eigene Binnenmärkte entstehen zu lassen.

Genau diese kapitalkräftigen Mittelschichten entstehen nun in den Emerging Markets. Das ist der dritte Grund für den anhaltenden Boom der Emerging

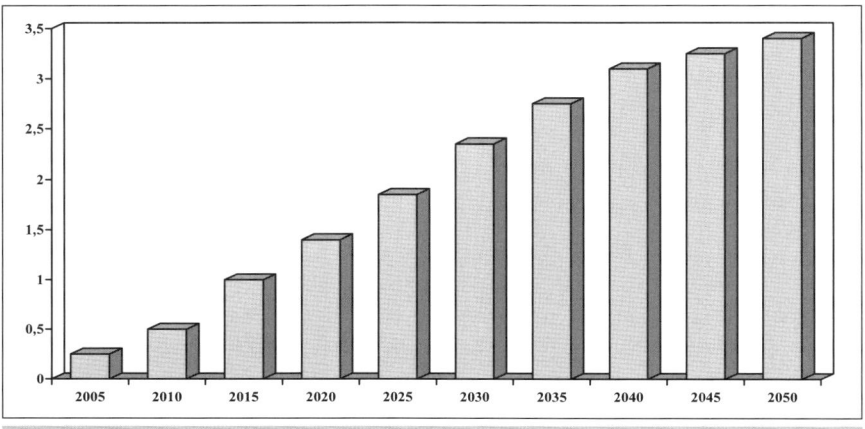

Die erwartete Entwicklung der Mittelklasse in den vier BRIC-Ländern bis 2050

Quelle: Goldman Sachs Research

Abbildung 14: Anzahl in Milliarden. Die kaufkräftige Mittelschicht ist für die Entwicklung eines Binnenmarktes die entscheidende Komponente. Wie Sie in der Grafik sehen, wird die Mittelschicht in den vier großen BRIC-Staaten in den nächsten Jahrzehnten rasant wachsen und damit den inländischen Konsum ankurbeln.

Markets: junge Menschen mit guter Ausbildung, die erstmals über zusätzliches Geld verfügen. Viele dieser Menschen kommen noch aus armen Verhältnissen oder wissen genau, unter welchen schwierigen Bedingungen ihre Eltern und Großeltern lebten. Die Menschen der Emerging Markets haben über Generationen nur die Schattenseiten kennen gelernt und Dreck gefressen, aber nun haben sie erstmals Geld, um ihr Leben langsam zu verbessern. Diese Menschen wissen: Jetzt kommt ihre Zeit. Ob ein Handy, ein TV oder gar ein Auto – ab jetzt steht bei der aufstrebenden Mittelschicht der Emerging Markets ein Leben mit mehr Wohlstand auf der Speisekarte.

Natürlich hat der Wirtschaftsaufschwung in den meisten Emerging Markets die Mehrheit der Menschen noch gar nicht richtig erreicht. Bittere Armut ist weiterhin sehr verbreitet. Aber hier liegt der Gedankenfehler von vielen Kritikern. Die Entwicklung der Gesamtbevölkerung ist für die Binnenmärkte in den Schwellenländern nicht die relevante Größe. Entscheidend ist die Entwicklung einer gut ausgebildeten, kapitalkräftigen Mittelschicht. Genau diese wird sich in den kommenden Jahren mit rasender Geschwindigkeit entwickeln. So wird sich die Zahl der Menschen aus den Emerging Markets, die man

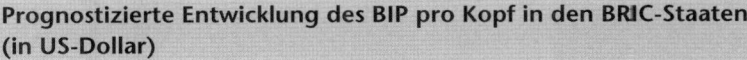

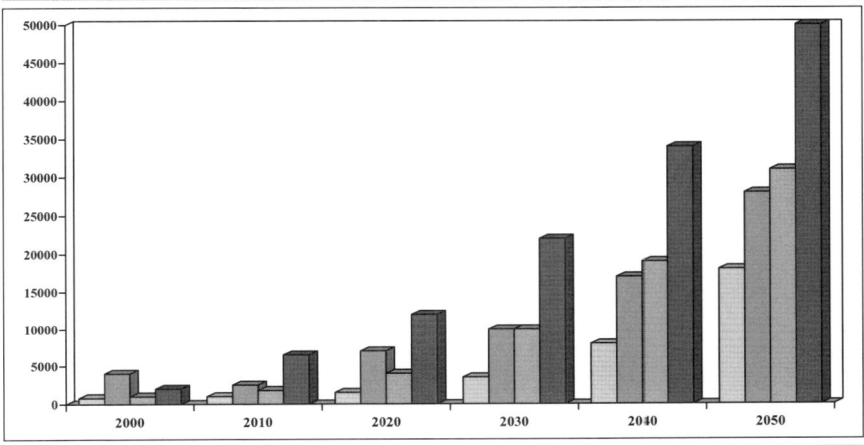

Prognostizierte Entwicklung des BIP pro Kopf in den BRIC-Staaten (in US-Dollar)

Quelle: Goldman Sachs Research

Abbildung 15: Das »Vermögen« der Menschen in den Emerging Markets, und vor allem in den BRIC-Staaten, nimmt in den kommenden Jahrzehnten stark zu. Dieses bisher nicht vorhandene Kapital wird die Binnenmärkte in den jeweiligen Schwellenländern entfachen. Der hellgraue Balken (links) steht für Indien. Der dunkelgraue Balken für Brasilien. Der mittelgraue Balken für China. Der schwarze Balken für Russland.

zur Mittelschicht rechnet (Einkommen über 15.000 US-Dollar), allein in den nächsten zehn Jahren vervierfachen.

Deshalb an dieser Stelle noch eine kurze Investment-Idee für alle Emerging-Markets-Anleger unter Ihnen: Übergehen Sie den Exportsektor und nehmen Sie stattdessen den Konsumsektor auf Ihre Watchlist. Das ist der Sektor der Zukunft in den Emerging Markets und nicht die margenschwache Exportbranche.

Der bevorstehende Konsumboom reduziert die starke Exportabhängigkeit von China und Co., ohne dass sich das Wirtschaftswachstum massiv abschwächen wird. Dies geschieht allerdings nicht über Nacht. Es wird noch Jahre dauern, bis die Binnenmärkte weit genug entwickelt sein werden, um eine relevante Größe in den Volkswirtschaften der Emerging Markets zu spielen.

Der Konsum wird zu einem anhaltend hohen Wirtschaftswachstum in den Emerging Markets führen. Dieses hohe Wirtschaftswachstum fördert dann

Der Kreislauf zwischen den Boom-Märkten der Emerging Markets und der Rohstoffe

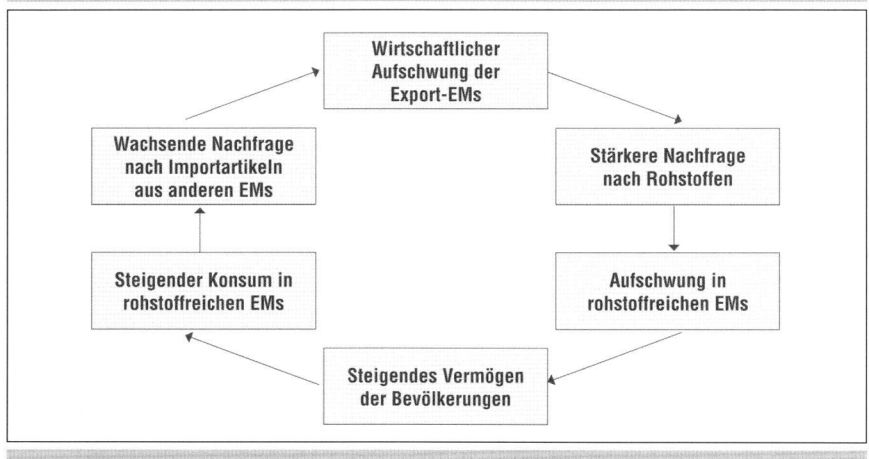

Quelle: eigenes Research

Abbildung 16: Die Interdependenz zwischen den Emerging Markets und den Rohstoffen wird in dieser Grafik klar. Beide Seiten lösen einen Anstieg auf der jeweils anderen Seite aus und sorgen so für ein anhaltendes Wachstum. Deshalb sind die beiden Megatrends Emerging Markets und Rohstoffe so eng miteinander verknüpft.

wiederum den vierten Grund, warum der Boom der Emerging Markets weiter gehen wird: den Bullenmarkt der Rohstoffe.

Auf diesen Punkt geht Michael Vaupel in seinem Teil über den Bullenmarkt des Megatrends Rohstoffe genauer ein. Deshalb möchte ich diesen Punkt an dieser Stelle mit dem letzten, fünften Punkt verknüpfen. Dabei handelt es sich um einen Kreislauf der volkswirtschaftlichen Entwicklungen der Emerging Markets. Der »Kick« daran ist: Die einzelnen Entwicklungen aus Wirtschaftsaufschwung, Binnenmarktentwicklung und Rohstoff-Boom befruchten sich gegenseitig und kreieren so eine Spirale, die den Aufstieg der Emerging Markets weiter nach oben treibt. Ich habe Ihnen den Kreislauf in Abbildung 16 dargestellt.

Sie sehen: Diese Konstellation macht den Boom in den Emerging Markets nachhaltig. Vor allem zeigt es Ihnen in aller Klarheit, wie eng die Megatrends Emerging Markets und Rohstoffe miteinander verbunden sind. Hier nährt der Aufschwung den Aufschwung. Das wirtschaftliche Wachstum von China, Indien, Mexiko und Co. entfacht eine gigantische Nachfrage nach Rohstoffen.

Das feuert die Wirtschaften in rohstoffreichen Ländern wie Brasilien, Russland, Südafrika oder dem Nahen Osten an. Dadurch beginnen deren Wirtschaften zu boomen. Die Menschen dort verdienen mehr und beginnen mehr zu konsumieren. Das führt wiederum zu einer steigenden Nachfrage nach ausländischen Importen.

Da diese Menschen aber immer noch nicht ansatzweise das Geld der Bewohner der reichen Industrienationen haben, sind vor allem billige Produkte aus anderen Emerging Markets begehrt. So steigt also in einem Süd-Süd-Handel die Nachfrage nach günstigen Exporten, was wiederum die (noch) exportlastigen Wirtschaften unter den Emerging Markets (primär Asien) ankurbelt. Das führt in diesen Exportländern zu einem steigenden Wachstum, das wiederum die Rohstoffnachfrage weiter erhöht. Die Spirale dreht sich in eine neue Runde.

Risiken des Aufschwungs der Emerging Markets

Natürlich wird der Aufstieg der Emerging Markets nicht ohne Rückschläge ablaufen. Schwere Rückschläge sogar. Das muss jedem vernünftig denkenden Investor völlig klar sein. So ist es in der Wirtschaftsgeschichte aller Industrienationen immer gewesen. Auch wenn die Politiker und Wirtschaftsmanager der Emerging Markets viel aus den Fehlern der Industriestaaten gelernt haben: Rückschläge haben immer dazugehört und werden es immer tun. Doch diese Krisen werden den übergeordneten Aufstieg der Emerging Markets nicht aufhalten.

Allerdings gibt es in der Tat einige gefährliche Risikofaktoren, die in den Emerging Markets fraglos für massive Krisen sorgen können und teilweise auch werden. Dabei reicht die Palette von geopolitischen Konfliktpotenzialen (zum Beispiel das Pulverfass Naher Osten) über die Verschuldungsproblematik der USA (als Hauptabsatzmarkt für die Exportindustrien der Schwellenländer) bis zu landesspezifischen Problemen. Zu den größten Risiken gehören hier die horrende Umweltverschmutzung in China und die hohe positive Korrelation des Wirtschaftswachstums mit den Preisentwicklungen im Rohstoffsektor. Denn der Aufschwung einzelner Emerging Markets basiert zu einem großen Teil auf den steigenden Rohstoffpreisen. So profitiert beispielsweise die russische Wirtschaft von der steigenden Nachfrage nach Öl und Gas, Brasilien vom Boom der Industriemetalle oder Südafrika von den anziehenden Edelmetallpreisen.

Da ich jedoch von einem weiteren Aufstieg der Emerging Markets und damit auch einem weiteren Bullenmarkt bei den Rohstoffen ausgehe, halte ich diesen Risikofaktor für begrenzt. Der ausschlaggebende Faktor für eine sinkende Rohstoffnachfrage, nämlich der Wandel der großen Emerging Markets wie China und Indien zu Dienstleistungsgesellschaften, ist noch Jahrzehnte entfernt und wird für das Zusammenspiel mit dem Rohstoff-Boom innerhalb der nächsten zehn Jahre keine Rolle spielen.

Das bekannteste innenpolitische Problem aller Emerging Markets ist die dramatische Scherenentwicklung zwischen Arm und Reich. Zwar wird die sich bildende Mittelschicht diese Schere wieder leicht schließen, aber in Ländern wie Brasilien, Russland oder China kommt die Kluft zwischen den Reichen und den Bettelarmen sozialem Sprengstoff gleich. Dazu kommen auch noch landesspezifische Risiken.

Beispielhaft möchte ich Ihnen hier nur die Altersproblematik in China vorstellen. Die Zahl ist so gigantisch, dass sie kaum zu glauben ist: Bis 2040 wird die Zahl der Chinesen über 60 Jahre auf unglaubliche 400 Millionen Menschen anwachsen. 400 Millionen Menschen! Stellen Sie sich ein Deutschland vor, in dem alle dort lebenden Menschen im Rentenalter sind. Ganz Deutschland. Und dann müssen Sie dieses Bild auch noch mit dem Faktor fünf multiplizieren! Da kommt auf die chinesische Regierung ein gewaltiges mittelfristiges Problem zu.

Die nächste Generation der Emerging Markets erhebt sich bereits

Aber selbst wenn das Wirtschaftswachstum und die Entwicklung in einzelnen BRIC-Staaten ins Stocken geraten, so steht bereits die nächste Generation der Emerging Markets in den Startlöchern, um mit ihren dynamischen Wachstumsraten die Abschwächung aufzufangen und den Bullenmarkt weiterzuführen.

Dies ist ein weiterer Grund für die Nachhaltigkeit des Aufstieges der Emerging Markets: Der Wirtschaftsaufschwung ist nicht nur auf die großen, bekannten Emerging Markets, wie zum Beispiel Russland oder China, beschränkt. Vielmehr weitet er sich auch auf immer mehr junge Emerging Markets aus.

Hinter den BRIC-Ländern wartet also schon die »Next Generation« der Emerging Markets auf ihren Aufstieg. Dafür gibt es in der Investmentwelt inzwischen einen neuen Begriff. Die Investmentbank Goldman Sachs und ihr Chefvolkswirt Jim O'Neill, Erfinder des BRIC-Konzepts, haben elf Schwellenländer dieser nächsten Generation als »N-11« (ausgesprochen »N(ext) Eleven« nach dem englischen Wort für die Zahl elf) betitelt.

Die elf neuen Emerging Markets der »N-11« im Überblick

Land	Bevölkerungs-größe	Alters-durchschnitt	BIP 2005 (USD)	Proz. BIP-Wachstum 2000-2005	BIP pro Kopf 2005 (USD)
Ägypten	78,9 Mio.	24,0	91 Mrd.	4,0%	1.170,-
Bangladesh	147,4 Mio.	22,2	61 Mrd.	5,4%	422,-
Indonesien	245,5 Mio.	26,8	272 Mrd.	4,6%	1.122,-
Iran	68,7 Mio.	24,8	203 Mrd.	5,7%	2.989,-
Mexiko	107,5 Mio.	25,3	753 Mrd.	2,6%	7.092,-
Nigeria	131,9 Mio.	18,7	94 Mrd.	5,1%	733,-
Pakistan	165,8 Mio.	19,8	120 Mrd.	4,1%	737,-
Philippinen	89,5 Mio.	22,5	98 Mrd.	4,7%	1.115,-
Südkorea	48,8 Mio.	35,2	814 Mrd.	5,2%	16.741,-
Türkei	70,4 Mio.	28,1	349 Mrd.	4,3%	5.013,-
Vietnam	84,4 Mio.	25,9	53 Mrd.	8,4%	566,-

Quelle: Goldman Sachs Reserach, CIA World Factbook

Abbildung 17: Die Spanne des wirtschaftlichen und gesellschaftlichen Entwicklungsstadiums unter den einzelnen N-11-Ländern ist riesig. Aber der Bezugspunkt ist auch nicht eine gleiche Wirtschaftsentwicklung, sondern eine ähnliche Mischung aus Demographie und Wirtschaftswachstum. Mit den richtigen volkswirtschaftlichen Entwicklungen können in den N-11 große Binnenmärkte geschaffen werden, die einen nachhaltigen Wirtschaftsaufschwung in den jeweiligen Ländern auslösen.

Bei den elf Ländern handelt es sich (in alphabetischer Reihenfolge) um: Ägypten, Bangladesch, Indonesien, Iran, Mexiko, Nigeria, Pakistan, Philippinen, Südkorea, Türkei und Vietnam.

Der Begriff N-11 ist noch fast völlig unbekannt, da er noch sehr neu ist. Es gibt auch noch keine Fonds oder Zertifikate auf die N-11, wie es sie auf die BRIC-Staaten gibt. Dies ist auch das erste deutschsprachige Buch, das sich überhaupt schon mit den N-11 befasst. Aber ich möchte Sie trotzdem schon jetzt auf diese neue Gruppe der Emerging-Markets-Länder aufmerksam machen.

Bei den N-11 handelt es sich um elf Länder, die aufgrund ihrer demographischen Struktur (Bevölkerungsgröße und Alter) und eines erwarteten rasanten Wachstums des BIP pro Kopf das Potenzial haben, langfristig wachstumsstarke Binnenmärkte zu etablieren. So können diese Länder einen ähnlich beeindruckenden Aufschwung nehmen wie die BRIC-Staaten – wenn auch auf einer weltwirtschaftlich kleineren Bühne. Sprich: Viele dieser Emerging Markets werden einen beeindruckenden Aufschwung erleben. Aber aus diesen Schwellenländern werden keine Wirtschafts-Supermächte werden. Allerdings ist das aus Investorensicht auch überhaupt nicht nötig, um mit Investments in diesen Ländern überdurchschnittliche Gewinne zu machen.

Der entscheidende Punkt ist hierbei also, dass es sich bei den N-11 nicht um die Nachfolger der BRIC-Supermächte handelt. Das wird in den wenigen Artikeln, die bisher über die N-11 veröffentlicht wurden, immer wieder falsch dargestellt. Tatsächlich haben nach der Analyse von Goldman Sachs lediglich Mexiko und Südkorea das Potenzial, eine BRIC-ähnliche Entwicklung zu nehmen.

So ist Mexiko ein Emerging Market, das als mittelamerikanisches Land zwischen den USA und Brasilien viel zu häufig übersehen wird. Aber wenn das Land seinen eingeschlagenen Weg fortsetzt und die USA nicht untergehen wie Sodom und Gomorra zusammen, wird sich Mexiko in 2050 zur sechstgrößten Volkswirtschaft der Welt entwickeln. Damit liegt der Aztekenstaat dann sogar noch vor dem BRIC-Staat Russland.

Tatsächlich hat Mexiko viele Asse im Ärmel: Die geographische Lage zwischen den USA und Südamerika ist exzellent, und das Land profitiert als Öl-Exporteur von der stetig steigenden Nachfrage für das schwarze Gold. Zudem ist Mexiko in seiner Industrialisierung schon recht weit fortgeschritten, und mit 106 Millionen Einwohnern ist es so groß wie Deutschland, Portugal und Griechenland zusammen.

Ein Punkt, auf den ich Sie in diesem Zusammenhang unbedingt aufmerksam machen möchte: Wenn man über die mexikanische Bevölkerung spricht, dann muss man de facto auch die rasant wachsende »Hispanic«-Minderheit in den USA dazuzählen. Vor allem die mexikanischen Einwanderer im Südwesten der USA integrieren sich nicht in die amerikanische Kultur, sondern bilden eine mexikanische Gesellschaft innerhalb der USA aus. Diese Minderheit ist ein zusätzlicher Wachstumsmotor, der noch völlig verkannt wird.

Ein derartiges demographisches Ass kann das kleinere Südkorea zwar nicht aufweisen, aber mit 49 Millionen Menschen ist es immer noch so groß wie Spanien. Eigentlich gehört Südkorea aufgrund seines hohen industriellen Entwicklungsgrades gar nicht auf diese Liste. So lag das BIP pro Kopf für 2005 bei 16.741 US-Dollar, was für Emerging-Markets-Verhältnisse ultrahoch ist. Ganz ehrlich: Eigentlich ist Südkorea gar kein Emerging Market mehr, sondern ein Industrieland.

Der Charme bei Südkorea kommt nicht über die Bevölkerungsgröße, sondern über das BIP pro Kopf, das einen hohen Konsum der Südkoreaner ermöglicht. So wird das BIP pro Kopf in Südkorea nach Schätzungen in 2050 höher sein als in Deutschland, England, Frankreich, Italien und Japan. Allerdings wird sich Südkorea, skurrilerweise ähnlich wie zum Beispiel die Industrieländer Deutschland oder Japan, schon Ende dieses Jahrzehnts einem beginnenden Überalterungsproblem gegenübersehen.

Die Kreation der N-11 ist hochspannend, wenn man sie richtig versteht: Bei den N-11 handelt es sich nicht um die elf besten Emerging Markets nach den BRICs. Einige der dort aufgelisteten Länder haben bis heute nicht einmal einen vernünftigen Kapitalmarkt. Zudem fehlen so wichtige und deutlich weiter entwickelte Länder wie Argentinien (39,9 Millionen Einwohner) oder Südafrika (44,1 Millionen Einwohner).

Vielmehr geht es darum, dass diese elf Länder eine ungewöhnlich aussichtsreiche Mischung aus hoher Bevölkerungszahl und Wirtschaftswachstum be-

Die 22 größten Volkswirtschaften in 2050

Platz	Land	Entwicklungsstand	Platz	Land	Entwicklungsstand
1.	China	BRIC	12.	Nigeria	N-11
2.	USA	Industrieland	13.	Südkorea	N-11
3.	Indien	BRIC	14.	Italien	Industrieland
4.	Japan	Industrieland	15.	Kanada	Industrieland
5.	Brasilien	BRIC	16.	Vietnam	N-11
6.	Mexiko	N-11	17.	Türkei	N-11
7.	Russland	BRIC	18.	Philippinen	N-11
8.	Deutschland	Industrieland	19.	Ägypten	N-11
9.	England	Industrieland	20.	Pakistan	N-11
10.	Frankreich	Industrieland	21.	Iran	N-11
11.	Indonesien	N-11	22.	Bangladesch	N-11

Quelle: Goldman Sachs Research

Abbildung 18: So wird die Weltwirtschaft in 2050 aussehen, wenn die Emerging Markets ihr Wachstumstempo, Reformen etc. weiter vorantreiben. Interessant ist, dass sich gleich vier der N-11-Staaten unter den 15 stärksten Volkswirtschaften etablieren könnten. Mexiko wird dabei alle europäischen Länder (inklusive Deutschland) überholen. Indonesien, Nigeria und Südkorea werden bis dahin schon an Italien und Kanada vorbeiziehen.

sitzen. Das macht diese Länder teilweise schon in einem mittelfristigen und teilweise erst im langfristigen Zeitfenster sehr interessant.

Wichtig ist für Sie, dass Sie anhand der N-11 sehen, dass die nächsten Generationen der Emerging Markets schon bereitstehen, um den Staffelstab eines überdurchschnittlichen Wirtschaftswachstums aufzunehmen. So wird der Boom der Emerging Markets fortgesetzt, wenn sich das Wachstum bei den großen, etablierten Schwellenländern verlangsamt.

Zum Schluss möchte ich noch einen Punkt klarstellen, der mir sehr wichtig ist (denn hier werde ich oft missverstanden): Wird der Aufstieg der Emerging Markets bedeuten, dass die USA, Japan und Deutschland (mal ehrlich: Wen interessiert es nach der WM schon, was mit Italien passiert?) zusammenbrechen werden? Nein, natürlich nicht. Genauso wenig wie Europa zu Grunde ging, als sein Jahrhundert ablief und die USA zur Weltmacht aufstiegen.

Die USA werden trotz bevorstehender Krisen eine der drei größten Wirtschaftsmächte bleiben, aber die Nummer eins werden sie in nicht allzu ferner Zukunft nicht mehr sein. Europa und Deutschland werden auch in 20 Jahren noch eine Rolle in der Weltwirtschaft spielen – sie wird nur wesentlich kleiner sein als heute. Die Industriestaaten gehen also nicht unter, sondern räumen lediglich ihren Platz in der ersten Reihe für die neuen Wirtschaftsmächte.

Weitsichtige Anleger investieren ihr Kapital deshalb in die Länder, denen im 21. Jahrhundert die Zukunft gehört: die Emerging Markets. Hier liegen (bei allen zweifelsfrei vorhandenen Risiken) die größten Börsenchancen der kommenden Jahrzehnte. Zwischen 2000 bis 2005 trugen die vier BRIC-Staaten allein bereits knapp 30 Prozent zum Weltwirtschaftswachstum bei (auf US-Dollar-Basis). Aber die Börsenkapitalisierung aller vier Länder macht derzeit noch nicht mal fünf Prozent der globalen Gesamtmarktkapitalisierung aus. Diese Schere wird sich schließen. Die Frage lautet nur: Werden Sie als Investor dabei sein?

Das 19. Jahrhundert war das Jahrhundert Europas.

Das 20. Jahrhundert war das Jahrhundert der USA.

Das 21. Jahrhundert wird das Jahrhundert der Emerging Markets.

Daniel Wilhelmi

KAPITEL 3

Vietnam – einer der letzten unerschlossenen Emerging Markets

Eines der spannendsten N-11-Länder wollen wir Ihnen schon heute näher bringen. Es ist Vietnam, oder offiziell die Sozialistische Republik Vietnam. Diesen Tigerstaat haben bisher nur Emerging-Markets-Pioniere auf ihrer Watchlist. Im alltäglichen Börsengeschäft von New York über London bis Frankfurt fristet Vietnam (noch) ein Schattendasein.

Genau deshalb möchten wir Ihnen diesen unbekannten Emerging Market von morgen vorstellen. Dann haben Sie schon heute einen Informationsvorsprung gegenüber der Masse der Anleger. Die werden nämlich erst in einigen Jahren im Diercke-Weltatlas nachschlagen, wo Vietnam überhaupt noch mal genau liegt.

Dabei ist Vietnam mit einer Bevölkerung von 84 Millionen Menschen das zwölftgrößte Land der Erde und mal eben so groß wie Deutschland. Der Grund, warum Vietnam in Börsenkreisen so unbekannt ist, lässt sich sehr einfach erklären: Noch immer interessiert sich die Masse der Anleger nur für DAX, Euro Stoxx 50 und Dow Jones.

Länderfakten – Vietnam

Größe:	326.797 qkm
Bevölkerungszahl:	84 Mio.
Hauptstadt:	Hanoi
Währung:	Dong
Börsenplatz:	Ho Chi Minh City
Leitindex:	VN-Index
Leistungsbilanz 2006:	–1,8 Mrd. USD
BIP 2006:	60,2 Mrd. USD
BIP pro Kopf 2006:	714 USD
BIP-Wachstum 2005:	8,4%
BIP-Wachstum 2006:	8,2% (Prognose)
BIP-Wachstum 2007:	9,4% (Prognose)
Arbeitslosenquote:	2,4%*
Inflationsrate 2006:	7,1%

Quellen: Credit Suisse Research, Auswärtiges Amt Wirtschaftsdaten, CIA World Factbook

* Laut offiziellen Angaben liegt die Arbeitslosigkeit bei ultra-niedrigen 2,4 Prozent. Aber wer diese Statistiken für bare Münze nimmt, der glaubt auch daran, dass sich am 24. Dezember ein dicker Mann mit weißem Bart und rotem Mantel in zu eng gemauerte Schornsteine zwängt. So hatte die Arbeitslosigkeit in 2004 laut Vietnam Economic Times noch bei 5,6 Prozent gelegen.

Wenn es sich schon um gut informierte Anleger handelt, wissen diese immerhin über das Potenzial der BRIC-Staaten Bescheid. Wobei die meisten Anleger doch noch immer denken, dass BRIC ein Fertighausbauer aus Polen ist (»Mit BRIC wird Ihr Traumhaus wirklich richtig schick ...« – das wäre ein guter Werbeslogan geworden).

Aber selbst besser informierte Anleger kennen meist nur die großen Emerging Markets. Die kleineren und jüngeren Emerging Markets entwickeln sich unterhalb der Börsen-Radare. Hier springt die Masse der Anleger immer erst auf, wenn die Party in Wirklichkeit schon lange Zeit läuft.

Ein typisches Beispiel sind die arabischen Emerging Markets. Im Oktober 2005 wurde das erste Zertifikat auf arabische Aktien emittiert. Denn nach einer unglaublichen Rallye an der Börse Dubai und Co. war das Interesse der breiten, über Emerging Markets uninformierten Anlegermasse für diese Region geweckt worden.

Kursentwicklung des ersten Zertifikates auf den arabischen Aktienmarkt

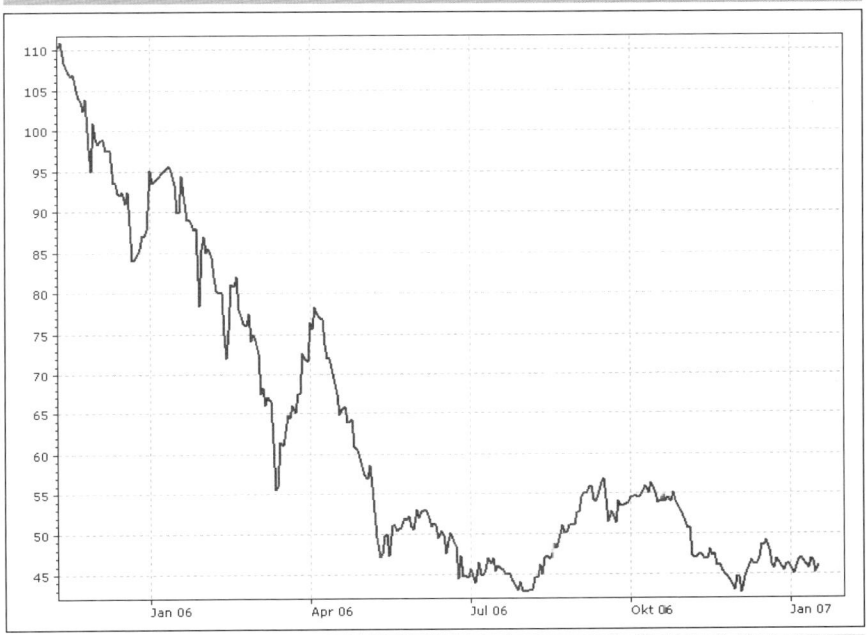

Quelle: vwd

Abbildung 19: Hier sehen Sie die Entwicklung des Dubai-Zertifikates seit dem Herbst 2005. Sagen wir mal so: Wenn es sich um einen Put gehandelt hätte, dann wäre es ein Knaller-Timing gewesen. Dieses Beispiel zeigt, dass weitsichtige Emerging-Markets-Anleger in Märkte einsteigen, bevor sie bekannt werden. Dann bieten sich die besten Chancen.

Wohlgemerkt: Das Zertifikat auf einen Basket von Aktien aus Dubai kam erst, nachdem in den Vereinigten Arabischen Emiraten schon jahrelang ein Kursfeuerwerk abgefackelt worden war und die dortigen Börsen bereits um mehrere 100 Prozent höher notierten. Dementsprechend wurde mit der Emission dieses Zertifikates in fast beeindruckender Manier aber auch ganz genau das Top der Hausse getroffen, bevor die völlig überhitzte Blase in Dubai platzte. (Es ist wichtig, dass Sie immer daran denken: Zertifikate orientieren sich an der Nachfrage der Privatanleger. Somit haben Zertifikate fast nie einen vorlaufenden, sondern einen nachlaufenden Charakter.)

Dieses Beispiel soll zeigen, dass sich die größten Gewinnpotenziale immer auftun, wenn man frühzeitig in einen Emerging Market einsteigt. Hier bietet sich weitsichtigen Anlegern mit Vietnam eine sehr seltene und besondere Chance. Vietnam ist derzeit einer der ganz wenigen bedeutenden Emerging Markets, der im wahrsten Sinne des Wortes wirklich noch »Emerging« ist. In Vietnam haben Sie tatsächlich noch die Chance, zu einem frühen Zeitpunkt in ein Land zu investieren, das sich wirklich noch ganz am Anfang befindet.

Wenn Sie sich jemals geärgert haben, dass Sie vor Jahren nicht frühzeitig in Indien oder China investierten – in Vietnam haben Sie diese Chance noch. Vietnam befindet sich heute auf dem Niveau, auf dem China vor circa 20 bis 25 Jahren war. Das zeigt Ihnen aber auch: Wenn Sie in Vietnam investieren und die großen Chancen, die sich dort bieten, nutzen wollen, dann müssen Sie den Atem eines karibischen Perlentauchers haben. Für schnelle Trader ist die Vietnam-Story ungeeignet.

Ähnlich wie China ist Vietnam offiziell ein kommunistisches Land. Aber das steht eigentlich nur noch auf dem Papier. Der marktwirtschaftliche Wandel vollzieht sich mit rasenden Schritten. Der Wandel begann 1986, nachdem der langjährige KPV-Generalsekretär Lé Duán verstarb. Richtig Fahrt nahm der Liberalisierungsprozess aber erst 1992 auf. Damals wurde die traditionelle kommunistische Planwirtschaft durch ein »reguliertes, nach marktwirtschaftlichen Prinzipien funktionierendes System« mit sozialistischer Orientierung ersetzt.[10]

Diese Politik des wirtschaftlichen Wandels trägt den Namen »Doi Moi« und bildet die Basis für den wirtschaftlichen Aufschwung Vietnams in den letzten 15 Jahren. Dazu verabschiedete die kommunistische Parteielite auf dem neunten Parteitag im April 2001 den Entwicklungsplan »Sozialökonomische Entwicklungsstrategie 2001–2010«. Dieser steckt zusammen mit den für kommunistische Länder typischen Fünf-Jahres-Plänen (der jüngste Fünf-Jahres-Plan 2006–2010 wurde im April 2006 verabschiedet) die Richtlinien der Wirtschaftsentwicklung ab.

Laut diesen Richtlinien soll die vietnamesische Wirtschaft bis 2010 um 7,5 Prozent pro Jahr wachsen. Das ist ambitioniert, aber nicht irreal, denn in den letzten sechs Jahren ist der Tigerstaat jährlich um beeindruckende 7,4 Prozent gewachsen (+7,2 Prozent über die vergangenen zehn Jahre). Was viele nicht wissen, sehen Sie in Abbildung 20: Damit besitzt Vietnam nach China das höchste Wirtschaftswachstum in ganz Asien. Nicht ohne Grund wird Vietnam deshalb in asiatischen Finanzkreisen als »Little China« bezeichnet. Die Parallelen sind von dem hohen Wirtschaftswachstum bis zur übergeordneten

---

10 Quelle: *Winkler, Markus: »Vietnam – Ein neuer Tiger ist geboren«, Finanz und Wirtschaft 2005.*

Erwartetes BIP-Wachstum für Asien (exkl. Japan) für 2005–2007

Ranking	Land	2005	2006e	2007e
1.	China	10,2%	10,4%	9,8%
2.	**Vietnam**	**8,4%**	**8,2%**	**9,4%**
3.	Indien	8,1%	8,5%	8,5%
4.	Singapur	6,4%	8,5%	6,7%
5.	Indonesien	5,6%	5,6%	6,0%
6.	Malaysia	5,3%	5,4%	5,6%
7.	Philippinen	5,0%	5,3%	5,6%
8.	Thailand	4,5%	4,4%	4,5%
8.	Hong Kong	7,3%	6,4%	4.3%
10.	Südkorea	4,0%	4,9%	4,3%

Quelle: Credit Suisse Research, Deutsche Bank Research, Merrill Lynch Research

Abbildung 20: Nur die chinesische Volkswirtschaft wächst stärker als Vietnam. Die Wachstumsraten des unbekannten Tigerstaates toppen sogar das wachstumsstarke Indien. Tatsächlich soll Vietnam fast doppelt so stark wachsen wie der Nachbar Thailand.

kommunistischen Ideologie zweifelsfrei vorhanden. Deshalb strukturiert Vietnam seinen Aufschwung auch an dem chinesischen Erfolgsmodell.

Dabei hat die vietnamesische Regierung der KPV (Kommunistische Partei Vietnams) verstanden, dass diese fraglos ehrgeizigen Ziele nur über eine Privatisierung der Wirtschaft, steigende ausländische Investitionen sowie einen funktionierenden Kapitalmarkt möglich sind.

In den ersten beiden Bereichen wurden in den vergangenen Jahren beeindruckende Fortschritte erzielt. So erlebt Vietnam seit einigen Jahren neben einer umfassenden und rasant voranschreitenden Privatisierungswelle ehemaliger Staatsbetriebe einen wahren Gründerboom für Privatunternehmen. Den Startschuss dafür gab es 1999, als der Staat die Gründung privater Unternehmen offiziell anerkannte.

Hintergrund für den Gründer-Boom am Mekong-Delta sind einschneidende Reformen im Gesellschaftsgründungsrecht, die die zeitintensiven Registrierungs- und Erlaubnisverfahren massiv beschleunigen. Unternehmer brauchen in Vietnam inzwischen keine aufwendigen Lizenzen mehr, sondern nur noch einfache Registrierungen, um eine Firma zu gründen. Zudem wurde bei der

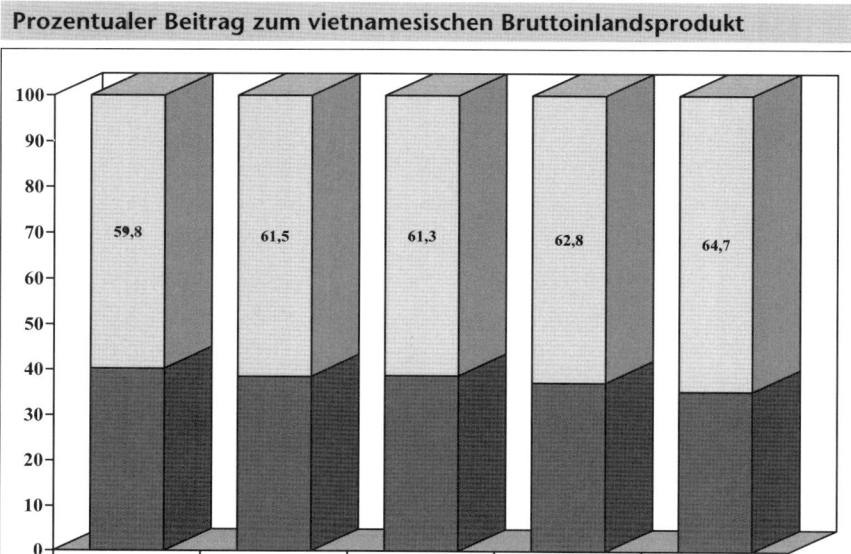

Prozentualer Beitrag zum vietnamesischen Bruttoinlandsprodukt

Quelle: Credit Suisse Research

Abbildung 21: In den zurückliegenden zehn Jahren ist der prozentuale Anteil der Privatwirtschaft (grau) im Vergleich zum Anteil der Staatsunternehmen (schwarz) immer weiter gewachsen. Inzwischen kommen gut zwei Drittel des vietnamesischen BIP aus der Privatwirtschaft.

Körperschaftsteuer bereits in 2004 ein Einheitssteuersatz von 28 Prozent eingeführt. Dies reduziert sowohl für junge Unternehmen als auch für die Behörden den bürokratischen Aufwand. Da können deutsche Politiker von den Vietnamesen noch eine Menge lernen.

(Unser Vorschlag an den Bundestag: Anstatt unsere Steuergelder sinnlos für so unglaublich wichtige Ereignisse wie die Rechtschreibreform zu verschwenden, sollten Sie einfach mal einen Flug nach Hanoi buchen und sich vor Ort anschauen, wie man ein vereinfachtes Steuersystem aufbaut.)

Wurden zwischen 1990 und 2000 insgesamt 35.000 Privatunternehmen ins Leben gerufen, so ist diese Zahl inzwischen auf über 200.000 private Unternehmen explodiert. Damit ist der Bereich »Private Industrieproduktion« mit jährlichen Wachstumsraten von 20 Prozent der treibende Motor beim vietnamesischen Aufschwung (die Staatsbetriebe wachsen um zehn Prozent).

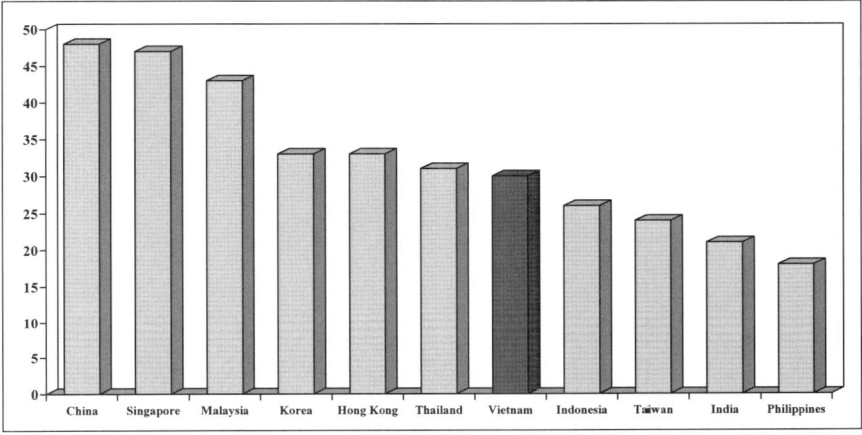

Nationale Sparquote (in Prozent des BIP-Wachstums) der asiatischen Länder (exkl. Japan)

Quelle: Credit Suisse Research

Abbildung 22: In 2005 lag die Sparquote von Vietnam mit 30 Prozent deutlich unter dem asiatischen Durchschnitt von 32,45 Prozent. Vor allem gegenüber der extrem hohen Sparquote der Chinesen, die Geiz wirklich geil finden, ist die vietnamesische Sparquote sehr niedrig.

Wie Sie in Abbildung 20 sehen, wächst die vietnamesische Wirtschaft rasant. Auch in den kommenden Jahren soll das Wachstum zwischen 8,2 und 9,4 Prozent liegen. Allerdings von einem extrem niedrigen Niveau aus: So besaß das gesamte BIP Vietnams 2005 gerade mal die Größe des BIP von Mecklenburg-Vorpommern.[11] Das soll Ihnen nicht zeigen, dass Mecklenburg-Vorpommern in Wirklichkeit ein Emerging Market ist, sondern in welch frühem Entwicklungsstadium sich Vietnam, dessen Bevölkerung ja so groß wie ganz Deutschland ist, befindet.

Der wirtschaftliche Aufschwung trägt bei der vietnamesischen Bevölkerung bereits Früchte. Der Anteil der Bevölkerung, der unter der Armutsgrenze lebt (definiert als ein Auskommen mit weniger als einem US-Dollar pro Tag), ist in den vergangenen Jahren dramatisch gefallen. Lag der prozentuale Anteil Ende der 80er durch die Nachwirkungen der Kriegsjahrzehnte bei 70 Prozent (!), so sank er kontinuierlich über 35 Prozent im Jahr 2000 auf inzwischen unter

---

11 Quelle: Auswärtiges Amt.

Anstieg der Mindestlöhne in Vietnam seit 1993

Quelle: Credit Suisse Research

Abbildung 23: Auch wenn die Mindestlöhne (vertikale Achse in US-Dollar) immer noch extrem niedrig sind, so ist der wirtschaftliche Aufschwung doch schon in den Geldbörsen der Vietnamesen angekommen.

20 Prozent. Daher ist auch der inländische Binnenmarkt in den zurückliegenden fünf Jahren um starke 7,5 Prozent per annum gewachsen. Für 2007 liegen die Schätzungen ebenfalls bei 7,5 Prozent. Dabei hilft, dass die Sparrate der Vietnamesen deutlich niedriger als in anderen asiatischen Ländern ist.

Das liegt teilweise an dem extrem unterentwickelten Bankensektor, worauf wir gleich noch eingehen, und natürlich an dem im Vergleich zu anderen asiatischen Staaten niedrigen Lebensstandard. Je unterentwickelter eine Bevölkerung ist, desto niedriger ist die Sparquote, da die Einkommen sofort in die Sicherung der Grundbedürfnisse (Nahrung, Gesundheit, Bekleidung, Unterkunft) investiert werden.

Allerdings ist das nur eine Seite der Medaille. Denn die Löhne sind, wie Sie in Abbildung 23 sehen, in den zurückliegenden Jahren massiv angestiegen – und trotzdem ist die Sparquote der Vietnamesen weiterhin niedrig. Ergo: Die Vietnamesen sind einfach ein konsumoffenes Volk. Selbst auf dem aktuell noch niedrigen Wirtschaftsniveau gibt man in Vietnam schon viel Geld für den Konsum aus. Eine ideale Voraussetzung für den Aufstieg des inländischen Binnenmarktes.

Das offizielle BIP pro Kopf liegt in Vietnam nur bei niedrigen 714 US-Dollar, womit das Land immer noch zu den ärmsten Emerging Markets gehört. In

BIP pro Kopf in ausgewählten Emerging Markets der zweiten und dritten Reihe

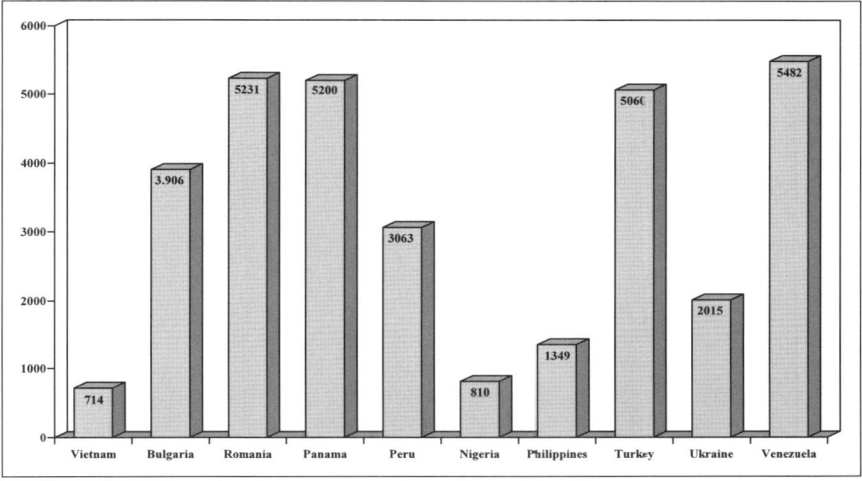

Quelle: Credit Suisse Research

Abbildung 24: Es ist kaum zu glauben, aber selbst der afrikanische Staat Nigeria hat mit 819 US-Dollar ein höheres BIP pro Kopf als Vietnam mit 714 US-Dollar (nach offiziellen Statistiken). In Bulgarien, einem Land, das man nun wahrlich nicht zu den Luxusnationen der Erde zählen kann, ist das BIP pro Kopf 4,5 Mal so hoch wie in Vietnam. Das zeigt Ihnen, in welch frühem Stadium sich der vietnamesische Wirtschaftsaufschwung befindet.

Vietnam ist die Schattenwirtschaft aber noch extrem verbreitet (Löhne werden zum Beispiel größtenteils bar ausgezahlt). Zudem werden Vermögen sprichwörtlich unter dem eigenen Kopfkissen und nicht bei Banken gelagert. Beide Faktoren führen dazu, dass das wahre BIP pro Kopf in Vietnam deutlich höher als die offiziellen Zahlen liegen dürfte. Das renommierte Investment-haus Credit Suisse schätzt das wahre BIP pro Kopf auf circa 950 US-Dollar. Aber selbst das ist immer noch ein unterirdisch niedriger Wert.

Zum Vergleich: In China liegt das BIP pro Kopf inzwischen bei 1.987 US-Dollar und damit mehr als doppelt so hoch wie in Vietnam. Noch offensichtlicher wird das (noch) niedrige Wirtschaftsstadium Vietnams bei einem Vergleich mit dem Nachbarn Thailand: Hier liegt das BIP pro Kopf bei 3.120 US-Dollar. Aber damit stehen China und Thailand sogar noch am unteren Ende der asiatischen Volkswirtschaften: Von Nachbarländern wie Taiwan (BIP pro

Kopf: 15,600 US-Dollar) oder Südkorea (16,741 US-Dollar) wollen wir hier gar nicht reden. Vietnam befindet sich noch ganz am Anfang.

Das langfristig gigantische Potenzial Vietnams zieht inzwischen auch immer mehr ausländisches Kapital an. So ist die Summe der in Hanoi dringend benötigten ausländischen Direktinvestitionen in den vergangenen Jahren massiv angestiegen. (Unter Direktinvestitionen versteht man Investitionen in die reale Wirtschaft. Der Gegensatz sind Portfolioinvestitionen, die in den jeweiligen Finanzmarkt fließen.)

Inzwischen hat die vietnamesische Regierung erkannt: Das Land braucht die ausländischen FDIs (Foreign Direkt Investments, englischer Fachausdruck für ausländische Direktinvestitionen) dringend, um die ehrgeizigen Wachstumspläne, vor allem im Infrastrukturbereich, umsetzen zu können.

Daher wird die Obergrenze für ausländische Direktinvestitionen immer wieder erhöht. So stieg die Summe der bisher in 2006 bewilligten FDIs gegenüber 2005 wieder um 25,9 Prozent auf 5,2 Milliarden US-Dollar an.[12]

Die vietnamesischen Behörden haben für das Gesamtjahr 2006 die Marke von 7,0 Milliarden US-Dollar angepeilt, was mit Sicherheit auch erreicht wird. Die effektiven ausländischen Direktinvestitionen, von denen sehr viele Gelder aus Japan kommen, werden in 2006 insgesamt 5,0 Milliarden US-Dollar erreichen (hinter Japan weisen auch Südkorea, Hong Kong, Taiwan und Singapur hohe FDIs nach Vietnam auf). 2005 waren es noch 3,9 Milliarden US-Dollar. Tatsächlich ist Vietnam weltweit eines der Länder mit dem höchsten prozentualen FDI-Anteil im Vergleich zum BIP. In Asien weist lediglich Singapur einen höheren Prozentsatz auf.

Der prozentuale Anteil der ausländischen Direktinvestitionen am BIP liegt in Vietnam bei heftigen acht Prozent. In China beläuft sich der Anteil (natürlich auf einem höheren Niveau) nur auf vier Prozent. Vietnam ist beim Smart Money, dem »klugen Geld« der besonders gut informierten Hochfinanz und der Wirtschaft, fraglos heiß begehrt.

Im vietnamesischen Binnenmarkt sind der Finanzsektor (vor allem die Banken), Telekommunikation, Energieversorgung, Infrastruktur und Immobilien sehr aussichtsreiche Branchen. Auf diese Sektoren sollten Anleger jetzt besonders achten, wenn sie in Vietnam investieren wollen.

---

12 *Stand: November 2006.*

Nehmen wir den Immobiliensektor: Obwohl Vietnam geographisch fast so groß ist wie Deutschland, konzentriert sich die Wirtschaft lediglich auf zwei Regionen um die Städte Hanoi und Ho Chi Minh Stadt (das frühere Saigon). Hier befindet sich auf engem Raum das Zentrum des wirtschaftlichen Aufschwungs am Mekong-Delta. Deshalb ist das BIP pro Kopf in diesen Städten auch vier Mal so hoch wie der Landesdurchschnitt. Kein Wunder, dass aufgrund dieser explosiven Mischung aus relativ hohem Einkommen auf der einen und stark begrenzten Wohn- und Gewerbeflächen auf der anderen Seite die Immobilienpreise massiv gestiegen sind: In einigen Stadtgebieten Hanois haben sich die Preise seit 1998 teilweise verzehnfacht (1.000 Prozent).

Zu beobachten ist auch der Energiesektor. Hier stößt Vietnam bei der Stromversorgung inzwischen an kritische Grenzen. Stromausfälle, selbst in den Wirtschaftszentren, sind in Vietnam inzwischen ein normales Alltagsphänomen. Denn der vor allem auf Wasserkraft (Anteil von 56 Prozent) basierende Energiesektor wächst inzwischen pro Jahr mit 14 bis 15 Prozent. Aber Wasserkraft besitzt Risiken. So kann schon eine schwere Dürre zu massiven Energieproblemen führen. Ein Großteil der staatlichen Infrastruktur-Investitionen wird deshalb in den Energiesektor fließen. Bis 2020 sollen sage und schreibe 60 neue Kraftwerke gebaut werden.

Neben der Energie steht natürlich die klassische Infrastruktur wie der Ausbau der unterentwickelten Straßen- und maroden Eisenbahnnetze vor einem Boom. So werden derzeit unter Hochdruck gleich drei neue Häfen südlich von Ho Chi Minh Stadt gebaut. Aber auch Telekommunikations-Infrastruktur und Wasserversorgung werden auf den Fördermittellisten Spitzenplätze einnehmen.

Der Finanzsektor ist neben dem Immobiliensektor der klassische Basissektor für Investments in aufstrebende Emerging Markets. Ein goldenes Investmentgesetz unter Emerging-Markets-Spezialisten lautet: Willst du von einem Aufschwung eines Binnenmarktes profitieren, dann setze auf Finanzinstitute. Die verdienen am Boom immer überdurchschnittlich stark und bieten gleichzeitig durch ihre Diversifizierung auf verschiedene Geschäftszweige ein vermindertes Investitionsrisiko.

Eine boomende Volkswirtschaft bedeutet schließlich steigende Löhne und damit wachsende »Vermögenswerte« der Bevölkerung. Dieses Geld bedarf Finanzdienstleistungen. Ob also traditionelles Bankgeschäft, Investmentbanking, Kreditgeschäfte, M&A oder über die eigenen Beteiligungsportfolios – die Finanzinstitute profitieren wie keine andere Branche von dem Aufstieg einer Volkswirtschaft und einem wachsenden Binnenmarkt.

Auf welchem Anfangsniveau wir uns derzeit im vietnamesischen Bankensektor befinden, zeigen folgende Zahlen: Obwohl die Zahl der Kontoeröffnungen seit 2002 jährlich um circa 25 Prozent gewachsen ist, haben nicht mal sechs Prozent der gesamten vietnamesischen Bevölkerung derzeit ein Konto bei einer Bank! Extrem unterentwickelt ist auch das Kreditgeschäft: Die Kreditaufnahmen sind in den zurückliegenden vier Jahren um jährlich 25 Prozent gestiegen. Trotzdem beläuft sich der Anteil von Krediten gemessen am BIP erst auf 63 Prozent. Der Durchschnitt liegt in Asien mit 125 Prozent des BIP doppelt so hoch. Der vietnamesische Finanzsektor besitzt in den kommenden Jahren ein riesiges Potenzial.

Das meinen wir damit, wenn wir sagen, dass Vietnam einer der letzten unentdeckten Emerging Markets ist, in den Sie im Anfangsstadium einsteigen können. So wie beim vietnamesischen Mobilfunk-Sektor. In Deutschland verdienen eigentlich nur noch Klingelton-Betreiber Geld, in deren nervenden Werbespots seltsame Frösche und Kühe herumtanzen, die aussehen, als wären sie geradewegs aus einer Nervenheilanstalt ausgebrochen.

Ganz anders sieht es in Vietnam aus. Hier steht der Mobilfunk-Boom erst noch bevor. Dort haben erst 15 Prozent der Bevölkerung ein Handy (zwölf Millionen Menschen). Zum Vergleich: In Deutschland liegt die Penetrationsrate von Mobiltelefonen inzwischen bei 96 Prozent. Selbst in China haben inzwischen über 35 Prozent aller Chinesen ein Handy. Verstehen Sie jetzt, warum Emerging-Markets-Experten schon beim Gedanken an Vietnam das Wasser im Mund zusammenläuft, als sei das Land ein gigantisches Steak mit Barbecue-Sauce?

Neben den spannenden Sektoren Banken, Infrastruktur, Energie, Immobilien und Konsum spielt auch der Tourismus eine immer gewichtigere Rolle in der Wirtschaftsentwicklung. Inzwischen macht er zehn Prozent des BIP aus – Tendenz stark steigend. Damit ist der Anteil schon doppelt so hoch wie in dem eigentlich bekannteren Tourismusland Thailand. Kein Wunder. Vietnam bietet Touristen eine Kombination, die kaum ein anderes Land aufweisen kann: Da ist beispielsweise die endlos lange vietnamesische Küstenregion von sagenhaften 3.444 Kilometern, gegen die Holland mit seinem komischen Ijsselmeer mal schön nach Hause gehen kann.

Gepaart mit dem selbst für asiatische Standards niedrigen Preisniveau ergibt sich ein begehrtes Reiseziel. Die größte Tourismusnation sind übrigens die Japaner. Wir wissen nicht, wie es Ihnen geht, aber irgendwie denkt man sich da: Wer hätte das gedacht? (Wenn Sie mal im Sommer durch Heidelberg gegangen sind, dann wissen Sie, was wir meinen. Da fragt man sich, ob zu dieser Zeit in Tokio überhaupt noch ein einziger Japaner zugegen ist.)

Prozentualer Anteil des Exports am vietnamesischen Bruttoinlandsprodukt

	2003	2004	2005	2006e	2007e
BIP (Nominal)	39,5 Mrd. USD	45,5 Mrd. USD	52,9 Mrd. USD	60,2 Mrd. USD	68,9 Mrd. USD
Prozent. BIP-Wachstum	7,3%	7,8%	8,4%	8,2%	9,4%
Anteil des Exports am BIP	58,5%	66,8%	69,3%	74,3%	78,1%

Quelle: Credit Suisse Research, Auswärtiges Amt

Abbildung 25: Vietnam ist ein klassisches Exportland. Das ist für asiatische Emerging Markets üblich. Aber der prozentuale Anteil ist selbst für asiatische Länder sehr hoch.

Ein sehr interessanter Fakt: Ende 2008 soll der Luftverkehr zwischen den ASEAN-Staaten geöffnet werden, was den vietnamesischen Markt für viele regionale Fluglinien öffnet und den Tourismus noch mal massiv ankurbeln wird.

Noch wird der vietnamesische Wirtschaftsaufschwung allerdings vom Export getragen. Dabei ist der Anteil am vietnamesischen Wirtschaftwachstum schon fast grenzwertig hoch. Natürlich sind hohe Exportanteile für asiatische Emerging Markets als Billiglohnländer üblich, aber ein Exportanteil von knapp 78 Prozent für 2007 macht die vietnamesische Wirtschaft sehr anfällig für globale Wachstumsabschwächungen.

Zwar wandert ein großer Teil der vietnamesischen Exporte in andere asiatische Länder (primär Rohstoffe nach China). Aber der Handel mit den USA nimmt seit der Aufhebung des amerikanischen Handelsembargos 1994 und dem 2001 abgeschlossenen bilateralen Handelsabkommen eine zentrale Rolle in der vietnamesischen Exportwirtschaft ein. Inzwischen sind die USA das größte Exportland für die vietnamesische Wirtschaft. Vietnam-Investoren sollten sich deshalb immer auch über die Konjunkturentwicklung in den USA und Europa informieren.

Vietnam ist vor allem in drei Exportsektoren besonders stark: Textilindustrie, Agrarrohstoffe und Rohöl. Besonders der Bereich »Bekleidung und Schuhe« boomt aufgrund der stark gestiegenen Exporte in die USA. Aber unter dem Themenansatz unseres Buches interessieren uns vor allem die beiden letzten Bereiche: So ist Vietnam im Agrarbereich weltweit der zweitgrößte Kaffee- und auch der zweitgrößte Reisexporteur sowie der weltweit größte Verkäufer von Pfeffer. Zudem ist man Exporteur von Fischen und anderen Meeresfrüchten.

Gleichzeitig tritt Vietnam auf dem Weltmarkt als Exporteur von Rohöl auf. Hauptkunde ist hier natürlich China. Denn Vietnam verfügt über große Erdöl- und Erdgasvorkommen, die offshore vor der vietnamesischen Küste im Meer lagern. Mittelfristig werden die reichhaltigen Rohölreserven einen positiven Effekt auf die vietnamesische Wirtschaft haben. Denn diese Reserven sorgen für eine positive Korrelation mit dem Ölpreis, der langfristig steigen wird. Vietnam ist in Südostasien das einzige Land, das mehr Öl exportiert, als es importieren muss!

Mit den steigenden Rohöl-Exporten wird der Tigerstaat also ähnlich wie Russland oder die arabischen Länder von anziehenden Ölpreisen profitieren. Ganz anders als das Nachbarland Thailand, dessen Wirtschaft aufgrund fehlender eigener Ölvorkommen unter den steigenden Preisen des schwarzen Goldes leidet. Auch anders als das Vorbild China, das 43 Prozent des Ölverbrauches importieren muss. China hat inzwischen sogar bekannt gegeben, dass es seine Ölimportquote bis 2010 auf 50 Prozent des eigenen Ölbedarfs erhöhen wird. Das bedeutet nichts anderes, als dass jeder zweite Liter Öl, den China verbraucht, importiert werden wird!

Allerdings – und hier müssen wir mit einem häufig auftretenden Missverständnis aufräumen – profitiert Vietnam erst mittelfristig von steigenden Ölpreisen. Denn Vietnam besitzt zwar jede Menge Rohöl, aber noch keine Kapazitäten, um dieses selbst zu verarbeiten. Die erste eigene Ölraffinerie Dung Quat soll erst ab 2009 zur Verfügung stehen. Doch selbst diese Raffinerie wird dann erst 60 Prozent der von der Wirtschaft benötigten Mengen produzieren können. Auf mittelfristige Sicht muss Vietnam also noch raffiniertes Öl teuer importieren. Der Anteil wird aber ab 2009 massiv sinken. (Weitere bedeutende Importe aus dem Rohstoffsektor sind Stahl und Düngemittel für die Agrarindustrie.)

Trotzdem können Sie sich als Faustregel merken: Als Netto-Exporteur des schwarzen Goldes ist ein steigender Ölpreis für die vietnamesische Wirtschaft gut und ein fallender Ölpreis für die Wirtschaftsentwicklung schlecht, selbst wenn dadurch kurzfristig die Kosten für das importierte raffinierte Öl sinken würden. Diese positive Korrelation wird sich durch den Aufbau eines eigenen Raffineriesystems noch verstärken.

Wie Sie in Abbildung 26 sehen, wächst der vietnamesische Export mit rasender Geschwindigkeit. Auch 2006 sind die Exporte schon wieder um 24,2 Prozent angestiegen. Seit der Jahrtausendwende haben sich die Ausfuhren aus dem

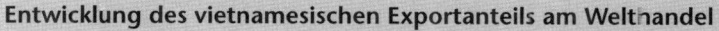

Entwicklung des vietnamesischen Exportanteils am Welthandel

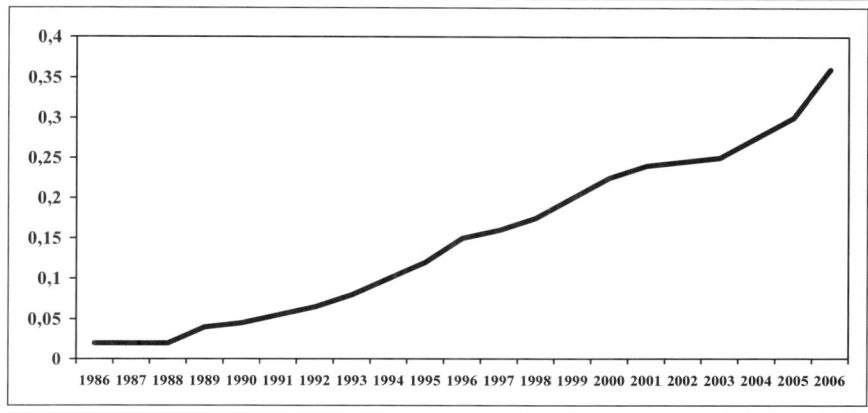

Quelle: Credit Suisse Research

Abbildung 26: Trotz der beeindruckenden Steigerungsraten über die vergangenen zwei Dekaden ist der prozentuale Anteil Vietnams am Welthandel (vertikale Skala) immer noch verschwindend gering (unter 0,5 Prozent des weltweiten Handels).

Mekong-Delta ins Ausland versechsfacht. Das liegt vor allem daran, dass Vietnam in den internationalen Staatengemeinschaften immer bedeutender wird.

Seit 1995 ist man in den asiatischen Wirtschaftsorganisationen ASEAN, AFTA und APEC (seit 1998) Mitglied. Der Ritterschlag wird jedoch der Betritt zur WTO, der Welthandelsorganisation, sein. Nach zwölf Jahren zäher Verhandlungen (es wurden über 40 bilaterale Handelsabkommen geschlossen) hat die WTO im Oktober 2006 endlich den Beitritt Vietnams beschlossen. Damit wird Vietnam im Januar 2007 offiziell das 150. Mitgliedsland der WTO werden. Dieser Beitritt wird Vietnam endgültig auf die Landkarte der Weltwirtschaft heben.

Allerdings ist der WTO-Beitritt für Vietnam nicht so golden, wie oft behauptet wird. Vielmehr stellt er die vietnamesische Wirtschaft vor harte Prüfungen. Vietnam musste für die Aufnahme sehr hohe Zugeständnisse bei der Öffnung der eigenen Märkte und der Subventionspolitik machen.

Wenn diese staatlichen Subventionen wegfallen, werden viele der großen, ineffizient arbeitenden Staatsbetriebe gegen die internationale Konkurrenz ernste Wettbewerbsprobleme bekommen. Das Gleiche gilt für die zahlreichen Kleinunternehmen, vor allem aus dem Agrarbereich. Dort gibt es noch zahllose kleine Familienbetriebe, die gegen Großkonzerne keine Chance haben werden.

Vergleich von Lohnkosten pro Stunde in der verarbeitenden Industrie	
Land	Lohnkosten pro Stunde
USA	21,54 USD
Tschechien	5,17 USD
Mexiko	2,37 USD
Malaysia	2,37 USD
Thailand	0,92 USD
China	0,75 USD
Philippinen	0,73 USD
Indien	0,60 USD
Vietnam	0,58 USD
Indonesien	0,33 USD

Quelle: IMD World Competitiveness Yearbook 2005, Credit Suisse Research

Abbildung 27: Da schlucken selbst die Politiker in Beijing und Neu Delhi erst einmal. Die vietnamesischen Lohnkosten in der wichtigen verarbeitenden Industrie liegen 20 Prozent unter den Löhnen in China und sogar unter den Löhnen in Indien oder in kleinen Staaten wie den Philippinen.

Eine Pleitewelle und Massenentlassungen sind unausweichlich. Besonders hart wird es, wie gesagt, die Landwirtschaftsbetriebe mit ihrer ineffizienten Produktion treffen. Es ist allerdings davon auszugehen, dass die Vorteile des WTO-Beitritts wie zusätzliches Fremdkapital, Import von Wirtschafts-Knowhow und vor allem die Öffnung neuer Absatzmärkte für den wichtigen Export diese negativen Effekte überkompensieren werden.

Schon jetzt vergrößert Vietnam bei der aktuellen Wachstumsgeschwindigkeit seinen Anteil am Welthandel alle drei Jahre um 0,1 Prozent. Doch lassen Sie sich davon nicht täuschen: Absolut betrachtet zeigt sich, von welch niedrigen Dimensionen wir bei Vietnam reden: Der Weltwirtschaftsanteil von Vietnam (0,38 Prozent) liegt sogar noch hinter dem der Philippinen (0,40 Prozent).

Der Grund für den Export-Boom in Vietnam sind die extrem niedrigen Lohnkosten. Tatsächlich ist Vietnam in den zurückliegenden Jahren zu einem ernst zu nehmenden Konkurrenten für China herangewachsen. Denn in Vietnam befinden sich knapp 50 Prozent der gesamten Bevölkerung im Arbeitsmarkt. Zum Vergleich: In Deutschland sind es nur 35 Prozent. Dieses Überangebot an Arbeitskräften sorgt dafür, dass Vietnam selbst gegen das Billiglohnland China absolute Kampfpreise auffahren kann. Schauen Sie sich dazu Abbildung 27 an.

Wie Sie sehen, liegen die vietnamesischen Lohnkosten in der für den asiatischen Export zentralen verarbeitenden Industrie unglaubliche 20 Prozent unter den ohnehin schon unterirdisch billigen Stundenlöhnen in China – bei solchen Gehältern fallen sich Gregor Gysi und Oscar Lafontaine heulend in die Arme. Tatsächlich verdient selbst der vietnamesische Premierminister offiziell nur 240 US-Dollar im Monat.

Ob stark wachsender Binnenmarkt oder niedrige Lohnkosten – alle diese Faktoren sind das Ergebnis von Vietnams größter Stärke: der Bevölkerungsstruktur. Vietnam ist weltweit eines der Länder mit der jüngsten Bevölkerung. Unglaubliche 75 Prozent der Bevölkerung sind unter 35 Jahre alt. 50 Prozent der Vietnamesen sind sogar jünger als 25 Jahre. Lassen Sie sich diese Zahl noch einmal auf der Zunge zergehen: 75 Prozent der Bevölkerung sind unter 35 Jahre.

Tatsächlich weist Vietnam aufgrund der schrecklichen Kriege gegen Frankreich und die USA eine völlig andere demographische Entwicklung als die Industrieländer auf. So setzte der wahre Baby-Boom erst nach 1975, dem Ende des US-Krieges, ein – also gut zwei Generationen später als in Deutschland. Zudem fiel in den zwei Dekaden, in denen sich Vietnam fast durchgängig im Kriegszustand befand, ein horrend hoher Prozentsatz der Vietnamesen den Kriegen zum Opfer.

Vietnam fehlen deshalb de facto zwei Generationen fast vollständig. Diese fehlenden Generationen waren einer der entscheidenden Gründe, warum Vietnam in seiner Entwicklung so weit hinter anderen Emerging Markets in

Vergleich der Bevölkerungsstruktur von Deutschland und Vietnam

Land	Bevölkerungs-anteil 0-14 Jahre	Bevölkerungs-anteil 15 -64 Jahre	Bevölkerungs-anteil 64 Jahre u. älter	Durch-schnittsalter	Geburten-rate
Deutschland	14,1%	66,4%	19,4%	42,6 Jahre	0,82%
Vietnam	27,0%	67,1%	5,8%	25,9 Jahre	1,68%

Quelle: CIA World Factbook, eigenes Research

Abbildung 28: Der Vergleich zwischen den gleich großen Ländern Deutschland und Vietnam fällt vernichtend für Deutschland aus. So wächst die vietnamesische Bevölkerung 2006 um 1,02 Prozen, während die deutsche Bevölkerung um 0,02 Prozent schrumpft. Kennen Sie den bekannten Spruch »Der Jugend gehört die Zukunft«? Dann liegen die Chancen von morgen in Vietnam und leider nicht mehr in Deutschland.

Asien zurückhängt. Rein sachlich betrachtet hat das Fehlen dieser Kriegsgenerationen jedoch heute einen positiven Effekt: Diese Generationen fehlen im demographischen Entwicklungsbaum und sind ein Grund, warum Vietnam so eine junge Bevölkerungsstruktur besitzt.

Dazu kommt ein hoher Bildungsstandard innerhalb der vietnamesischen Bevölkerung. Die Rate von Vietnamesen, die lesen und schreiben können, liegt bei circa 90 Prozent, da Bildung in Vietnam eine für Emerging Markets ungewöhnlich hohe Priorität genießt. So verfügt das Land über ein gutes Grundschulsystem. Das allgemeine Bildungsniveau ist daher recht hoch und befindet sich beispielsweise weit über dem Niveau Indiens, wo die Analphabetenquote immer noch bei 35 Prozent liegt.

Allerdings hat die junge Bevölkerungsstruktur, wie alles im Leben, zwei Seiten. Jährlich strömen 1,4 Millionen Vietnamesen, die voller Tatendrang und hoher Arbeitsmoral sind, neu auf den Arbeitsmarkt. Zusammen mit dem hohen Anteil der arbeitenden Bevölkerung ist die Regierung dadurch gezwungen, das Wachstumstempo der Wirtschaft hoch zu halten.

Das treibt die Politiker in Hanoi in eine Zwickmühle: Die Staatseinnahmen allein reichen nicht mehr aus, um die notwendigen großen Investitionen, vor allem in die Infrastruktur, zu finanzieren.

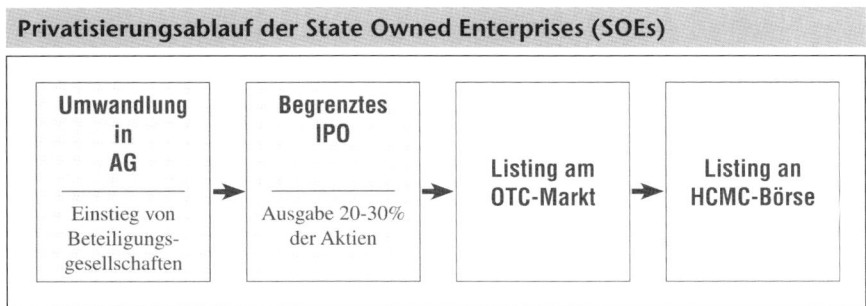

Privatisierungsablauf der State Owned Enterprises (SOEs)

Umwandlung in AG	**Begrenztes IPO**	**Listing am OTC-Markt**	**Listing an HCMC-Börse**
Einstieg von Beteiligungs-gesellschaften	Ausgabe 20-30% der Aktien		

Quelle: Merrill Lynch Research, eigenes Research

Abbildung 29: So verläuft die Privatisierung eines SOE: Zuerst erfolgt die Umwandlung in eine AG. Hier steigen die Beteiligungsgesellschaften ein. Danach erfolgt ein begrenztes IPO an die Mitarbeiter des Konzerns. Hier werden normalerweise zwischen 20 und 30 Prozent der Aktien ausgegeben. Es erfolgt das Listing am OTC-Markt. Danach soll der Sprung an den Geregelten Markt der strenger regulierten Leitbörse Ho Chi Minh City (HCMC) Securities Trading Center erfolgen.

Tatsächlich können in den kommenden Jahren nur 90 Prozent der geplanten Investitionssummen vom vietnamesischen Staat finanziert werden. Diese Finanzierungslücke wird zum einen durch die ausländischen Direktinvestitionen geschlossen. Das zweite Vehikel ist der vietnamesische Kapitalmarkt, um dessen Ausbau die Regierung genau aus dieser Notwendigkeit heraus so bemüht ist. Der dritte Eckpfeiler für die Finanzierung der Staatsausgaben ist jedoch der Wichtigste: die Privatisierung und Teilprivatisierung von Staatsbetrieben.

Diese Privatisierung der so genannten SOEs (State Owned Enterprises, zu Deutsch: Unternehmen im Staatsbesitz) ist ein typischer Schritt in der wirtschaftlichen Entwicklung eines jungen Emerging Market. Die Zahl der Privatisierungen hat in den vergangenen Jahren bereits in beeindruckendem Maße zugenommen: Vor zehn Jahren wurden 1997 gerade mal 17 SOEs privatisiert. Im letzten Jahr waren es bereits 600 SOEs!

Aber bei den bevorstehenden Privatisierungen zählt nicht nur die pure Anzahl an SOEs. Es ist auch die Qualität der Unternehmen. Die vietnamesische Regierung hat sich in dem Privatisierungsprozess äußerst clever verhalten: Um

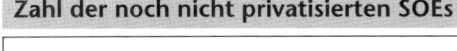

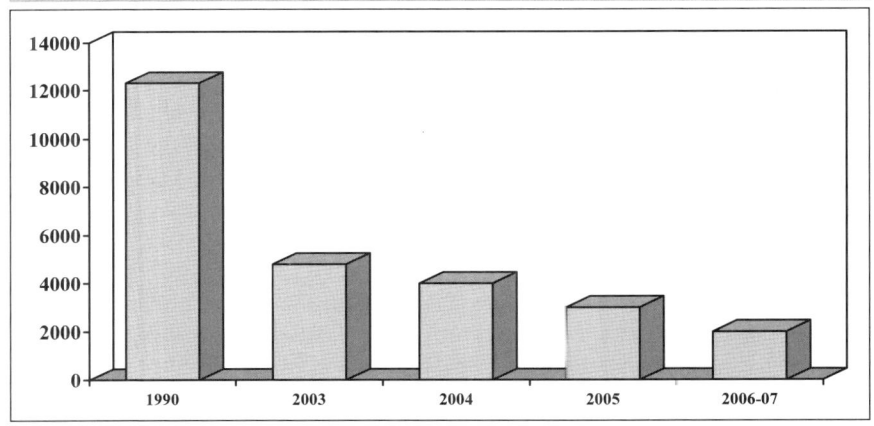

Quelle: Credit Suisse Research

Abbildung 30: In den zurückliegenden 16 Jahren ist die Zahl der sich noch in Staatsbesitz befindlichen Unternehmen massiv gesunken. Über die nächsten vier Jahre werden wir in Vietnam eine neue Privatisierungswelle erleben, in der nun vor allem die Filetstücke unter den SOEs an den Mann beziehungsweise die Frau gebracht werden sollen.

nicht die gleichen katastrophalen Fehler wie die Genossen in Russland Anfang der 90er zu machen, privatisierte man zu Beginn zuerst nur kleinere Konzerne. Inzwischen wurden so bisher circa 3.000 ehemalige Konzerne aus der Staatskontrolle in die freie Wirtschaft überführt.

Daraus konnten in den vergangenen Jahren wertvolle Erfahrungswerte gesammelt werden. Die werden nun genutzt, um in den nächsten Jahren die wirklichen Sahnestücke zu privatisieren. Stellen Sie es sich vor wie ein Rockkonzert: Im letzten Jahrzehnt haben die Vorgruppen gespielt. Nun kommen in den nächsten Jahren die wirklichen Rockstars aus dem Finanz-, Telekommunikations- und Ölsektor auf die Bühne.

Bis zu 1.700 SOEs sollen in den nächsten vier Jahren privatisiert werden. Der Wert dieser Beteiligungen wird auf circa 30 Milliarden US-Dollar geschätzt. Mit diesen Einnahmen könnten dann die Finanzierungslücken bei den Wirtschaftsprogrammen geschlossen werden. Allerdings hat die vietnamesische Regierung bereits verlauten lassen, dass aus strategischen Gründen etwa 100 besonders wichtige SOEs aus den Branchen Öl, Rohstoffe, Telekommunikation und Rüstung/Verteidigung in Staatsbesitz bleiben. Interessante SOEs, die 2007 privatisiert werden sollen, sind unter anderem der Mobilfunkanbieter VNPT, PetroVietnam oder Vina Re.

Diese Privatisierungswelle größerer staatlicher Unternehmen wird auch dazu führen, dass der vietnamesische Kapitalmarkt in ein neues Zeitalter eintritt. Denn nirgendwo zeigt sich das frühe Wirtschaftsstadium Vietnams so offensichtlich wie an der vietnamesischen Börse. Derzeit sind an der vietnamesischen Hauptbörse Ho Chi Minh City (HCMC) Securities Trading Center, auch Ho Chi Minh Exchange genannt, gerade mal 53 Unternehmen notiert, die es zusammen auf eine schnuckelige Marktkapitalisierung von rund sechs Milliarden US-Dollar bringen. Das ist natürlich ein schlechterer Witz als die Klamotten von Thomas Gottschalk.

Wenn gesagt wird, dass die Börse des Nachbarlandes Thailand noch in den Kinderschuhen steckt, dann befindet sich der Kapitalmarkt in Vietnam definitiv erst im embryonalen Stadium. Selbst an der Stock Exchange of Thailand sind insgesamt 490 Unternehmen gelistet, und die Marktkapitalisierung liegt bei 140 Milliarden US-Dollar. Die thailändische Börse ist damit 34 Mal so groß wie der vietnamesische Kapitalmarkt, obwohl das thailändische BIP 2006 mit 194 Milliarden US-Dollar nur drei Mal so groß ist wie das vietnamesische BIP.

Besonders deutlich wird das Frühstadium der vietnamesischen Börse bei einem Vergleich der Marktkapitalisierung mit dem BIP: In Vietnam macht die Börsenkapitalisierung gerade mal 6,6 Prozent des eigenen BIP aus. Zum Ver-

Die zehn größten vietnamesischen Aktien (nach Marktkapitalisierung)

Aktiengesellschaft	Erstnotiz	Marktkapitalisierung	Verbliebener Staatsanteil
Sacom Bank	12.06.2006	823 Mio. USD	0%
Vinamilk	19.01.2006	813 Mio. USD	50%
Vinh Son Song HHP	18.07.2006	288 Mio. USD	50%
Sacom Cables & Telecom Materials	28.07.2000	182 Mio. USD	38%
General F&A Corp.	22.04.2002	181 Mio. USD	18%
Refrigeration Electrical Eng.	28.07.2000	157 Mio. USD	8%
Kim Do JSC	12.12.2005	150 Mio. USD	0%
Taya Electric Wire&Cable	15.02.2006	80 Mio. USD	0%
HCMC Infrastructure	18.05.2006	67 Mio. USD	0%
Song Da Urban	06.07.2006	60 Mio. USD	38%

Quelle: Credit Suisse Research

Abbildung 31: Der vietnamesische Aktienmarkt ist noch winzig. Zudem dominieren wenige Werte den VN-Index. So machen die beiden großen Börsen-IPOs des Jahres 2006, die Bank Sacom und der Milch- und Getränkeproduzent Vinamilk, zusammen gut 40 Prozent der gesamten Marktkapitalisierung aus.

gleich: In Asien ist ein Wert von 100 Prozent üblich. Der vietnamesische Aktienmarkt hat also noch einen weiten Weg vor sich und bietet risikobewussten, langfristigen Anlegern damit große Chancen.

Zu der Hauptbörse HCMC-STC kommt noch ein OTC (Over-the-Counter)-Freiverkehrsmarkt, in dem circa 3.000 vietnamesische Unternehmen gelistet sind. Dieser OTC-Markt wurde eigentlich als Vorbörse zu einem Listing am HCMC-STC konzipiert. Aber aufgrund der höheren Anzahl der gelisteten Werte ist der OTC-Markt mit einer Marktkapitalisierung von circa zehn Milliarden US-Dollar deutlich größer.

Trotzdem: Selbst eine gesamte Marktkapitalisierung von 16 Milliarden US-Dollar sind natürlich Peanuts. In den USA besitzt die Google-Aktie allein schon eine Marktkapitalisierung von 144 Milliarden US-Dollar. Jetzt fragen Sie sich mal: Wenn Sie das Geld hätten, was würden Sie eher kaufen: das einzelne Unternehmen Google oder für gut ein Zehntel des Preises die gesamte vietnamesische Börse?

Die vietnamesische Regierung will mit Hilfe der Privatisierung weiterer größerer SOEs die Marktkapitalisierung des geregelten HCMC-STC-Marktes bis zum

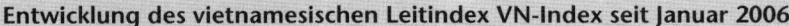

Entwicklung des vietnamesischen Leitindex VN-Index seit Januar 2006

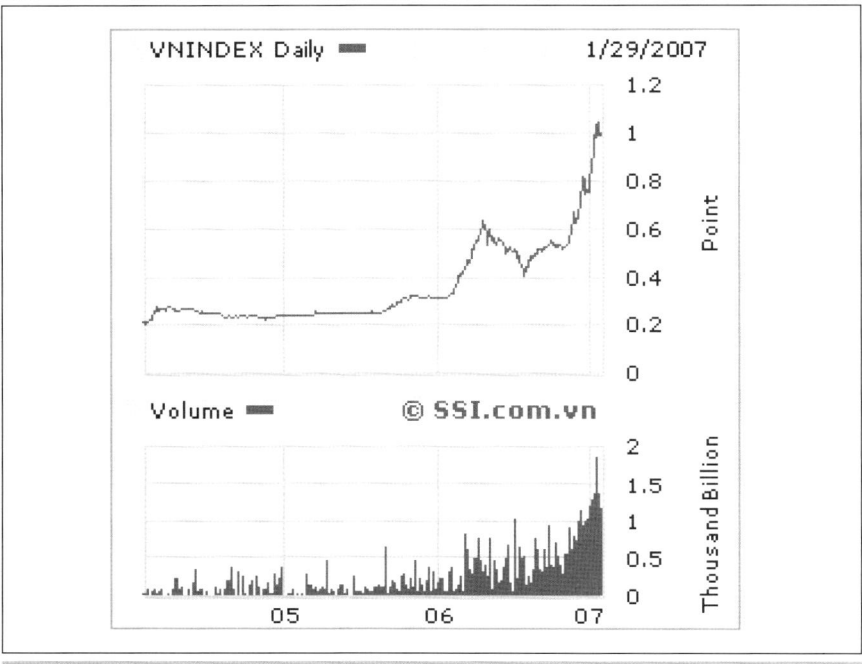

Quelle: Saigon Securities Incorporation

Abbildung 32: Punktezahl in 1.000er-Schritten gestaffelt (0,2 bedeutet also 200 Punkte). Die Jahre 2000 bis 2004 kann man fast vergessen. Nach der Neugründung der Börse kam es bis 2001 zu einer riesigen Blase, die dann so laut platzte, dass man es bis nach Hannover hören konnte. In der Folge fiel der VNI von gut 550 Punkten in 2001 auf unter 150 Punkte in 2004. Seitdem geht es nun mit der wachsenden Anzahl an Aktien wieder nach oben. Der VN-Index wurde am 28.07.2000 mit einem Indexstand von 100 Punkten und zwei gelisteten Unternehmen gestartet.

Jahr 2010 auf zehn Milliarden US-Dollar erhöhen. Diese Börsengänge größerer ehemaliger Staatsunternehmen (Marktkapitalisierungen oberhalb von 500 Milliarden US-Dollar) werden auch für eine steigende Aufmerksamkeit unter immer mehr institutionellen Investoren sorgen.

Ist die vietnamesische Börse auf dem aktuellen Niveau also günstig? Die Antwort ist ein klares »Ja und Nein«. Auf das »Ja« sind wir bereits eingegangen: Sechs Milliarden US-Dollar beziehungsweise 16 Milliarden US-Dollar sind in der Finanzwelt Wechselgeld – das zahlt Bill Gates mal eben cash, nur damit er danach im Microsoft-Firmensitz in Seattle vom örtlichen vietnamesischen Schnellimbiss immer als Erster beliefert wird.

Aber leider kommt da eben noch das »Nein«. Denn die vietnamesische Börse und der Leitindex VN-Index haben in den vergangenen Jahren eine gigantische Rallye hingelegt. Da der Markt so klein ist, sind die Bewertungen inzwischen auf ein KGV von über 20 angewachsen. Das ist fraglos sportlich, selbst für ein Wachstumsland wie Vietnam.

Der Grund liegt in dem frühen Entwicklungsstadium der vietnamesischen Börse. Bei einem so streng limitierten Angebot an Aktien reicht bereits eine niedrige Nachfrage, um die Kurse und damit die Firmenbewertungen nach oben schießen zu lassen. Da der vietnamesische Aktienmarkt gegenüber ausländischen Investoren noch weitgehend abgeschottet ist, handelte es sich bei der vietnamesischen Börse bisher primär um einen Binnenkapitalmarkt. Die Nachfrage kam bis vor einem Jahr vor allem aus dem Inland. Tatsächlich erleben wir derzeit in Vietnam eine klassische »Milchmädchen-Hausse«, bei der selbst vietnamesische Taxifahrer Aktien kaufen.

Man kann bei der vietnamesischen Börse aber nicht im klassischen Sinne von einer Spekulationsblase sprechen. Anders als in den Neuer-Markt- und Internetzeiten der New Economy, als vor allem Phantasie gehandelt wurde, ist der wirtschaftliche Aufschwung Vietnams fraglos real. Es handelt sich also vielmehr »nur« um hohe Bewertungen, die wie zuletzt im Mai und Juni 2006 immer wieder zu heftigen Korrekturen führen werden. So verlor der VN-Index in diesen zwei Monaten mal eben um über 30 Prozent.

Dass diese Verluste in kürzester Zeit wieder aufgeholt wurden, zeigt Ihnen aber auch, wie begehrt der vietnamesische Aktienmarkt ist. Zumal internationale Investoren ja bisher kaum an der vietnamesischen Börse aktiv sind. Von dieser Seite ist ein gewaltiger Schub zu erwarten, wenn sich der vietnamesische Kapitalmarkt weiter öffnet. Der richtige Boom wird jedoch erst erfolgen, wenn die Marktkapitalisierungen und die Anzahl der handelbaren Aktien auf ein Niveau gestiegen sind, das den Markt für internationale Fonds handelbar macht.

Interessierte Emerging-Markets-Anleger treffen daher jetzt in Vietnam auf eine besonders spannende Zeit. Das Problem ist, dass es für westliche Investoren immer noch schwer ist, in Vietnam zu investieren. Dabei geht es nicht einmal um die Überbewertung der vietnamesischen Börse. Das Problem beginnt schon viel früher: Es ist für ausländische Investoren kaum möglich, überhaupt in Vietnam zu investieren, da der Kapitalmarkt immer noch stark vor ausländischen Investoren abgeschirmt wird.

Auswahl an Anlagemöglichkeiten für Deutsche, die kein Depot in Vietnam haben

Name	Art	ISIN	Emittent	Ausgabe-aufschlag	Management-gebühr p. a.
Vietnam Top Select Zertifikat	Zertifikat	DE000DB6GSC5	Deutsche Bank	---	0,9% (+1,0% pro Basketanpassung)
Vietnam Holding	Aktie	KYG9361X1043	---	---	---
Vietnam Opportunity Fonds	Fonds	KYG9361G1010	Vina Capital	---	2% (+20% mögl. erfolgsabhängige Beteiligung)
Vietnam Opportunity-Zertifikat	Zertifikat	DE000LBB1XG8	Landes-bank Berlin	---	1%

Quelle: eigenes Research, Onvista

Abbildung 33: Bitte beachten Sie: Dies sind KEINE Kaufempfehlungen. Diese Daten sollen interessierten Lesern nur als Starthilfe für die Suche nach Investmentmöglichkeiten dienen. So sind beispielsweise viele der Vietnam-Fonds mit hohen steuerlichen Nachteilen verbunden.

So sind die Möglichkeiten, in Vietnam zu investieren, für Europäer leider noch extrem limitiert. Es gibt immer noch keine einzige Aktie aus Vietnam, die an einer westlichen Börse gelistet ist. Zwar existieren einige wenige Länderfonds mit dem Fokus Vietnam, aber diese besitzen für Deutschland keine Vertriebszulassungen. Das bedeutet: Wer diese Fonds trotzdem kauft, muss später an den deutschen Fiskus einen hohen zusätzlichen Steuerabschlag bezahlen. Dieser Abschlag ist zu vergleichen mit einem Strafzoll – und er fällt immer an, egal ob der Fonds steigt oder fällt. In der Vergangenheit haben sich diese Fonds trotzdem gerechnet, da der vietnamesische Aktienmarkt so rasant gestiegen ist. Doch diese Strategie kippt, sobald die vietnamesische Börse mal seitwärts läuft.

Für Investoren ist bei der Auswahl der Fonds sehr wichtig, dass sie genau auf die Ausrichtung des Fonds schauen. Die Spezialfonds besitzen aufgrund der Illiquidität der vietnamesischen Börse teilweise extrem unterschiedliche Investmentansätze, die von purem Venture Capital über klassische Börseninvestments oder Immobilienanlagen bis zu speziellen vorbörslichen Beteiligungen an SOEs reichen.

Wer wirklich an vorderster Front am vietnamesischen Aktienmarkt agieren und sich damit fraglos die besten Chancen eröffnen will, muss leider selbst

Vietnamesische Broker

1.	Asia Commercial Bank Serucities	8.	Ho Chi Mirh City Securities
2.	Bank for Agriculture and Rural Development Securities	9.	ndustrial & Commercial Bank Securities
3.	Bank for Investment and Development of Vietnam Securities	10.	Mekong Securities
4.	Bao Viet Securities	11.	Thang Long Securities
5.	Dong A. Securities	12.	Saigon Securities
6.	First Securities	13.	Vietcombank Securities
7.	Haiphong Securities		

Quelle: Vietnamese Brokerage Firm List

Abbildung 34: Dies ist lediglich eine Auflistung der verschiedenen Broker in alphabetischer Reihenfolge für informative Zwecke und keine Rangliste der einzelnen Brokerhäuser.

heute noch nach Ho Chi Minh Stadt fliegen, um vor Ort ein Konto zu eröffnen. Ja, Sie haben richtig gelesen: Man muss wirklich persönlich nach Vietnam fliegen, um dort ein Konto zu eröffnen. In einem ersten Schritt muss der Anleger bei den Banken HSBC, Deutsche Bank oder Standard Chartered eine Lizenz beantragen, um sich überhaupt für den Aktienhandel registrieren zu können. Danach erhält man einen »Security Transaction Code« (Aktienhandel-Code), mit dem man dann als Ausländer bei einem der 13 lizenzierten Broker ein Depot eröffnen darf.

Für Privatanleger ist es also durchaus eine Kostenfrage, ob sich ein Handel vor Ort tatsächlich lohnt. Denn mit einem Flug, Hotelkosten, Gebühren und Kosten für den Geldtransfer landet man schnell bei Summen zwischen 2.000 und 3.000 Euro. Die müssen erst am Aktienmarkt wieder verdient werden, bevor sich der ganze Aufwand überhaupt rechnet. Als kleinen Service haben wir die absoluten Emerging-Markets-Pioniere, unter ihnen die 13 Broker, aufgelistet (Abbildung 34).

Allerdings hat die vietnamesische Regierung die Probleme und Engpässe des eigenen Kapitalmarktes erkannt und ist bemüht, diesen zu liberalisieren. Erst im Oktober 2005 wurde die Obergrenze für den Anteil, den ausländische Investoren an vietnamesischen Unternehmen halten dürfen, von 30 auf 49 Prozent erhöht.

Für westliche Investoren sind das natürlich immer noch katastrophale Beschränkungen. Aber beim Start der Börse im Jahr 2000 lag diese Beschränkung noch bei 20 Prozent. Die Erhöhungen zeigen also sehr klar, dass die vietnamesische Regierung mit der Liberalisierung des Kapitalmarkts Ernst macht. So wurde mit der »Hanoi Stock Exchange« nun auch eine zweite Börse gegründet, die aber noch völlig unbedeutend ist.

Trotz aller hervorragenden langfristigen Chancen, die sich Investment-Pionieren in Vietnam bieten, dürfen Sie die Risiken nicht unterschätzen. Schließlich ist dies immer noch ein Emerging Market im frühesten Anfangsstadium. Politisch und gesellschaftlich ist die Lage aber als stabil einzustufen. Das liegt auch daran, dass 95 Prozent der Bevölkerung Vietnamesen sind und die Menschen als apolitisch und nicht religiös gelten.

Ganz anders als in anderen Emerging Markets, wie zum Beispiel Kambodscha oder Indien, gibt es in Vietnam also keinen Nährboden für Brandherde von ethnischen oder religiösen Minderheiten. Zumal den Vietnamesen die wirtschaftlichen Fortschritte wichtiger sind als Demokratisierungsprozesse.

Es ist daher wenig verwunderlich, dass die renommierte Ratingagentur Standard & Poor's das Rating für Vietnam zuletzt von BB– auf BB heraufgestuft hat. Für ein so unterentwickeltes Land ist das beachtlich. Das hat sich auch positiv auf die Entwicklung der vietnamesischen Währung Dong ausgewirkt, die sich gegenüber dem US-Dollar in den letzten Jahren stabilisiert hat.

Doch es gibt eben auch zahlreiche Risiken, derer man sich bewusst sein muss: Da ist die bereits genannte positive Korrelation zum Ölpreis. Zudem besitzt Vietnam durch den hohen Exportanteil eine große Abhängigkeit von der Entwicklung der Weltkonjunktur. Auf volkswirtschaftlicher Ebene ist die Inflation mit 7,1 Prozent immer noch sehr hoch. Vietnam weist auch ein leichtes Handelsdefizit auf. Mit minus zwei bis minus drei Prozent des BIP bewegte sich das Defizit in den vergangenen Jahren jedoch in einem für Emerging Markets absolut akzeptablen Korridor und wird durch die FDIs kompensiert.

Auf der gesellschaftlichen Ebene erleben wir in Vietnam die typische Landfluchtproblematik. Derzeit leben 80 Prozent der Bevölkerung in ländlichen Gegenden. Aber der Landwirtschaftssektor verliert volkswirtschaftlich immer mehr an Bedeutung – ein klassisches Phänomen einer Industrialisierung.

So beschäftigt der Landwirtschaftssektor zwar 57 Prozent der Vietnamesen, macht aber nur noch 21 Prozent des BIP aus (wobei die vietnamesische Agrarwirtschaft voriges Jahr durch eine schwere Dürre und die Vogelgrippe besonders hart getroffen wurde). Folglich treibt die ländliche Arbeitslosigkeit von hohen 20 Prozent die Menschen in Scharen in die Städte. Hier boomt vor

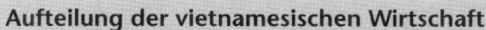

Aufteilung der vietnamesischen Wirtschaft

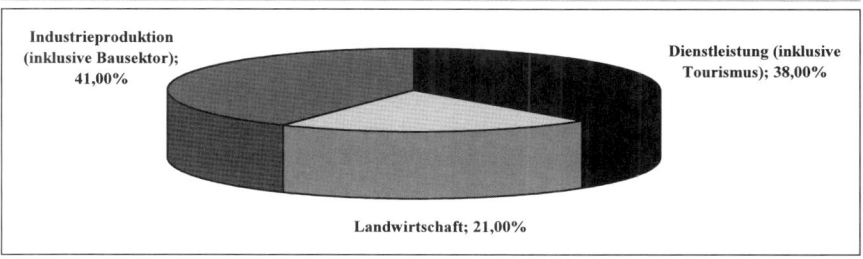

Industrieproduktion
(inklusive Bausektor);
41,00%

Dienstleistung (inklusive
Tourismus); 38,00%

Landwirtschaft; 21,00%

Quelle: Auswärtiges Amt, eigenes Research

*Abbildung 35: Die Landwirtschaft verliert immer mehr an Bedeutung. Das unterdurchschnitt-
liche Wachstum der Landwirtschaft (+4,0 Prozent gegenüber einem Gesamt-
wirtschaftswachstum von +8,4 Prozent in 2005) wurde durch das enorme
Wachstum im Industriesektor (+10,4 Prozent) überkompensiert. Dabei wächst
die verarbeitende Industrie (vor allem im Textilbereich) aufgrund des Export-
Booms besonders stark.*

allem die verarbeitende Industrie für den Export, deren BIP-Anteil auf 41 Prozent angestiegen ist.

Die Landflucht ist zwar prinzipiell nicht negativ, da in den Städten die Löhne
höher sind. Aber eine derart schnelle Urbanisierung birgt immer soziale Probleme. Die könnten sich auch ergeben, wenn sich das Wirtschaftswachstum
gravierend verlangsamt und die 1,4 Millionen neue Arbeitnehmer pro Jahr
keinen Job mehr finden.

Dazu kommt, dass die Politik und das Justizsystem den progressiven Wandel
der Wirtschaft noch nicht mitgemacht haben. Das Rechtssystem ist vor allem
in den Bereichen Finanzrecht, Kapitalmarktrecht und Immobilienrecht noch
sehr unterentwickelt. Dies ist auch einer der Gründe, warum Korruption in
Vietnam fraglos ein Problem ist. So liegt Vietnam in der Korruptionsstatistik
der »Political and Economic Risk Consultancy« für 2006 von 13 asiatischen
Ländern auf dem vorletzten Platz. Auch wenn sich die Korruption gegenüber
2005 verringert hat, so findet sich nur Indonesien hinter dem Land am Mekong-Delta.

Zudem versucht die kommunistische Parteielite, ähnlich wie der große Bruder in China, den Spagat zwischen einer kommunistischen Ideologie und
einer freien Marktwirtschaft. Niemand kann sagen, wie sich dieser offensichtliche Widerspruch langfristig auflösen wird. Zumal in Vietnam noch

ein besonderer Faktor hinzukommt: das Militär. Das Militär besetzt in Vietnam sowohl in der Politik als auch in der Wirtschaft (zum Beispiel bei den SOEs) hohe Posten. Dies ist aufgrund der fehlenden politischen und betriebswirtschaftlichen Erfahrung ein nicht zu vernachlässigender Risikofaktor. Es muss genau beobachtet werden, wie sich die Rolle der Militärelite in der Wirtschaft entwickelt, wenn die Privatisierung weiter voranschreitet. Das gilt besonders für die Zeit, wenn sich die vietnamesische Wirtschaft nach dem WTO-Beitritt dem Import-Schock der internationalen Konkurrenz stellen muss.

Ein nicht prognostizierbarer, aber wichtiger Faktor ist außerdem die Vogelgrippe, die in Südostasien immer wieder ausbricht und bei einer Epidemie bisher nicht abzuschätzende Folgen für die vietnamesische Wirtschaft haben könnte.

Speziell für den Kapitalmarkt liegen die Risiken in einer unterentwickelten »Corporate Governance«, also einer fehlenden aktionärsfreundlichen Politik, sowie unterschiedlichsten Bilanzierungspraktiken und fehlendem Analystenresearch. Die Intransparenz bei den Bilanzierungen kann jedoch nicht wirklich verwundern, da viele Unternehmen in Vietnam bisher noch nicht mal Bankkonten besitzen. Dieses Problem wird sich jedoch mit dem WTO-Beitritt schnell lösen, denn die Börse HCMC-STC verpflichtete sich zur Übernahme international anerkannter Bilanzierungsstandards.

Natürlich ist das Hauptproblem aber immer noch die fehlende Angebotsvielfalt an Anlagemöglichkeiten, was ja der Grund für die aktuell hohe Bewertung vietnamesischer Aktien ist. Dieser gewichtige Nachteil des vietnamesischen Kapitalmarktes wird im kurzfristigen Zeitfenster weiterhin Bestand haben.

Fazit

Insgesamt lässt sich folgendes Fazit ziehen: Vietnam ist für langfristige Emerging-Markets-Investoren mit einem risikobewussten Pioniergeist eine der wenigen verbliebenen Chancen, noch ganz zu Anfang in einen später bedeutenden, aber jetzt noch unentdeckten Emerging Market einzusteigen.

Ob wirtschaftliches Wachstum von 9,4 Prozent für 2007, eine stabile Währung, steigende Währungsreserven und eine junge Bevölkerung – Vietnam hat alles, wovon Emerging-Markets-Anleger träumen. Bei Vietnam handelt es sich allerdings noch um einen Emerging Market, der nicht mal zur dritten Reihe zählt und dementsprechend risikoreich ist. Deshalb sollten Positionen unter seriösen Risiko-Management-Ansätzen nicht hoch gewichtet werden.

Aufgrund der Finanzierungslücke von über zehn Prozent bei den Regierungs-
programmen und den 1,4 Millionen Vietnamesen, die jährlich voller Ambiti-
onen und Hoffungen neu auf den Arbeitsmarkt drängen, haben die politischen Eliten in Hanoi aber gar keine andere Wahl: Die marktwirtschaftlichen Reformen wie die Privatisierung von SOEs oder eine Liberalisierung des
Kapitalmarktes müssen weiter vorangetrieben werden.

Auch wenn im Jahr 2007 Wahlen anstehen, ist davon auszugehen, dass
Vietnam die wirtschaftlichen Reformen weiter fortsetzt. Die demographische
Struktur der vietnamesischen Bevölkerung übt einen zu hohen Druck auf
die Politik aus, das Reformtempo weiter beizubehalten. Die junge vietnamesische Bevölkerung muss mit Jobs versorgt werden, um soziale Unruhen zu
vermeiden. Dies gelingt jedoch nur über weitere marktwirtschaftliche
Reformen, die Arbeitsplätze schaffen. Es ist daher nicht davon auszugehen,
dass sich die pro-marktwirtschaftliche Haltung der vietnamesischen Regierung ändern wird.

Eine entscheidende Rolle wird der Ausbau der Börsen spielen, durch den Vietnam dann in die nächste Phase des Aufschwungs eintreten kann. Die vietnamesische Börse ist zwar immer noch extrem illiquide, wird aber dafür in den
nächsten Jahren einer der am schnellsten wachsenden Kapitalmärkte der Welt
sein. Denn die vietnamesische Regierung will die Marktkapitalisierung des
Geregelten Marktes in den nächsten vier Jahren gegenüber dem aktuellen
Niveau fast verdoppeln.

Der richtige Durchbruch Vietnams an den internationalen Finanzmärkten
wird jedoch erst erfolgen, wenn der VN-Index in die großen Benchmark-Indi-
zes von MSCI und Co. aufgenommen wird. Dann müssen internationale
Fondsmanager, die sich bei Emerging-Markets-Investments immer stark an
diesen Vergleichsindizes orientieren, in Vietnam einsteigen.

Nach der bekannten Investmentbank Merrill Lynch wird dieser Schritt aufgrund der fehlenden Größe des vietnamesischen Kapitalmarktes aber noch
einige Jahre dauern.

Vietnam ist also extrem spannend – aber eben nur für langfristige Anleger. Wer bei einem Zeitraum von drei bis fünf Jahren schon entnervt die
Augen verdreht, der sollte einen großen Bogen um den aufstrebenden Tigerstaat machen und sich für sein Geld stattdessen lieber ein paar Rubbellose
kaufen.

So formulierte es die Investmentbank Merrill Lynch in einer der wenigen Viet-
nam-Studien, die es bisher überhaupt gibt, sehr treffend: »Als einen der letz-

ten unerschlossenen Märkte, der in Asien vor dem Aufstieg steht, sehen wir Vietnam als Kauf mit einem Zeithorizont von zehn Jahren. Kaufen Sie jetzt, und legen Sie die Investments für zehn Jahre beiseite.«[13]

---

13 Quelle: *Merrill Lynch Research »Asian Insights«, 02.02.2006, S. 1 und S. 3.*

KAPITEL 4

Edelmetalle: Gold

»Nach Golde drängt, am Golde hängt doch alles. Ach, wir Armen!«
Johann Wolfgang von Goethe (1749-1832)

Anschläge im Irak, steigende Energiepreise, in Europa anhaltend hohe Arbeitslosigkeit, Verschuldungsproblematik, drohende Mutation des H5N1-Virus (Vogelgrippe) – das sind Argumente für »sichere Häfen«. Sichere Häfen sind nach unserer Definition Anlageformen, die in Krisenzeiten mindestens den Kapitalerhalt garantieren, besser noch: deutliche Gewinne einfahren.

Ein klassischer sicherer Hafen ist sicherlich Gold. Wir wissen, dass es bereits zahlreiche Bücher zu diesem Edelmetall gibt. Ein »Geheimtipp« ist dieser Basiswert sicherlich nicht, und deshalb hat er eigentlich auch nichts in diesem Buch verloren.

Warum wir Gold dennoch hier behandeln? Um Gold kommen Sie und damit wir einfach nicht herum, wenn es um das Thema sichere Häfen geht! Zudem ist die Goldförderung in einigen Emerging Markets ein wichtiger volkswirtschaftlicher Faktor. Zumindest die Grundlagen zu Angebot und Nachfrage sollten Sie deshalb kennen.

Das gilt ebenfalls für den »kleinen Bruder« des Goldes, das Silber. Auch dieser Basiswert spielt seine Rolle als sicherer Hafen sehr gut. Zudem liegt hier seit einigen Jahren die Nachfrage über dem Angebot, was bis jetzt durch Recycling und den Abbau von Lagerbeständen aufgefangen wurde. Doch auch das größte Lager ist irgendwann leer, wenn immer nur entnommen wird. Und dann sind da auch noch die Diamanten. Die sind für uns die »härteste Währung der Welt«. Problematisch ist nur die Handelbarkeit. Doch der Reihe nach – beginnen wir mit dem Klassiker Gold:

Gold ist seit Jahrtausenden ein Wertgegenstand, gewissermaßen »reales Geld«, während es bis jetzt noch keine Papierwährung geschafft hat, auch nur einen annähernd vergleichbaren Zeitraum zu überleben. Entscheidender Grund für diese Entwicklung: Im Gegensatz zu Papierwährungen lässt sich das Gold nicht manipulieren, man kann nicht einfach mehr davon »drucken«.

Da der Goldpreis in Dollar notiert wird, spielt es für den Goldpreis eine zentrale Rolle, wie sich die Dollar-Menge in Relation zur Gold-Menge verändert. Alan Greenspan, der bis 2006 Vorsitzender der US-Zentralbank (Fed) war, hat während seiner Amtszeit die amerikanische Geldmenge um fast 10,0 Billionen (!) Dollar erhöht.

Das ist mehr, als alle seine Amtsvorgänger zusammen geschafft haben. Diese gewaltige Geldmengenexplosion wäre nur in Ordnung gewesen, wenn auch die Menge der produzierten Güter und Dienstleistungen in vergleichbarem Umfang gestiegen wäre. Das ist sie aber nicht. Denn das nominale amerikanische Bruttoinlandsprodukt liegt heute insgesamt bei rund 12,0 Billionen Dollar[14] – alleine der Zuwachs der Geldmenge unter Greenspan hat mehr als drei Viertel dieser Größe erreicht! Es ist also offensichtlich, dass diese von Greenspan verantwortete Dollar-Flut nicht mehr durch die amerikanische Wirtschaftsleistung gedeckt ist. Was in einem solchen Fall passiert?

Wie bereits geschrieben: Alles wiederholt sich auf der Welt und damit auch in der Finanzwelt – die Menschen werden nur nicht alt genug, um das zu bemerken. Wir müssen nur zurückblicken. Tun wir dies doch: Wenn die Geldmenge explodiert, gleichzeitig aber die Menge der produzierten Güter und Dienstleistungen stagniert, dann kommt es a) zu einer Preisexplosion und b) zu einem Rückgang dieser Währung im Vergleich zum »realen Geld« = Gold. Das war in

---

14 2004 lag es bei 11,728 Billionen Dollar. Quelle: Länderinformation Auswärtiges Amt.

Deutschland 1923, in den Krisenjahren nach dem Ersten Weltkrieg, der Fall: Die deutsche Produktion trat mehr oder weniger auf der Stelle, gleichzeitig wurde fieberhaft bis zum Heißlaufen der Druckerpressen Geld gedruckt, um Kriegsfolgelasten und den passiven Widerstand gegen die Besatzungsmächte im Ruhrgebiet finanzieren zu können. Die Folge: Die Preise explodierten. Das war die Zeit, in der ein Brot eine Milliarde Reichsmark kosten konnte. Die zweite Folge: Der Kurs der Reichsmark gegenüber dem Gold – der realen Währung – brach ein.

Es ist deshalb eine logische Konsequenz der amerikanischen Geldmengen-explosion, die ohne reale Deckung blieb, dass der Goldpreis gegenüber dem Dollar steigt. Gold ist relativ zum Dollar gesehen knapper geworden. Deshalb ist der Goldpreis 2005 bereits deutlich gestiegen, als er ein neues 25-Jahres-Hoch markieren konnte. Und das Ende der Fahnenstange ist unserer Ansicht nach noch nicht erreicht.

Problem allerdings ist diese Frage: Wie wird sich der Euro gegenüber dem Dollar entwickeln? Denn für den Goldpreis sind wir zwar sehr zuversichtlich gestimmt – allerdings für den Goldpreis in Dollar. Für Euro-Investoren spielt natürlich noch das Wechselkursverhältnis Euro/Dollar (gibt an, wie viel Dollar für einen Euro gezahlt werden müssen) eine entscheidende Rolle.

Denn wenn der Goldpreis zwar in einem Jahr um 20 Prozent steigt, aber gleichzeitig der Dollar ebenso stark einbricht, dann frisst der Währungseffekt für Euro-Investoren die goldenen Gewinne vollständig auf. Dieses Risiko sollten Sie auf keinen Fall auf die leichte Schulter nehmen. Abbildung 36 zeigt, dass die Korrelation zwischen Gold und Dollar sehr signifikant sein kann. Das muss natürlich nicht immer der Fall sein – aber wir haben bei der Analyse der historischen Daten sehr schnell gemerkt, dass eine deutliche Korrelation zwischen Gold und Dollar definitiv festzustellen ist. Je stärker der Goldpreis, desto schwächer der Dollar. Und umgekehrt.

Bitte beachten Sie, dass in Abbildung 36 das Währungspaar Euro/Dollar abgebildet ist. Wenn die Notierung dieses Währungspaares steigt, dann ist das gleichbedeutend mit einer Abschwächung des Dollars (angegeben wird die Menge an Dollars, die einem Euro entspricht).

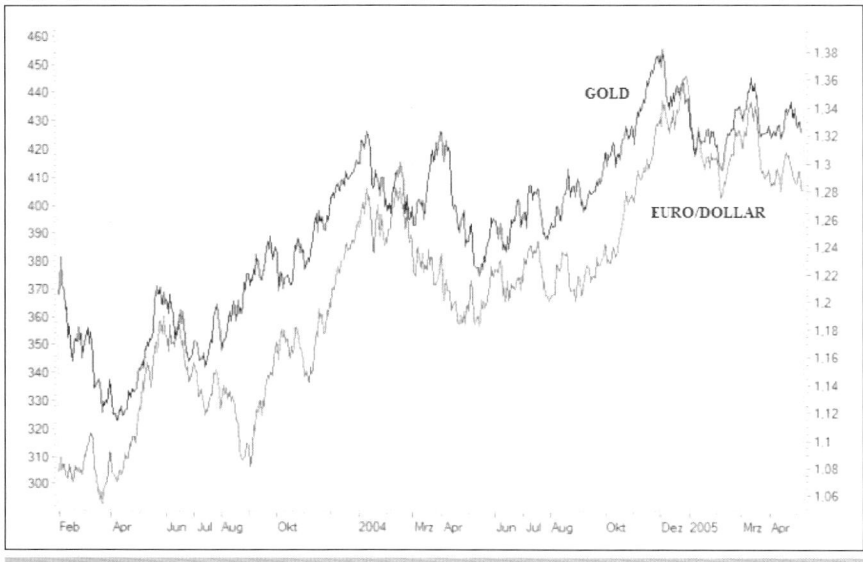

Vergleich: Gold vs. Währungspaar Euro/Dollar, Angaben in Schlusskursen

Quelle: www.tradesignal.com

Abbildung 36: Dieser Chart spricht eine klare Sprache: 2004/2005 war die Korrelation zwischen Gold und Dollar hoch.

Währungspaar Euro/Dollar

Und wie wird sich das Währungspaar Euro/Dollar in den nächsten Jahren entwickeln? Dieses Buch dreht sich um Rohstoffe, und bei denen sind die Fundamentals eindeutig und sprechen für einen Bullenmarkt, wie in Kapitel 1 dargelegt. Beim Währungspaar Euro/Dollar sind die Fundamentals hingegen keineswegs eindeutig. Wir können Ihnen deshalb keine einfache Antwort geben, Ihnen allerdings die Faktoren darlegen, die unserer Ansicht nach in den kommenden Jahren bei diesem Währungspaar entscheidend sein werden.

Amerikanisches Zwillingsdefizit

Grundsätzlich sind wir vorsichtig bis skeptisch, was den Dollar betrifft: Denn neben der bereits erwähnten amerikanischen Geldmengenexplosion schwebt auch das amerikanische »Zwillingsdefizit« (twin deficit) nach wie vor wie ein Damoklesschwert über dem Dollar. Mit diesem Begriff werden das riesige amerikanische Handelsbilanzdefizit – mehr als eine Milliarde Dollar pro Tag – und das vergleichbar hohe Haushaltsdefizit bezeichnet.

Entwicklung der chinesischen Devisenreserven, Angaben in Milliarden Dollar

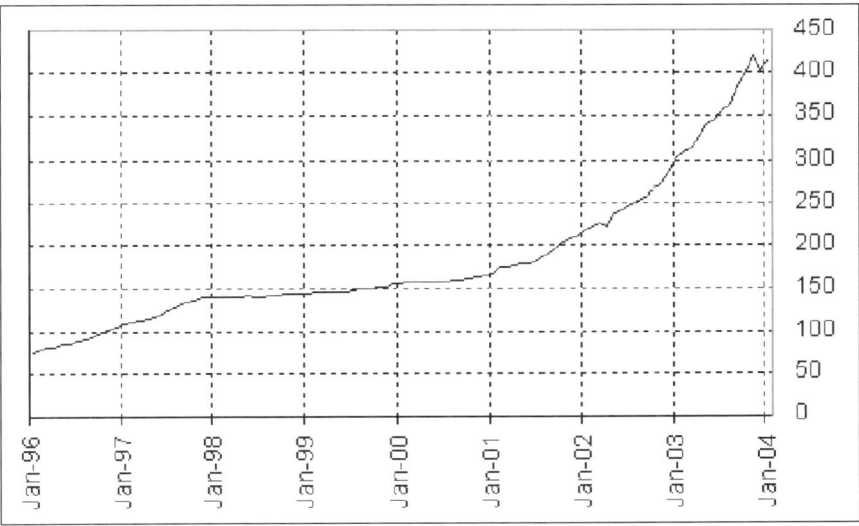

Quelle: Commodity Research Bureau, the 2005 CD-ROM

Abbildung 37: Die chinesischen Devisenreserven steigen und steigen, dem amerikanischen Handelsbilanzdefizit mit China sei Dank. Das Geld wird von der chinesischen Zentralbank zu einem großen Teil in US-Staatsanleihen angelegt.

Die Zeiten, in denen der damalige US-Präsident Bill Clinton in jedem Jahr seiner zweiten Amtszeit einen Haushaltsüberschuss vorweisen konnte, dürften, für welchen US-Präsidenten auch immer, bis mindestens 2010 passé sein. Da es beim Währungspaar Euro/Dollar auf den relativen Vergleich ankommt, hier auch der Blick auf Europa: Europa hat es nur mit einem der beiden Zwillinge zu tun. Im Außenhandel werden generell Überschüsse erzielt – Garant für diese Überschüsse ist unverändert der Export von Gütern »Made in Germany«. Der andere Zwilling, das Haushaltsdefizit, lastet hingegen schwer auf den europäischen Volkswirtschaften.

Immerhin gibt es einen Vorteil gegenüber den USA: Denn die europäischen Staaten können ihre Haushaltsdefizite grundsätzlich durch die Ersparnisse ihrer eigenen Bürger finanzieren (Verkauf von Staatsanleihen), da die Sparquote in Europa dafür ausreicht. In den USA hingegen tendiert die nationale Sparquote gegen null. Das Haushaltsdefizit muss deshalb fast vollständig durch den Verkauf von US-Treasuries an Ausländer finanziert werden. Zum Glück für die USA tun sich da insbesondere Chinesen und Japaner hervor und kaufen fleißig. Das hat übrigens den Effekt, dass die Devisenreserven der chinesischen und der japanischen Zentralbank seit Jahren stark steigen. Abbildung 37 zeigt dies sehr eindrucksvoll.

Aber was wäre, wenn die Chinesen oder Japaner auf einmal keine US-Staatsanleihen mehr kaufen würden? (Ganz zu schweigen davon, was passieren würde, wenn die Asiaten vorhandene Bestände verkaufen würden.) In diesem Fall würde der Dollar regelrecht einbrechen. Das wäre zwar auch nicht im wirtschaftlichen Interesse von Japanern oder Chinesen, da die USA der wichtigste Kunde dieser Länder sind. Aber wer garantiert denn, dass China im Zuge eines Wirtschaftskrieges mit den USA nicht auch diese Waffe einsetzt, um die USA hart zu treffen?

Was hingegen für den Dollar spricht

Aber der Dollar hat auch einige Vorteile auf seiner Seite: Die US-Wirtschaft wächst seit Jahren stärker als die europäische. 2005 lag das Wirtschaftswachstum der Länder der Eurozone bei 1,4 Prozent, das amerikanische Wachstum hingegen bei 3,5 Prozent.[15] In den USA lag die Arbeitslosenquote 2005 bei durchschnittlich fünf Prozent, in Europa rund doppelt so hoch. Aufgrund des höheren Wachstums lag das amerikanische Zinsniveau Anfang 2007 über dem Zinsniveau der Euro-Zone, was Finanzanlagen in den USA tendenziell attraktiver als in Europa macht. Das zieht Kapital ins Land, was den Dollar stützt.

Fazit Währungseffekt
Sie sehen: Eine eindeutige, seriöse Prognose in Bezug auf die weitere Entwicklung des Währungspaares Euro/Dollar ist nicht möglich. Was ist besser: eine Volkswirtschaft, die stark wächst, aber mit Schulden finanziert ist, oder eine stagnierende Volkswirtschaft, mit allerdings sparsamen Konsumenten?

Wir finden, der beste Fall ist eine stark wachsende Volkswirtschaft mit sparsamen Konsumenten. Und das ist China. Doch bleiben wir beim Thema: Da wir in Bezug auf den Währungseffekt (Dollar/Euro) keine eindeutige Prognose geben können, raten wir Ihnen, diesen Währungseffekt am besten vollständig zu eliminieren. Das ist möglich! Denn das ist der große Vorteil bei Rohstoffzertifikaten: Es gibt sie auch in währungsgesicherter Form, wobei der Währungseffekt vollständig ausgeklammert wird. Ein Eins-zu-eins-Gold-Zertifikat mit Währungssicherung entwickelt sich deshalb eins zu eins zum in Dollar notierten Goldpreis, obwohl das Zertifikat selbst in Euro notiert.

---

15 *Quelle: OECD.*

Übrigens: Wenn Sie einen Überblick über die aktuellen Notierungen der Gold-Futures erhalten wollen, dann können Sie das an zahlreichen Börsen. Eine Möglichkeit ist das Angebot der amerikanischen COMEX, Börsenplatz New York. Dort können Sie auch die aktuellen Notierungen der Silber-Futures kostenlos verfolgen, mit einer Zeitverzögerung von 15 Minuten.

Die COMEX ist die Metall-Abteilung der riesigen NYMEX (New York Mercantile Exchange). Gehen Sie deshalb auf die Seite www.nymex.com. Dort finden Sie direkt auf der Startseite unter der Überschrift »metals« den Basiswert Gold, symbolisiert durch ein paar aufgeschichtete Goldbarren. Klicken Sie dann auf »Futures« (nicht Options oder iShares Comex Gold Trust), und Sie erhalten die gewünschten Angaben. Natürlich zeigen auch zahlreiche kostenlose Finanzportale den Kurs des aktuellen Gold-Futures an (was dann mit »dem Goldpreis« gleichgesetzt wird), für einen Überblick über die verschiedenen Gold-Futures empfehlen wir jedoch diese Seite.

Fazit

Der Goldpreis in Dollar wird weiter steigen, da die Goldmenge im Verhältnis zur Dollar-Menge relativ knapper geworden ist. Für Sie als Euro-Investor stellt sich die Frage, was das Währungspaar Euro/Dollar machen wird. Da hier die Fundamentals keine eindeutige Antwort geben, sollten Sie den Faktor »Währungsrisiko« am besten vollständig eliminieren. Das ist mit währungsgesicherten Gold-Zertifikaten möglich. Es bieten sich an:

1. **Währungsgesicherte Eins-zu-eins-Gold-Zertifikate.** Diese entwickeln sich parallel zum Goldpreis, der Währungseffekt wird vollständig ignoriert. Diese Zertifikate können theoretisch unbegrenzt laufen.

2. **Währungsgesicherte Gold-Bonus-Zertifikate.** Grundsätzlich entwickeln sich auch diese im Verhältnis eins zu eins zum Goldpreis, es gibt aber eine Laufzeitbegrenzung. Dafür erhalten Sie bei einer Stagnation oder sogar leichten Verlusten des Goldpreises eine Seitwärtsrendite; zudem greift ein Risikopuffer.

Zu den Zertifikate-Kategorien später mehr. In Kapitel 15 (»Wie Sie diese Trends an der Börse umsetzen«) werden wir darauf zurückkommen.

KAPITEL 5

Edelmetalle: Silber

»Wohl dem Menschen, der Weisheit erlangt, und dem Menschen,
der Einsicht gewinnt! Denn es ist besser, sie zu erwerben, als Silber,
und ihr Ertrag ist besser als Gold.«
Die Bibel: Sprüche Salomos (Sprichwörter) 3,13-14

Silber ist genauso wie Gold ein »sicherer Hafen«. Unabhängig davon spricht beim Silber die Angebot/Nachfrage-Situation eindeutig für anziehende Notierungen. Aus diesem Grund werden wir beide Seiten, Angebot und Nachfrage, ausführlich behandeln. Vorher etwas Hintergrundinformationen zum Silber:

Silber ist ein weiß glänzendes Edelmetall, was leicht erklärbar ist: Frisch abgeschiedenes Silber reflektiert rund 99,5 Prozent des sichtbaren Lichtes. Silber kann in der Natur im sogenannten »gediegenen« Zustand vorkommen. Gediegen bedeutet bei Metallen, dass sie in Reinform (das heißt, nicht in Verbindung mit anderen Elementen) vorkommen. Das meiste Silber wird aber aus Silbererzen – die oft zusammen mit Blei-, Kupfer- und Zinkerzen vorkommen – gewonnen.

Die Schmelztemperatur des Silbers liegt bei 961 Grad Celsius, die Siedetemperatur bei 2.212 Grad Celsius. Dieses Edelmetall leitet Hitze und Elektrizität besser als jedes andere Metall. Da Silber aber in purer Form sehr weich ist, wird es zur Festigkeitssteigerung meist mit anderen Metallen legiert. So eignet sich beispielsweise Kupfer sehr gut zur Beimischung, da Kupfer die entstehende Legierung härtet und zudem das Silber nicht verfärbt.

Silber wird seit mindestens 6.000 Jahren aus der Erde geholt und verarbeitet. Im Altertum konnte Silber noch auf beziehungsweise direkt unter der Erdoberfläche gefunden werden, später wurde zur Förderung der Bergbau notwendig. Von den Assyrern und Ägyptern über die Griechen und Römer bis hin zu den Germanen war Silber als Wertgegenstand und Wertaufbewahrungsmittel bekannt.

Daran hat sich bis heute nichts geändert. Silber ist – ähnlich wie Gold – eine Form von »realem Geld«. Es wurde zu Schmuck weiterverarbeitet und galt zeitweise wertvoller als Gold. Es spricht für sich, dass Silber 1792 vom amerikanischen Kongress zur Basis der Währung bestimmt wurde: Es entstand der Silber-Dollar. Der hatte bis 1965 offiziell Bestand. Ein weiteres Zeichen dafür, dass die Wertaufbewahrungsfunktion von Silber seit Jahrtausenden fortbesteht.

Wahrscheinlich haben Sie den Qualitätsbegriff Sterlingsilber (sterling silver) schon einmal gehört. Dieser Begriff stammt vom britischen »Pfund Sterling«. Er bezeichnet eine Legierung, die zu mindestens 925/1.000 (= 92,5 Prozent) aus Silber und zu maximal 75/1.000 (= 7,5 Prozent) aus Kupfer oder einem anderen Metall besteht. Sterlingsilber wird in erster Linie für Silbermünzen und Silbermedaillen verwendet. Silberbarren hingegen haben meist eine Feinheit von 999/1.000. Der Edelmetallgehalt eines Barrens wird durch eine Repunze (= spezieller Stempel auf dem Barren) beglaubigt.

Es gibt weltweit drei große Silberbörsen, an denen Silber-Futures gehandelt werden: New York *(COMEX)*, Chicago *(Chicago Board of Trade CBOT)* und London *(London Metal Exchange LME)*. Außerdem werden noch in Tokio Silber-Futures getradet *(Tokyo Commodity Exchange TOCOM)*.

Der Silberpreis wird in Dollar je Feinunze (auch Troy-Unze genannt) gemessen. Eine Feinunze entspricht 31,10348 Gramm. Wenn Sie den Preis der Silber-Futures verfolgen möchten, können Sie zum Beispiel wie im Fall der Gold-Futures (siehe Kapitel 4) das Angebot der COMEX nutzen. Dort können Sie die aktuellen Notierungen der Silber-Futures kostenlos verfolgen, mit einer Zeitverzögerung von 15 Minuten.

Gehen Sie hierzu auf die Seite www.nymex.com. Dort finden Sie direkt auf der Startseite unter der Überschrift »metals« den Basiswert Silber – auch für Analphabeten am Symbol »Messer und Gabel« (Reminiszenz an das alte »Tafelsilber«) leicht identifizierbar. Klicken Sie dann auf »Futures« (nicht »Options«), und Sie erhalten die gewünschten Angaben. Natürlich zeigen auch zahlreiche Finanzportale den Kurs des aktuellen Silber-Futures an, für einen Überblick über die verschiedenen Futures empfehlen wir jedoch diese Seite.

Das Angebot

Das meiste Silber wird aus Silbererzen gewonnen, die durch Minen gefördert werden müssen.

Beim Silber hat die weltweite Minenproduktion vor einigen Jahren ihren Zenit überschritten: Der Produktionshöhepunkt wurde im Jahr 2002 erreicht. Damals wurden 18.800 Tonnen Silber gefördert.[16] Seitdem ging es jährlich bergab mit der Silberproduktion.

Sollten keine neuen Silbervorkommen mehr gefunden werden, dann würde es mit dem Abbau der vorhandenen Bestände schnell zu Ende sein: Laut einer 2005 erschienenen Analyse reichten die bekannten Silberreserven damals nur für weitere 13,8 Jahre.[17] Und seitdem sind keine größeren Vorkommen mehr entdeckt worden.

Zur räumlichen Verteilung der Silbervorkommen: Im Mittelalter gehörte Mitteleuropa zu den großen Silberproduzenten (Vorkommen in Tirol, im Harz, im Erzgebirge – Stichwort Freiberg, wo 800 Jahre Silber abgebaut wurde), später wurden die Spanier dank der Silberproduktion in ihren südamerikanischen Kolonien führend, was die geförderte Menge betraf.

Noch heute ist die ehemalige spanische Kolonie Peru mit 2.775 Tonnen der größte Silberproduzent der Welt, gefolgt von Mexiko (2.569 Tonnen) und China (2.500 Tonnen), wo die Förderung fast dieselbe Größenordnung erreicht. In Europa nimmt Polen mit 1.200 Tonnen unangefochten den ersten Platz ein, gefolgt von Russland (700 Tonnen) und Schweden (306 Tonnen).

Kleinere Produzenten wie Bolivien (451 Tonnen) haben mit negativen Begleiterscheinungen der Minenproduktion zu kämpfen, da dort Tausende Kinder in

---

16 Quelle: The CRB Commodity Yearbook 2005, S. 234 ff.
17 Quelle: US Geological Survey (USGS), es handelt sich um eine staatliche Behörde.

den Bergwerken schuften. Der Zustand der Minen ist oft schlecht, was sich im Gesundheitszustand der Arbeiter widerspiegelt (Staublunge).

So liegt die durchschnittliche Lebenserwartung der Bergmänner in bolivianischen Potosí bei lediglich 38 Jahren. Wir hoffen, dass die mit steigendem Silberpreis ebenfalls steigenden Gewinne der Silberförderer wenigstens zu einem Teil und mit Zeitverzögerung in Form verbesserter Arbeitsbedingungen bei diesen Menschen ankommen!

Dann würden wir uns umso mehr über einen steigenden Silberpreis freuen. Abbildung 38 gibt einen Überblick über die Silber produzierenden Staaten. Es gibt keinen dominierenden Produzenten, der ein Monopol aufbauen könnte, da keiner der Silber fördernden Staaten auf einen Anteil deutlich über 15 Prozent kommt.

Die weltweite Minenproduktion von Silber geht insgesamt leicht zurück beziehungsweise stagniert bestenfalls. Und selbst wenn neue bedeutende Vor-

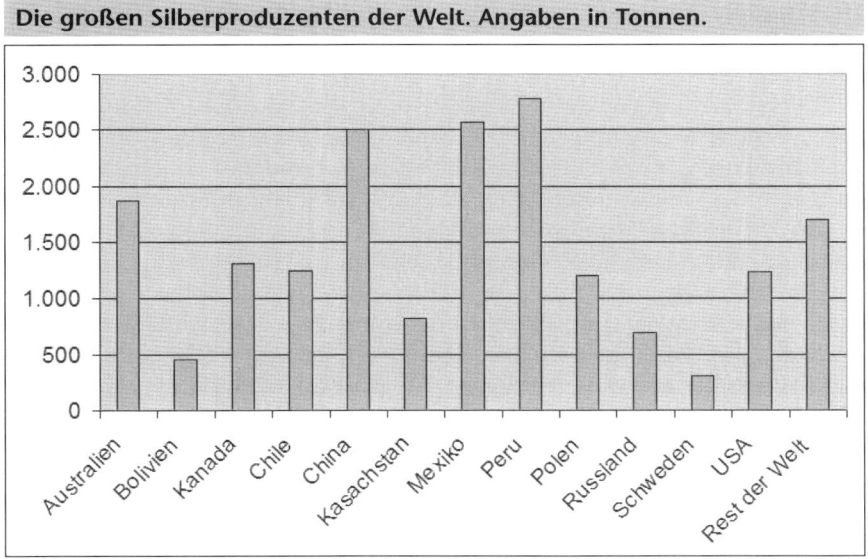

Quelle: The Commodity CRB Yearbook, eigenes Research

Abbildung 38: Bei Silber gibt es weltweit zwölf große Produzenten. Keiner hat einen Anteil von deutlich über 15 Prozent.

kommen entdeckt werden sollten, würde es Jahre dauern, bis diese erschlossen wären und das zusätzliche Silber auf den Markt kommen könnte.

Doch das Silberangebot wird nicht nur durch die Minenproduktion bestimmt, sondern auch durch Recycling vorhandener Silberbestände. So kann zum Beispiel Schmuck wieder eingeschmolzen werden. Insbesondere in den USA spielt das eine wichtige Rolle: Dort wurden 2004 insgesamt 4.109 Tonnen Silber durch Recycling vorhandener Bestände »produziert«. Das war ein Vielfaches der amerikanischen Minenproduktion von Silber (rund 1.250 Tonnen).

Weltweit gesehen trägt das Silber-Recycling zu rund einem Drittel des aktuellen Angebots an Silber bei. Der entscheidende Punkt ist jedoch, dass das Silber-Recycling weltweit seit Jahren zurückgeht. Ein Grund dafür: Silber wird verstärkt in der Industrie verwendet (Beschichtungen, Kondensatoren, Mikrochips), jedoch bei den einzelnen Produkten in so geringen Mengen, dass ein wirtschaftliches Recyceln keinen Sinn macht.

Ein typisches Beispiel dafür sind die USA: Dort steht das Silber-Recycling zwar absolut gesehen auf einem hohen Niveau, dieser Wert sinkt jedoch drastisch. So lagen die 4.109 Tonnen recyceltes Silber des Jahres 2004 um satte 21,5 Prozent unter dem Wert des Vorjahres. Und das ist kein einmaliger Ausrutscher, sondern ein seit dem Jahrtausendwechsel eindeutig beobachtbarer Trend. Im Jahr 2000 kamen die USA noch auf 5.780 Tonnen recyceltes Silber.

Fazit
Das Silberangebot setzt sich sowohl aus der Minenproduktion von Silber als auch aus dem Recycling bereits vorhandener Silberbestände zusammen. Die Minenproduktion geht leicht zurück, stagniert bestenfalls. Sollten überhaupt keine neuen Silbervorkommen mehr gefunden werden, könnten die vorhandenen Silbervorräte nach 6.000 Jahren Förderung in 13,8 Jahren zu Ende gehen. Das Recycling vorhandener Silberbestände wiederum geht seit Jahren weltweit drastisch zurück; dieser Bereich ist keine Perspektive für ein nachhaltig steigendes Angebot.

Die Nachfrage

Silber wird für zahlreiche Verwendungszwecke nachgefragt:

▋ Schmuck, Silbermünzen
Die Klassiker, dieser Verwendungszweck hat seit Jahrtausenden Bestand. Wenn Sie sich auf den Straßen umsehen, können Sie sehen, dass Silber

heutzutage nicht unbedingt in aller Munde ist, aber in Form von Piercings in zahlreichen Ohren, Augenbrauen und anderen Körperteilen steckt. Die Nachfrage aus diesem Sektor wird in Zukunft zumindest stabil bleiben.

▌ Fotoindustrie
Da Silber ein elektrischer Leiter ist und eine ausgeprägte optische Reflexionsfähigkeit besitzt, wird es in der klassischen Fotografie stark verwendet. Wir rechnen allerdings damit, dass in diesem Bereich die Nachfrage nach Silber aufgrund der weiteren Verbreitung der Digitalfotografie zurückgehen wird.

▌ Industrie
Die hohe Leitfähigkeit von Silber, was Strom und Wärme betrifft, macht es in Form diverser Legierungen für die Verwendung in zahlreichen Bereichen attraktiv. Membranschaltungen, keramische Kondensatoren, Katalysatoren, Silberoxyd-Knopfzellen – wir möchten an dieser Stelle nicht alle Verwendungsmöglichkeiten für Silber aufzählen, da wir den Rest dieses Buchs anderweitig verwenden möchten.

In diesem Bereich wird die Nachfrage nach Silber weiter steigen. Da es sich im Einzelfall um meist relativ geringe Silbermengen handelt, wird sich selbst ein stark steigender Silberpreis bei der Silbernachfrage der entsprechenden Bereiche nicht zwangsläufig negativ auswirken.

▌ Medizin
Silberverbindungen werden auch als Desinfektionsmittel verwendet. Bereits im Altertum war es in einigen Regionen bekannt, dass Silber in Zisternen gesünderes (da keimfreies) Wasser schafft. Die Verwendung im medizinischen Bereich ist aber wirtschaftlich kaum relevant, da die Nachfrage nach Silber aus diesem Bereich absolut gesehen vernachlässigenswert gering ist.

Nun zur räumlichen Verteilung der weltweiten Silbernachfrage (siehe Abbildung 39). Der weltweit größte Verbraucher sind, wie in so vielen Bereichen: die USA. Sie sind für ein gutes Fünftel der weltweiten Silbernachfrage verantwortlich. Es folgen Japan und Indien mit jeweils knapp 15 Prozent. Es folgen abgeschlagen Italien (rund 6,5 Prozent der weltweiten Nachfrage) und Deutschland sowie Großbritannien (jeweils knapp fünf Prozent). Die deutsche Silbernachfrage geht übrigens zu rund einem Viertel in die Produktion von Silbermünzen.

Weltweit erreichte die Nachfrage nach Silber 2003 die Höhe von 26.721 Tonnen (+1,57 Prozent gegenüber Vorjahr). Die weltweite Silberminenproduktion

Weltweite Verteilung der Silbernachfrage

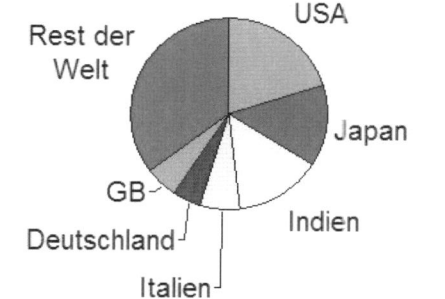

Quelle: eigenes Research

Abbildung 39: Die USA, Indien und Japan sind für zusammen fast die Hälfte der weltweiten Silbernachfrage verantwortlich.

hingegen lag 2003 bei lediglich 18.700 Tonnen. Ein gewaltiger Nachfrageüberhang, der lediglich durch das Silber-Recycling und das Leeren der Lagerbestände aufgefangen werden konnte. Kein einmaliger Ausrutscher: Denn einschließlich des Jahres 2005 gab es beim Silber bereits seit mindestens fünf Jahren in Folge einen Nachfrageüberhang.

Zugegeben: Die Silberlager waren Ende der 1990er voll, auch China hatte große Bestände gelagert. Aber selbst das größte Lager ist irgendwann leer, wenn die Nachfrage auf Dauer das Angebot übersteigt. Das ist zum Beispiel im Fall der USA bereits eingetreten: Früher hatten die Amerikaner mehrere Millionen Feinunzen Silbervorräte. Heute sind die amerikanischen Lager leer, und die Produktion im eigenen Land kann die Nachfrage bei weitem nicht befriedigen. Das Silber für die Prägung amerikanischer Silbermünzen muss auf dem Weltmarkt eingekauft werden und erhöht dort entsprechend die Nachfrage.

Da die weltweite Minenproduktion selbst bei Entdeckung riesiger neuer Vorkommen erst in einigen Jahren gesteigert werden könnte und die recycelte Menge an Silber zurückgeht, ist es nur eine Frage der Zeit, bis die vorhandenen Lagerbestände aufgebraucht sind. Was der Silberpreis dann machen wird, können Sie sich vorstellen. Dazu muss die Nachfrage nach Silber noch nicht einmal steigen: Es reicht, wenn sie konstant bleibt. Und das wird sie in den nächsten Jahren, davon sind wir überzeugt. Die zurückgehende Nachfrage der Fotoindustrie wird durch die steigende industrielle Nachfrage aufgefangen werden.

Rückblick auf die historische Entwicklung des Silberpreises

2005 war das Jahr, in dem der Silberpreis seinen ganz persönlichen Bullenmarkt begann, und bereits Ende des Jahres war er auf ein 20-Jahres-Hoch gestiegen. Dass der Silberpreis in einen neuen Aufwärtstrend eingeschwenkt ist, hat uns nicht überrascht. Überrascht hat uns höchstens die Tatsache, dass dies erst 2005 seinen Anfang genommen hat.

Denn der Nachfrageüberhang beim Silber bestand bereits Jahre vorher. Nun gut, zuvor hatte es riesige Silberlagerbestände gegeben (besonders in den USA und China), auf die zurückgegriffen werden konnte. Die sind seit Ende 2005 aber weitgehend aufgebraucht. In den USA auf jeden Fall (da es dazu offizielle Zahlen gibt), in China laut Schätzungen, da es zu den chinesischen Lagerbeständen keine offiziellen Zahlen gibt.

Es wird wahrscheinlich nicht so drastisch werden wie 1979/1980, als sich der Silberpreis innerhalb weniger Monate vervierfachte. Abbildung 40 zeigt dies sehr deutlich: Sie sehen, dass der Silberpreis von rund fünf Dollar je Feinunze auf 26 Dollar je Feinunze nach oben katapultiert wurde. Der Chart zeigt die monatlichen Durchschnittswerte des Silberpreises.

Auf Tagesbasis war der Anstieg noch größer, denn da erreichte der Silberpreis am 21. Januar 1980 sogar die Marke von 48 Dollar je Feinunze. Eine Verzehnfachung in einigen Monaten. Wie es dazu gekommen war? Auch damals hatten grundsätzlich die Faktoren Geldmengenexplosion sowie Angebot und Nachfrage zu einem stark steigenden Silberpreis geführt. Es kam jedoch ein wichtiger Faktor hinzu: die »Hunt-Spekulation«. Es handelte sich um eine Begebenheit, die durchaus das Potenzial für eine Verfilmung hätte (ähnlich wie »Die Glücksritter« beziehungsweise *Trading Places*, ein sehr guter Film mit Eddy Murphy über Warentermingeschäfte). Um was es ging?

Ende 1979/Anfang 1980 unternahmen zwei Großinvestoren den Versuch, den Silbermarkt regelrecht leer zu kaufen, um den Silberpreis explodieren zu lassen. Die beiden Großinvestoren waren die beiden Brüder Herbert und Nelson Bunker Hunt, zwei Amerikaner mit Vermögen im Milliardenbereich (dank texanischer Ölquellen und einer Erbschaft). Sie schafften es in der Tat, durch ihre Käufe eine Silberknappheit herbeizuführen, und setzten die Käufe auf Kredit und über Strohmänner fort. Im Januar 1980 hantierten sie mit rund einem Drittel des Silbermarktes – doch das war zu viel. Denn als die Börsenaufsicht von den Hunt-Brüdern eine Erhöhung der gegebenen Sicherheiten *(margin call)* für ihre Silber-Future-Positionen forderte, konnten die beiden

Brüder die zusätzlich geforderten Mittel nicht aufbringen. Sie hatten sich schlicht und einfach übernommen. Sie hatten nicht einkalkuliert, dass die New Yorker Metallbörse COMEX und die Aufsichtsbehörde CTFC auch die geforderten Sicherheiten erhöhen konnten – und das hatten diese getan. Zudem hatten sie den Hunt-Brüdern verboten (!), weitere Silberkontrakte zu kaufen. Ob das ganz fair von COMEX und CTFC gewesen ist, ist eine andere Frage. Für die Hunt-Brüder war es jedenfalls eine finanzielle Katastrophe: Denn ihre Positionen wurden zwangsweise glattgestellt. Das ließ den Silberpreis selbstverständlich einbrechen. Am 27. März 1980 stand er bei 11,10 Euro und hatte sich damit gegenüber dem Höchstkurs geviertelt. Die Hunt-Brüder sollen durch die »Hunt-Spekulation« am Ende einen Verlust von zwei Milliarden Dollar erlitten haben.

Danach waren es wieder die Gesetze von Angebot und Nachfrage, die die weitere Entwicklung bestimmten. Dennoch lässt sich aus dieser Episode etwas lernen: Der Silbermarkt ist relativ klein, erheblich kleiner als der Markt für Erdöl oder Gold. Das macht gewisse Preismanipulationen – nach oben wie

Entwicklung des Silberpreises von 1901 bis 2005

Quelle: Commodity Research Bureau, the 2005 CD-ROM

Abbildung 40: Cent je Feinunze Silber. Anfang der 1980er explodierte der Silberpreis aufgrund der »Hunt-Spekulation«.

nach unten – beim Silber leichter als bei größeren Basiswerten. Großinvestoren wie Warren Buffett, der Ende der 1990er größere Silberpositionen aufbaute, oder auch Hedgefonds können den Silbermarkt tendenziell leichter beeinflussen, als dies bei Gold möglich wäre.

Ausblick auf die künftige Entwicklung des Silberpreises

Silber hat, vergleichbar mit Gold, aufgrund seiner Eigenschaft als »sicherer Hafen« Potenzial. Unabhängig davon sprechen beim Silber die Fundamentals eindeutig für die »Long-Seite«, das heißt für steigende Notierungen: Seit Jahren liegt die Nachfrage über dem Angebot, die Lagerbestände schrumpfen. Das ist praktisch eine Garantie für steigende Notierungen.

Gleichzeitig ist der Silbermarkt aber relativ klein, weshalb es immer wieder zu größeren Kurssprüngen kommt, wenn zum Beispiel kapitalstarke Hedgefonds beschließen, beim Silber ein- oder auszusteigen. Das ist der Grund dafür, dass der Silberpreis durchaus auch einmal um 20 Prozent in wenigen Tagen fallen kann. Dennoch: Da das Angebot an Silber eine stagnierende bis leicht sinkende Tendenz hat und sich die Lagerhäuser immer weiter leeren, wird der Silberpreis seinen Weg gen Norden gehen. Entscheidend ist, dass sich an der zugrunde liegenden Angebot/Nachfrage-Situation nichts geändert hat und weiterhin ein Nachfrageüberhang besteht. Deshalb sind wir der Ansicht, dass der Silber-Bullenmarkt einige Jahre weiterlaufen wird. Wir sind aufgrund der Fundamentals für Silber noch zuversichtlicher als für Gold. Notierungen von mindestens 20 US-Dollar je Feinunze Silber sollten bis 2010 auf jeden Fall drin sein. Und Silber hat den Vorteil, aufgrund der besonderen Angebot/Nachfrage-Situation auch unabhängig vom weiteren Werdegang des Rohstoff-Bullenmarktes nach 2010 weiter steigen zu können.

Wie im Fall von Gold bieten sich bei Silber währungsgesicherte Eins-zu-eins-Silberzertifikate und währungsgesicherte Silberbonuszertifikate an. Letztere sollten jedoch einen Risikopuffer von mindestens 25 Prozent haben, wegen der angesprochenen hohen Volatilität des Silberpreises. Nach Ende einer Korrekturphase decken wir diesen Basiswert zudem gerne mit Silber-Long-Zertifikaten mit hohem Hebel ab. Auch hier der Hinweis: Mehr zu den Zertifikatekategorien in Kapitel 15.

KAPITEL 6

Energie: Uran

Wenn Rohstoffanleger über das Thema »Energie« sprechen, dreht es sich zumeist fast ausschließlich um Öl und alternative Energien wie den Solarsektor. Gut informierte Investoren bringen auch noch Kohle ins Spiel. Aber der wirkliche Star des Energiesektors ist Uran. Deshalb werden wir uns in diesem Buch eben nicht auch noch auf Öl fokussieren. Darüber sind inzwischen mehr Bücher und Artikel geschrieben worden, als Sie je lesen können.

Nein, bei Öl gibt es keinen Informationsvorsprung mehr. Deshalb haben wir uns auf zwei Energierohstoffe konzentriert, über die noch nicht mal annähernd so viel geschrieben wurde: Uran und Ethanol. Beginnen wir mit Uran.

Uran ist, im wahrsten Sinne des Wortes, ein »glühend heißes« Thema. Kein Rohstoff wird so emotional bewertet wie Uran. Die Nutzung von Uran für die Nuklearenergie »kernspaltet« die Bevölkerung und auch die Investorengemeinde. Den Kernenergiegegnern kräuseln sich schon bei dem Namen die Nackenhaare unter dem Batikpullover. Jahrelang haben die politisch Linken und ökologischen Aktivisten in Deutschland für einen Atomkraftausstieg gekämpft – nur um zu sehen, wie die Nuklearenergie nun weltweit eine einzigartige Renaissance erlebt.

»Was ist nur aus dem gelben Aufkleber »Atomkraft – nein danke« geworden?«, murmelt die Ökobewegung ungläubig in ihre Rauschebärte hinein. Dabei haben die Atomkraftgegner, denen Deutschland im Umweltbereich fraglos sehr viel zu verdanken hat, einen legitimen Stand. Man denke nur an den Reaktorunfall in Tschernobyl und an die steigende Gefahr für den Bau von nuklearen Waffen, wenn sich die Atomenergie in den Emerging Markets verbreitet.

Auf der anderen Seite führen die Atomkraftlobbyisten ins Feld, dass nur die Kernenergie die Problematik der immer weiter ansteigenden globalen Energienachfrage lösen kann. Zumindest lösen kann, ohne die Erde umweltmäßig völlig gegen die Wand zu fahren. Denn die umweltfreundlichen Energien wie Solar oder Wind sind noch viel zu klein, um kurz- bis mittelfristig einen bedeutenden Prozentsatz der weltweiten Energieversorgung zu tragen.

Bei der Atomenergie liegt die Sachlage anders: So unstrittig die Risiken sind, so unstrittig ist auch der Fakt, dass die Kernenergie durch den fehlenden CO_2-Ausstoß im Vergleich zu den klassischen Energieträgern, wie Öl und vor allem Kohle, wesentlich umweltfreundlicher ist.

Uran und die Atomenergie werden zu Recht diskutiert, aber an der überragenden und überlegenen Energieproduktion des strahlenden Metalls (ja, Uran gehört zur Klasse der Metalle) gibt es keinen Zweifel. So kann heute aus einem Kilogramm Uran 16.700 Mal (gemessen an KW-Stunden) so viel Energie gewonnen werden wie aus einem Kilogramm Kohle – und das wohlgemerkt bei einer wesentlich niedrigeren Umweltverschmutzung. Selbst der Schmierstoff der Weltwirtschaft, Öl, besitzt nicht annähernd die Effizienz von Uran. Ein Kilogramm Uran produziert 12.500 Mal so viel Energie wie ein Kilogramm Öl.

Mit Atomkraft kann Energie also wesentlich kostengünstiger produziert werden als mit anderen Energieträgern. Die Kosten für eine durch Kernenergie produzierte KW-Stunde liegen bei 0,016 Dollar. Bei Kohle sind es für ein Kilowatt 0,019 Dollar, bei Öl immerhin 0,053 Dollar und bei Gas sogar 0,058 Dollar. Dazu kommt dann noch der sehr wichtige Umweltfaktor. Neben der extrem hohen Energieproduktion entstehen bei der Nutzung von Uran eben keine schädlichen CO_2-Emissionen wie bei Kohle, dem Energielieferant Nummer eins. [18]

---

18 *An dieser Stelle möchten wir aber darauf hinweisen, dass Uran keinesfalls der perfekte »saubere« Energielieferant ist, zu dem ihn die Atomenergie-Lobby gerne erhebt. Zwar ist es richtig, dass durch Atomenergie keine giftigen Treibhausgase entstehen, aber dafür gibt es andere schwere Umweltschäden. Das gilt vor allem für den Abraum bei einem Minenabbau. Dieser wird mit der Erschließung von Uranfeldern mit niedrigen Urangehalten in Zukunft noch weiter zunehmen. Dazu kommen die Umweltschäden im direkten Umfeld der Uranminen und natürlich die ungelöste Problematik der Endlagerung der Brennstäbe.*

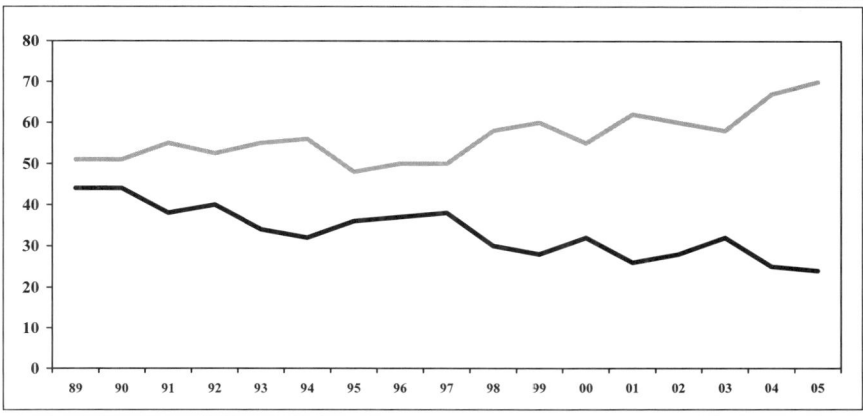

Prozentuale Entwicklung der Befürwortung und Ablehnung der Atomenergie in den USA

Quelle: Nuclear Energy Institute

Abbildung 41: Die hellgraue Linie spiegelt die Zustimmung der amerikanischen Bevölkerung wider, die schwarze Linie die Ablehnung. Die vertikale Skala gibt den prozentualen Anteil an. Die Grafik spricht eine deutliche Sprache. Vor allem seit dem Anstieg der Energiepreise und der dadurch gestiegenen Abhängigkeit vom Öl aus Krisenregionen hat die Zustimmung in der amerikanischen Bevölkerung für die Atomenergie massiv zugenommen. In Deutschland sind hingegen immer noch 70 Prozent der Bevölkerung gegen Atomenergie.

Das ist eine überzeugende Kombination, um des weltweit steigenden Energieverbrauchs ohne eine Ausweitung der Treibhausgase Herr zu werden. Deshalb kommt es unter Umweltschützern auch zu einer hochinteressanten und gleichzeitig unerwarteten Entwicklung. Viele ehemalige Atomkraftgegner befürworten inzwischen sogar die Nutzung der Kernenergie. Sie erkennen immer mehr, dass die weltweite Energienachfrage durch die Industrialisierung der Emerging Markets, die wachsende Erdbevölkerung und den steigenden Lebensstandard vieler Menschen in den Schwellenländern zwangsläufig weiter ansteigen muss.

Nach Berechnungen der International Energy Agency wird sich die globale Energienachfrage im Jahr 2030 gegenüber heute verdoppelt haben. Da diese Entwicklung unaufhaltsam ist, wird durch die Atomenergie die Umwelt zumindest nicht annähernd so belastet wie zum Beispiel durch Öl oder Kohle.

Auch in der breiten Öffentlichkeit nimmt die Zustimmung in vielen Ländern für die Nuklearenergie immer weiter zu, wie Sie in Abbildung 41 erkennen können.

An dieser Stelle möchten wir kurz auf einen fast schon skurrilen Widerspruch der Ökobewegung eingehen: die Einhaltung des extrem wichtigen Kyoto-Protokolls, um den CO_2-Ausstoß zu senken. Dies ist ein Kernpunkt aller ökologisch denkenden Menschen. Die Treibhausgase müssen reduziert werden, um die Ozonschicht zu schützen und die Erderwärmung zu stoppen oder zumindest zu verlangsamen.

Das dürfte so ziemlich jedem Menschen auf diesem Planeten außer George W. Bush klar sein. Aber: Wie sollen bei einem weltweit steigenden Energiebedarf die ausgehandelten Reduzierungen von Kohlendioxid bis 2012 umgesetzt werden? Bei einer sachlichen, emotionslosen Betrachtung ist sofort klar, dass die fraglos zukunftsträchtigen alternativen Energien wie Solar nicht weit genug entwickelt sind, um die Auflagen des Kyoto-Protokolls in der Kürze der Zeit umzusetzen. Selbst Größen der Umweltbewegung, wie der Greenpeace-Gründer James Lovelock, haben diesen Widerspruch erkannt. So sagte Lovelock selbst: »Nur die Kernkraft kann die Erderwärmung stoppen.«

Wir wollen uns aber an der stets emotional und selten sachlich geführten Pro- und-Contra-Diskussion nicht beteiligen. Selbst unter uns beiden Autoren ist Uran ein kontroverses Thema, über das keine Einigung erzielt wird. Aber über einen Punkt sind wir uns beide völlig einig: Emotionen sind an der Börse immer fehl am Platz. Am Kapitalmarkt zählen nur Fakten. Hier ist es irrelevant, ob einer von uns beiden, Sie oder das Krümelmonster, philosophisch oder moralisch mit der eigenen Position Recht hat. Wenn Sie Recht behalten wollen, dann bewerben Sie sich bei »Wer wird Millionär« mit Günther Jauch. Hier ist die Kontaktadresse:

RTL Television
»Wer wird Millionär«
505070 Köln
www.rtl.de/quiz/wwm_bewerbung/
Quelle: www.rtl.de

Aber an der Börse ist die Emotion keine relevante Größe. Das ist jedoch einer der entscheidenden Gründe für den fehlenden Bekanntheitsgrad von Uran. Aufgrund einer emotionalen Ablehnung befassen sich viele Anleger nicht mit diesem Sektor. Genau weil die Situation im Uranmarkt noch so unbekannt ist, nimmt es in diesem Buch eine zentrale Rolle im Energieteil ein.

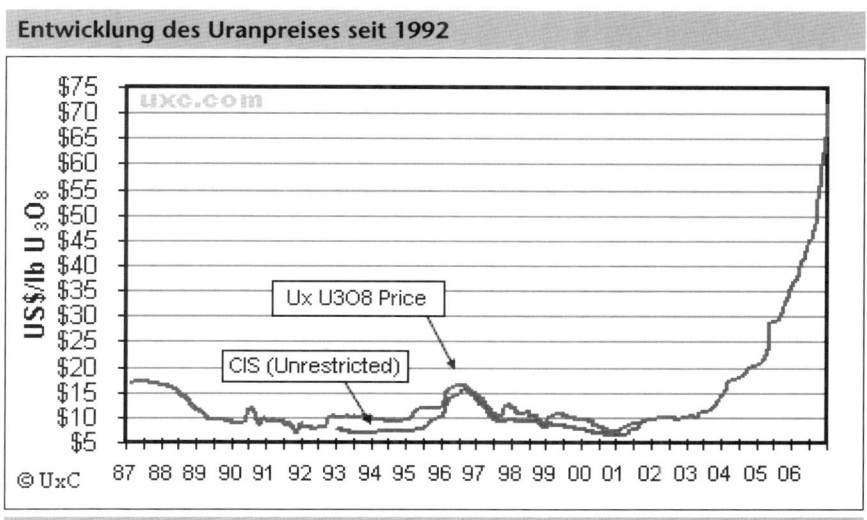

Entwicklung des Uranpreises seit 1992

Abbildung 42: Ein Chart wie aus einem Traum. Seit Ende 2000 ist der Uranpreis von sieben Dollar/Pfund auf über 72 Dollar/Pfund gestiegen. Damit hat sich der Uranpreis in sechs Jahren verzehnfacht. Interessant ist dabei, dass der Uranpreis diesen Anstieg praktisch ohne größere Konsolidierungswellen vollzogen hat. Jede noch so kleine Korrektur wurde sofort zu Käufen genutzt.

Die Fakten, egal wie man zu Uran und der Atomenergie steht, sprechen nämlich eine eindeutige Sprache: Die Investmentchancen im Uransektor sind hochinteressant – und deshalb müssen Sie als gut informierter Anleger der beiden Megatrends Rohstoffe und Emerging Markets über Uran Bescheid wissen. Denn Chancen bieten sich wahrlich im Uransektor. Seit 2000 ist der Uranpreis von Kursen um sieben US-Dollar auf über 72 Dollar gestiegen.

Kein Wunder, denn neben der brisanten fundamentalen Situation relativiert sich der Anstieg des strahlenden Metalls bei einer Betrachtung des inflationsbereinigten Langfristcharts. Wie Sie in Abbildung 43 sehen, notiert der Uranpreis trotz seines Anstieges in den vergangenen drei Jahren zwar absolut betrachtet auf Höchstständen. Inflationsbereinigt liegen die aktuellen Preise für »Yellow Cake« (zu Deutsch: der gelbe Kuchen), wie Uran in Rohstoffkreisen auch genannt wird, aber immer noch gut 40 Prozent unter seinen Höchstständen von 1976/77, dem Zeitpunkt der ersten Energiekrise. Uran besitzt demnach noch ein großes Aufholpotenzial.

Inflationsbereinigte Entwicklung des Uranpreises seit 1969

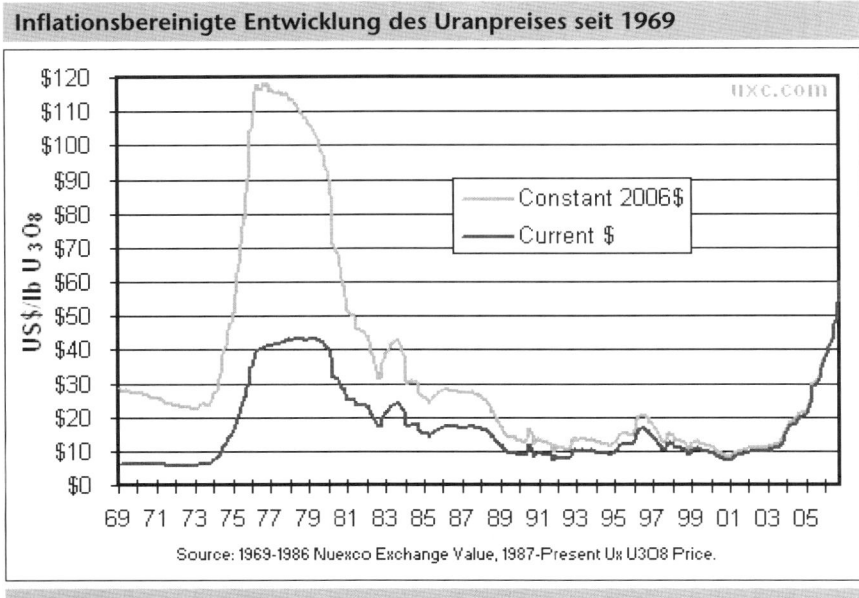

Quelle: UXC

Abbildung 43: Die dunkle (untere) Linie zeigt die absolute Preisentwicklung. Danach hat Uran die alten Höchststände aus den 70ern klar gebrochen. Aber der absolute Preis ist wenig aussagekräftig. Wichtiger ist die helle (obere) Linie, die zeigt, wo wie sich der Uranpreis inflationsbereinigt entwickelt hat.

Rückblick auf die historische Entwicklung des Uranpreises

Um die Preisentwicklung von Uran in den zurückliegenden drei Jahrzehnten richtig einzuordnen, müssen Sie seine besondere Historie kennen. In der Urangeschichte gab es drei Boomphasen. In der dritten Phase befinden wir uns gerade.

Der flächendeckende Uranabbau begann nach dem Ende des Zweiten Weltkrieges. In den 50er-Jahren erfolgte dann bereits der erste Boom. Hintergrund war hier allein die militärische Nutzung der USA für den Aufbau von Atomwaffen. Erst 1959 begann, mit der Inbetriebnahme des ersten privat finanzierten Atomkraftwerks in den USA, die Ära der friedlichen Nutzung der Kernenergie.

Diese Phase erreichte in den 70ern während der ersten Ölkrise und der daraus folgenden Energiekrise ihren Höhepunkt, wie Sie im Langfristchart des Uranpreises erkennen können. Im Zuge der Energiekrise wurde die Atomenergie in den USA, bis heute der größte Absatzmarkt für Atomstrom, als die Lösung gegen die Ölabhängigkeit ausgerufen. In gewohnter amerikanischer Manier überdrehte man im Land der unbegrenzten Möglichkeiten allerdings mal wieder völlig und plante kurzerhand, die Zahl der Atomkraftwerke zu verdreifachen.

Dann kam der 28. März 1979: Im Kraftwerk »Three Mile Island« ereignete sich an diesem Tag ein schwerer Reaktorunfall (sozusagen das Tschernobyl-Erlebnis der Amerikaner). In Block zwei kam es zu einer partiellen Kernschmelze. »Three Mile Island« sorgte dafür, dass sich die Stimmung in den 80ern komplett gegen die Atomenergie drehte. Gleich serienweise wurden in den USA die geplanten Atomkraftwerkprojekte gestoppt.

Das ließ den noch zuvor in die Höhe geschossenen Uranpreis völlig einbrechen. Denn der Preisanstieg bei Uran war primär auf die Spekulationen über eine massiv steigende Urannachfrage aus den neuen geplanten Kernkraftwerken (250 Kraftwerke sollten ursprünglich nach dem Ölpreisschock gebaut werden) zurückzuführen.

Dazu kam dann noch die Katastrophe von Tschernobyl am 26. April 1986. Das Genick wurde dem Uranpreis jedoch durch den Untergang der UdSSR und das Ende des Kalten Krieges gebrochen. Nachdem die zivile Nachfrage aufgrund der abgesagten amerikanischen Kernkraftwerksprojekte bereits rückläufig war, fiel nun plötzlich auch die militärische Nachfrage ab. Doch nicht nur das. Einhergehend mit der sinkenden Nachfrage stieg plötzlich das Angebot an Uran. Nun kam aus den ehemaligen Sowjetstaaten jede Menge, zuvor militärisch verwendetes, Uran auf den Weltmarkt und sorgte für hohe Lagerbestände. Erfolgsgeschichten aus dem Rohstoffsektor sehen anders aus.

Folglich vegetierte der Uranpreis zwischen 1980 bis 2000 zwei Jahrzehnte lang unter 20 Dollar/Pfund vor sich hin. Ende 2000 notierte der Uranpreis nur noch bei gut sieben Dollar/Pfund. Der konstant niedrige Uranpreis führte dazu, dass viele Rohstoffunternehmen aus dem Uransektor Konkurs anmeldeten oder ihre Förderaktivitäten für Uran völlig einstellten. Denn selbst in vielen effizient arbeitenden Minen mit hohen Urangehalten lagen die Förderkosten bei knapp zehn Dollar. Für Rohstoffunternehmen war es in diesen zwei Jahrzehnten schlicht und ergreifend absolut unwirtschaftlich, Uran zu fördern.

Aber diese Ausfälle auf der Angebotsseite wurden durch die angewachsenen Lagerbestände problemlos kompensiert. Die vollen Lager sorgten dafür, dass ein Trend völlig unerkannt blieb, der bereits Ende der 80er seinen Ursprung fand: Zu dieser Zeit drehte sich aufgrund der immer weiter sinkenden Uranproduktion erstmals das Verhältnis zwischen realem gefördertem Angebot und der Nachfrage. Plötzlich wurde mehr Uran nachgefragt, als produziert wurde. Da die Produktion von Uran sehr teuer ist und bei Uranpreisen unter 20 Dollar nur ganz wenige Uranspezialisten »Yellow Cake« überhaupt profitabel fördern konnten, war die Uranproduktion völlig ausgetrocknet. Bereits 1996 lag die geförderte Uranmenge 40 Prozent unter der Nachfrage.

Nur fand diese Entwicklung an den Kapitalmärkten keine Beachtung, denn das Angebotsdefizit wurde durch die großen Lagerbestände an Uran aus dem Nuklearwaffenabrüstungsvertrag zwischen den USA und Russland (»Megatonnen zu Megawatt«) von 1993 problemlos aufgefangen. Bis heute bildet das HEU-to-LEU-Abrüstungsprogramm mit Russland den größten Sekundärmarkt für Uran. Aus einer Tonne hoch angereichertem atomwaffenfähigem Uran (HEU = Highly Enriched Uranium) können nämlich 25 bis 30 Tonnen an niedrig angereichertem Uran (LEU = Low Enriched Uranium) für zivile Zwecke gewonnen werden. Die niedrige Uranproduktion änderte sich daher auch nicht, als die Diskrepanz zwischen einer steigenden Nachfrage (durch den weltweit wachsenden Energiekonsum) und dem konstant niedrigen Angebot immer weiter auseinanderlief.

Doch dann begannen die Lagerbestände zwangsläufig zu sinken, und plötzlich wurde Anfang dieses Jahrtausends klar, dass die Uranvorräte die wachsende Nachfrage nicht mehr auffangen können. So endet das sogenannte »Entreicherungsprogramm« zur Aufbereitung des in russischen Nuklearwaffen verwendeten Urans im Jahr 2013. Der Uransektor sieht sich also einer weit auseinanderklaffenden Schere zwischen Angebot und Nachfrage gegenüber, die auf Jahre nicht geschlossen wird. Tatsächlich, und das macht den Uransektor so interessant, besitzt Uran unter allen größeren Rohstoffen die beste mittelfristige Konstellation von rapide steigender Nachfrage und konstant niedrigem Angebot.

Das Angebot

Uran kommt in der Natur relativ häufig vor. Nur wissen das viele Menschen nicht. Tatsächlich findet sich Uran mit winzigen Anteilen selbst in Salzwasser. Damit sich die Urangewinnung aus Salzwasser aber betriebswirtschaftlich rechnet, müsste der Uranpreis zehn Mal so hoch notieren wie aktuell. Trotzdem: Uran kommt beispielsweise 40 Mal häufiger vor als Silber. Es ist nicht sehr bekannt, aber Uran findet sich im Erdmantel so häufig wie die populären Metalle Zinn oder Zink.

Aber (und hier kommt das berühmte »aber«): In den meisten Uranvorkommen ist der Urangehalt so niedrig, dass eine wirtschaftliche Förderung selbst bei den aktuellen Notierungen nicht rentabel ist. Zudem können viele Uranvorkommen durch politische und gesellschaftliche Einschränkungen sowie Umweltschutzvereinbarungen nicht exploriert werden. Deshalb wird nur ein kleiner Teil des tatsächlich existierenden Urans abgebaut. Uran ist also trotzdem ein knappes Metall, denn die wirtschaftlich lukrativen Uranvorkommen sind begrenzt.

Der weltweit durchschnittliche Urangehalt liegt bei 0,13 Prozent. Funde unter 0,10 Prozent gelten als »niedrighaltige Uranvorkommen«, Funde über 2,00 Prozent hingegen als hochgradige Vorkommen. Ein wichtiger Tipp am Rande für alle Investoren, die sich für Uran-Explorer interessieren: Achten Sie bei Empfehlungen für Uran-Explorer immer auf den Urangehalt und das Gebiet, in dem die Messungen gemacht wurden. Die Größe des Uranfeldes, die von Explorern gerne beworben wird, hat für die eine Förderbarkeit des »Yellow Cakes« keine Bedeutung. Selbst niedrighaltige Uranvorkommen sind wirtschaftlich abbaubar, aber dann müssen sie nahe an der Oberfläche liegen und mit kostengünstigen Verfahren wie ISL (In-Situ-Leaching) abgebaut werden können.

Der Flaschenhals bei Uran ist, dass es aufgrund der hohen Sicherheitsanforderungen extrem teuer und vor allem extrem zeitaufwändig ist, bis neue Uranfelder von der Exploration in die Produktion gebracht werden können. Die Angebotsseite bei Uran ist deshalb absolut unelastisch und kann nur mit großer Zeitverzögerung an eine steigende Nachfrage angepasst werden. Genau dieses Phänomen erleben wir gerade. Zwischen dem Beginn einer Exploration und dem Produktionsstart einer Uranmine vergehen durchschnittlich zehn Jahre (bei Industriemetallen sind es nur fünf bis sieben Jahre). Da der Explorations-Boom im Uransektor 2002 einsetzte, aber sich erst 2004/2005 richtig ausweitete, wird ein wirklicher Schub an neu gefördertem Uran erst 2012 bis 2015 einsetzen. Es ist also davon auszugehen, dass der Defizitmarkt im Uransektor frühestens 2015 aufgelöst wird und sich die Schere zwischen Angebot und Nachfrage erst dann wieder schließen wird.

Die beiden größten Uranproduzenten sind die beiden Industrieländer Kanada und Australien. Aber wie Sie in Abbildung 45 sehen, ist das spannendste Land die weltweite Nummer drei in der Uranproduktion: Kasachstan. So ist die weltweite Menge an gefördertem Uran in den vergangenen fünf Jahren um 14,3 Prozent angestiegen. Den Löwenanteil dieses Anstieges hat sich Kasachstan eingeheimst, das seine Uranproduktion in den letzten fünf Jahren um 112,7 Prozent erhöht hat. Damit hat die ehemalige UdSSR-Republik ihren Anteil an der Weltproduktion von 5,6 Prozent auf inzwischen 10,4 Prozent fast verdoppelt.

Bei einer derart dynamischen Entwicklung können die beiden Industrieländer an der Spitze nicht gegenhalten. Australien konnte seine Uranproduktion seit

Zeitablauf einer Uranmine von der Exploration bis zur Produktion

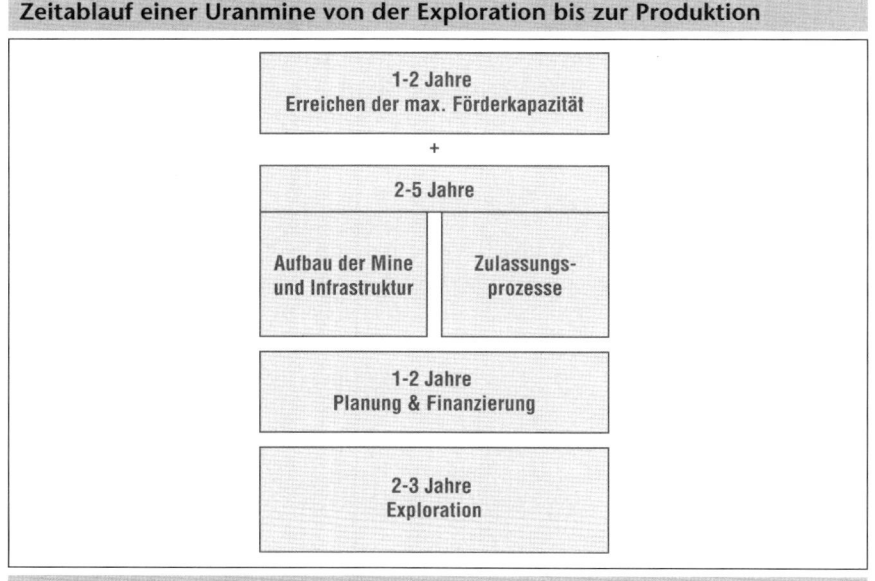

Quelle: Tiger & Dragon Börsendienst

Abbildung 44: Gut Ding will Weile haben. Der Flaschenhals im Uranmarkt ist die lange Dauer, bis neue Uranminen mit der Produktion beginnen können. Da der Uranpreis 20 Jahre am Boden lag, wurden fast alle Minen geschlossen. Erst seit einigen Jahren ist wieder ein neuer Explorations-Boom im Uransektor im Gange. Deshalb wird es noch Jahre dauern, bis viele neue Uranminen in Produktion gehen werden.

2001 immerhin um 23,9 Prozent steigern (und damit stärker als der Weltmarkt wachsen). Aber Kanada verbuchte einen satten Förderungsrückgang um 17,3 Prozent.

Die spannendsten Uranchancen finden sich also in den Emerging Markets, aus denen immerhin vier der sechs größten Uranproduzenten der Welt kommen. Dieses Sechserpack aus den vier Emerging Markets und den Industrieländern Australien und Kanada dominiert den Uranmarkt. Die sechs Länder vereinten in 2005 einen Anteil von gewaltigen 82,0 Prozent der gesamten Weltproduktion in sich.

Aber wie Sie wissen, zählt an der Börse nicht die Gegenwart, sondern die Zukunft. Sprich: Welche Länder verfügen über die größten Uranreserven und -ressourcen, um von dem kommenden Boom der Nuklearenergie besonders stark zu profitieren? In Abbildung 46 erkennen Sie, dass sich das gesamte

Die größten Uranproduzenten der vergangenen fünf Jahre					
Land	2001	2002	2003	2004	2005
Kanada	36,57	30,17	27,07	30,15	30,23
Australien	19,92	17,96	19,76	23,33	24,68
Kasachstan	5,33	7,28	8,64	8,63	11,34
Niger	7,59	8,00	8,17	8,53	8,04
Russland	6,76	7,52	7,37	7,52	8,65
Usbekistan	5,12	4,84	4,55	5,33	5,98
Weltweite Produktion	94,75	93,36	91,91	102,17	108,37

Quelle: UXC

Abbildung 45: Angaben in Millionen Pfund. Dabei kommen 50,6 Prozent aus den Industrieländern Kanada und Australien, also zwei politisch stabilen Regionen. Das macht die Kernenergie gegenüber Öl für die USA, China, Indien oder Europa noch attraktiver. Die Emerging-Markets-Region mit der größten Produktionsmenge ist die ehemalige UdSSR-Region (Russland inklusive GUS-Staaten).

Sechserpack auf der Liste der zehn Länder mit den größten abbaubaren Uranressourcen befindet. In diesen zehn Ländern liegen sage und schreibe 87 Prozent aller weltweiten Ressourcen an »Yellow Cake«. Auch hier sticht unter dem Ansatz unseres Buches Emerging Markets & Rohstoffe sofort der Emerging Market Kasachstan ins Auge. Das GUS-Land ist mit seinem Ressourcenanteil von 17 Prozent mit großem Abstand die Nummer zwei der Welt.

Interessant sind auch die USA. Selbst wenn die Allgemeinbildung der Amerikaner manchmal vermuten lässt, dass das Land der unbegrenzten Möglichkeiten ein Emerging Market sein könnte, so besitzt das Industrieland doch die viertgrößten Uranressourcen der Welt. Allerdings werden die Amerikaner diese Ressourcen weitgehend für den eigenen Markt nutzen. Hintergrund sind klare politische Überlegungen, um sich keiner Uranabhängigkeit gegenüber Russland und den GUS-Staaten auszusetzen.

Das leitet zu einem gewichtigen Pluspunkt für Uran über: Ein bedeutender Anteil der weltweiten Uranressourcen befindet sich in politisch stabilen Industriestaaten – im Gegensatz zu Öl, dessen Reserven und Ressourcen zu großen Teilen in politisch instabilen Regionen lagern. Das gibt Uran eine Sonderstellung, wenn die Politiker der Welt ihre Energiepolitik für die nächsten Jahrzehnte planen.

Der Aufbau eigener Uranreserven für eine Reduzierung der Ölabhängigkeit wird in den strategischen Überlegungen der Polit-Eliten rund um den Globus

Die zehn Länder mit den größten förderbaren Uranressourcen (RAR)

Rangliste	Land	Anteil an Weltvorkommen	Absolute Zahl in Tonnen
1.	Australien	24%	1.143.000
2.	Kasachstan	17%	816.000
3.	Kanada	9%	444.000
4.	USA	7%	342.000
5.	Südafrika	7%	341.000
6.	Namibia	6%	282.000
7.	Brasilien	6%	279.000
8.	Niger	5%	225.000
9.	Russland	4%	172.000
10.	Usbekistan	2%	116.000

Quelle: World Nuclear Association

Abbildung 46: RAR steht für »Reasonably Assured Resources« und bedeutet zu Deutsch »gesicherte Ressourcen«. In diese Berechnung fließen Uranressourcen ein, die bis 130 Dollar pro Kilogramm ökonomisch gefördert werden können.

eine wichtige Rolle spielen. Wir gehen davon aus, dass die Verknüpfung von Uran mit außenpolitischen Strategien nicht auf die USA beschränkt bleiben wird. Alle Regierungen werden die Uranproduktionen ihrer Länder zweifellos mit geostrategischen und weltpolitischen Interessen verknüpfen. Deshalb wird die absolute Menge des in der Zukunft weltweit geförderten Urans nicht gleichbedeutend sein mit der Menge des Urans, die tatsächlich an den Weltmärkten gekauft werden kann. Denn Regierungen werden eigene Uranproduktionen strategisch zurückhalten und selbst einlagern.

Damit kommen wir auch schon in den Problembereich einer Uranmarktanalyse. Genau wie bei Öl und seiner »Peak Oil«-Theorie, gibt es bei Uran, anders als bei anderen Rohstoffen, keine wirklich zuverlässigen Zahlen darüber, wie lange die Uranreserven und -ressourcen in der Zukunft noch reichen werden. Das Zeitfenster reicht von 20 Jahren bis 200 Jahren, je nachdem, welche Uranressourcenschätzungen man als Variable anlegt.

Eine ziemlich konkrete Zahl, nicht wahr? Die meisten Schätzungen gehen von einem Zeitfenster von circa 70 Jahren aus, bis die Uranressourcen aufgebraucht sind. Denn mit den steigenden Uranpreisen nehmen auch die ökonomisch abbaubaren Ressourcen zu (allerdings wird auch die Nachfrage ansteigen). Uns erscheint ein Zeitfenster von 70 bis 100 Jahren realistisch, was nach viel klingt, es aber fraglos nicht ist.

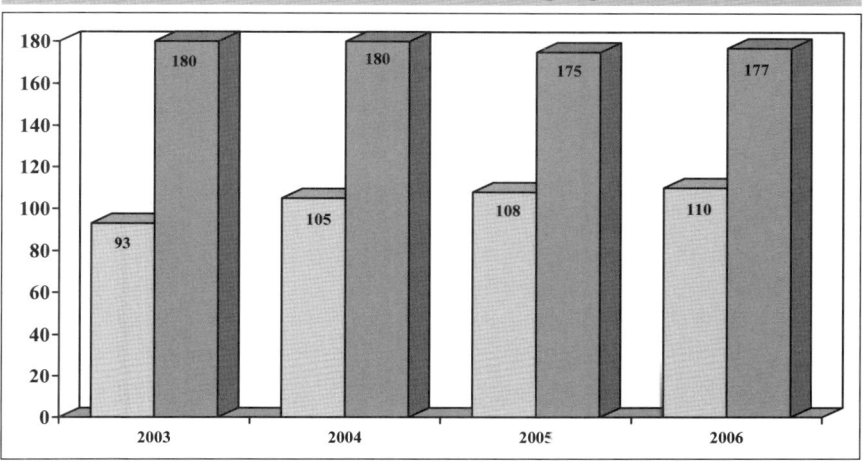

Produktion und Verbrauch von Uran in den vergangenen drei Jahren

Quelle: Cameco, eigenes Research

Abbildung 47: Angaben in Millionen Pfund. Das ist der Traum jeden Rohstoffanlegers: eine konstant hohe Nachfrage (dunkelgrauer Balken) und ein unelastisches Angebot (hellgrauer Balken), das die Nachfrage nicht einmal ansatzweise bedienen kann. Diese Schere wird sich auch auf Jahre nicht schließen.

Beschränken wir uns auf die Fakten, die wir kennen. Die sprechen eine klare Sprache: In 2005 lag die Produktion bei 108 Millionen Pfund Uran. Die Nachfrage betrug aber gut 175 Millionen Pfund. Die aktuelle Uranproduktion war in 2005 also nur in der Lage, gerade mal 61,7 Prozent der Urannachfrage zu bedienen. Eine gigantische Schere, die primär durch die alten Lagerbestände geschlossen wurde. Wie Sie in Abbildung 47 sehen, war 2005 jedoch keine Sondersituation. Vielmehr liegen 2005 und 2006 lediglich in der allgemeinen Entwicklung zwischen Angebot und Nachfrage. So lag der Anteil des Urans, das aus neuen Produktionen kam, in 2004 bei 58,3 Prozent und in 2003 sogar nur bei 51,6 Prozent.

Dieser seit Jahren im Uransektor existierende Defizitmarkt wurde immer durch den Sekundärmarkt aus Lagerbeständen und abgerüsteten Atomwaffen etc. bedient. Doch die Lagerbestände sind inzwischen so weit gesunken, dass in den kommenden Jahren die Uranproduktion dieses aufkommende Vakuum füllen muss. Das kann sie aber nicht. Dieses Bild wird sich auch auf mittelfristige Sicht nicht entspannen.

Denn am 22. Oktober 2006 erlebte die Uranindustrie einen herben Rückschlag. Dabei ist das gigantische Ausmaß dieses Ereignisses von der Masse der Anleger noch nicht wahrgenommen worden. An diesem Sonntag im Oktober kam es in der neuen Uranmine »Cigar Lake« zu einem schweren Wassereinbruch. Cigar Lake war eine neue Mine und der Hoffnungsträger der Uranindustrie. Cigar Lake war nämlich eine der am weitesten fortgeschrittenen, großen neuen Uranminen, und die Anlage sollte eigentlich 2008 in Produktion gehen.

Aber nach einem Geröllsturz kam es, wie gesagt, in Cigar Lake am 22. Oktober zu einem schweren Wassereinbruch. In 500 Metern Tiefe strömte Wasser in den Untertagebau und konnte nicht gestoppt werden. Das einzig Erfreuliche ist, dass bei diesem Unfall niemand ums Leben kam.

Die Nuklearindustrie hat nun aber ein gewaltiges Problem: Cigar Lake war im Uransektor, der ja ohnehin schon ein gewaltiges Angebotsdefizit aufweist, der Hoffnungsträger der Industrie. Ab 2008 sollte die Produktion aus Cigar Lake bereits 17 Prozent der gesamten aktuellen Uranförderung ausmachen.

Für den Uransektor ist mit dieser Katastrophe ein Horrorszenario eingetreten. Das Uranunternehmen Cameco, mit einem 50-Prozent-Anteil der Hauptträger des Projektes, musste die Produktionsaufnahme von Cigar Lake erst mal auf unbestimmte Zeit verschieben. In 2007 wird zwar mit der Dominion-Reef-Mine des Unternehmens SXR Uranium One endlich noch eine neue größere Uranmine in Südafrika eröffnet werden, aber dadurch kann der Ausfall von Cigar Lake nicht kompensiert werden. Das Unternehmen Cameco hat aufgrund der nun anfallenden starken Reparaturarbeiten die Produktionsaufnahme von 2008 vorsichtig um ein Jahr nach hinten verschoben.

Doch Gespräche, die wir mit Experten aus dem Uransektor geführt haben, zeichnen ein anderes Bild, über das bisher nicht gesprochen wird (wohl auch, weil das weder im Interesse von Cameco noch von den Urankunden ist): Aus der Uranbranche ist zu hören, dass bei einem derartig massiven Wassereinbruch eine 60-Prozent-Wahrscheinlichkeit besteht, dass die Schäden, vor allem in der Statik, irreparabel sind und das Minenprojekt damit sogar komplett gescheitert ist.

Das wäre bei der ohnehin knappen Angebotsseite so, als ob man im Fußball dem Tabellenletzten noch zusätzlich sechs Punkte abzieht. Um Ihnen die Dimension zu verdeutlichen, die der Unfall in Cigar Lake hat: Der CEO eines Uranunternehmens nannte in einem persönlichen Gespräch folgendes illustrierendes Beispiel: »Ein Ausfall von Cigar Lake ist für den Uran-

Uranminen in Australien

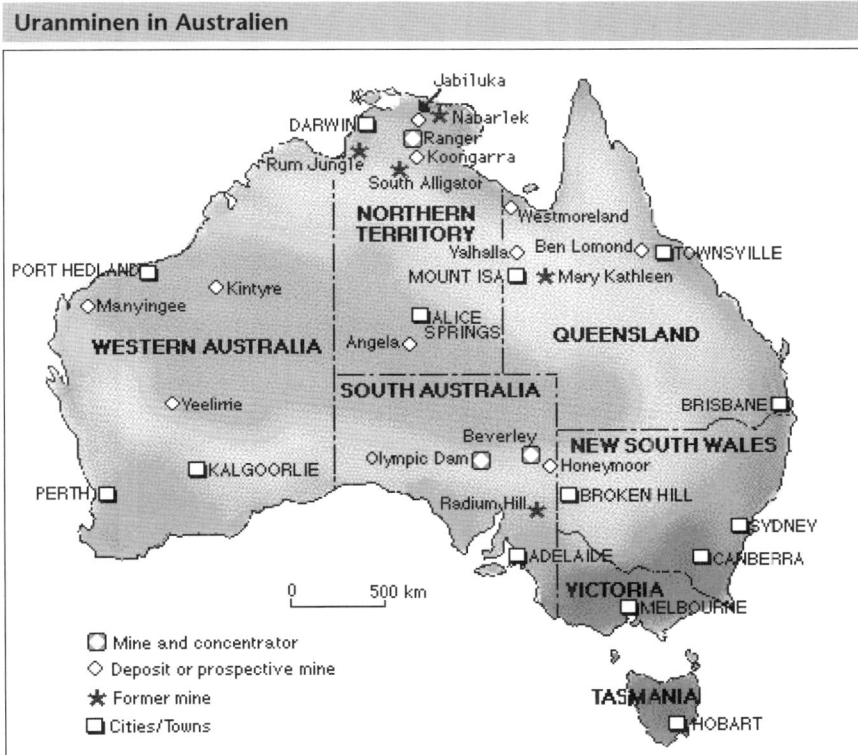

Quelle: World Nuclear Association, eigenes Research

Abbildung 48: Alle drei Uranminen (Beverly, Olympic Dam und Ranger) befinden sich unter den zehn größten Uranminen der Welt. Besonders zukunftsträchtig ist Olympic Dam (weltweit die Nummer drei). Der Betreiber WMC Resources, eine BHP-Billiton-Tochterfirma, will die Produktion in den kommenden Jahren verdreifachen.

sektor ungefähr so, als ob ganz Saudi-Arabien für die Ölförderung ausfallen würde!«[19]

Das zeigt Ihnen, wie unglaublich labil die bis zum Zerreißen angespannte Angebotsseite bei Uran ist. Es gibt weltweit nur eine begrenzte Anzahl von Uranminen. Damit kann es im Uransektor, wie wir es bei Cigar Lake bereits ansatzweise erlebt haben, sehr schnell zu einem Angebotsschock kommen, wenn eine bedeutende Mine ausfällt (zum Beispiel durch Streiks oder Umweltkatastrophen).

---

19 *Quelle: Interview von Daniel Wilhelmi mit CEO A. Adnani von UEC am 25.10.2006.*

Nehmen wir das Beispiel Australien. Australien fördert 22,7 Prozent des gesamten, weltweit produzierten Urans. Aber das gesamte Uran aus Down-Under wird nur aus drei Minen gefördert. Nein, dies ist kein Druckfehler. Der zweitgrößte Uranproduzent der Erde schürft nur in drei Minen nach Uran. Man muss kein Raketenwissenschaftler der NASA sein, um abzuschätzen, was mit dem Uranpreis passiert, wenn nur eine dieser drei Minen ausfällt.

Dieses Szenario gilt aber nicht nur für Australien, sondern für den gesamten globalen Uransektor. Die Angebotsseite besitzt eine oligopolistische Struktur. Sprich: In nur wenigen Uranminen vereint sich sozusagen ein Monopol auf das Angebot an sofort produzierbarem Uran. Ein Ausfall einer der bedeutenden Uranminen würde sofort zu einem Angebotsschock und damit zu gewaltigen Kurssprüngen im Uranpreis führen. Solche Entwicklungen sind keine Utopie. Erst im April 2003 kam es in der kanadischen McArthur-River-Mine, der größten Uranmine der Welt, zu einem Wassereinbruch.

An dieser Stelle wird sehr häufig ins Spiel gebracht, dass in den nächsten zehn Jahren einige große neue Uranfelder beziehungsweise Erweiterungen

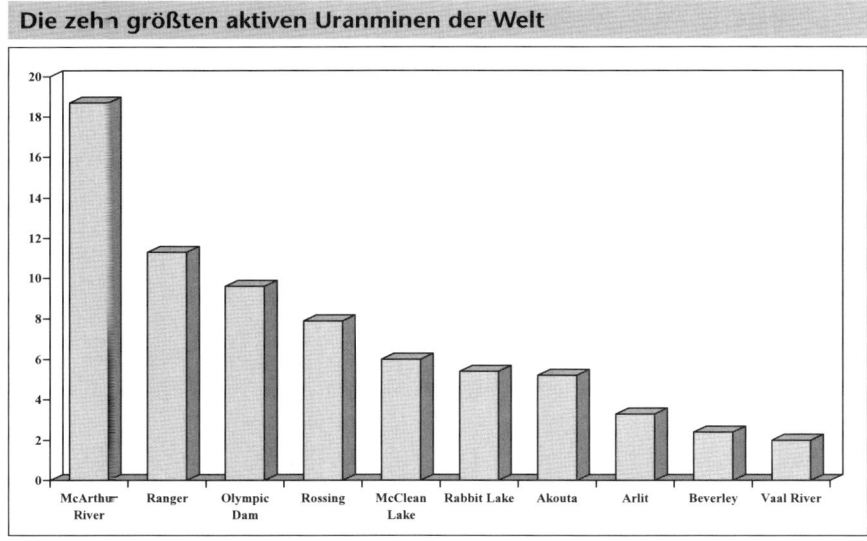

Die zehn größten aktiven Uranminen der Welt

Quelle: eigenes Research, Rohstoff Investor Börsendienst

Abbildung 49: Die größte aktive Uranmine McArthur River steht in Kanada. Die australischen Minen liegen weltweit auf Platz zwei, Platz drei und Platz neun. Die fünf größten Minen alleine machen 53,5 Prozent der gesamten Uranproduktion aus.

bestehender Uranminen in Produktion gehen werden. Neben der Cigar-Lake-Mine, die ja nun erst einmal »ins Wasser gefallen« ist (der musste sein), und der Dominion-Reef-Mine von SXR Uranium One ist hier vor allem der Ausbau der bestehenden australischen Mega-Mine Olympic Dam durch den Rohstoff-Titan BHP Billiton, neben dem Weltmarktführer Cameco der große Uran-Player, zu nennen. Der Ausbau soll jedoch erst 2013 fertig werden.

Tatsächlich werden zwar bis 2020 einige neue Uranfelder in Produktion gehen. Aber bis dahin werden auch einige der gegenwärtigen großen Fördergebiete erschöpft sein. So soll die bekannte Rossing-Mine, immerhin die Nummer vier weltweit, in 2007 geschlossen werden. Es ist also falsch, einfach die neu dazukommenden Uranförderungen auf die aktuell geförderten Mengen hinzuzurechnen, denn die neuen Uranangebote werden zu einem Teil einfach die dann wegfallenden alten Uranproduktionen kompensieren.

Die Nachfrage

Aktuell macht die Atomenergie 16 Prozent des weltweiten Energieverbrauchs aus und ist damit der drittwichtigste Energielieferant – weit vor Gas (15 Prozent) und Öl (zehn Prozent). Dieser Anteil soll in den nächsten zehn Jahren auf 20 Prozent ansteigen. Derzeit laufen weltweit 440 Atomreaktoren. Die Zahl wird schon in den nächsten zehn Jahren um knapp 20 Prozent ansteigen. Denn derzeit befinden sich 82 neue Nuklearreaktoren bereits im Bau oder im Planungsstadium. Dadurch soll die Urannachfrage bis 2015 auf 217 Millionen Pfund ansteigen. Der Uranmarkt wird also jährlich um zwei bis drei Prozent wachsen.

Von den 440 laufenden Atommeilern stehen 310 Anlagen in den Industrieländern. Mit diesem großen Anteil von 70,4 Prozent kommt auch der Löwenanteil der Urannachfrage aus den Industrieländern. Wie üblich im Energiebereich, nehmen die USA auch im Uransektor den Spitzenplatz ein. Kein Wunder, die Yankees sind schließlich auch die größten Energieverschwender auf unserem Planeten. Fast jeder vierte derzeit betriebene Atomreaktor steht im Land der unbegrenzten Möglichkeiten (genauer Anteil: 23,4 Prozent). Doch die Dominanz der Industrieländer wird sich in den kommenden Jahren deutlich verschieben – und zwar zu Gunsten der Emerging Markets.

Es kommt nicht von ungefähr, dass 20 der letzten 30 erbauten Kraftwerke in Asien stehen. Wie fast bei jeder Entwicklung im Rohstoffsektor werden in der allgemeinen Presse vor allem China und der ständig wachsende Energiehunger des roten Drachen als Hauptgrund für die steigende Urannachfrage

Industrieländer mit eigenen Atomkraftreaktoren

Land	Betriebene Reaktoren in 2006	Neue Reaktoren bis 2015	Abgeschaltete Reaktoren bis 2015	Gesamtzahl der Reaktoren in 2015
Belgien	7	0	0	7
Deutschland	17	0	0	17
Finnland	4	1	0	5
Frankreich	59	1	1	59
Großbritannien	23	0	8	15
Kanada	18	2	0	20
Niederlande	1	0	0	1
Japan	54	10	1	63
Schweden	10	0	0	10
Schweiz	5	0	0	5
Spanien	9	0	1	8
USA	103	4	0	107
Gesamt	310	18	11	317

Quelle: World Nuclear Association

Abbildung 50: Frankreich hat von allen Ländern den höchsten Anteil von Atomstrom in seinem Energie-Mix: Heftige 78 Prozent der gesamten Energie kommen aus Kernkraftwerken. (Auf Platz zwei liegt übrigens der Emerging Market Litauen mit 72 Prozent.)

benannt. De facto ist China bei Medien, die sich in der Welt der Emerging Markets nur rudimentär auskennen, ja an so ziemlich allem schuld, außer an steigenden Erdbeerpreisen und dem Untergang der Titanic. Im Fall von Uran ist die weit verbreitete Argumentation, dass China der Hauptgrund sei, zwar richtig, aber nur die halbe Wahrheit.

Hinter der steigenden Urannachfrage, vor allem auf langfristige Sicht, steckt eben nicht nur China. Aktuell findet sich der größte Verbrauch an Kernenergie (gemessen an der Megawattanzahl) unter den Emerging Markets auch nicht im Reich der Mitte, sondern in Russland und Südkorea. China spielt erst unter mittelfristigen Gesichtspunkten, sprich zehn bis 15 Jahren, die tragende Rolle. Bis dahin hat China aber fraglos Gigantisches vor. In den nächsten zehn Jahren sollen im Reich der Mitte sage und schreibe 18 bis 20 neue Atommeiler aus dem Boden gestampft werden. Das sind fast zwei neue Nuklearreaktoren pro Jahr.

Doch, und hier wird es jetzt für Anleger im Uransektor besonders interessant, die künftige Nachfrage ist eben nicht nur auf China beschränkt. Mit Indien setzt bereits die nächste Wirtschaftsmacht von morgen massiv auf den Ausbau seiner Atomenergieprogramme. Allerdings hinkt die zweite aufstrebende Weltmacht aus Asien China noch deutlich hinterher. (So wie es in den meisten Bereichen der Fall ist. Nicht umsonst wird gesagt, dass Indien heute da ist, wo China vor 15 bis 20 Jahren war).

Hier kommt es übrigens zu einem häufigen Analysefehler von Investoren: Indien besitzt zwar mit 15 operierenden Reaktoren bereits heute deutlich mehr Atommeiler als China mit seinen neun Reaktoren, aber die Gesamtkapazität ist wesentlich geringer als die der chinesischen Kraftwerke. Daher ist die kurz- bis mittelfristige Urannachfrage aus China höher.

Aber Indien will gewaltig aufholen. Im Land am Ganges sollen in den kommenden Jahrzehnten sogar 24 Reaktoren gebaut werden (allerdings mit einer kleineren Gesamtproduktionskapazität als die chinesischen Reaktoren). Davon werden 15 in der nächsten Dekade errichtet werden, um den wachsenden Energiebedarf des Riesenreiches zu decken.

Mit Russland wird zudem noch ein dritter der großen Emerging Markets seine Engagements im Atomenergiesektor aggressiv ausweiten. Im ehemaligen Zarenreich sollen in den nächsten zehn Jahren sechs neue Atommeiler entstehen und damit die Gesamtzahl in Russland auf 37 erhöhen. Damit wird Russland, und nicht China oder Indien, in 2015 die meisten Kernkraftreaktoren besitzen.

Die großen Schwellenländer China, Indien und Russland werden für die Hauptnachfrage nach Uran aus den Emerging Markets sorgen. Aber wie Sie in Abbildung 51 sehen, sind die großen etablierten Emerging Markets nicht die einzigen Länder. Der Nachfrageschub reicht wesentlich tiefer bis in die zweite und dritte Reihe der Emerging Markets hinein. Beispiel: In Vietnam kündigt der neue Energieplan der Kommunistischen Partei an, dass bis 2010 insgesamt 2.000 MW von der Atomenergie kommen soll. In weiteren Emerging Markets wie Indonesien, Polen und der Türkei, die bisher noch nicht über Kernkraftwerke verfügen, wird ein Einstieg derzeit debattiert.

Aber diese, in den kommenden Jahren rasant steigende Urannachfrage aus den Emerging Markets ist noch nicht alles. Dazu kommt noch ein politischer und gesellschaftlicher Wandel in den Industrieländern. Auch immer mehr Industrieländer werden in den kommenden Jahren wieder massiv auf Atomenergie setzen und ihre Engagements massiv ausbauen (bis auf Deutschland, das mal wieder, wie üblich, einen Trend völlig verschlafen hat). So hat

Emerging Markets mit Atomkraftreaktoren

Land	Betriebene Reaktoren in 2006	Neue Reaktoren bis 2015	Abgeschaltete Reaktoren bis 2015	Gesamtzahl der Reaktoren in 2015
Argentinien	2	1	0	3
Armenien	1	0	0	1
Bulgarien	4	2	2	4
Brasilien	2	1	0	3
China	9	18	0	27
Indien	15	15	0	30
Iran	0	2	0	2
Litauen	1	0	1	0
Mexiko	2	0	0	2
Pakistan	2	2	0	4
Rumänien	1	2	0	3
Russland	31	6	0	37
Slowakei	6	2	2	6
Slowenien	1	0	0	1
Südafrika	2	2	0	4
Südkorea	20	8	0	28
Taiwan	6	2	0	8
Tschechei	6	0	0	6
Ungarn	4	0	0	4
Ukraine	15	1	0	16
Gesamt	**130**	**64**	**5**	**189**

Quelle: World Nuclear Association

Abbildung 51: Nicht nur die großen BRIC-Staaten rüsten sich für das »nukleare Zeitalter«. Auch die kleinen Emerging Markets setzen auf Atomstrom. Das sorgt wiederum für weitere Nachfrage. So werden beispielsweise die beiden neuen bulgarischen Atomreaktoren in 2011 und 2013 in Betrieb gehen.

unser Nachbar Frankreich bereits angekündigt, dass man in 2007 mit dem Bau eines neuen Reaktors beginnen wird. In Finnland ist man schon einen Schritt weiter. Dort befindet sich bereits ein weiterer Reaktor im Bau, dessen Fertigstellung für 2009 anvisiert ist (mit dessen Fertigstellung verfügt Finnland dann über fünf Atomreaktoren). In Kanada sollen zwei Reaktorblöcke eines Kraftwerks wieder ans Netz gehen, und das Atomkraftwerk Point

Lepreau wird so weit modernisiert, dass die Laufzeit um 25 Jahre verlängert werden kann.[20]

In dem Land mit den meisten Kernkraftwerken, den USA, hat man in Washington eine Verlängerung der Laufzeiten für 39 Reaktoren um weitere 20 Jahre beschlossen. Die Verlängerungsanträge der Betreiber von weiteren 39 Reaktoren sollen eingereicht werden, was dann insgesamt über 70 Prozent aller amerikanischen Kernkraftreaktoren entspricht.

Die Niederlande können vielleicht nicht Fußball-Weltmeister werden, aber sie reagieren schnell auf die sich verändernde Energiesituation der Welt: Der einzige holländische Atomreaktor sollte eigentlich 2013 abgeschaltet werden. Inzwischen ist jedoch eine Laufzeitverlängerung um 20 Jahre verabschiedet worden, die den Reaktor bis 2033 am Netz lässt. In England sind die Laufzeiten von zwei Reaktoren ebenfalls um jeweils zehn Jahre (bis 2018) verlängert worden, und in London wird über den Bau neuer Reaktoren nachgedacht. Selbst Italien erwägt ein eigenes Nuklearenergieprogramm.

Auf den Uransektor kommt in den nächsten Jahrzehnten also nicht nur ein rasant steigender Nachfrageschub aus den Emerging Markets zu, sondern auch noch eine anziehende Nachfrage aus den Industrieländern. Das sind natürlich hervorragende Aussichten für Investoren im Uransektor.

Da dieses Buch leider keinen Platz für die Analyse der unterschiedlichen Entwicklungen einzelner Emerging Markets im Nuklearenergiesektor bietet, konzentrieren wir uns im Folgenden auf China. Wie Sie inzwischen wissen, ist Chinas aggressiver Ausbau der Kernenergie mittelfristig die zentrale Säule für einen steigenden Uranpreis. Aber eben bei weitem nicht die einzige Säule.

Doch die Börsenberichterstattung über den Uransektor wird sich auch in Zukunft auf China fokussieren. Deshalb müssen Sie über diesen Markt genau Bescheid wissen, damit Sie die Informationen richtig zuordnen können. Die chinesische Urannachfrage ist natürlich sehr spannend, wie die folgenden Zahlen eindrucksvoll belegen. So will Beijing die Zahl der Kernkraftreaktoren in den nächsten zehn Jahren um 200 Prozent steigern (in Indien sind es »nur« 100 Prozent). Bis 2020 sollen dann zusätzlich weitere zehn Reaktoren hinzukommen. Dafür plant Chinas Regierung, Investitionen von über 50 Milliarden US-Dollar in den Ausbau der Nuklearenergie zu pumpen.

---

20 *Deutschland, Schweden und Belgien sind die einzigen Länder der Erde, die den Ausstieg aus der Kernenergie gesetzlich beschlossen haben.*

Aktuell besitzt China neun Reaktoren in drei Kernkraftwerken, die über eine Kapazität von 6.600 Megawatt (MW) verfügen.[21] Damit werden jedoch nur lächerliche 2,3 Prozent des chinesischen Energieverbrauchs abgedeckt. Der Bau der ersten chinesischen Atomreaktoren begann 1985, und die ersten zwei Kernkraftwerke Daya Bay und Qinshan gingen 1994 ans Netz. Mit dem Bau der neuen Reaktoren will Beijing die Kapazitäten bis 2010 auf 20.000 MW und dann bis 2020 auf 36.000 MW erhöhen – eine ambitionierte Steigerung um gut 500 Prozent.

Nach Schätzungen der World Nuclear Association wird China seinen Uranverbrauch durch die neu hinzukommenden Kraftwerke von gegenwärtig gut drei Millionen Pfund pro Jahr auf zehn Millionen Pfund in 2010 mehr als verdreifachen. Nur um diesen Verschleiß dann in der folgenden Dekade bis 2020 noch mal auf 18 Millionen Pfund pro Jahr zu erhöhen. Dem stehen eigene Uranressourcen (RAR-Standard) von 70.000 Tonnen (154 Millionen Pfund) gegenüber. Die eigenen Uranressourcen in China reichen also noch bis circa 2023, und dann geht das Licht aus.

Derzeit werden auf dem chinesischen Festland neun Kernreaktoren betrieben, aber um die Wachstumsvorgaben im Energiesektor einzuhalten, will China nun jedes Jahr zwei neue Reaktoren mit einer Leistung von 1.000 Megawatt bauen. Die ersten fünf Reaktoren befinden sich im Bau oder in der fortgeschrittenen Planungsphase. Die Baukosten für einen 1.000-Megawatt-Reaktor liegen zwischen zwei und drei Milliarden US-Dollar und dauern drei bis fünf Jahre.[22]

Im neuen elften »Fünf-Jahres-Plan« für den Zeitraum 2006 bis 2010 wurden bereits die nächsten Projekte festgeschrieben. Nach dem Wunsch der kommunistischen Führungsspitze sollen in den kommenden fünf Jahren jeweils zwei Reaktoren mit einer Kapazität von 1.000 MW in Hongyanhe, Tianwei, Huián (Fujian Provinz) sowie jeweils ein Reaktor mit 1.000 MW in Haiyang, der Shandong Provinz, Dalian (Liaoning Provinz) und Lufeng (Guangdong Provinz) aus dem Boden gestampft werden.

Es gibt vier Hauptgründe, warum die chinesische Regierung die Ausweitung der Atomenergie so aggressiv vorantreibt. Da ist zum einen der rapide stei-

---

21 *Das Präfix »Mega« steht für Millionen. Die Einheiten lauten:*
   1 KW (Kilowatt)   = 1.000 W (Watt)
   1 MW (Megawatt) = 1.000 KW oder 1.000.000 W
   1 GW (Gigawatt)   = 1.000 MW oder 1.000.000 KW

22 *Zum Vergleich: Ein Kohlekraftwerk mit gleicher Leistung kostet circa 1,3 Milliarden US-Dollar und hat nur einen Fertigstellungszeitraum von zwei bis vier Jahren. Der Bau eines Gaskraftwerks dauert sogar nur zwei Jahre – und das kriegen Sie mit Kosten von 500 Millionen Dollar fast geschenkt.*

Aktuelle Situation der Kernkraftwerksindustrie in China

Reaktorname	Status	Baubeginn	Start bzw. erwarteter Start	Kapazität
Daya Bay 1 & 2	In Betrieb	---	1994	944 MW
Lingao 1& 2	In Betrieb	---	2002, 2003	935 MW
Lingao 3 & 4	Bauphase	2005	2010, 2011	935 MW
Qinshan 1	In Betrieb	---	1994	279 MW
Qinshan 2 & 3	In Betrieb	---	2002, 2004	610 MW
Qinshan 4 & 5	In Betrieb	---	2002, 2003	665 MW
Qinshan 6	Bauphase	2006	2010	610 MW
Tianwan 1 & 2	Bauphase	2000	2007	1.000 MW

Quelle: World Nuclear Association

Abbildung 52: Aktuell sind in China neun Kernreaktoren in Betrieb. An fünf weiteren Reaktoren wird derzeit schon gebaut. Diese Zahl wird sich in den kommenden Jahren massiv erhöhen. Als erste neue Reaktoren werden Tianwan 1 und Tianwan 2 im nächsten Jahr ans Netz gehen.

gende Energieverbrauch. Dies ist der entscheidende Engpass der chinesischen Entwicklung, sowohl wirtschaftlich als auch gesellschaftlich (Stichwort: Umweltverschmutzung). Schon jetzt ist China nicht mehr in der Lage, den nachgefragten Energiebedarf zu decken. Das führt inzwischen dazu, dass in knapp drei Vierteln aller chinesischen Provinzen regelmäßig, teilweise täglich, der Strom ausfällt.

Das Problem ist, dass der Druck auf den Energiesektor gleich von drei Seiten kommt. Da ist einerseits die steigende Bevölkerungszahl. Derzeit leben in China 1,3 Milliarden Menschen, und die Bevölkerung wächst weiter. Aber nicht nur das: Das gesellschaftliche Problem der Landflucht führt dazu, dass die urbane Bevölkerung überdurchschnittlich stark wächst. Die verbraucht jedoch deutlich mehr Strom als die Landbevölkerung. Dazu kommt der steigende Lebensstandard, den vor allem die Stadtbevölkerung mit dem Wirtschaftsaufschwung erlebt. Plötzlich können sich immer mehr Chinesen einen Fernseher, einen Computer oder eine Waschmaschine leisten beziehungsweise benutzen warmes Wasser etc. – und das verbraucht alles noch mehr Strom.

Die anderen Möglichkeiten zur Atomenergie sind alternative Energien. Aber diese sind in China noch nicht weit genug entwickelt, um den Energieengpass im Reich der Mitte flächendeckend zu beheben. Wie Sie in Abbildung 53 sehen, spielen Solar und Windkraft noch überhaupt keine Rolle im chinesischen Energie-Mix.

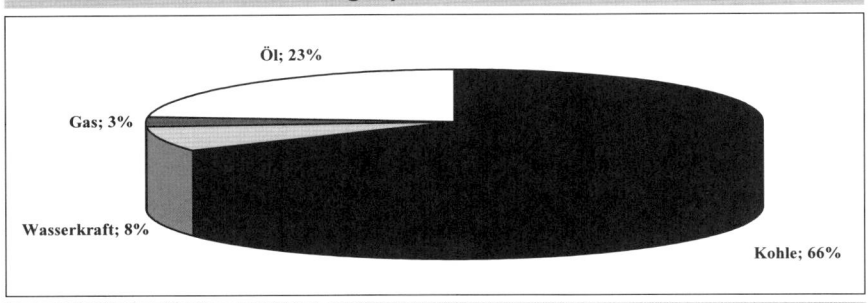

Anteil der verschiedenen Energiequellen am chinesischen Energieverbrauch

Öl; 23%

Gas; 3%

Wasserkraft; 8%

Kohle; 66%

Quelle: China Statistical Yearbook

Abbildung 53: Da wird einem ganz schwarz vor Augen. Sagenhafte 66 Prozent der in China konsumierten Energie werden aus Kohle gewonnen. Alternative Energien sind in Chinas aktueller Energieversorgung noch überhaupt keine relevante Größe.

Zwar soll der Anteil der regenerativen Energien bis 2020 auf 15 Prozent erhöht werden, aber das sind sehr ambitionierte Zielvorgaben. Realistischer sind zehn Prozent, doch das ist einfach nicht genug, um den Anstieg des Energiebedarfs zu decken und gleichzeitig die Kohleabhängigkeit zu reduzieren. Allerdings ist der aggressive Ausbau der regenerativen Energien kein leeres Versprechen der chinesischen Regierung: Um regenerative Energien zu fördern, hat Beijing beispielsweise Anfang 2006 das erste Gesetz zur Förderung von Solar, Windkraft etc. verabschiedet, das zum Beispiel Steuervorteile und garantierte Abnahmen vorsieht.

In Beijing hat man längst verstanden, dass der Anteil an Kohle dringend reduziert werden muss. Die Umweltverpestung ist zu groß. Denn die Kohle in China ist besonders schwefelhaltig. Als wäre das noch nicht schlimm genug, besitzen viele der veralteten Kohlekraftwerke keine Filteranlagen und pusten die giftigen Abgase unbearbeitet in die Luft. Aber China braucht die Energie, und knapp 66 Prozent der gesamten Energie werden in China nun mal aus Kohle gewonnen.

In keinem anderen Land wird auch nur annähernd so viel Kohle gefördert und verbraucht wie im Reich der Mitte. Deshalb ist der Ausstoß an Schwefeldioxid in China seit 2000 auch um 27 Prozent gestiegen – was übrigens weit über den vorgegebenen Zielwerten der Regierung liegt. Inzwischen ist China hinter den USA der größte Emittent von Treibhausgasen weltweit.

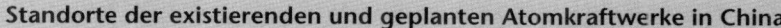

Standorte der existierenden und geplanten Atomkraftwerke in China

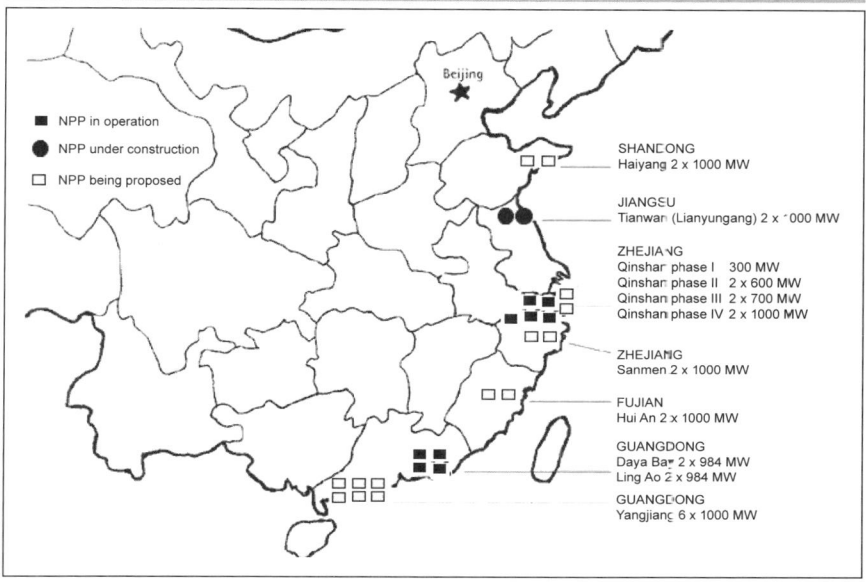

- ■ NPP in operation
- ● NPP under construction
- □ NPP being proposed

Beijing ★

SHANDONG
Haiyang 2 x 1000 MW

JIANGSU
Tianwan (Lianyungang) 2 x 1000 MW

ZHEJIANG
Qinshan phase I   300 MW
Qinshan phase II 2 x 600 MW
Qinshan phase III 2 x 700 MW
Qinshan phase IV 2 x 1000 MW

ZHEJIANG
Sanmen 2 x 1000 MW

FUJIAN
Hui An 2 x 1000 MW

GUANGDONG
Daya Bay 2 x 984 MW
Ling Ao 2 x 984 MW

GUANGDONG
Yangjiang 6 x 1000 MW

Quelle: World Nuclear Association

Abbildung 54: Sämtliche Atomkraftwerke befinden sich im »Speckgürtel« Chinas, der Boom-Region im Süden und Osten Chinas. Keines der neuen Kraftwerke wird in Zentralchina oder im Westen des Landes entstehen. Der Wirtschafts-Boom geht in China vor. (Die schwarzen Vierecke zeigen die operierenden Kraftwerke, die schwarzen Kreise die zurzeit entstehenden Kraftwerke und die weißen Vierecke die geplanten Kraftwerke.)

Bis 2020 wird die Menge des in China in die Atmosphäre ausgestoßenen Schwefeldioxids gegenüber 1995 um traurige 150 Prozent ansteigen. Im gleichen Zeitraum wird die Menge der Flugasche um 100 Prozent wachsen.

Denn – und jetzt halten Sie sich fest – bis 2020 wird der Kohleverbrauch in China aufgrund der rasant wachsenden Energienachfrage um 160 bis 185 Prozent der aktuellen Mengen ansteigen (dies sind offizielle Angaben der chinesischen Regierung). Dazu kommt, durch die explodierende Motorisierung der chinesischen Gesellschaft, eine weiter wachsende Umweltbelastung durch die rasant ansteigende Menge an Autoabgasen.

Das führt direkt zum vierten und letzten Grund. Wie Sie in Abbildung 54 erkennen, sind die operierenden, aber auch die im Bau befindlichen Nuklearkraftwerke allesamt im Süden und Osten Chinas angesiedelt. Das kommt nicht von ungefähr. Hier liegen die großen Metropolen und die Industriegebiete des Riesenreiches. Das führt in China zu einem Problem, das bei der Masse der Anleger bei der Energiethematik kaum bekannt ist.

Kohle ist mit einem Anteil von zwei Dritteln der primäre Energielieferant in China (mit den daraus folgenden katastrophalen Umweltschäden). Aber: Neben dem Umwelt-Horror, den die Kohleverbrennung verursacht, hat dieser Energieträger in China noch einen weiteren gewaltigen Nachteil: Die meisten chinesischen Kohlereserven befinden sich im Norden und Nordwesten des Landes. Die energiehungrigen Metropolen und Industriegebiete, in denen der Hauptteil des Wirtschafts-Boom stattfindet, liegen jedoch im Süden, Südosten und Osten.

In den kommenden Jahren wird China immer weiter auf diese entlegenen Kohlereserven zurückgreifen müssen. Das bedeutet bei den gigantischen Entfernungen in China massive logistische Probleme für den Kohletransport. So ist die Infrastruktur im chinesischen Süden und Südosten inzwischen recht gut entwickelt. Aber die Infrastruktur im ländlichen, zurückgebliebenen Norden und Nordwesten befindet sich in einem so unterentwickelten und katastrophalen Zustand, dass selbst belgische Autobahnen dagegen wie die Düsseldorfer Königsallee anmuten. Deshalb ist es wichtig, eine nähere Energieversorgung im Süden und Südosten aufzubauen – und genau diese Rolle soll die Atomenergie übernehmen.

An dieser Stelle noch kurz ein Wort zu Indien und Russland. In Russland hat der amtierende Präsident Vladimir Putin bekannt gegeben, dass man im ehemaligen Zarenreich den Anteil der Nuklearenergie von aktuell 15 Prozent auf 25 Prozent in 2030 erhöhen will. Allerdings fehlt Russland hierfür das Uran. Die eigene Uranförderung kann die russische Nachfrage (Kernkraftwerke, Militär und Exportverträge) nur noch zu 20,6 Prozent abdecken. In 2005 stand einem Verbrauch von 38,8 Millionen Pfund Uran nur eine Eigenproduktion von 8,0 Millionen Pfund Uran aus den drei russischen Uranminen gegenüber.

Wenn man nur den Sektor Kernkraftwerke herausnimmt, dann deckt die russische Uranförderung lediglich 50 Prozent des jährlich benötigten »Yellow Cakes« ab. Da ist die Nachfrage der sechs kommenden neuen Reaktoren noch gar nicht drin. Deshalb wird Russland, das unter dem kommunistischen Stern noch ein Nettoexporteur von Uran war, in Zukunft als Exporteur ausfallen und sogar zu einem großen Importeur werden.

Noch nicht annähernd so hoch wie der Anteil der Atomenergie in Russland ist (bisher noch) der Anteil in Indien. Mit gerade mal 3,7 Prozent am gesamten Energie-Mix ist es nur ein Viertel des prozentualen Anteils des russischen BRIC-Kollegen. Indien produziert mit seinen 15 Reaktoren in den sechs Kernkraftwerken 2.700 MW. Doch in Indien hat man große Atomenergiepläne. Richtig große Pläne. Auf mittelfristige Sicht ist China die große Story im Uransektor. Aber langfristig wird es Indien werden.

So sollen die Kapazitäten bis 2010 auf 10.000 MW und dann bis 2020 auf 20.000 MW aggressiv ausgebaut werden. Dadurch wird die Menge des benötigten Urans von aktuell circa einer Million Pfund pro Jahr auf zwei Millionen Pfund jährlich in 2010 und dann auf vier Millionen Pfund bis 2020 anwachsen. Die eigene Uranförderung in den indischen Minen soll 2010 jedoch nur bei einer Million Pfund liegen. Damit wird Indien ein aggressiver Importeur auf dem globalen Uranmarkt werden. Aber das ist erst der Anfang: Bis 2050 will Indien den Anteil der Atomenergie von derzeit 3,7 auf 25 Prozent fast versiebenfachen.

Fazit

Der Rohstoff Uran ist zweifellos ein »kernspaltender« Investmentsektor. Wir wollen hier nicht sagen, ob Sie in das umstrittene Uran investieren sollten oder nicht. Absolut unstrittig sind aber die großen Chancen, die sich bei der weit auseinanderklaffenden Schere zwischen Angebot und Nachfrage ergeben.

So erwartet der World Energy Council, dass die Kapazitäten der derzeit weltweit operierenden Atomkraftwerke bis 2050 verdreifacht werden müssen, um sowohl den globalen Energieverbrauch zu decken als auch die Vorgaben des Kyoto-Protokolls zu erfüllen.

Das Comeback von Uran ist nicht aufzuhalten. In den Rohstoff Uran kann man allerdings nur indirekt investieren. Es gibt nämlich keinen Terminmarkt für Uran, und »Yellow Cake« wird an keiner Rohstoffbörse gehandelt. Vielmehr werden die Preise am Spotmarkt direkt zwischen Käufern und Verkäufern ausgehandelt.

Zudem ist es gesetzlich verboten, physisches Uran zu besitzen. Sie können also nicht, wie bei Gold, ein Kilo Uran kaufen und es zu Hause unterm Sofa verstecken. Gut, wahrscheinlich könnten Sie es schon, wenn Sie auf einem der Schwarzmärkte in den Schwellenländern aktiv werden. Aber sagen wir mal so: Neben dem Straftatbestand brauchen Sie nach einer Lagerung von Uran in Ihrem Haus dann auf jeden Fall keine Taschenlampe mehr, wenn Sie nachts irgendwo unterwegs sind.

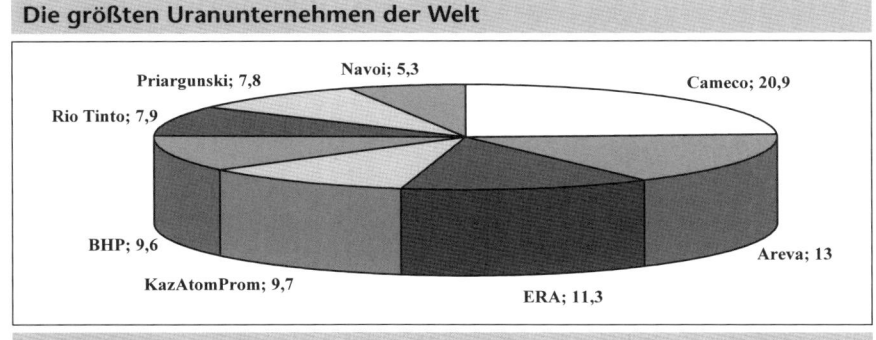

Die größten Uranunternehmen der Welt

Priargunski; 7,8
Rio Tinto; 7,9
Navoi; 5,3
Cameco; 20,9
BHP; 9,6
KazAtomProm; 9,7
ERA; 11,3
Areva; 13

Quelle: eigenes Research

Abbildung 55: Der Uranmarkt wird von wenigen großen Playern dominiert. Die Nummer eins ist der Uranspezialist Cameco mit einem Weltmarktanteil von 20 Prozent.

Die einzige Möglichkeit, in Uran zu investieren, ist über den Umweg durch Unternehmen, die im Uransektor tätig sind. Hier gibt es drei Möglichkeiten:

1. Uranproduzenten wie die weltweite Nummer eins Cameco oder die zahlreichen Junior-Explorer, die seit einigen Jahren wieder im Uransektor aktiv sind.

2. Bauspezialisten für Kernkraftwerke. Es ist nicht so leicht, wie es scheint, von diesem Boom-Markt zu profitieren. Von den Spezialisten ist nur Areva börsengelistet (der Konkurrent Westinghouse ist beispielsweise keine AG). Sonst können Sie nur in Industriekonglomerate wie Siemens investieren, wo die Kernkrafttechnologie jedoch lediglich eine Sparte unter vielen ist.

3. Ausrüster und Müllentsorger. Ein hoch spannender Sektor, über den Sie bisher nirgendwo etwas lesen. Irgendwie muss der Atommüll ja entsorgt werden. Für den nuklearen Abfall reicht die »gelbe Tonne« nicht. Deshalb ein Investmenttipp: Suchen Sie Unternehmen, die sich auf die Beseitigung von nuklearen Abfällen spezialisiert haben.

Denen wird in den nächsten Jahrzehnten eine »strahlende« Zukunft bevorstehen. So wie dem ganzen Uransektor. Denn ob man die Kernenergie nun befürwortet oder ablehnt, sie wird ein elementarer Teil unserer künftigen Energieversorgung werden.

KAPITEL 7

Kasachstan – Der kommende Rohstoff-Star der Emerging Markets

Letzten Herbst erlangte die Republik Kasachstan mit dem Überraschungs-erfolg des Satirefilms »Borat« beim weltweiten Publikum eine zweifelhafte Bekanntheit. Unter Insidern der Finanzbranche trat der immer noch völlig unbekannte Emerging Market Kasachstan jedoch schon im August 2005 in den internationalen Fokus.

In diesem Monat erfolgte die bis dahin größte Übernahme eines Emerging-Markets-Unternehmens. Vielleicht erinnern Sie sich: Die chinesischen Ölrie-sen PetroChina und CNPC kauften damals das kasachische Ölunternehmen PetroKazakhstan, das immerhin 3,3 Prozent der Welt-Ölreserven besitzt, für 4,18 Milliarden US-Dollar auf.

Es gibt jedoch noch einen weiteren Fakt, der die Übernahme von Petro Kazakhstan zu einem börsenhistorischen Ereignis macht. So schrieb Daniel Wilhelmi in seinem Buch *Emerging Markets – Simplified*: »Besonders interes-sant: Diese Übernahmeschlacht wurde nicht etwa gegen ein westliches Ölun-ternehmen geführt, sondern gegen die indische Oil & Natural Gas Company aus dem nordindischen Dehradun. Ausgerechnet auf den entlegenen Öl-

Länderfakten – Kasachstan

Größe:	2,71 Mio. qkm
Bevölkerungsanzahl:	15,2 Mio.
Hauptstadt:	Astana
Währung:	Tenge (KZT)
Börsenplatz:	KASE
Leitindex:	KASESI
Leistungsbilanz 2006:	+100 Mio. USD
BIP 2006:	69,8 Mrd. USD
BIP pro Kopf 2006:	3.620 USD
BIP-Wachstum 2005:	9,4%
BIP-Wachstum 2006:	9,3% (Prognose)
BIP-Wachstum 2007:	8,8% (Prognose)
Arbeitslosenquote:	8,8%
Inflationsrate:	7,6%

Quellen: Weltbank, Auswärtiges Amt Wirtschaftsdaten

feldern von Kasachstan wurde also das erste Kapitel des globalen Machtwechsels geschrieben.«

Trotzdem ist Kasachstan selbst in Emerging-Markets-Kreisen immer noch ein absoluter Geheimtipp. In der allgemeinen Finanzwelt erfährt das zweitgrößte GUS-Land überhaupt keine Aufmerksamkeit.

In den kommenden Jahren *könnte* sich das nicht ändern, sondern das *wird* sich ändern. Wer sich als Börsianer schon heute mit der nächsten Generation der Emerging Markets beschäftigt, muss über Kasachstan Bescheid wissen. Denn das Land steht nach dem offiziellen Beginn seiner Unabhängigkeit am 16. Dezember 1991 noch am Anfang seines Aufstiegs.

Kasachstan ist nicht eine dieser winzigen Splitterrepubliken der Ex-UdSSR, die die Größe einer Kölner Karnevalskneipe mit genauso vielen Einwohnern haben. Kasachstan ist das geographisch größte Land unter den ehemaligen Republiken der UdSSR (mit Ausnahme von Russland). Mit einer Größe von 2,717 Millionen Quadratkilometern ist Kasachstan das neuntgrößte Land der Erde und mehr als sieben Mal so groß wie Deutschland! (Für alle Amerikaner unter den Lesern: Kasachstan ist fast vier Mal so groß wie Texas.)

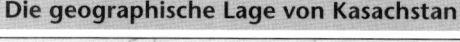

Die geographische Lage von Kasachstan

Quelle: www.geographixx.de

Abbildung 56: Kasachstan besitzt eine einzigartige geographische Lage. Das Land liegt zwischen Russland und China, zwei der kommenden Märkte des 21. Jahrhunderts. Auf der Welt gibt es nur drei andere Länder, die eine ähnlich zukunftsträchtige Geographie aufweisen. Die russischen Städtenamen sind in Klammern angegeben, da sie von Teilen der Bevölkerung immer noch benutzt werden.

Kasachstan ist eine typische russische Splitterrepublik. Die Kasachen stammen ursprünglich von Nomadenstämmen aus der Türkei und der Mongolei ab, die im 13. Jahrhundert in das Gebiet immigrierten. Kasachstan stand jedoch die meiste Zeit seiner Geschichte unter Fremdherrschaft: von Dschingis Khan im 13. Jahrhundert über das russische Zarenreich bis zur UdSSR, die Kasachstan 1936 zu einer Sowjetrepublik machte. Durch die ständige Besatzung konnte sich eine eigene nationale Identität nur schwerlich entwickeln.

Die Stärken von Kasachstan liegen in seiner geographischen Lage, seiner jungen Bevölkerung, aber vor allem in den gigantischen Rohstoffvorkommen, die unter der Erde Kasachstans liegen. Diese Rohstoffressourcen werden dafür sorgen, dass aus dem noch weitgehend unbekannten GUS-Staat in den kommenden Jahren einer der neuen Big Player im Rohstoffsektor werden wird.

Zudem besitzt das Land eine fast einmalige geographische Lage. Kasachstan grenzt gleich an zwei BRIC-Staaten, nämlich Russland im Norden und China im Osten/Südosten. Und zwar nicht mit einem Grenzstreifen von zwei oder drei Metern. Die Grenze nach China umfasst 1.533 Kilometer und nach Russland sogar 6.846 Kilometer. Auf der Welt gibt es nur drei weitere Länder, die eine ähnlich zukunftsträchtige Geographie aufweisen und mit weiten Grenzverläufen gleich an zwei der vier BRIC-Megamärkte grenzen: Burma (China und Indien), Nepal (China und Indien) und China selbst (Russland und Indien).[23]

Zudem verfügt Kasachstan im Südwesten auch über einen direkten Zugang zum Kaspischen Meer, das zu circa einem Viertel zu kasachischem Hoheitsgebiet gehört. Dieser Zugang über die Küste und die zwei Hafenstädte Atyraú und Aqtaú bieten Anschluss an die Türkei und über den Iran an den Nahen Osten. Gleichzeitig bildet man im Zentrum von Eurasien die Schnittstelle zwischen Europa und Asien (in der Geographie wird der Ural als Trennlinie angesetzt).

Also eine perfekte Lage für den GUS-Staat, um von den Aufstiegen Russlands und Chinas zu profitieren. Tatsächlich erinnert die Geographie ein wenig an Deutschland, das mit seiner Lage im Herzen Europas vom Wirtschaftsaufschwung der europäischen Nachbarländer profitierte.

Auch Kasachstan wird von der geographischen Lage profitieren. Aufgrund seiner Rohstoffvorkommen wird es in Zukunft ein immer bedeutenderer Handelspartner für China und Russland, aber auch Indien werden. Noch ist Russland mit einem Anteil von 13,1 Prozent das größte Einzelland, in das die kasachischen Exporte fließen. Aber China holt gewaltig auf: Bereits 9,8 Prozent aller Exporte gehen in das Reich der Mitte. Damit ist es nur noch eine Frage der Zeit, bis China Deutschland überholen wird. Deutschland ist derzeit mit einem Exportanteil von 10,4 Prozent der Hauptabnehmer aus der Euro-Zone, die wiederum noch die größte Exportregion der kasachischen Wirtschaft ist (weitere 7,9 Prozent der Exporte werden nach Italien und 7,6 Prozent nach Frankreich verkauft).

Allerdings täuscht die schiere geographische Größe Kasachstans: Denn 44 Prozent des Landes sind Wüste (inklusive der riesigen Kysylkum-Wüste), 28,5 Prozent Steppen und 14 Prozent Halbwüste. Das sind 84 Prozent des gesamten Landes. Vor diesem Hintergrund relativiert sich auch die im Verhältnis zu der absoluten geographischen Größe niedrig anmutende Einwohnerzahl von 15,2 Millionen Menschen. Mit nur 5,57 Einwohnern pro Quadratkilometern besitzt Kasachstan eine der niedrigsten Bevölkerungsdichten weltweit. Trotzdem leben damit in Kasachstan immer noch so viele Menschen wie in Österreich und der Schweiz zusammen. Der Großteil der Bevölkerung lebt jeweils im Süden oder im Norden (in dem Gebiet um die Hauptstadt Astana).

23 Zudem weisen Nordkorea (an China und Russland) und Pakistan (an China und Indien) ebenfalls Grenzen an zwei BRIC-Staaten auf. Aber bei diesen beiden Ländern ist jeweils ein Grenzverlauf an ein BRIC-Land so kurz, dass er eine zu vernachlässigende Länge besitzt.

Vergleich der Altersstruktur von Kasachstan mit Nachbarstaaten, den USA, Deutschland und Japan

Land	Durchschnittsalter der Bevölkerung	Prozent. Anteil der Bevölkerung 0-14 Jahre	Prozent. Anteil der Bevölkerung 15-64 Jahre	Prozent. Anteil der Bevölkerung 65+ Jahre
Emerging Markets				
China	32,7	20,8%	71,4%	7,7%
Kasachstan	**28,8**	**23,0%**	**68,8%**	**8,2%**
Russland	38,4	14,2%	71,3%	14,4%
Ukraine	39,2	14,1%	69,3%	16,6%
Industrieländer				
Deutschland	42,6	14,1%	66,4%	19,4%
Japan	42,9	14,2%	65,7%	20,1%
USA	36,5	20,4%	67,2%	12,5%

Quelle: CIA World Factbook, Auswärtiges Amt Wirtschaftsdaten, Deutsche Bank Research

Abbildung 57: Hier sehen Sie einen Vergleich der Demographie von Kasachstan, den beiden großen BRIC-Nachbarn und der Ukraine. Die Ukraine wird von schlecht informierten Anlegern nämliche gerne als der GUS-Staat Nummer eins gehandelt. Zudem haben wir zum Vergleich noch die drei größten Industriestaaten aufgelistet.

Was Kasachstan unter einem demographischen Investmentansatz interessant macht, ist die Synthese aus einer jungen Bevölkerung und dem BIP pro Kopf. Diese Kombination bietet ein langfristig nicht zu unterschätzendes Potenzial des kasachischen Binnenmarktes. So beträgt das Durchschnittsalter in Kasachstan nur 28,8 Jahre. Damit weist der GUS-Staat eine junge Bevölkerungsstruktur auf (wenn auch weit hinter Vietnam). Traditionell werden bei den Emerging Markets vor allem Indien und Vietnam als Paradebeispiele für eine junge, zukunftsträchtige Bevölkerung genannt. Aber wie Sie in Abbildung 57 sehen, besitzt auch Kasachstan eine hervorragende demographische Struktur.

Das asiatische Land – denn zu dieser Region wird Kasachstan offiziell gezählt – verfügt also über eine sehr zukunftsträchtige Bevölkerungsstruktur. Das niedrige Durchschnittsalter ist vor dem Hintergrund der Studien von Harry S. Dent hochinteressant. Der anerkannte Börsenexperte Harry Dent hat errechnet, dass der Mensch im Alter von 46 Jahren seinen Konsumhöhepunkt erreicht. Hier gibt er (oder sie) das meiste Geld für Konsum und Vorsorge aus.[24]

---

24 *Weitere Informationen finden Sie beispielsweise in: Harry S. Dent, »Börsentrends erkennen«, FinanzBuch Verlag 2000.*

Während sich die Menschen in den alten Industriemächten wie Deutschland oder Japan unaufhaltsam ihrem Konsumhöhepunkt nähern, ist die Bevölkerung in Kasachstan von diesem Zenit noch knapp 20 Jahre entfernt. Das ist ein hervorragender Nährboden für einen sich entwickelnden Binnenmarkt. »Ja«, werden Sie jetzt vielleicht einwenden, »aber wie groß kann der Konsummarkt bei einer Bevölkerung von 15,2 Millionen Menschen schon sein?«

Ein gutes Argument. Aber man darf bei der Berechnung eines Binnenmarktes nicht nur die reine Größe der Bevölkerung als Variable ansetzen. Nehmen wir Bangladesh. Der indische Nachbar ist mit einer Bevölkerung von 147,3 Millionen Menschen so groß wie Deutschland und Frankreich zusammen.

Trotzdem würde niemand behaupten, dass es in Bangladesh zum aktuellen Zeitpunkt einen aussichtsreichen Binnenmarkt gibt. Wie auch, bei einem BIP pro Kopf von nur 422 US-Dollar. Erst in dem Zusammenspiel mit der Variablen der Wirtschaftskraft eines Landes lässt sich tatsächlich bestimmen, ob ein Land das Potenzial für einen aussichtsreichen Konsummarkt aufweist oder nicht.

Damit zu Kasachstan: Hier leben zwar nur 15,2 Millionen Menschen, aber aufgrund der gestiegenen Rohstoffpreise, vor allem beim Öl, ist die kasachische Wirtschaft in den vergangenen Jahren stark gewachsen. Dementsprechend sind auch die Einkommen und Vermögen vieler Menschen gestiegen. Das BIP pro Kopf liegt im Durchschnitt bei 3.620 Dollar. Das ist für ein GUS-Land extrem hoch. Und das, obwohl nach ausländischen Statistiken noch 20 Prozent der Bevölkerung unter der Armutsgrenze leben (selbst offizielle Stellen geben zu, dass 16,6 Prozent der Bevölkerung unter der Armutsgrenze leben). Einer der Gründe ist, dass in Kasachstan hohe 57 Prozent der Menschen in den Städten leben, wo der Bildungs- und Wohlstandsgrad höher ist. (Sie erinnern sich: In Vietnam sind es gerade mal 20.)

Wenn wir also das kasachische BIP pro Kopf von 3.620 US-Dollar beispielsweise mit Indien vergleichen, dann zeigt sich nämlich plötzlich ein ganz anderes Bild. Indien gilt, aufgrund seiner rasant wachsenden Mittelschicht, als das Paradebeispiel für einen Emerging Market mit einem künftig boomenden Binnenmarkt. Schließlich wird die Bevölkerung nach einer Studie der UNO bis 2050 auf 1,6 Milliarden Menschen anwachsen und Indien damit das bevölkerungsreichste Land der Erde werden (noch vor China mit »nur« 1,4 Milliarden Menschen).

Trotzdem liegt das durchschnittliche BIP pro Kopf in dem kommenden Konsum-Megamarkt noch bei niedrigen 842 US-Dollar. Rechnen wir dieses BIP auf Kasachstan um, dann ist die kasachische Bevölkerung gemessen an dem in-

Entwicklung des kasachischen BIP pro Kopf seit 2000 (in USD)

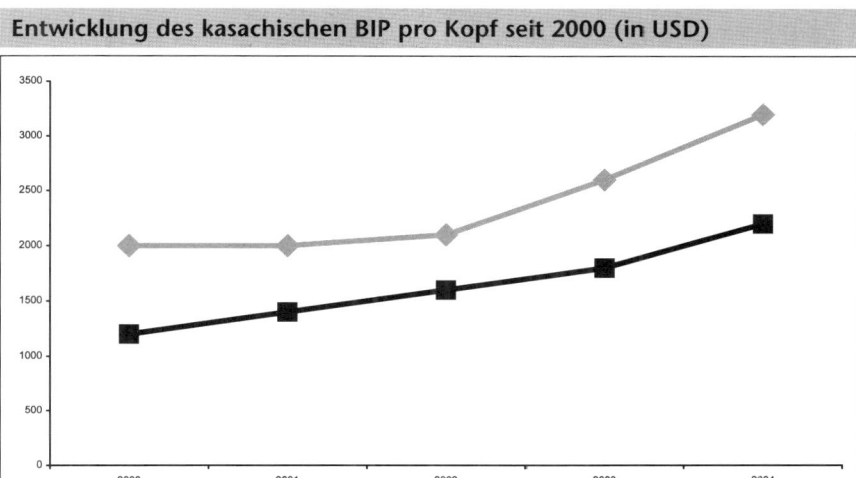

Quelle: Weltbank

Abbildung 58: Hier zeigt sich die Verflechtung des Aufstiegs der Emerging Markets und des Rohstoff-Booms glasklar: Das BIP pro Kopf ist in Kasachstan (hellgraue Linie) im neuen Jahrtausend rasant angestiegen. Das wird auch im Vergleich zum durchschnittlichen BIP pro Kopf für die zentralasiatische Region (schwarze Linie) deutlich.

dischen BIP pro Kopf nicht 15,2 Millionen (mit einem BIP von 3.620 Dollar), sondern 50,1 Millionen Menschen (mit einem BIP von 842 Dollar) groß. Das ist dann fast so groß wie Polen und Tschechien zusammen.

Zumal die kasachische Bevölkerung stark wächst: Der Geburtenquote von 1,6 Prozent (16 Geburten pro tausend Einwohnern) steht eine Sterberate von 0,9 Prozent gegenüber. Zum Vergleich: In Russland liegt das Verhältnis zwischen Geburten- und Sterberate bei 1,0 Prozent zu 1,4 Prozent. In der Ukraine, dem bekanntesten GUS-Markt, ist das Verhältnis mit 0,8 Prozent Geburten zu 1,4 Prozent Sterbefällen sogar noch schlechter. Ach ja, hier die Zahlen für Deutschland: Der Geburtenrate von 0,8 Prozent steht eine Sterberate von 1,0 Prozent gegenüber. Die deutsche Bevölkerung schrumpft also sogar um 0,2 Prozent pro Jahr.

Das Potenzial für einen durchaus zukunftsträchtigen Konsummarkt ist in Kasachstan demnach sehr wohl gegeben, obwohl die absolute Bevölkerungszahl eigentlich klein ist. Das bekannteste Beispiel für eine solche Entwicklung sind natürlich die Ölscheichs aus dem Nahen Osten. Die können vor lauter

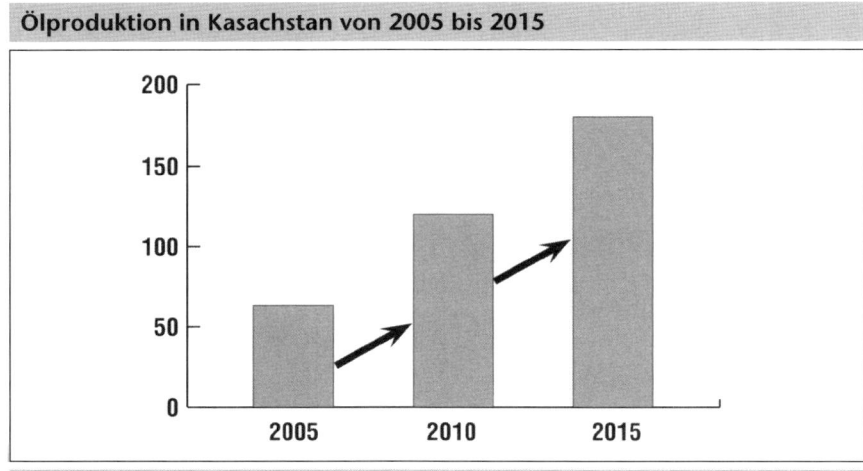

Ölproduktion in Kasachstan von 2005 bis 2015

Quelle: eigenes Research

Abbildung 59: Kasachstan schwimmt im schwarzen Gold und will deshalb die Produktion in den kommenden Jahren massiv erhöhen. Das gilt auch für den Gassektor. Die gesicherten Erdgasreserven belaufen sich auf drei Billionen Kubikmeter und die ungesicherten Reserven auf weitere fünf Billionen Kubikmeter. Bis 2015 soll die Ölproduktion fast verdreifacht werden.

Petrodollars in den Taschen kaum laufen und sind mit ihrem Reichtum der Inbegriff des Konsums. Dabei leben beispielsweise in den Vereinigten Arabischen Emiraten lediglich 4,4 Millionen Menschen. Aber das BIP pro Kopf liegt eben bei 23.700 US-Dollar. Da ist im Portemonnaie jede Menge Platz für einen kleinen Ferrari zu Ostern (aber wirklich nur einen ganz kleinen ...).

Nun, Kasachstan wird vielleicht kein neues Dubai werden, aber der Vergleich zu den arabischen Ölnationen kommt nicht von ungefähr. Auch Kasachstan hat seinen wirtschaftlichen Aufschwung dem weltweit steigenden Durst nach Gas, aber vor allem nach Öl zu verdanken. Diese Bodenschätze und viele der anderen reichhaltigen Rohstoffvorkommen werden Kasachstan in den nächsten Jahrzehnten zu einem äußerst spannenden Emerging Markets machen. Denn Kasachstan ist eines der rohstoffreichsten Länder der Welt. Der GUS-Staat ist mit Bodenschätzen gesegnet wie kaum ein anderes Land.

Kasachstan besitzt riesige Öl- und Gasfelder, die sich im Westen (um die Atyrau- und die Agtöbe-Region) sowie im Süden (um Taras und Schymkent) des

Landes befinden. In den 90er-Jahren wurden außerdem im nördlichen Teil des Kaspischen Meeres und im Steppenland die größten Erdölstätten innerhalb der Emerging Markets der letzten 30 Jahre entdeckt.[25]

Dabei ist die politische Stabilität der Kaspischen Region ein entscheidender Vorteil für die Rolle, die Kasachstan in den kommenden Jahrzehnten im weltweiten Konzert der Rohstoffgroßmächte spielen wird. Im Vergleich zum Pulverfass des Nahen Ostens und der politisch labilen Situation in Südamerika bietet die Region um Kasachstan ein stabiles politisches Umfeld. Genau das, was die großen Industrienationen, allen voran die USA, suchen, um ihre Abhängigkeit vom Nahen Osten zu reduzieren.

In der kommenden Dekade wird Kasachstan seine Ölförderung massiv ausweiten: Die Produktion soll von circa 62,5 Millionen Tonnen/Jahr in 2006 auf 150 bis 170 Millionen Tonnen/Jahr in 2015 mehr als verdoppelt werden. Mit den 62,5 Millionen Tonnen Öl ist Kasachstan bereits heute nach Russland der zweitgrößte Ölproduzent im ehemaligen Ostblock. So sollen die Ölfelder Alibekmola, Kozhasai und Urikhtau schon bald in Produktion gehen.

Dadurch wird Kasachstan seine Ölproduktion von 1,4 Millionen Barrel/Tag bis 2010 auf 2,0 Millionen Barrel/Tag und dann bis 2015 sogar auf drei Millionen Barrel/Tag erhöhen. Bei der Erschließung und Förderung des Rohöls geht die kasachische Regierung sehr clever vor (für ihr Land, nicht für die Ölmultis). Aus einer Position der Stärke kann man eben bekanntlich die Konditionen diktieren: Ausländische Ölkonzerne müssen zwischen 40 und 50 Millionen der geförderten Ölmenge an die kasachische Regierung abdrücken.

Trotzdem stehen die Ölkonzerne Schlange, um im kasachischen Ölmarkt einen Fuß in die Tür zu kriegen. Kein Wunder: Die gesicherten Ölreserven belaufen sich auf 30 Milliarden Barrel. Doch das sind Peanuts gegen die geschätzten Ölressourcen des Landes. So wird vermutet, dass allein 60 bis 100 Milliarden Barrel Öl im kasachischen Gebiet des Kaspischen Meeres liegen. Mit der fortschreitenden Exploration der Ölfelder steigt Kasachstan also in den kommenden Jahren zu einem der Länder mit den größten Ölreserven und -ressourcen auf.

Neben dem schwarzen Gold wird Kasachstan in den kommenden Jahren aber noch wegen eines anderen Energierohstoffs für Aufsehen sorgen: Uran – der Energierohstoff der kommenden Jahrzehnte. Auf der ganzen Welt verfügt nur

---

25 Quelle: www.wikipedia.org.

Die zehn Länder mit den größten förderbaren Uranressourcen (RAR)

Rangliste	Land	Anteil am Weltvorkommen	Absolute Zahl in Tonnen
1.	Australien	24%	1.143.000
2.	Kasachstan	17%	816.000
3.	Kanada	9%	444.000
4.	USA	7%	342.000
5.	Südafrika	7%	341.000
6.	Namibia	6%	282.000
7.	Brasilien	6%	279.000
8.	Niger	5%	225.000
9.	Russland	4%	172.000
10.	Usbekistan	2%	116.000

Quelle: World Nuclear Association

Abbildung 60: RAR steht für »Reasonably Assured Resources« und bedeutet zu Deutsch »Gesicherte Ressourcen«. In diese Berechnung fließen Uranressourcen ein, die bis 130 Dollar pro Kilogramm ökonomisch gefördert werden können.

Australien über größere Uranressourcen als Kasachstan. Da viele Urangebiete noch gar nicht erschlossen sind, schätzen viele Experten, dass der GUS-Staat in Wahrheit sogar 20 bis 25 Prozent aller noch nicht definierten Uranressourcen aufweist.[26]

Die Politiker in der kasachischen Hauptstadt Astana haben längst verstanden: Ihr Reichtum an Energierohstoffen, vor allem an Öl und Uran, ist in den kommenden Jahren die Eintrittskarte in die VIP-Lounge der weltweit bedeutendsten Rohstoffländer.

Deshalb hat die kasachische Regierung im Uransektor ehrgeizige Pläne. Die Uranproduktion soll aggressiv ausgebaut werden: Die Fördermenge wurde in vier Jahren von 2.000 Tonnen Uran in 2001 auf 4.357 Tonnen in 2005 mehr als verdoppelt. Aber das ist erst der Anfang: Bis 2010 soll die Uranproduktion noch mal auf 15.000 Tonnen ausgebaut werden – eine weitere Verdreifachung der Fördermenge in den kommenden vier Jahren. Das ist möglich, da im Gegensatz zu Kanada oder Australien in Kasachstan viele uranhaltige Gebiete erst zu einem niedrigen Grad exploriert sind.

---

26 *Quelle: WNO.*

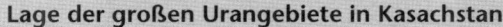

Lage der großen Urangebiete in Kasachstan

Quelle: eigenes Research, UrAsia Energy

Abbildung 61: Es gibt vier große Urangebiete (schwarz markiert). Die Zentren der Uranressourcen liegen jedoch im Norden (Anteil von 18 Prozent) und vor allem im Süden (Anteil von 72 Prozent).

Denn nach dem Ende der UdSSR brach auch die kasachische Uranproduktion ein. Der größte Abnehmer Russland hatte plötzlich aufgrund der HEU-to-LEU-Abrüstungen selbst mehr als genug Uran und benötigte keine weiteren Importe aus Kasachstan. Die Folge: Die Uranproduktion in Kasachstan fiel bis 1997 um 75 Prozent in sich zusammen, und die Exploration neuer Gebiete wurde aufgrund einer deutlichen Unterfinanzierung des Sektors auf ein Minimum reduziert.

Dabei wurden die ersten wirtschaftlich abbaubaren Uranablagerungen schon 1948 gefunden, und seit über 50 Jahren wird in Kasachstan Uran gefördert. Nach heutigem Stand gibt es in Kasachstan 50 größere Urangebiete in sechs verschiedenen Regionen, die sich über das ganze Land verteilen. Die Hauptfördergebiete liegen jedoch in Nordkasachstan und im südlichen Teil des Landes.

Die beiden wichtigsten Regionen sind Chu Sarysu und Syrdarya im Süden des Landes. Der Norden Kasachstans wurde vor allem während der Sowjetzeit exploriert. Dort befinden sich zwar noch 18 Prozent der kasachischen Uranressourcen, aber die Zukunft gehört dem bisher unterexplorierten Süden. So befinden sich in der Chu-Sarysu-Region 57 Prozent aller bisher bekannten kasachischen Uranressourcen.

Was Kasachstan für Uranunternehmen so interessant macht, ist nicht nur die gigantische Masse an Uranressourcen (816.000 Tonnen), sondern die im weltweiten Durchschnitt extrem günstige Produktion. Das Uran befindet sich in vielen Regionen Kasachstans nahe an der Oberfläche und kann so kostengünstig mit dem preiswerteren und umweltfreundlichen ISL-Verfahren exploriert werden.[27]

---

27 *ISL ist die Abkürzung für »In-Situ-Leaching«, ein modernes Verfahren für die Förderung von Uranerz. Bei ISL wird keine klassische Mine mit großem Abraum gebaut. Wie Sie in der Grafik sehen können, wird stattdessen mit einer Laugenlösung versetztes Wasser durch Schächte in die Gesteinschicht mit dem Uranerz gepumpt.*

Grafische Darstellung des ISL-Förderverfahrens

Monitor Wells — From Plant — To Plant — Monitor Well

Sands, Clays and Gravels

Upper clay

Beverley Ore Horizon — Submersible Pump

Lower clay

Uranium Deposit

Quelle: UrAsia Energy

Hier kommen Ökologen und Ökonomen zusammen: Die ISL-Methode baut das Uranerz umweltfreundlich ab und ist dabei gleichzeitig billiger als eine klassische Minenexploration. ISL wird vor allem in den USA eingesetzt. In den amerikanischen Fördergebieten weist das Uranerz zwar niedrige Gehalte auf, liegt aber dafür nahe an der Oberfläche. Auch in Kasachstan kann die ISL-Methode weiträumig eingesetzt werden.

Das Uranerz wird so aus dem Boden gespült. Eine Aufbereitungsanlage extrahiert dann das Uranerz vom Wasser. ISL ist sehr gefragt, da es billiger und wesentlich umweltfreundlicher ist als der klassische Minenabbau. Allerdings kann ISL nur bei bestimmten Gesteinsformationen angewendet werden. Zudem muss das Uranerz nahe an der Oberfläche liegen.

Tatsächlich sind die beiden einzigen existierenden Untertage-Uranminen (in Grachev und Vostok) im Norden des Landes noch ein Relikt aus alter Zeit. Sie fördern bereits seit 1958, und die Ressourcen sind inzwischen weitgehend erschöpft. Heutzutage arbeiten fast alle Uranproduktionen in Kasachstan mit ISL. Unter anderem dadurch sind in Kasachstan ultra-niedrige Produktionskosten von weit unter 15 Dollar/Pfund Uran und teilweise sogar unter zehn Dollar/Pfund möglich.

In Kasachstan wird der Uransektor vom Staat kontrolliert. Das Unternehmen KazAtomProm wurde als AG formiert, in der die gesamte Uranproduktion des Landes gebündelt wurde. Doch 1997 wurde die KazAtomProm National Atomic Company verstaatlicht und ist bis heute zu 100 Prozent in Staatsbesitz. KazAtomProm verfügt über eine unglaubliche Macht im kasachischen Uranmarkt. Man besitzt nämlich die Exklusivrechte über alle Uranexplorationen und -produktionen. Ausländische Unternehmen können also nur über Kooperationen mit KazAtomProm in den kasachischen Uranmarkt einsteigen.

Ein cleverer Schachzug: Man holt sich ausländisches Investmentkapital und Expertise ins Land und schöpft dabei trotzdem den bedeutenden Teil der Urangewinne ab. Aber die ausländischen Interessenten haben keine Wahl. So hat Russland im Juli 2006 gleich drei Joint Ventures mit KazAtomProm über insgesamt zehn Milliarden US-Dollar geschlossen. Dabei geht es um die gemeinsame Entwicklung neuer Reaktortypen, den Bau einer Urananreicherungsanlage in Sibirien und ein Uranprojekt in Stepnoye (im südlichen Kasachstan), das bereits 2008 in Produktion gehen soll.

Bisher gab es bei den kasachischen Rohstoffexporten immer eine hohe Abhängigkeit von Russland. So war Russland auch der Hauptabnehmer für Uran. Das ist historisch bedingt. In der UdSSR-Zeit fiel Kasachstan aufgrund seines Rohstoffreichtums die Rolle des Rohstoffversorgers zu.

Doch inzwischen wendet sich das Blatt. Die beiden anderen großen BRIC-Nationen in Asien, China und Indien, wollen die gewaltigen Energieressourcen Kasachstans immer mehr für ihre Wirtschaften nutzen. So stellte man Ende 2005 eine Pipeline fertig, die von Zentralkasachstan bis direkt in die chinesische Provinz Xinjiang im Westen Chinas reicht.

Die Energierohstoffe sind aber nicht der einzige Reichtum des GUS-Staates. Es liegen auch gigantische Ressourcen an Industriemetallen im kasachischen Boden. Es ist kaum zu glauben, aber in der kasachischen Erde finden sich 99 der 105 Elemente des Periodensystems. Weltweit ist Kasachstan die Nummer eins bei den wenig bekannten Rohstoffen Chromit, Vanadium, Wismut und Fluor. Bei Uran verfügt der GUS-Staat über die zweitgrößten Ressourcen der Welt,

Einige bedeutende Rohstoffgebiete in Kasachstan

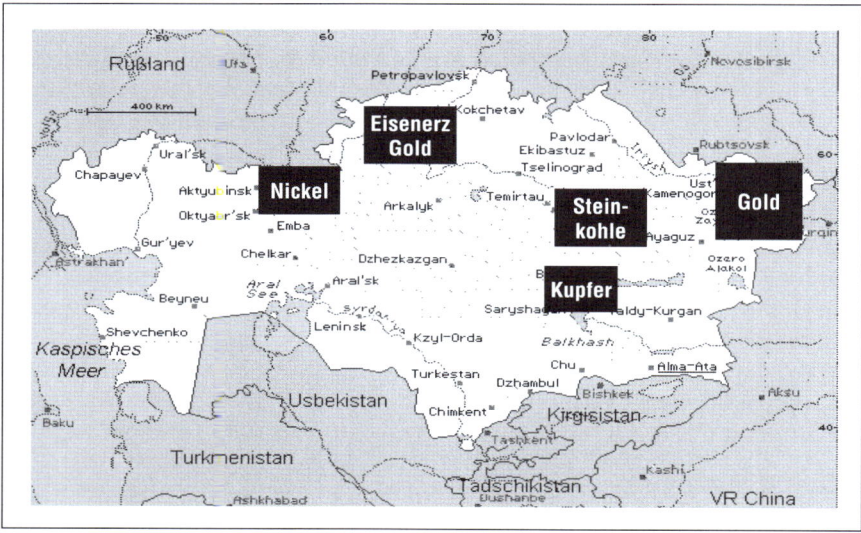

Quelle: eigenes Research

Abbildung 62: Der Reichtum Kasachstans liegt unter der Erde. Wir haben Ihnen auf einer Landkarte von Kasachstan einige Fördergebiete für verschiedene Rohstoffe markiert. Aber eigentlich kann man den Rohstoffreichtum des Landes salopp wie folgt auf den Punkt bringen: Wenn Sie mit einem Backförmchen etwas Erde aufnehmen, dann finden Sie wahrscheinlich irgendeinen Rohstoff.

und bei Gold liegt man weltweit auf Platz drei. Zudem gehören die eigenen Vorkommen an Blei, Eisenerz, Kupfer, Kohle, Kobalt, Molybdän, Nickel, Wolfram und Zink zu den größten der Welt. Bei all diesen Industriemetallen nimmt Kasachstan weltweit immer einen der vorderen Länderplätze ein.

Dazu kommen noch bedeutende Ressourcen der Industriemetalle Bauxit, Phosphor, Mangan und Zinn. Des Weiteren verfügt Kasachstan in der Qaraghandy-Region über Steinkohlevorkommen von Weltklasseformat (sowie Gold und Silber). Reichhaltige Eisenerzressourcen befinden sich im Norden des Landes im Gebiet um Qostanaj, wo zudem auch Gold gefördert wird. Die Hauptabbaugebiete für Gold liegen jedoch in den Altai-Bergen. Nickel wird im Nordwesten in den Gebieten um die Stadt Aqtöbe gewonnen, Kupfer in den Regionen um Schesqasghan und Balchasch.

Dazu kommt der Agrarsektor. Aufgrund der großen unfruchtbaren Wüstengebiete ist nur ein Viertel der kasachischen Landfläche für die Landwirtschafts-

Prozentuales BIP-Wachstum Kasachstans seit 1990

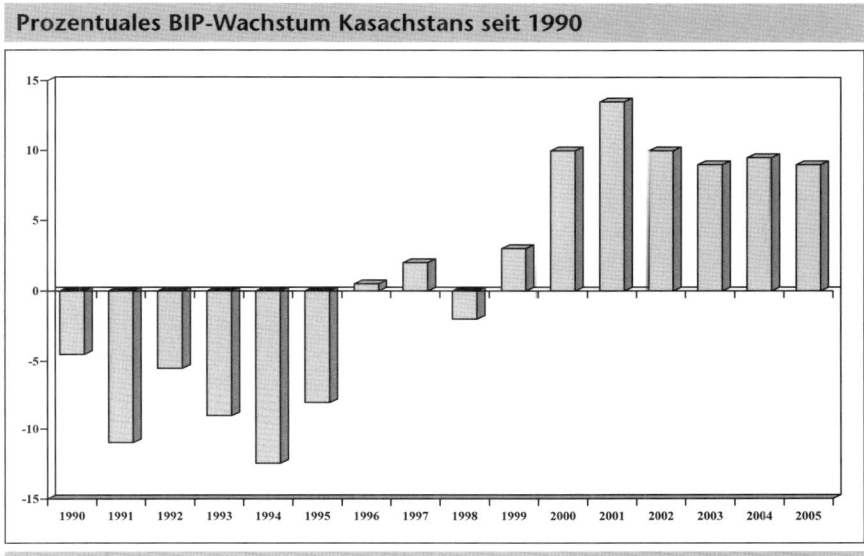

Quelle: Weltbank

Abbildung 63: Bis Mitte der 90er-Jahre sah es um die kasachische Wirtschaft zappenduster aus. Aber mit dem Aufstieg der Rohstoffe erfuhr das kasachische Wirtschafts-wachstum einen mächtigen Boom, der keine Anzeichen von Schwäche aufweist.

industrie nutzbar. Aber durch die niedrige Bevölkerungszahl ist das mehr als ausreichend, um den Eigenbedarf für Getreide zu decken. Tatsächlich besitzt Kasachstan einen großen Agrarbereich, der von Investoren beim allgemeinen Fokus auf den Energiesektor oft übersehen wird.

So produziert die kasachische Landwirtschaft jährlich eine Überproduktion von vier bis fünf Millionen Tonnen Getreide, die dann exportiert werden können. Die Hauptregionen der Landwirtschaft finden sich in dem Gebiet um die Hauptstadt Astana, denn ein Großteil der 4.000 Seen des Landes liegt im Norden Kasachstans. Ein weiteres bedeutendes Agrargebiet ist im Südwesten des Landes um Almaty gelegen. Zudem besitzt man durch das große Hoheitsgebiet im Kaspischen Meer gute Fischfanggebiete. Neben dem Weizenanbau stechen vor allem die Sektoren Viehzucht und Baumwolle heraus.

Der entscheidende Grund für den wirtschaftlichen Aufschwung bleibt aber der Anstieg der Energiepreise, allen voran des Ölpreises. Die steigenden Öl-

Prozentuales BIP-Wachstum Kasachstans im Vergleich zu Russland und der Ukraine

	2003	2004	2005	2006e	2007e
Kasachstan	9,3%	9,6%	9,4%	8,8%	8,5%
Russland	7,3%	7,2%	6,4%	6,4%	6,1%
Ukraine	9,3%	12,1%	2,6%	4,3%	5,0%

Quelle: Deutsche Bank Research, Auswärtiges Amt, Bundesagentur für Außenwirtschaft

Abbildung 64: Wenn es um Wachstum im Osten geht, dann reden alle von Russland. Als heißer Markt gilt auch die Ukraine. Aber wie Sie hier sehen, ist Kasachstan der wahre Star des östlichen Wirtschaftsaufschwungs.

preise beflügelten eine kasachische Wirtschaft, die bis 1995 in einer schweren Krise steckte. Zwischen 1985 und 1995 schrumpfte die Wirtschaftsleistung jährlich um 9,2 Prozent. Demgegenüber ist Kasachstans Wirtschaft in den vergangenen zehn Jahren zwischen 1995 uns 2005 jährlich um 6,8 Prozent gewachsen. Besonders in den vergangenen Jahren konnte Kasachstan, von den weltweiten Finanzmärkten unbeachtet, ein Wirtschaftswachstum vorlegen, das sich problemlos mit dem Chinas, Indiens oder Vietnams messen kann.

Die Wachstumsraten des Landes sind atemberaubend und besitzen schon fast chinesische Dynamik. Durchschnittlich wuchs die kasachische Wirtschaft seit 1999 um 9,3 Prozent. Im ersten Halbjahr 2006 lag das BIP-Wachstum schon wieder bei 9,3 Prozent. Tatsächlich ist Kasachstan im Schatten Russlands in den vergangenen Jahren deutlich stärker gewachsen als der »große Bruder«. Wie Sie in Abbildung 64 sehen, ist Kasachstans Wirtschaft durchschnittlich um 2,5 Prozent stärker gewachsen als Russlands Wirtschaft (natürlich von einem viel niedrigeren Niveau aus).

Damit ist Kasachstan das mit Abstand wachstumsstärkste Land der GUS-Staaten. Viele uninformierte Anleger schauen bei den GUS-Staaten immer zuerst auf die Ukraine. Das ist angesichts der geographischen Nähe zu Deutschland und der hohen Bevölkerungszahl von 46,7 Millionen Menschen auch verständlich. Aber wie Ihnen Abbildung 64 zeigt, ist Kasachstan der wirkliche Wirtschafts-Star unter den GUS-Staaten. Mit diesem Land sollten sich weitsichtige Investoren beschäftigen, während die Masse der Anleger noch rätselt, ob der osteuropäische CECE-Index eine gefährliche neue Fliegengattung ist.

Das Wachstum basiert unter anderem auf weit reichenden Reformen, die Kasachstan nach seiner Unabhängigkeit 1991 als einer der ersten GUS-Staaten

Aufteilung der kasachischen Wirtschaft

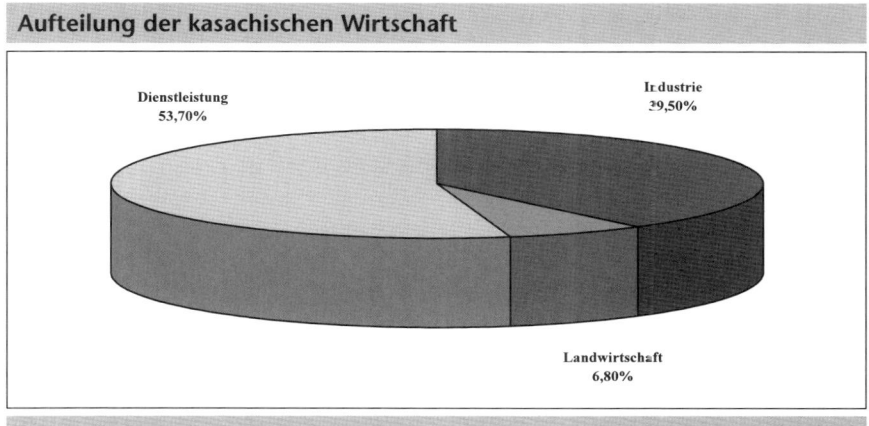

Dienstleistung
53,70%

Industrie
39,50%

Landwirtschaft
6,80%

Quelle: Weltbank

Abbildung 65: Der Rohstoffsektor (hier als Dienstleistung benannt) überschattet mit einem Anteil von 53,7 Prozent alles. Zumal der Großteil des Bereiches »Industrie« aus Sektoren besteht, die ebenfalls direkte Profiteure des Rohstoff-Booms sind (zum Beispiel Maschinenausrüster).

durchführte, und auf einer schnelle Privatisierung von kleineren und mittleren Staatsbetrieben. Dabei sorgten die zügige Einbindung ausländischer Unternehmen in die Rohstoffförderung und der Aufbau eines stabilen Finanzsystems für einen unproblematischeren Wandel zur Marktwirtschaft, als wir es in Russland erlebten.

Das Rückgrat des kasachischen Wirtschaftsaufschwungs bildet der Export von Rohöl und Erdgas. Dieser Bereich machte in 2005 heftige 69 Prozent der gesamten kasachischen Exporte aus. Der zweitgrößte Exportschlager, Industriemetalle, kam gerade mal auf 9,2 Prozent. Aus dem Rohstoffsektor weisen zudem noch Kohle, Kupfer und Weizen bedeutende Exportanteile auf. Durch die weltweit steigende Rohstoffnachfrage wuchsen die Exporte in 2006 gegenüber 2005 um starke 32,6 Prozent. Dabei waren die Exporte in 2005 bereits um 39,0 Prozent gegenüber 2004 angestiegen.

Kein Wunder, dass ausländische Direktinvestitionen nur so in den GUS-Staat strömen. Allerdings konzentrieren sich die ausländischen Direktinvestitionen (in der Finanzsprache FDI – »Foreign Direkt Investments« – genannt) primär auf den Rohstoffsektor. Hier steht vor allem das heiß begehrte schwarze Gold im Fokus. Bereits seit Anfang der 90er-Jahre werden gut 75 Prozent aller FDIs für die zentralasiatische Region in Kasachstan investiert. In 2005 betrugen die ausländischen Direktinvestitionen 25,1 Milliarden US-Dollar.[28]

Das große internationale Interesse ist verständlich. Jedes Jahr werden von der kasachischen Regierung 40 bis 50 neue Projekte zur Erschließung und Förderung von Ölquellen vergeben, um die Wirtschaftsentwicklung weiter voranzutreiben. Folglich machte der Anteil ausländischer Direktinvestitionen im Vergleich zum BIP in 2005 mächtige 9,5 Prozent aus.

Sie erinnern sich: In Vietnam, einem absoluten Boom-Land für FDIs, sind es »nur« acht Prozent, in China (natürlich von einem viel höheren Niveau aus) lediglich vier Prozent. Damit sind die FDIs pro Kopf in Kasachstan höher als in jedem anderen GUS-Land. Die Botschaft ist klar: Kasachstan ist mit seinen reichhaltigen Bodenschätzen einer der Märkte der Zukunft, in den ausländische Unternehmen, vor allem aus der Rohstoffbranche, bereits massiv einsteigen.

Die kasachische Führung hat die hohe Abhängigkeit von den Ölpreisentwicklungen längst erkannt und verschiedene Diversifizierungsmaßnahmen eingeleitet. Schon im Jahr 2000 gründete man den »National Fonds der Republik Kasachstan«, dessen Ziel es ist, die durch den volatilen Ölpreis entstehenden volkswirtschaftlichen Schwankungen mit Finanzzuschüssen aus dem Fonds auszugleichen. So werden eine Stabilisierung der Wirtschaftsentwicklung erzielt und das kasachische Wirtschaftswachstum auf ein breiteres Fundament gestellt. Dafür werden Gewinne, die durch einen Ölpreis oberhalb von 49 Dollar/Barrel erzielt werden, in den Fonds abgeführt.

Zudem strebt die Regierung eine ausbalanciertere Entwicklung der Wirtschaft an. Diese soll durch Diversifizierungen auf zwei Ebenen erreicht werden. Auf der Makroebene will die Regierung mit den Petrodollars die Entwicklung anderer Wirtschaftszweige außerhalb des Rohstoffsektors ankurbeln. Hier stehen die Chemie (vor allem Dünger und Kunststoffe), der Hightech-Sektor, der Maschinenbau und die verarbeitende Industrie (Textilien) im Fokus. Ein bereits aufstrebender Industriezweig ist hier der Maschinenbau, der allerdings noch primär – wer hätte es gedacht – Maschinen für den Rohstoffabbau und den Agrarsektor entwickelt.

Wichtig ist bei der Diversifizierungsstrategie, dass es sich um arbeitsplatzintensive Branchen handelt. Nur so kann die junge, aber nicht überdurchschnittlich ausgebildete Bevölkerung mit Jobs versorgt werden. Denn die Zahl

---

28 *Quelle: IHK.*

der arbeitenden Bevölkerung wächst jährlich um 1,2 Prozent. Das ist doppelt so stark wie in Europa, wo der Prozentsatz der Menschen, die neu auf den Arbeitsmarkt kommen, bei 0,6 Prozent liegt.

Auf der Mikroebene des Rohstoffsektors zielt man auf eine Reduzierung der Ölabhängigkeit ab. Um eine bessere Diversifizierung zu erzielen, wird die Förderung anderer Rohstoffe ausgebaut. Deshalb subventionierte der Staat seit Jahren den in der Vergangenheit ineffizient arbeitenden Agrarsektor. Angesichts langfristig steigender Preise der Soft Commodities ein durchaus kluger Schachzug. Die Investitionen zahlen sich bereits aus. Die zuvor am Boden zerstörten Agrarsektoren, insbesondere der Weizensektor, zeigen seit 1998 stetige Verbesserungen. So ist der Agrarsektor in 2005 um 7,3 Prozent gewachsen. Der Fokus der Rohstoffdiversifizierung wird aber fraglos auf dem Ausbau des Uransektors liegen.

Kommen wir damit von der wirtschaftlichen zur politischen und gesellschaftlichen Ebene. Die innerpolitische Situation ist stabiler, als man es aufgrund der Fremdherrschafts-Historie vermutet. Es gibt in Kasachstan nämlich 116 anerkannte Nationalitäten. Lediglich 57,5 Prozent der Menschen sind kasachischen Ursprungs. Aufgrund der Zwangsumsiedlungen während der Sowjetzeit existiert eine extrem große russische Minderheit, die 27,0 Prozent der Gesamtbevölkerung ausmacht. Ein weiterer Punkt, den man als Investor im Auge behalten sollte: Es gibt in Kasachstan zwei fast gleich große, aber sehr verschiedene Religionen: 47 Prozent der Bevölkerung sind Muslime mit islamischem Glauben, und 46 Prozent besitzen einen christlichen Glauben (primär russisch-orthodox).

Trotz der unterschiedlichen Nationalitäten gibt es mit Russisch eine dominierende Sprache, die von 83,1 Prozent der Bevölkerung benutzt wird und als Amtssprache in der Wirtschaft gilt (obwohl die offizielle Staatssprache Kasachisch ist, die aber erst 56 Prozent der Bevölkerung sprechen).

Das Land besitzt eine für Emerging Markets extrem niedrige Analphabetenquote. Eine allgemeine Schulpflicht (bis zur neunten Klasse) sorgt dafür, dass laut verschiedenen Quellen die Quote der Menschen, die in Kasachstan lesen und schreiben können, bei 97,4 Prozent liegt. Die Analphabetenquote von 2,6 Prozent bewegt sich damit auf dem Niveau von Industrienationen. (Tatsächlich ist sie so niedrig – oder hoch – wie in Deutschland. Geben Sie zu: Sie hätten nicht gedacht, dass im Industrieland Deutschland noch 2,6 Prozent der Bevölkerung Analphabeten sind.) Der Durchschnitt der Analphabetenquote liegt in Zentralasien übrigens bei 19,0 Prozent.

Allerdings ist das Hochschulsystem noch völlig unterentwickelt. Lange Zeit wurde der Bildungssektor staatlich unterfinanziert. So beliefen sich die Bildungsausgaben in 2004 nur auf 2,4 Prozent des BIP, wovon primär die Grundschulbildung finanziert wurde. Inzwischen bemüht sich die kasachische Regierung, mit den Gewinnen aus dem Ölsektor auch den höheren Bildungssektor zu stärken (so wurde das staatliche Stipendienprogramm »Bolaschak« aufgestockt). Eine höhere Ausbildung oder eine akademische Lehre für Kasachen ist jedoch immer noch meist nur durch ausländische FDIs möglich.

Deshalb mangelt es in Kasachstan an ausgebildeten Fachkräften. Das ist der Hauptgrund, warum Kasachstan so viele ausländische Firmen in das Land holt (vor allem für die Rohstoffförderung): Der GUS-Staat weist einen akuten Mangel an qualifizierten Fachkräften auf und ist auf die ausländischen Experten angewiesen, um die Wirtschaft weiterzuentwickeln. Hier geht es natürlich vor allem um eine moderne (also effiziente und kostengünstige) Erschließung der Rohstoffreserven. Durch dieses Ausbildungsdefizit entwickelt sich in Kasachstan inzwischen ein privater Bildungssektor, den sich Investoren aufgrund der jungen Bevölkerungsstruktur und der starken Geburtenraten genauer anschauen sollten.

Die soziale Stabilität des Landes ist fraglos auf die Machtkonzentration und die autoritäre Regierungsführung des amtierenden Präsidenten Nursultan Abischuly Nazarbayev zurückzuführen. Kasachstan ist zwar offiziell eine Demokratie mit einem Parlament, einem Senat und allem Schnickschnack, der dazugehört. Aber de facto regiert Nursultan Nazarbayev das Land, ähnlich wie Putin in Russland, mit einer Politik der machtkonzentrierten Stärke. So wird der Präsident nur alle sieben Jahre gewählt (die nächste Präsidentschaftswahl findet 2012 statt) und verfügt über umfangreiche Vollmachten.

Er ernennt Teile des Senats, des Obersten Gerichts sowie die Gouverneure der 14 kasachischen Provinzen selbst. Das Parlament kann in der Realität nicht eigenständig agieren (der Präsident hat sogar das Recht, das Parlament aufzulösen). So können Gesetzesentwürfe ohne die Zustimmung des Präsidenten nicht in Kraft treten.

Die Opposition ist stark eingeschränkt. Bei den letzten Senatswahlen 2005 wurde kein einziger Oppositionspolitiker gewählt (übrigens auch keine Frau). Gewerkschaften oder religiöse Verbände haben kaum Einfluss. Die Pressefreiheit ist limitiert, da die Presseorgane in staatlichem Besitz sind oder unter dem Einfluss regierungsnaher Organisationen stehen. Ähnlich sieht es bei der Versammlungsfreiheit aus, die durch rigide Genehmigungsprozesse gesteuert und eingeschränkt werden kann.

Die Machtkonzentration mag für uns verwöhnte Westler aus den Industriestaaten problematisch erscheinen. Aber Sie müssen die Situation aus der Sicht eines Schwellenlandes sehen: Für Länder mit einer derart zersplitterten Bevölkerung sind demokratisch ausgereifte politische Systeme keineswegs immer die beste Lösung, um die noch junge Wirtschaftsentwicklung und die innere Stabilität zu sichern.

Natürlich ist in dem eurasischen Land die Freiheit nicht so ausgeprägt wie in Deutschland. Aber wir reden hier eben nicht über Deutschland mit 60 Jahren Demokratie-Historie, sondern über Kasachstan, das es gerade mal auf 15 Jahre bringt. Zumal die Machtkonzentration für die wirtschaftliche Entwicklung nicht hinderlich ist: Präsident Nazarbayev hat sich klar zur Marktwirtschaft bekannt und den Wirtschaftsaufschwung durch eine progressive Politik voller Reformen nachhaltig gestärkt.

Eine solche Stabilität hat natürlich positive Auswirkungen auf den kasachischen Konsumsektor. Dieser Markt ist für Börsianer sicherlich ein interessanter Sektor. Aber nicht alle der traditionellen Binnenmarktbranchen sind in Kasachstan aussichtsreich. So birgt der Bankensektor fraglos ein hohes Potenzial. Aber: Laut der deutschen IHK gibt es derzeit in Kasachstan schon 35 Finanzhäuser mit einer Banklizenz (inklusive einiger ausländischer Banken, die bereits nach Kasachstan expandiert sind).[29]

Bei einer Bevölkerung von 15,2 Millionen Menschen ist das eine extrem hohe Dichte. Zumal der kapitalkräftige Anteil ja sogar noch deutlich geringer ist: Abzüglich des 20-Prozent-Anteils, der unter der Armutsgrenze lebt, sind es sogar nur gut zwölf Millionen Menschen. Investoren sollten daher entweder auf die Branchenführer setzen oder sich auf spezialisierte Bankhäuser mit einem Fokus auf vermögende Privatkunden konzentrieren.

Dabei müssen Investoren unbedingt beachten, dass es im kasachischen Bankwesen einen bedeutenden Risikofaktor an ungedeckten Krediten gibt. Durch die wachsenden Petrodollar-Gewinne aus den Öl- und Rohstoffgeschäften, die Konzentration der Wirtschaft auf wenige Städte und das soziologische Landflucht-Phänomen ist es in den kasachischen Städten zu einem Bau- und Immobilien-Boom mit angeschlossener Immobilienblase gekommen. Viele dieser neuen Gebäude wurden jedoch durch Kredite finanziert. Es besteht für das kasachische Bankwesen bei einem Platzen der Immobilienblase also die Gefahr von faulen Krediten.

Der kasachische Binnenmarkt ist vor allem bei Luxusgütern (zum Beispiel die Schmuckindustrie) und Hochtechnologie (technologische »Spielzeuge«) interessant. Wie Sie wissen, ist der Clou am kasachischen Binnenmarkt das

---

29 Quelle: IHK.

absolute Kapital. Aber dieses bündelt sich auf eine begrenzte Bevölkerungsanzahl. Wenige Menschen verfügen also über viel Geld.

Weniger spannend sind aufgrund der limitierten Bevölkerungsgröße (nur zwölf Millionen Menschen mit relevanter Kaufkraft) traditionelle Binnenmarktbranchen wie Telekommunikation oder Automobil, die ihre Umsätze primär über die Masse der verkauften Güter kreieren. So liegt der Anteil der Mobilfunknutzer in Kasachstan schon bei 32,2 Prozent (basierend auf 2005).

Eine hoch spannende Ausnahme bildet allerdings der Internetsektor. Natürlich ist das Potenzial dieser Branche ebenfalls von einer hohen User-Zahl abhängig (die Kasachstan ja eigentlich nicht zu bieten hat). Aber hier haben Sie, anders als im Mobilfunksektor, noch die Chance, ganz am Anfang der Story einzusteigen. Denn in Kasachstan gab es 2005 gerade mal 400.000 Internetnutzer. Das ist eine Penetrationsrate von nicht mal 2,5 Prozent.

Zum Vergleich: Indien und China gelten als die spannendsten Internetmärkte der Welt. Denn dort leben nicht nur Milliarden von Menschen, sondern die dortigen Penetrationsraten sind noch extrem niedrig. In China liegt die Zahl der Internetnutzer bei 9,4 Prozent und in Indien gar erst bei 6,0 Prozent! Aber vergleichen Sie das mit der Penetrationsrate von 2,5 Prozent in Kasachstan. Dann wird ersichtlich, dass es hier in den kommenden Jahren für kluge Investoren große Chancen gibt. Danach ist diese Story vorbei, denn die Bevölkerung Kasachstans ist einfach zu klein. Aber in einem derart frühen Stadium besitzt der Sektor noch hochinteressante Wachstumsperspektiven.

Achten Sie auch auf den Infrastruktursektor. In den Ausbau von Straßen, Schienennetzen, Pipelines, Telekommunikation oder Großprojekten, wie Häfen oder Flughäfen, werden in den kommenden Jahren viele der Petrodollars fließen. Schließlich liegt hier eine der wichtigen Grundlagen für die weitere Entwicklung der kasachischen Wirtschaft nach dem Rohstoff-Boom. Kasachstan besitzt aus der Sowjetzeit zwar bereits eine gewisse Basisinfrastruktur (das Land verfügt über ein Eisenbahnschienennetz von 13.700 Kilometern). Aber die Infrastruktur ist teilweise stark veraltet, und aufgrund der riesigen Größe des Landes reichen die Kapazitäten bei weitem nicht aus. Die Sektoren Transport und Infrastruktur wurden zwar Mitte der 90er-Jahre privatisiert, was große Fortschritte mit sich brachte. Doch die Instandhaltung der existierenden Infrastruktur wurde danach stark vernachlässigt.

Das muss sich ändern. Denn um den Export der eigenen Rohstoffe nach Russland, China und in andere Länder zu steigern, ist Kasachstan von einer effizienten Infrastruktur abhängig. Wie bei jedem Exportland ist die Infrastruktur der Flaschenhals für wirtschaftlichen Erfolg. Dafür müssen in dem gigan-

Auflistung von fünf kasachischen Blue Chips

Aktie	ISIN	Branche	Marktkapitalisierung
Halyk Savings Bank	US46627J1043	Finanzen – Bank	2,93 Mrd. USD
Kazakhyms	GB00B0HZPV38	Rohstoffe – Kupfer	10,54 Mrd. USD
Kazkommertsbank	US48666E3018	Finanzen – Bank	4,82 Mrd. USD
Kazakhtelecom	US48666D2045	Telekommunikation	3,32 Mrd. USD
UrAisa Energy	CA91703W1086	Rohstoffe – Uran	1,70 Mrd. USD

Quelle: Kazakhstan Stock Exchange, eigenes Research

Abbildung 66: Eine Liste mit fünf Schwergewichten der KASA. Die Umsätze der meisten kasachischen Aktien sind an den deutschen Börsen minimal. Orders sollten daher streng limitiert und nur in einer handelbaren Größe aufgegeben werden. Vergleichen Sie dazu bitte das Kapitel über Aktien. Dies sind keine Kaufempfehlungen.

tischen Hinterland des Riesenreiches noch weite Strecken erschlossen werden. Zumal sich Kasachstan durch die geographische Lage als Eurasien-Land immer mehr zu einem Schlüssel-Transitland zwischen Europa und Asien entwickelt. Bereits heute nutzt Kasachstan sein Transportwesen deutlich mehr als andere Länder. So kommen in Kasachstan sechs Tonnen Transportgut auf einen US-Dollar BIP. Das ist 20 Mal so viel wie in Westeuropa (0,3 Tonnen).[30]

Das führt internationale Investoren, die von den aussichtsreichen Entwicklungen in Kasachstan profitieren, direkt an die lokale Börse: die Kazakhstan Stock Exchange. Der Aktienmarkt in Kasachstan ist noch relativ jung. Die Kazakhstan Stock Exchange, kurz KASE genannt, wurde am 17. November 1993 gegründet (damals noch unter dem Namen »Kazakh Interbank Currency Exchange) und ist in der Stadt Almaty, der ehemaligen Hauptstadt Kasachstans, beheimatet.

Wie der ursprüngliche Name sagt, bestand die damalige Aufgabe der KICE darin, die zwei Tage zuvor eingeführte Währung Tenge in Kasachstan als Leitwährung zu etablieren. Am 12. April 1996 wurde die KICE dann in Kazakhstan Stock Exchange umbenannt und nahm ihre heutige Funktion als Börse auf.

Inzwischen werden an der KASE Aktien, Anleihen, Futures und Devisen gehandelt. Aktuell sind an der KASE 450 Aktiengesellschaften gelistet. Der Leitindex trägt den Namen KASESI (KASE-Shares Index) und besitzt eine Marktkapitalisierung von 44 Milliarden US-Dollar.

---

30 *Quelle: Weltbank.*

Das ist natürlich ein Witz. Der Ölriese Exxon Mobil bringt es allein schon auf eine Marktkapitalisierung von 450 Millionen US-Dollar. Für knapp ein Zehntel des Preises von Exxon Mobil können Sie also die gesamte kasachische Börse aufkaufen (geben Sie uns dann für den Tipp etwas ab?).

Deshalb baut die kasachische Regierung den Kapitalmarkt weiter aus. Die Zahl der größeren Börsengänge (Marktkapitalisierung über eine Milliarde Dollar) hat in den vergangenen zwei Jahren zugenommen. In Abbildung 66 haben wir Ihnen einige Werte der kasachischen Börse aufgelistet.[31]

Die beiden dominierenden Branchen sind mit weitem Abstand der Banken- und der Rohstoffsektor. Unter den Marktschwergewichten kommt lediglich das Telecomunternehmen Kazakhtelecom nicht aus einer dieser beiden Branchen. Das ist ein Risikofaktor, den Investoren bei Investments in Kasachstan immer im Auge behalten müssen: Wenn faule Kredite im Immobiliensektor eine Bankenkrise auslösen sollten, wird der kasachische Kapitalmarkt härter getroffen als Boxer Axel Schulz bei seinem missglücktem Comeback-Kampf im November 2006.

Das leitet direkt über zu einem zweiten Problem, das schon heute real ist: In 2005 und 2006 sind viele kasachische Aktien nach der Übernahmeschlacht um PetroKazakhstan und Übernahmespekulationen für andere Rohstoffunternehmen stark gestiegen und inzwischen ambitioniert bewertet. Aktuell ist bei zahlreichen Aktien viel der fraglos vorhandenen Zukunftsphantasie bereits in den Aktienkursen eingepreist. Investoren sollten also Korrekturphasen abwarten.

Einer der Gründe dafür liegt in dem dritten Problem: Es sind erst sehr wenige kasachische Aktien an westlichen Börsen gelistet. So notieren an der Börse Berlin-Bremen, historisch die Spezialistenbörse für osteuropäische Aktien, nur neun kasachische Werte (von denen sechs Banktitel sind).

Zum Vergleich: Selbst Neuseeland, nicht gerade als Wirtschaftsmacht bekannt, besitzt 96 gelistete Unternehmen. Die Ukraine kommt übrigens auf 38 Aktien, also vier Mal so viele Aktien wie aus Kasachstan. In den USA notieren übrigens ebenfalls nur neun kasachische Unternehmen als ADR-Aktien. Dies zeigt Ihnen, wie unbekannt das Land bei internationalen Anlegern noch ist.

Diese fehlende Anlagevielfalt führte jedoch zu einem Run auf die wenigen kasachischen Aktien und hebelte die Kurse nach oben. Es ist allerdings da-

---

31 *Dies sind keine Kaufempfehlungen.*

Kursentwicklung der kasachischen Aktie UrAsia Energy

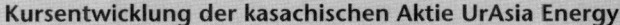

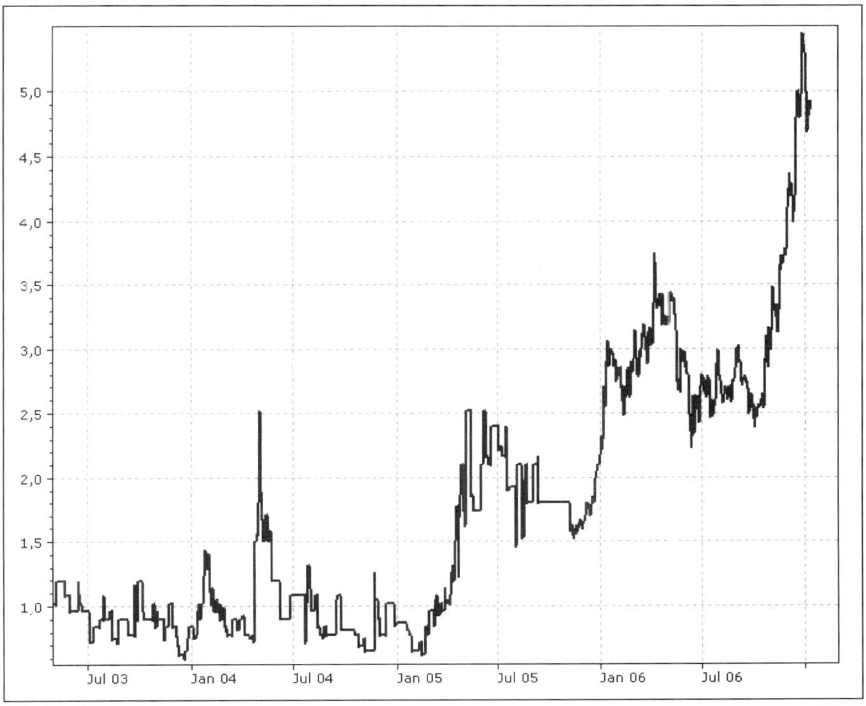

Quelle: vwd

Abbildung 67: UrAsia ist ein kanadisches Unternehmen, das ausschließlich in Kasachstan Uran fördert. UrAsia, das an vier Uran-Projekten in Kasachstan beteiligt ist, ist einer von nur vier börsengelisteten Uranproduzenten weltweit. Das Unternehmen wird voll vom kasachischen Uran-Boom profitieren. Allerdings zeigt der Chart, dass diese Entwicklung teilweise bereits in die Kurse eingepreist wird. Dies ist keine Kaufempfehlung.

von auszugehen, dass sich dieses Angebotsdefizit in den nächsten Jahren reduzieren wird. Noch immer sind wichtige Sektoren in Kasachstan nicht privatisiert oder nur teilprivatisiert. Dazu zählen unter anderem der Eisenbahnsektor, die Post, der Energierohstoffsektor und auch die Telekommunikation.

Zudem wurden bisher vornehmlich kleine und mittlere Staatskonzerne privatisiert. Ähnlich wie in Vietnam sind die größten Stücke der Torte noch nicht zum Dessert freigegeben. Dafür gründete die Regierung im Frühjahr 2006 die Staatsholding »Samruk«, die ein erster Schritt der künftigen Privatisierung der Staatsbetriebe ist. So wurden Ende 2005 bereits einige große kasachische Unternehmen wie Kazkhyms, der zehntgrößte Kupferproduzent der Welt, erfolgreich an die Börse gebracht.

Was Kasachstan an den internationalen Finanzmärkten erst noch bevorsteht, hat man auf der politischen Ebene schon vollbracht: Ob Weltbank, der man bereits ein Jahr nach der Unabhängigkeit 1992 beitrat, ADB (Asiatische Entwicklungsbank), GUS, IWF, UNO, der Eurasischen Wirtschaftsgemeinschaft, der Organisation der Islamischen Konferenz (OIC) oder der OSZE (für die Kasachstan in 2009 den Vorsitz anstrebt) – Kasachstan spielt auf der internationalen Bühne der Weltpolitik bereits mit.

Man ist in fast allen großen weltpolitischen Organisationen vertreten. Hier legt Präsident Nasarbajew eine erfreulich pragmatische Sichtweise an den Tag: Wer immer seinem Land, ob durch Direktinvestitionen, Importe kasachischer Produkte oder Kontakte, weiterhelfen kann, wird schnell eine gute Beziehung zu Kasachstan aufbauen.

So ist Kasachstan eines der wenigen zentralasiatischen Länder, die sich nach den Terroranschlägen des 11. September klar auf die Seite der USA stellten und den Amerikanern Überflugrechte und sogar Truppenstationierungen anbot. Hinter diesen Angeboten lagen natürlich weitsichtige Eigeninteressen der kasachischen Regierung. So ist Kasachstan aufgrund des religiösen Splits der Bevölkerung an einer Eindämmung des religiösen Extremismus und Terrorismus interessiert. Zudem will man durch die Annährung zu den USA auf geopolitischer Ebene einen Gegenpol zu den übermächtigen regionalen Riesen Russland und China schaffen. Zu guter Letzt kommt ein gutes Verhältnis zu Washington auch bei den zahlreichen amerikanischen Ölkonzernen gut an, die sich mit FDIs massiv in Kasachstan engagieren.

Den Kern der kasachischen Politik bilden aber immer noch Russland, der wichtigste internationale Partner, und die GUS-Nachbarn, mit denen sich die politischen und wirtschaftlichen Beziehungen in den vergangenen Jahren massiv verbessert haben. Problematisch ist für Kasachstan die Krise im Iran. Der Iran ist als Anrainerstaat an das Kaspische Meer ein wichtiges Transitland beim Ölexport und gleichzeitig ein potenzieller Importeur von kasachischem Weizen.

Trotz der guten Zukunftsaussichten Kasachstans durch die Fortsetzung des Rohstoff-Booms, insbesondere von Öl und Uran im Energiesektor, birgt dieser junge Emerging Market aber auch hohe Risiken in sich. Entgegen der weitläufigen Meinung von Anlegern aus Industrieländern, die sich mit den Emerging Markets nicht auskennen, gehört das zentral organisierte politische System dabei nicht zu den Kernproblemen. Denn die Polit-Elite strebt eine marktwirtschaftliche Ökonomie an und hofft in 2007 sogar auf den Beitritt zur WTO.

Vielmehr liegen die Risiken der noch jungen Demokratie in den verschiedenen potenziellen Unruheherden aus der zersplitterten Gesellschaft mit den zahlreichen Minderheiten, den unterschiedlichen Religionen und den großen regionalen Unterschieden (sowohl bei der wirtschaftlichen Entwicklung als auch bei der Vermögensverteilung).

Zudem leidet Kasachstan, ähnlich wie der große BRIC-Nachbar China, an schweren Umweltproblemen. In dem Land gibt es verschiedene Gebiete, die radioaktiv oder mit giftigen Chemikalien komplett verseucht sind. Dies sind traurige Überbleibsel der sowjetischen Militärmaschinerie. Kasachstan war aufgrund seiner reichhaltigen Bodenschätze in der UdSSR-Zeit für die Rohstoffversorgung des kommunistischen Reichs zuständig. Aber leider nicht nur das: Die weiten kasachischen Wüstenregionen waren auch Testgebiete für nukleare und biologische Waffen. Die Folgen spürt Kasachstan, wie beispielsweise im früheren Atomwaffentestgebiet bei Semipalatinsk, noch heute.

Dazu kommen die industrielle Verschmutzung in den Städten und die Umweltschäden aus einem nicht umweltschonenden Rohstoffabbau. Im Westen Kasachstans herrscht zudem ein Mangel an sauberem Wasser. Eine verschwenderische Abschöpfung von Wasser ist zudem eine der Ursachen von Kasachstans bekanntestem Umweltproblem: Nach exzessiver Ausbeutung ist der Wasserspiegel des großen Aralsee so stark gesunken, dass die Gefahr einer Austrocknung besteht. Das käme einer ökologischen Katastrophe gleich.

Aber Kasachstan arbeitet mit der finanziellen Hilfe vieler internationaler Organisationen, wie der UNDP, USAID oder der Weltbank, an einer Verbesserung der ökologischen Situation. Das ist nötig, denn die aggressive Rohstoffausbeutung ist umweltschädlich. Aber eine Abkehr oder deutliche Reduktion steht aufgrund der zentralen Rolle für die kasachische Wirtschaftsentwicklung nicht zur Diskussion.

Deshalb liegt der offensichtliche Risikofaktor für die kasachische Wirtschaft in der hohen Abhängigkeit von der Entwicklung der Rohstoffpreise. Das Währungsrisiko war für Investoren in den vergangenen Jahren hingegen inexistent. Die kasachische Währung Tenge hat durch das hohe Wirtschaftswachstum gegenüber dem Dollar stark an Wert gewonnen.

Fazit

Die kasachische Wirtschaft hat sich in den zurückliegenden zehn Jahren rasant entwickelt und gravierend verbessert. Allerdings ist das Wirtschaftswachstum, ähnlich wie in Russland oder Venezuela, hochgradig von der Entwicklung des Ölpreises abhängig. Wir gehen jedoch langfristig von einem steigenden Ölpreis und mittelfristig von weiter anziehenden Uranpreisen aus. Deshalb sehen wir diese Abhängigkeit nicht als Problem, sondern sogar als Vorteil. Trotzdem muss sich jeder Investor der hohen positiven Korrelation bewusst sein.

Das Gleiche gilt auch für die historisch bedingte enge Verflechtung zur russischen Wirtschaftsentwicklung, wobei sich diese Abhängigkeit durch das stark steigende Interesse Chinas und Indiens an den gigantischen Rohstoffschätzen Kasachstans bereits reduziert hat. Das wachsende Vertrauen westlicher Investoren sorgt außerdem für florierende ausländische Direktinvestitionen, was den wirtschaftlichen Aufschwung Kasachstans fördert.

Die Staatsverschuldung von erwarteten 8,5 Milliarden US-Dollar ist hoch, kann aber durch die Reserven aus dem »National Fonds der Republik Kasachs-

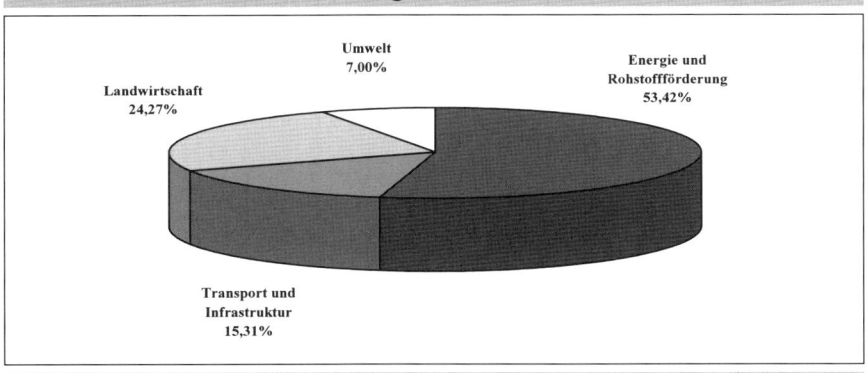

Prozentualer Anteil der Staatsausgaben für die verschiedenen Sektoren

Umwelt
7,00%

Landwirtschaft
24,27%

Energie und
Rohstofffförderung
53,42%

Transport und
Infrastruktur
15,31%

Quelle: Weltbank

Abbildung 68: Der Bereich »Rohstofffförderung und Energie« macht mit 53,4 Prozent den Schwerpunkt der staatlichen Investitionen aus. Das ist verständlich, denn die Rohstofffförderung bildet das Rückgrat des kasachischen Wirtschaftswachstums. Es ist aber davon auszugehen, dass die Ausgaben für Bildung, Infrastruktur, Transport und Umwelt in den nächsten Jahren ansteigen werden.

tan« komplett gedeckt werden. Die Hauptaufgabe der kasachischen Regierung in den kommenden Jahren ist klar umrissen: Um die positive wirtschaftliche Entwicklung und die Wettbewerbsfähigkeit Kasachstans langfristig zu sichern, müssen die Petrodollars in den Bildungssektor, die Infrastruktur, die Umweltpolitik und die Diversifizierung der Wirtschaft auf rohstoffunabhängige Industriezweige investiert werden.

Die Regierung muss Anreize schaffen, damit ausländische Direktinvestitionen auch in diese Sektoren und nicht nur in die Rohstoffbereiche fließen. Fraglos hat das Land noch einen weiten Weg vor sich und besitzt viele Risiken (zum Beispiel organisierte Kriminalität oder Korruption im privaten und öffentlichen Sektor, die im Umweltschutz sehr problematisch ist). Aber die langfristigen Chancen sind in dem rohstoffreichen Land um ein Vielfaches größer als die Risiken.

KAPITEL 8

Energie: Ethanol

Im Grunde ist es eine ganz einfache Überlegung: Immer dann, wenn ein Rohstoff sehr teuer geworden ist, beginnt die Suche nach einem Substitut, also nach einem Ersatz, der nach Möglichkeit das Gleiche leistet, aber weniger kostet.

Und welcher Rohstoff ist in den vergangenen Jahren stark gestiegen? Klar, Rohöl. Genauso klar, dass diese Suche nach Ersatz bereits eingesetzt hat. Und es ist unserer Ansicht nach sehr lohnenswert, darauf zu setzen, dass die Nachfrage nach diesem Substitut weiter anziehen wird. Denn wir glauben nicht, dass Rohöl noch einmal »billig« (weniger als 25 Dollar je Barrel) werden wird, ganz im Gegenteil. Das bedeutet im Umkehrschluss: Die Nachfrage nach diesem Substitut wird mehr oder weniger stetig steigen, was auch den Preis dieses Substituts mehr oder weniger stetig steigen lassen wird.

Werden wir konkret: Dieses Substitut für aus Rohöl hergestelltes Benzin ist Ethanol, auch als Äthylalkohol bekannt. Also Alkohol.[32] Den soll nicht der

---

32 Ethanol beziehungsweise Bio-Ethanol ist nur ein Alkohol aus der Gruppe der n-Alkohole – die Gleichsetzung von »Alkohol« und Ethanol ist deshalb nicht ganz korrekt, geschieht jedoch aus Vereinfachungsgründen.

Fahrer konsumieren, sondern der Motor. Denn dieses Ethanol kann Kraftstoff beigemischt werden, als Ersatz für Benzin. In Europa regelt dies eine Euro-Norm, die die Beimischung von bis zu fünf Prozent Ethanol erlaubt. Dieser Wert ist aus Vorsichtsgründen bewusst niedrig angesetzt worden: Denn normalerweise ist die Beigabe von 15 bis 25 Prozent Ethanol für einen durchschnittlichen Benzinmotor unbedenklich.

Wie gesagt, das gilt für durchschnittliche Benzinmotoren. Mit speziellen FFV-Motoren (»Flexible Fuel Vehicle«) ist noch erheblich mehr drin: Diese Motoren können sogar jede Mischung von Benzin und Ethanol bis hin zu einem Anteil von 85 Prozent Ethanol verwenden. Und zwar völlig flexibel. Das bedeutet: Wenn der Erdölpreis besonders stark steigt, wird einfach der Ethanolanteil erhöht. Und wenn Ethanol knapp werden sollte, dann wird eben der Benzinanteil wieder erhöht. Für die Leistung des Motors spielt das keine Rolle. Eine Rolle spielt dies aber für die Umwelt: Denn der Schadstoffausstoß ist bei Ethanol erheblich geringer als bei Benzin.

Völlig unverständlich, dass dies in Europa noch weitgehend unbekannt ist. Ausnahme: Schweden. Dort wird mittlerweile der Treibstoff E85 angeboten, der zu 85 Prozent aus Ethanol und zu 15 Prozent aus herkömmlichem Benzin besteht. Allerdings ist dieser Treibstoff kaum mehr als ein Geheimtipp und von der Nutzung durch breite Bevölkerungsschichten noch weit entfernt. Von Schweden nach Südamerika: Denn es sind die Brasilianer, die uns wirklich zeigen, wie man es machen kann: Dort sind zwei Drittel (!) der neu zugelassenen Wagen »Schnaps-Autos«, das heißt Wagen mit FFV-Motoren. Diese Wagen bieten schließlich zwei Vorteile:

Erstens: Ethanol tanken ist billiger als Benzin tanken – und wenn es doch einmal anders kommen sollte (sehr unwahrscheinlich!), dann lässt sich mit diesen Motoren ja auch ganz normal Benzin tanken. Auf die Motorleistung hat dies keinen Einfluss.

Zweitens: Die Umwelt wird mit Ethanol erheblich geringer belastet als mit Benzin. Gerade in den brasilianischen Metropolen wie São Paulo (19 Millionen Einwohner!) oder Rio de Janeiro (sechs Millionen Einwohner) mit ihren täglichen Verkehrsstaus ist das ein wichtiges Argument. So ersticken diese Städte nicht im Smog.

Brasilien erkannte schon 1975 – »Denkhilfe« war die Ölkrise –, dass sich die eigene Abhängigkeit von Erdölimporten durch die Ethanolproduktion verringern ließe. Dazu wurden gewaltige staatliche Programme gestartet: Produktion und Distribution von Ethanol wurden staatlich reglementiert, die Entwicklung von FFV-Motoren wurde massiv gefördert und damit forciert. Als diese

Motoren dann entwickelt waren, wurden sie steuerlich gefördert. Das führte dazu, dass Mitte der 1980er 90 bis 95 Prozent der neu zugelassenen Wagen mit FFV-Motoren ausgestattet waren (Quelle: VW do Brasil). Als dann in den 1990ern der Rohölpreis auf Tauchstation ging und Ethanol teurer wurde als Benzin, ging dieser Anteil wieder zurück. Aber Brasilien machte nicht den Fehler, in dieser Zeit wieder zurück zum Öl zu gehen, auch wenn das kurzfristig günstiger gewesen wäre. Per saldo das perfekte Beispiel für ein sinnvolles staatliches Programm – und als der Anschub gegeben worden war, wurde es zum Selbstläufer.

Diese Erkenntnis setzt sich langsam weltweit durch – auch die USA wollen nun die Produktion und Verwendung von Ethanol ausweiten. Das hat den Vorteil, dass sich das wirtschaftliche Umfeld für die Ethanolproduktion weiter verbessert hat: Denn Mitte 2005 wurde an der Rohstoffbörse Chicago, der CBOT (Chicago Board of Trade), der Handel mit Ethanol-Futures aufgenommen.

Den Kurs der dort gehandelten aktuellen Ethanol-Futures können Sie leicht und kostenlos (mit zehn Minuten Zeitverzögerung) verfolgen: Gehen Sie einfach auf die Seite der CBOT, www.cbot.com, und klicken Sie direkt auf der Startseite auf den Basiswert »Ethanol«. Dann erhalten Sie eine Übersicht über die Notierungen der Ethanol-Futures unterschiedlicher Laufzeiten. Zudem können Sie sich zu jedem einzelnen Future einen Chart (intraday, Tageschart, Wochenchart oder Monatschart möglich) anzeigen lassen, wenn Sie auf das kleine Chartsymbol unter der Bezeichnung des Futures klicken.

Damit kann Ethanol nun auch auf Termin ge- und verkauft werden, in standardisierten Größen. Ein riesiger Vorteil für Produzenten und Abnehmer! Denn es gibt für jeden Kalendermonat einen Kontrakt, und ein Kontrakt bezieht sich auf jeweils 29.000 amerikanische Gallonen Ethanol.

Das ist eine ganze Menge: Denn eine amerikanische Gallone entspricht 3,7854 Litern. 29.000 amerikanische Gallonen Ethanol sind demnach 109.776,60 Liter Ethanol – das entspricht in etwa einem Eisenbahnwaggon. Ein Kontrakt ist jeweils bis zu einem Tag vor dem 15. Tag des Fälligkeitsmonats handelbar. Es gibt ein Preislimit für die täglichen maximalen Preisveränderungen: Das liegt bei 0,15 US-Dollar-Cent je Gallone und damit 4.350 US-Dollar je Kontrakt (0,15 x 29.000).

Diese Details sind aber im Prinzip gar nicht so wichtig. Entscheidend ist: Mittlerweile ist die finanzwirtschaftliche Infrastruktur für den Handel mit Ethanol geschaffen, und das gibt den Produzenten Sicherheit, da sie nun auf Termin verkaufen können. Dies ermöglicht ein effektives Risikomanagement, sowohl für die Produzenten als auch für die Konsumenten. Die Planbarkeit wird aufgrund der Terminkäufe/-verkäufe erhöht. Das erhöht die Attraktivität der Ethanolproduktion weiter!

Jetzt zum nächsten Schritt: Was ist notwendig, um Ethanol zu produzieren? Da gibt es weltweit zwei große Rohwaren zur Ethanolproduktion: Zucker und Mais. Die eindeutig wichtigere Rohware ist der Zucker. Kein Wunder: Brasilien ist sowohl der weltweit größte Ethanolproduzent als auch der weltweit größte Zuckerproduzent.

Konkret: Auf Brasilien entfielen in der Saison 2004/2005 19 Prozent der weltweiten Zuckerproduktion und sogar 36 Prozent der weltweiten Ethanolproduktion. Da wir in diesem Buch besonders aussichtsreiche Rohstoffe in einzelnen Kapiteln behandeln, werden wir dies auch in diesem Fall so handhaben: Zucker und Mais werden wir in den Kapiteln 9 und 10 besprechen.

KAPITEL 9

Soft Commodities: Zucker

»So kam ich gelegentlich auf den Gedanken, auch die Teile verschiedener Pflanzen, welche einen süßen Geschmack besitzen, zu erforschen, und nach mannigfaltigen Versuchen, welche ich angestellt habe, fand ich, dass einige dieser Pflanzen nicht nur einen dem Zucker ähnlichen Stoff, sondern in der Tat wirklichen Zucker enthalten, der dem bekannten, aus Zuckerrohr gewonnenen, genau gleicht.«
Andreas Sigismund Marggraf im Jahr 1747

Im Prinzip ist es eine Binsenweisheit: Im Fall der Emerging Markets trifft eine wachsende Bevölkerung auf zurückgehende Anbauflächen. Wenn in einem dicht besiedelten Land wie Indien die Bevölkerung weiter wächst und sich damit die Siedlungsfläche ausdehnt, dann geht das zu Lasten der Anbaufläche.

Für eine solche Volkswirtschaft bedeutet das, dass sich a) die Nachfrage nach Rohwaren (*Soft Commodities*) aufgrund der wachsenden Bevölkerung erhöht und b) gleichzeitig die eigene Produktion der benötigten Rohwaren tendenziell zurückgeht (solange es keine deutlichen Produktivitätssteigerungen gibt).

Hier wirken deshalb gleich beide Seiten, Angebot und Nachfrage, in die gleiche Richtung: Ein solches Land tritt deshalb auf dem Weltmarkt verstärkt als Nachfrager auf. Indien ist nur einer der Emerging Markets, bei denen das der Fall ist. In zahlreichen anderen Emerging Markets ist die Situation vergleichbar.

Hinzu kommt der Klimawandel: Anbauflächen versteppen beziehungsweise veröden, Böden versalzen, wie es in Usbekistan und anderen mittelasiatischen Staaten der Fall ist. Jahrzehntelange Überdüngung und eine schlicht und einfach nicht nachhaltig angelegte Landwirtschaft fordern ihren Preis. Am Golf von Mexiko nehmen Zahl und Heftigkeit der Hurrikans zu, was Anbauflächen zum Beispiel in Florida hart treffen kann. Und aus Florida kommt ein großer Teil der weltweiten Orangenernte.

Gleichzeitig sind die Preise für Rohwaren immer noch vergleichsweise niedrig. Abbildung 69 zeigt, dass die Rohwarenpreise (gemessen am *CRB Softs Sub-Index*) zum Jahrtausendwechsel auf dem Niveau von 1973 standen, gemessen

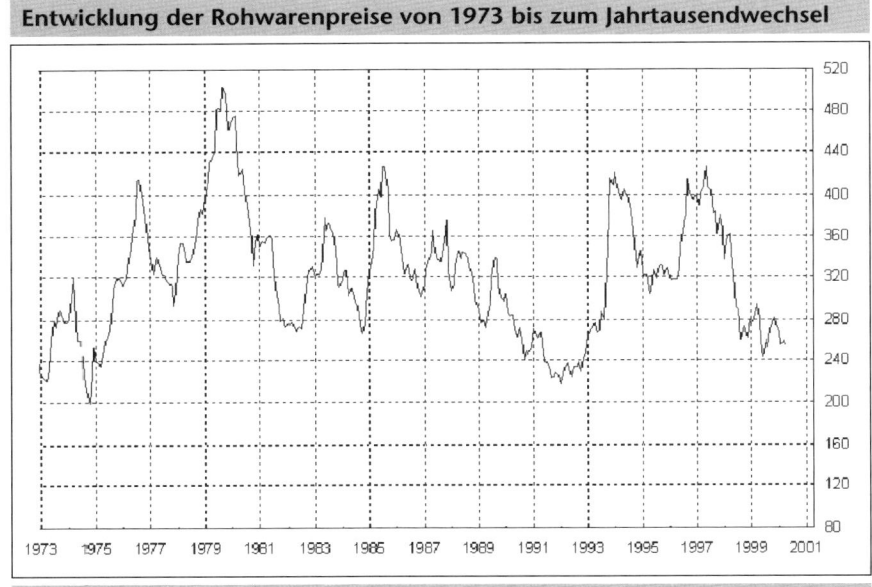

Entwicklung der Rohwarenpreise von 1973 bis zum Jahrtausendwechsel

Quelle: Commodity Research Bureau, the 2005 CD-ROM

Abbildung 69: Dargestellt ist der CRB Softs Sub-Index (für Rohwaren), der zum Jahrtausendwechsel immer noch auf dem gleichen Niveau des Jahres 1973 notierte.

an den absoluten Dollar-Preisen. Real gesehen, das heißt unter Berücksichtigung der Inflationsrate, waren die Rohwarenpreise im Jahr 2000 damit sogar niedriger als in den 1970ern.

Seitdem haben sie sich tendenziell nach oben orientiert – dennoch notieren sie real gesehen immer noch unter ihrem in den 1970ern gesehenen Niveau. Das bedeutet: Die erhöhte Nachfrage hat sich noch nicht annähernd ausreichend in steigenden Preisen widergespiegelt! Es ist nur eine Frage der Zeit, bis diese Entwicklung in den Preisen der Rohwaren berücksichtigt wird.

Die Situation ist allerdings von Rohware zu Rohware unterschiedlich. Wie immer ist es eine Frage von Angebot und Nachfrage. Wir möchten Ihnen in diesem Kapitel die Rohwaren mit dem unserer Ansicht nach größten Potenzial vorstellen: **Zucker, Mais, Kaffee.**

Den Anfang macht Zucker. Zucker ist eine Rohware, bei der die Zahlen zu Angebot und Nachfrage und deren Dynamik eindeutig für steigende Preise sprechen. Wie üblich, sind wir durch eine sorgfältige statische und dynamische Analyse von Angebot und Nachfrage zu diesem Ergebnis gekommen.

Vor den harten Fakten aber ein wenig »Basics« zum Zucker: Zucker wird sowohl aus Zuckerrohr als auch aus Zuckerrüben gewonnen. Das erklärt, warum es möglich ist, dass zwei so klimatisch völlig unterschiedliche Länder wie Kuba und Polen Zuckerproduzenten sind. Sowohl aus Zuckerrohr als auch aus Rübensaft lassen sich die gleichen Kristalle gewinnen – beide Quellen liefern deshalb ein qualitätsmäßig identisches Endprodukt.

Die Erkenntnis, dass Zucker auch aus Zuckerrüben gewonnen werden kann, ist noch relativ jung: Erst 1747 wurde dies von einem Deutschen entdeckt. Vorher war nur Zuckerrohr als Input zur Zuckerproduktion bekannt. Die Inder hatten bereits um 400 n. Chr. die Herstellung von Zucker aus Zuckerrohr entdeckt, später wurde dies von den Persern verfeinert.

Ab dem achten Jahrhundert war das Verfahren der Zuckerproduktion in Europa bekannt, die Raffination (Reinigung der Zuckerkristalle von anderen Stoffen) wurde vorangetrieben. Europa hatte allerdings einen entscheidenden Nachteil: Das Klima eignete sich nicht für den Anbau von Zuckerrohr. Aus diesem Grund blieb Zucker in Europa Jahrhunderte lang ein importiertes Luxusgut. Das änderte sich dann ab dem Jahr 1492 mit der Entdeckung (aus europäischer Sicht) Amerikas. Kein Wunder, dass danach Spanier, Niederländer, Portugiesen, Franzosen und Briten ganz verrückt waren auf Kolonien in der Karibik und Mittel- und Südamerika, in denen Zuckerrohr angebaut werden konnte.

Selbst kleinere Staaten wie Dänemark bemühten sich energisch um eine eigene Kolonie in der Karibik und waren erfolgreich: Mit der Insel Saint Thomas wurde »Dänisch-Westindien« gegründet. Der dort produzierte Rohrzucker wurde nach Dänemark verschifft und dort weiterverarbeitet. Die Dänen verkauften diese Kolonie 1917 für 25 Millionen Dollar an die USA.

Damit war auch das Ende der Sprache »Kreoldänisch« besiegelt. Übrigens: Da Kolumbus bis zu seinem Tod davon überzeugt war, er sei in Indien gelandet, wurden diese Inseln der Karibik »Westindische Inseln« genannt. Zwischen dem 16. und dem 18. Jahrhundert war eine kleine »westindische« Karibikinsel aufgrund der Möglichkeit des Zuckerrohranbaus wirtschaftlich mehr wert als ein Vielfaches an konventionellem Ackerland in Nordamerika.

Die Kolonialmächte, die Zucker produzieren konnten, erzielten damit glänzende Gewinne. Das änderte sich wiederum im 18. Jahrhundert, genauer gesagt 1747, als besagter Deutscher ins Spiel kam. Doch nennen wir ihn ruhig beim Namen und setzen ihm damit ein spätes Denkmal, denn das hat er definitiv verdient: Andreas Sigismund Marggraf. Von ihm stammt auch das Zitat zu Beginn dieses Kapitels. Er wurde als Jugendlicher von seinem Vater, der königlich-preußischer Hofapotheker war, in Chemie unterrichtet. Später studierte er in Berlin, Freiberg (Sachsen), Straßburg und Halle. Die Berliner Akademie der Wissenschaften erkannte seine Fähigkeiten und stellte ihm Gehalt, Dienstwohnung und eigenes Labor zur Verfügung.

Zu Recht: Denn dieser deutsche Vorzeige-Chemiker entdeckte verbesserte Methoden zur Gewinnung von Phosphor und Zink, und ganz nebenbei führte er die Nutzung des Mikroskops in der Chemie ein. Letzteres führte ihn bei der Beobachtung von Zuckerkristallen zu einer sehr wichtigen Entdeckung (weshalb wir uns in diesem Buch mit ihm beschäftigen): Er erkannte, dass der aus Rüben gewonnene Zucker identisch mit dem aus Zuckerrohr gewonnenen ist. Nicht nur ähnlich, sondern identisch. Zitat Marggraf: »Aus den hier dargelegten Versuchen geht klar hervor, dass dieses süße Salz in unserer Heimat gerade so bereitet werden kann wie in den Gegenden, wo das Zuckerrohr wächst.«

Das war damals eine bahnbrechende Erkenntnis, denn nun konnte das begehrte Luxusprodukt Zucker in der Mark Brandenburg genauso hergestellt werden wie auf Kuba. In den folgenden Jahrzehnten wurden die Runkelrüben gezielt auf einen möglichst hohen Zuckergehalt hin gezüchtet, der Begriff »Zuckerrübe« kam damals überhaupt erst auf. Rund 50 Jahre später war dann ein Zuckergehalt der Zuckerrüben von circa 16 Prozent erreicht, die erste Zuckerrübenfabrik der Welt entstand in Preußen. Ab da trat die Zuckerrübe von Preußen aus ihren Siegeszug um die Welt an. Heute stammen zwischen 42 und 47 Prozent der Zuckerproduktion der Welt aus Zuckerrüben.

Das Angebot

Nun zum Wichtigsten: Angebot und Nachfrage. Beginnen wir mit dem Angebot und den auf dem Tisch liegenden Zahlen und Fakten: Die Weltproduktion von Zucker wird im Erntejahr 2005/2006 (1. Oktober bis 30. September) bei voraussichtlich 141,687 Millionen Tonnen liegen.[33]

Entwicklung der weltweiten Zuckerproduktion

Erntejahr	1999/2000	2000/2001	2001/2002	2002/2003	2003/2004	2004/2005	2005/2006
Erntemenge in Mio. Tonnen	131,071	136,435	130,662	134,386	148,874	141,732	141,687
Veränderung gg. Vorjahr	–	+4,09%	-4,23	+2,85%	+10,78%	-4,80%	-0,03%

Quelle: The Commodity CRB Yearbook, eigenes Research

Abbildung 70: Per saldo steigt die Zuckerproduktion seit der Jahrtausendwende – doch keineswegs stetig.

Damit wird die Ernte dieses Erntejahres gegenüber dem vorigen Erntejahr voraussichtlich nahezu unverändert bleiben. Im Erntejahr 2004/2005 war die Weltproduktion um 4,8 Prozent gesunken, auf 141,732 Millionen Tonnen. Die bisher größte Ernte wurde im Erntejahr 2003/2004 erzielt, als weltweit 148,876 Millionen Tonnen produziert worden waren.[34] Das war damals ein Plus von 10,8 Prozent gegenüber dem Vorjahr. Einen Überblick über die Ernten der vergangenen Jahre gibt Abbildung 70.

Diese Tabelle zeigt: Zwar ist die weltweite Zuckerproduktion seit dem Jahrtausendwechsel per saldo gewachsen, einen linearen, eindeutigen Trend gibt es jedoch nicht. Für die Sprunghaftigkeit ist zu einem großen Teil der große Zuckerproduzent Indien verantwortlich, denn dort ist die jährliche Zuckerproduktion nach wie vor davon abhängig, wie der Monsun ausfällt.

---

33 *Quelle: US-Landwirtschaftsministerium USDA.*

34 *Quelle für dieses Kapitel, falls nichts anderes genannt wird: The CRB Commodity Yearbook 2005, S. 266 ff.*

In diesem Bereich ist der Mensch noch von den Naturgewalten abhängig. Dieser Einfluss Indiens zeigte sich besonders im Erntejahr 2004/2005, als aufgrund einer für Zucker schlechten Monsun-Saison die indische Zuckerproduktion um 30,2 Prozent einbrach. Statt 22,14 Millionen Tonnen Zucker wie in der vorigen Saison produzierte Indien in diesem Erntejahr nur 15,45 Millionen Tonnen.

Der Rückgang der weltweiten Zuckerproduktion 2004/2005 – Rückgang um 7,14 Millionen Tonnen – war deshalb überwiegend auf Indien zurückzuführen, denn dort lag der Ernterückgang bei 6,69 Millionen Tonnen. Und der Monsun wird in Indien und damit für die Welt-Zuckerproduktion weiter ein unkalkulierbarer Faktor bleiben. Die wichtigsten Zuckerproduzenten können Sie Abbildung 71 entnehmen.

Die Grafik in Abbildung 71 zeigt mehrere für den Zuckermarkt wichtige Fakten: Weltweit sind fünf Produzentenländer für gut die Hälfte der Zuckerproduktion der Welt verantwortlich! Diese fünf Zucker-Riesen sind: Brasilien (18,63 Prozent der Weltproduktion, bezogen auf das Erntejahr 2004/2005),

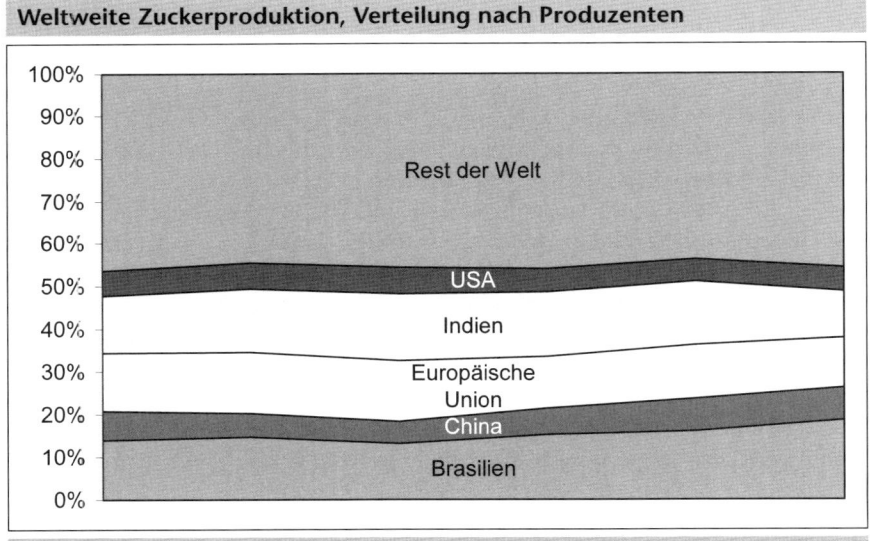

Weltweite Zuckerproduktion, Verteilung nach Produzenten

Rest der Welt

USA

Indien

Europäische Union

China

Brasilien

Quelle: eigenes Research

Abbildung 71: Die Grafik zeigt die Entwicklung der Anteile der Produzentenländer an der Zuckerproduktion der Welt seit der Jahrtausendwende. Auf dem Vormarsch: ganz eindeutig Brasilien.

die Europäische Union (11,65 Prozent), Indien (10,90 Prozent), China (7,57 Prozent), und die USA (5,53 Prozent).

Auf alle anderen Staaten der Erde verteilt sich die andere Hälfte. Kuba mit seinen Zuckerrohr-Plantagen kommt auf weniger als zwei Prozent der Weltproduktion. Thailand kommt auf immerhin rund 4,95 Prozent der Weltproduktion, Australien auf etwa 3,5 Prozent. Nennenswerte Produzenten aus den Emerging Markets sind noch Pakistan (2,86 Prozent), Indonesien (1,22 Prozent) und die Ukraine (1,11 Prozent). Ansonsten verteilt sich der Rest auf eine Vielzahl anderer Staaten.

Der Anteil der EU an der weltweiten Zuckerproduktion ist gesunken – und er wird weiter schrumpfen! Das liegt nicht an den klimatischen Bedingungen, denn in der EU gedeiht die Zuckerrübe prächtig. Es ist eine politische Entscheidung. Die EU ist ohnehin ein Sonderfall, was landwirtschaftliche Produkte betrifft. Konkret zum Zucker: In der EU wird die Zuckerproduktion stark subventioniert. Ende 2005 lag der von der EU gezahlte Garantiepreis für Zucker in etwa beim Dreifachen des damaligen Weltmarktpreises.[35]

Über diese hohen Subventionen kann man natürlich streiten (was 2005 ja auch fleißig getan wurde). Was aber völlig inakzeptabel ist, ist die Tatsache, dass die EU diesen hoch subventionierten Zucker auch in Entwicklungsländer exportiert und damit den dortigen Zuckerbauern das Leben schwer macht. Rudolf Bunzel vom Evangelischen Entwicklungsdienst hat völlig Recht, wenn er feststellt: »Wer das Recht in Anspruch nimmt, seine eigenen Bauern zu schützen, darf nicht die Weltmärkte erobern wollen.«[36] Beides zusammen ist inakzeptabel, das sieht auch die WTO (Welthandelsorganisation) so.

Da wir nicht davon ausgehen, dass die EU innerhalb der nächsten Jahre die Zuckersubventionen völlig streichen wird, bedeutet dies, dass die EU ihre Zuckerexporte weiter zurückfahren muss. Dafür wird mindestens die WTO sorgen. Das wird die EU durch einen Rückgang der eigenen Zuckerproduktion erreichen wollen. Das ist durchaus nichts Neues, denn diese Entwicklung sehen wir bereits seit Jahren: Die Zuckerexporte der EU sind von 6,36 Millionen Tonnen im Erntejahr 1998/1999 auf 4,62 Millionen Tonnen im Erntejahr 2004/2005 gesunken, ein Rückgang von 27,36 Prozent. Tendenz unverändert sinkend.

Fazit für die Zuckerproduktion der EU: Die Zuckerproduktion der EU wird weiter sinken, die EU-Zuckerrübenbauern werden verstärkt für den eigenen Markt

---

35 *Quelle: Süddeutsche Zeitung v. 23.11.2005, S. 20.*
36 *Quelle: Ebenda.*

und nicht für den Export produzieren. Die mögliche Lösung, dass die EU nicht die Zuckerproduktion, sondern die Ethanolproduktion fördert und damit Europa unabhängiger von Erdölimporten macht, steht leider überhaupt nicht zur Debatte. Schade!

Eindeutig auf dem Vormarsch ist Brasilien, das seinen Anteil an der weltweiten Zuckerproduktion weiter ausbaut. Ganz im Gegensatz zur EU. Dort fördert der Staat seit 1975 die Produktion von aus Zuckerrohr gewonnenem Ethanol. Die staatliche Brasil Alcool S.A. kontrolliert die Ethanolproduktion. Die Ethanolproduktion (und damit auch der Zuckerrohranbau) haben seit der Ölkrise der 1970er einen sehr prominenten Platz auf der wirtschaftspolitischen Agenda Brasiliens und werden entsprechend gefördert (siehe Kapitel 8). In Brasilien stimmt das Umfeld für die Zuckerproduktion einfach: Zuckerrohr kann großflächig angebaut werden, das Klima passt, es gibt genügend Arbeitskräfte, die Löhne sind noch relativ niedrig. Brasiliens Anteil an der Zuckerproduktion der Welt stieg in den vergangenen Jahren deshalb stetig: von 10,59 Prozent im Erntejahr 1995/1996 über 12,52 Prozent im Erntejahr 1998/1999 und 14,73 Prozent (2000/2001) auf schließlich 18,63 Prozent im Erntejahr 2004/2005.

Jetzt aber der entscheidende Punkt: Brasilien hat zwar seine Zuckerproduktion gesteigert und wird sie unserer Einschätzung nach weiter steigern, aber das bedeutet nicht, dass auch tatsächlich mehr Zucker auf den Weltmarkt kommt. Ganz im Gegenteil: Brasilien verwendet mindestens die Hälfte seiner Zuckerernte dafür, Ethanol herzustellen. Dadurch sinken die brasilianischen Exporte von Zucker, obwohl die Zuckerernte Brasiliens insgesamt steigt.

Das ist eine klar erkennbare Entwicklung: In den 1950ern exportierte Brasilien den gesamten Zucker, der nicht im eigenen Land verbraucht wurde. Dann steckte Brasilien die Hälfte der überschüssigen Zuckerproduktion in die Ethanolproduktion. Und mittlerweile geht in Brasilien bereits rund die Hälfte der gesamten Zuckerernte in die Herstellung von Ethanol.

Die Ethanolproduktion wird besonders bei steigendem Erdölpreis laufend attraktiver werden, sodass es im Extremfall theoretisch sogar dazu kommen könnte, dass Brasilien seine komplette Zuckerernte in die Ethanolproduktion steckt – und den eigenen Zuckerbedarf komplett durch Importe deckt.

Natürlich könnte Brasilien es sich auch wieder anders überlegen und erneut verstärkt auf den Export von Zucker setzen. Das wäre aus brasilianischer Sicht aber erst dann wirklich sinnvoll, wenn sich der Zuckerpreis vervielfacht hätte – in Bereiche über 35 Cent je Pfund. Bis dahin dürfte Brasilien dem Bullenmarkt bei Zucker deshalb nicht dazwischenkommen.

Halten wir fest: Brasilien ist zwar der weltweit größte Zuckerproduzent und wird die Zuckerproduktion auch weiter erhöhen, aber die brasilianischen Ernten erhöhen nicht das Zuckerangebot auf dem Weltmarkt. Hier gilt es zu differenzieren zwischen »weltweiter Zuckerproduktion« und »Angebot auf dem Weltmarkt«. Letzteres ist für den Zuckerpreis relevant. Zucker ist für Brasilien zunehmend nur ein Input für Ethanol. Auf dem Weltmarkt wird Brasilien in Zukunft eher weniger als mehr Zucker anbieten. Dieses geringere Angebot wird den Zuckerpreis tendenziell steigen lassen.

Die Nachfrage

In den zurückliegenden zehn Erntejahren stieg die weltweite Nachfrage nach Zucker in jedem Jahr. Die jährlichen Zuwachsraten bewegten sich zwischen 0,79 und 3,55 Prozent. Das durchschnittliche jährliche Wachstum der Nachfrage lag bei 2,0 Prozent. Im Gegensatz zum Angebot lässt sich deshalb bei der weltweiten Nachfrage nach Zucker ein eindeutiger Trend identifizieren: Es geht relativ langsam, aber stetig aufwärts. Im laufenden Erntejahr wird die Nachfrage um geschätzte 0,82 Prozent steigen.

Konkret: Die weltweite Nachfrage nach Zucker wird im Erntejahr 2005/2006 (1. Oktober bis 30. September) bei voraussichtlich 140,455 Millionen Tonnen liegen.[37] In der Erntesaison 2004/2005 hatte die Nachfrage bei 139,311 Millionen Tonnen gelegen, was ein Plus von 0,79 Prozent gegenüber der vorigen Erntesaison bedeutet hatte. Abbildung 72 zeigt die Entwicklung der Zuckernachfrage im vorigen Jahrzehnt.

Die Nachfrage nach Zucker wird weiter steigen. Ein Grund dafür ist zunächst wieder einmal Brasilien. Denn die brasilianische Ethanolproduktion wird weiter anziehen. Warum das so sein wird, hatten wir in Kapitel 8 dargelegt. Die Geschwindigkeit dieses Zuwachses wird in einem gewissen Zusammenhang mit der Höhe des Erdölpreises stehen: Je höher dieser ist, desto wirtschaftlich interessanter wird die Produktion des Erdölsubstituts Ethanol.

Da Ethanol in Brasilien aus Zucker hergestellt wird, ist die Gleichung einfach: steigende Ethanolproduktion = steigende Zuckernachfrage. Übrigens: Auf dem Weltmarkt wird sich der erhöhte Zuckerbedarf Brasiliens nicht unbedingt in einer höheren Nachfrage widerspiegeln, sondern eher in einem niedrigeren Zuckerangebot Brasiliens. So oder so – beides ist für den Zuckerpreis tendenziell preistreibend.

---

37 *Quelle: US-Landwirtschaftsministerium USDA.*

Entwicklung der weltweiten Zuckernachfrage seit 1995/1996

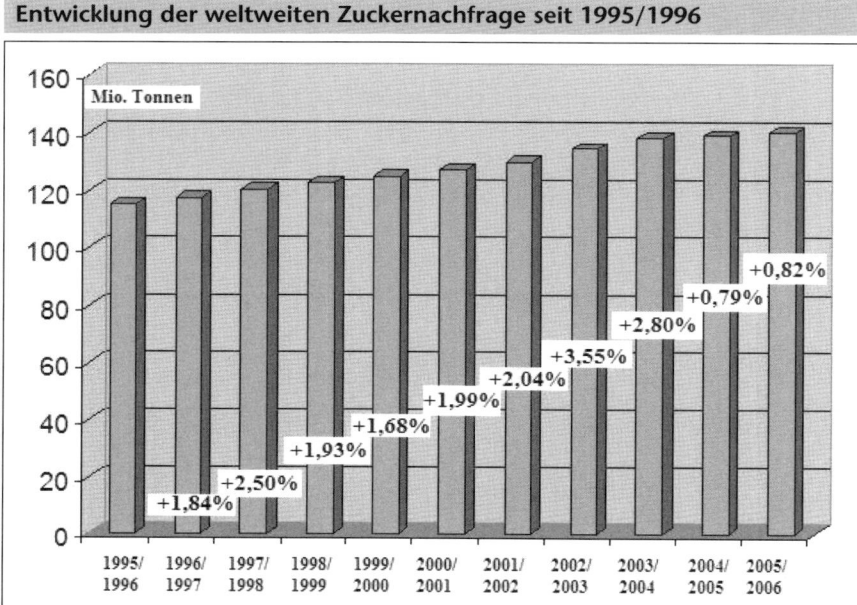

Abbildung 72: In den zurückliegenden zehn Erntejahren stieg die Nachfrage nach Zucker jedes Jahr. Absolut gesehen stieg sie von 115,307 Millionen Tonnen im Erntejahr 1995/1996 auf prognostizierte 140,455 Millionen Tonnen im Erntejahr 2005/2006.

Dann ist da der Emerging Market Indien. In Indien leben rund 16 Prozent der Weltbevölkerung, und Indien ist der größte Zuckerverbraucher der Welt. Die indische Zuckernachfrage wird in Zukunft weiterhin mindestens so stark wachsen wie die indische Bevölkerung. Indien wird deshalb verstärkt auf dem Weltmarkt als Zuckernachfrager auftreten: Denn da aufgrund des Bevölkerungswachstums im dicht besiedelten Indien die Zuckeranbaufläche zurückgeht, kann Indien seinen Zuckerbedarf seit einigen Jahren nicht mehr durch die Produktion im eigenen Land decken.

Indien ist deshalb zu einem Zuckerimporteur geworden. Bis zum Jahrtausendwechsel stand Indien hingegen fast immer auf der Verkäuferseite, denn es war ein großer Zuckerexporteur. Dieser Seitenwechsel Indiens ist für den Zuckerpreis selbstverständlich tendenziell preistreibend. Wir gehen davon aus, dass dies in den nächsten Jahren so bleiben wird: Indien wird sich nicht mehr zurück in einen Zuckerexporteur verwandeln können, diese Zeiten sind vorbei.

Bleibt noch der Emerging Market China. Der chinesische Zuckerbedarf steigt stark an, ist aber absolut gesehen noch relativ niedrig. Auch China kann den Zuckerbedarf nicht durch die eigene Produktion decken und tritt deshalb auf dem Weltmarkt als Nachfrager auf.

Zucker, saisonale Trends der Volumina

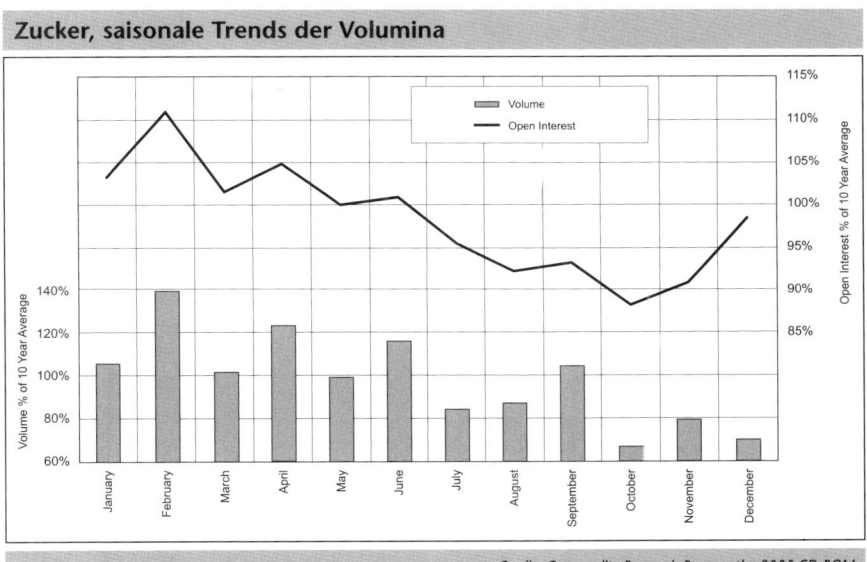

Quelle: Commodity Research Bureau, the 2005 CD-ROM

Abbildung 73: Beim Zucker sind eindeutig im ersten Halbjahr Volumen und Marktaktivität größer. Obige Untersuchung bezieht sich auf den Zehn-Jahres-Zeitraum 1989 bis 1998. Am grundlegenden Muster sollte sich auch im laufenden Jahrzehnt nichts Wesentliches ändern.

Zum Schluss noch zur zyklischen Verteilung der Nachfrage:

Zucker wird auf dem Weltmarkt generell im ersten Halbjahr stärker nachgefragt. Der Grafik in Abbildung 73 können Sie entnehmen, dass der Monat mit der höchsten Nachfrage nach physischem Zucker generell der Februar ist, gefolgt vom April. Der Monat mit der niedrigsten Nachfrage ist generell der Oktober. Natürlich kann es dabei gewisse Verschiebungen geben, aber dieses grundlegende Muster sollte in den nächsten Jahren seine Gültigkeit behalten.

Rückblick auf die historische Entwicklung des Zuckerpreises

Kommen wir zurück zu Brasilien. Denn wenn es um Zucker geht, dann ist dieses Land eine entscheidende Größe, sowohl auf der Angebots- als auch auf der Nachfrageseite. Brasilien ist der mit Abstand größte Zuckerproduzent der Welt – und es weiß diese Rolle auch sehr geschickt zum eigenen Vorteil zu nutzen.

Brasilien hatte bis Mitte der 1970er einfach den riesigen Teil der Zuckerernte, der nicht im eigenen Land verbraucht wurde, exportiert. Ab Mitte der 1970er wurde dann die überschüssige Zuckerernte schlagartig zu einem großen Teil in die Ethanolproduktion gesteckt. Dieser Zucker fehlte demnach plötzlich auf dem Weltmarkt. Und das in einer Situation, in der das Angebot kaum die Nachfrage decken konnte. Klar, was das damals für den Zuckerpreis bedeutete: Er schoss nach oben! Das können Sie sehr eindrucksvoll in Abbildung 74 se-

Entwicklung des Zuckerpreises von 1901 bis 2005

Quelle: Commodity Research Bureau, the 2005 CD-ROM

Abbildung 74: US-Cent je Pfund. Dargestellt sind die monatlichen Durchschnittswerte. Relevant ist die dicker gezogene Linie, da sich diese auf den Weltmarktpreis bezieht.

hen. Dieser Chart ist leider qualitätsmäßig nicht sehr gut, war aber der einzige, der den Zuckerpreis ab 1901 zeigt.

Die Grafik in Abbildung 74 zeigt, dass der Zuckerpreis Mitte der 1970er regelrecht explodierte. Hatte er 1971 noch bei 4,5 Cent je Pfund gelegen, so waren es Mitte 1974 satte 57 Cent (monatlicher Durchschnittswert) – ein Plus von 1.166,7 Prozent in drei Jahren. Übrigens: Den absoluten Tiefstwert hatte der Zuckerpreis 1966 markiert, mit 1,4 Cent je Pfund, der Tageshöchstkurs wurde 1974 mit 66 Cent erreicht. Beide Werte wurden innerhalb von zehn Jahren erreicht. Innerhalb dieser Dekade war der Zuckerpreis um das 47fache gestiegen.

Alles wie üblich eine Frage des Gesetzes von Angebot und Nachfrage. Dieses Gesetz bestimmte auch unbestechlich, dass der Zuckerpreis schon kurz danach wieder einbrechen musste. Denn nach diesem Top 1974 gab es weltweit einige Rekordernten bei Zucker. Wie im Erntejahr 1975/1976, als die Weltproduktion von Zucker auf das damalige neue Allzeithoch von 90,3 Millionen Tonnen stieg. Der Wegfall von brasilianischem Zucker konnte problemlos durch große Anbieter wie die damals noch existierende Sowjetunion – die der größte Zuckerrübenproduzent der Welt war, R.I.P. – aufgefangen werden.

Der Zuckerpreis brach ein. Es ging wieder bis auf acht Cent je Pfund zurück. Damals war die Entwicklung des Zuckerpreises spannend wie ein Krimi. Denn einige Jahre später, im Erntejahr 1979/1980, sah es bereits wieder komplett anders aus. In diesem Erntejahr gab es eine schlechte sowjetische Zuckerrübenernte, der Taifun »Rita« hatte die Zuckerrohrplantagen auf den Philippinen stark beschädigt, in Australien ging die Zuckerernte um zehn Prozent zurück, und Brasilien steckte mittlerweile ein Viertel seiner gesamten (nicht nur der überschüssigen) Zuckerernte in die Ethanolproduktion. Das führte noch einmal zu einer richtigen Rallye des Zuckerpreises, der 1981 nochmals Richtung altes Rekordhoch schoss, dieses aber nicht ganz erreichte. Immerhin ging es wieder von rund zehn Cent je Pfund auf knapp 51 Cent je Pfund nach oben – ein Anstieg um den Faktor fünf.

Doch da es bereits Mitte der 1970er mit dem Zuckerpreis so rasant aufwärts gegangen war, war es zu einer seltenen Situation gekommen: Die Massenpresse und breite Verbraucherschichten waren auf die Entwicklung des Zuckerpreises aufmerksam geworden. Spätestens nach der zweiten Zuckerpreisexplosion des Jahres 1981 setzte deshalb ein breit angelegter Substitutionsprozess ein, und zwar sowohl in den USA als auch in Europa. Es wurden Ersatzsüßstoffe entwickelt; zudem wurde der Konsum von zu viel Süßem zunehmend als ungesund erkannt. In den USA begann der Siegeszug von »Diet Coke« und »Diet Pepsi«, beide enthielten deutlich weniger Zucker.

In den 1980ern geriet der Zuckerpreis deshalb erneut unter massiven Druck, jedoch diesmal nicht von der Angebots-, sondern von der Nachfrageseite her. Es kam, wie es kommen musste: Der Zuckerpreis gab die Gewinne der 1970er und Anfang der 1980er wieder ab. Danach bewegte er sich ohne weitere »Exzesse« bis Ende 2003 in einer Seitwärtsbewegung. In diesen 20 Jahren pendelte er zwischen fünf und 16 Cent je Pfund (mit einem Ausrutscher Ende 1985, als er auf knapp vier Cent je Pfund fiel).

Bis zum Januar 2004. Da begann der Zuckerpreis eine neue Aufwärtsbewegung. Damals stand er bei knapp sechs Cent je Pfund und damit am unteren Ende der jahrzehntelangen »Range«. Damit kommen wir zum Ausblick:

Ausblick auf die künftige Entwicklung des Zuckerpreises

Beim Zucker sprechen die Fundamentals eindeutig für eine Fortsetzung des Anfang 2004 begonnen Bullenmarktes. Das gilt für beide Seiten, Angebot und Nachfrage. Hier zusammengefasst nochmals die wichtigsten Gründe:

▌ Brasilien steckt einen immer größeren Teil seiner Zuckerernte in die Ethanolproduktion. Dadurch verringert sich das Zuckerangebot auf dem Weltmarkt.

▌ Indien, einer der größten Zuckerverbraucher der Welt, ist vom Zuckerexporteur zum Zuckerimporteur geworden. Diese Entwicklung wird sich mindestens bis 2010 nicht mehr umkehren. Dadurch ist ein wichtiger Zuckeranbieter auf dem Weltmarkt weggefallen. Mehr als das: Dieser Anbieter ist zum Nachfrager geworden.

▌ Die EU wird in den nächsten Jahren ihre Zuckerexporte tendenziell zurückfahren. Niedrigere EU-Subventionen für Zuckerrübenanbau werden zu einem Rückgang entsprechender Anbauflächen führen.

▌ Die Zuckernachfrage ist in den zurückliegenden zehn Jahren jedes Jahr leicht gestiegen. Das wird auch so bleiben, was angesichts der Situation beim Angebot für einen weiter steigenden Zuckerpreis spricht.

Zudem besteht die Möglichkeit, dass sich der noch vergleichsweise niedrige chinesische Zuckerverbrauch erhöht. Selbst kleinste Zuwächse auf Pro-Kopf-Basis ergeben – multipliziert mit über einer Milliarde Chinesen – eine Nachfrageerhöhung, die den Zuckerpreis explodieren lassen würde. Von einer Erhöhung der chinesischen Pro-Kopf-Zuckernachfrage auf das indische Niveau ganz zu schweigen.

Fazit:

Zucker ist derzeit einer der Basiswerte mit den überzeugendsten Fundamentals! Ein weiter steigender Zuckerpreis ist praktisch programmiert. Aufgrund der Fundamentals könnte der Zuckerpreis bis in den Bereich 30 Cent je Pfund laufen.

KAPITEL 10

Soft Commodities: Mais

Bei Mais lässt sich die »sexy story« mit einem Satz auf den Punkt bringen: Auch aus Mais lässt sich Ethanol herstellen, und Mais ist noch relativ günstig. Mais ist damit indirekt ein Profiteur steigender Energiepreise. Natürlich haben wir auch bei Mais die Seiten »Angebot« und »Nachfrage« intensiv untersucht, mit sehr überzeugendem Ergebnis.

Wie üblich vor den harten Fakten ein wenig Grundlegendes zum Mais: Mais gehört neben Weizen und Reis zu den Rohwaren mit der jährlich absolut gesehen größten Ernte. Mais ist in vielen Ländern (Grund-)Nahrungsmittel: angefangen vom gerösteten Maiskolben hierzulande über aus Maismehl hergestellten »Milipap« im südlichen Afrika bis zu den mexikanischen Tortillas. In Europa und Nordamerika wird Mais in erster Linie als Viehfutter verwendet.

Dazu wird der Mais siliert (konserviert), was ihn für die Viehverfütterung erheblich attraktiver macht als Heu. Silierter Mais hat unter den natürlichen Futtermitteln den höchsten Energiegehalt (30 Prozent und mehr Stärkeanteil). Er ist leicht lagerbar, zum Beispiel in Hochsilos: Diese werden von oben befüllt, durch sein Eigengewicht kann der silierte Mais dort verdichtet und luftdicht gelagert werden, sehr praktikabel und relativ witterungsunabhängig. Silierter Mais ist aus diesen Gründen ein sehr effizientes Futtermittel. Lediglich der Rohproteingehalt lässt gegenüber Heu/Grassilage zu wünschen übrig, doch das gleichen die Landwirte durch die Zugabe von Sojaschrot aus.

Mais gehört zur Familie der Süßgräser und stammt aus dem amerikanischen Kontinent. In Flussablagerungen unter Mexiko City wurde circa 80.000 Jahre alter Mais gefunden. Archäologische Untersuchungen haben gezeigt, dass diverse Indianerstämme Mittel- und Nordamerikas seit mindestens 1000 v. Chr. Mais als Nahrungsmittel angebaut haben.[38] In Europa wurde Mais erst bekannt, als Kolumbus 1492 den amerikanischen Kontinent entdeckte (wieder der Hinweis: »entdeckt« natürlich nur aus europäischer Sicht). Kolumbus brachte den Mais mit nach Europa, wo er ab circa 1525 angebaut wurde. Der Name »Mais« leitet sich deshalb auch ganz passend aus der Bezeichnung dieser Pflanze in einer Indianersprache ab.

Der Anbau von Mais setzte sich auch in Europa vergleichsweise schnell durch, da die Maispflanze ziemlich robust und widerstandsfähig ist und sowohl in den Anden in 3.000 Metern Höhe als auch in der norddeutschen Tiefebene wächst. Auch was die Höhe der Niederschläge betrifft, ist die Maispflanze sehr flexibel: Mais gedeiht sowohl in tropischen Regenwäldern als auch in gemäßigten Breiten mit einem Zwanzigstel des entsprechenden Niederschlags.

Es gibt diverse Maissorten. Seit den 1990ern gibt es auch genetisch modifizierte Sorten. Wir sehen diese Entwicklung mit Sorge. Denn unabhängig davon, dass es keine gute Idee ist, Gott ins Handwerk pfuschen zu wollen (eine Grenzüberschreitung, die wir uns verbieten sollten), sind die Gefahren von »Gen-Mais« noch gar nicht bekannt.

So besteht zum Beispiel die Möglichkeit, dass bestimmter genmanipulierter Mais zur Entwicklung von resistenten Schädlingen führt. Und bei Herbizidtolerantem Gen-Mais erhöht sich durch Kreuzbestäubung das Risiko der Entwicklung herbizidresistenter Unkräuter. Alles Risiken, die noch nicht abschätzbar sind – aber wenn sich der genmanipulierte Mais erst einmal mit dem natürlichen Mais vermischt hat, wird eine Trennung unmöglich werden.

Besser ist da der natürliche Weg durch Kreuzungen, wobei jeweils die Pflanzen mit erwünschten Merkmalen für die weitere Zucht ausgewählt werden. Auf diese Weise konnten bereits bedeutende Fortschritte erzielt werden (soge-

---

38 Quelle: *The CRB Commodity Yearbook 2005*, S. 56.

nannter »Hybridmais«). Dieser Weg zu nachhaltiger Landwirtschaft ohne Gentechnologie sollte unserer Ansicht nach die bessere Alternative zur Genmanipulation sein. Aus diesen Gründen hoffen wir, dass die Verbraucher hierzulande dem »Gen-Mais« die rote Karte zeigen werden. Doch das nur am Rande – nun zum Gesetz von Angebot und Nachfrage. Zuerst zum Angebot:

Das Angebot

Im Erntejahr 2004/2005 (1. Oktober bis 30. September) lag die Welternte von Mais bei 700,572 Millionen Tonnen.[39]

Im Erntejahr 2004/2005 wurde eine Welt-Rekordernte erzielt: 700,572 Millionen Tonnen. Der absolute Zuwachs gegenüber der vorigen Erntesaison lag bei 79,39 Millionen Tonnen, der prozentuale Zuwachs bei 12,78 Prozent. Dabei war bereits das Erntejahr 2003/2004 ein neues Rekordjahr gewesen: Die Ernte hatte mit 621,182 Millionen Tonnen den bisherigen Rekord von 606,674 Millionen Tonnen deutlich übertroffen.

Zu Beginn des Jahrtausends hatte die Maisernte weltweit noch stagniert beziehungsweise war leicht gesunken. Einen Überblick über die Ernten der vergangenen Jahre gibt Abbildung 75. Im Durchschnitt lag der jährliche Zuwachs des Angebotes im betrachteten Zeitraum bei 2,83 Prozent.

Entwicklung der weltweiten Maisernte

	Erntejahr						
	1998/ 1999	1999/ 2000	2000/ 2001	2001/ 2002	2002/ 2003	2003/ 2004	2004/ 2005
Erntemenge in Mio. Tonnen	605,631	606,674	589,766	598,777	601,424	621,182	700,572
Veränderung gg. Vorjahr	-	+0,17%	-2,79%	+1,53%	+1,97%	+3,29%	+12,78%

Quelle: The Commodity CRB Yearbook, eigenes Research

Abbildung 75: Im Erntejahr 2004/2005 wurde mit 700,572 Millionen Tonnen eine neue Welt-Rekordernte eingefahren. Zum Vergleich: 1993/1994 waren es erst 474,00 Millionen Tonnen gewesen.

---

39 Quelle: The CRB Commodity Yearbook 2005, S. 56 ff.

Wenn wir noch weiter zurückgingen, dann könnten Sie sehen, dass die Maisproduktion weltweit seit Jahrzehnten insgesamt deutlich gestiegen ist. So lag die weltweite Maisproduktion im Erntejahr 1987/1988 bei 440,7 Millionen Tonnen, um dann innerhalb des nächsten Jahrzehnts in den Bereich 600 Millionen Tonnen zu steigen. Und zuletzt dann der Sprung auf 700 Millionen Tonnen.

Halten wir zunächst einmal fest: Beim Mais lässt sich ein primärer Trend identifizieren: Die weltweite Maisproduktion steigt. Dies zwar keineswegs stetig, sondern eher sprunghaft, mit relativ großer Varianz (verglichen mit anderen Rohwaren). Aber sie steigt, auch wenn es immer wieder einmal ein schlechtes Erntejahr gibt (wie 2000/2001).

Woran liegt das? Im Wesentlichen daran, dass zwei große Produzenten – die USA und die EU – seit den 1980ern verstärkt Mais anbauen. Diese beiden großen Produzenten haben ihre Maisanbauflächen deutlich ausgeweitet. Beispiel USA: Dort wurde die Maisanbaufläche im Erntejahr 2004/2005 noch einmal ausgeweitet, auf 73,31 Millionen Acres (ein Hektar entspricht rund 2,5 Acres).

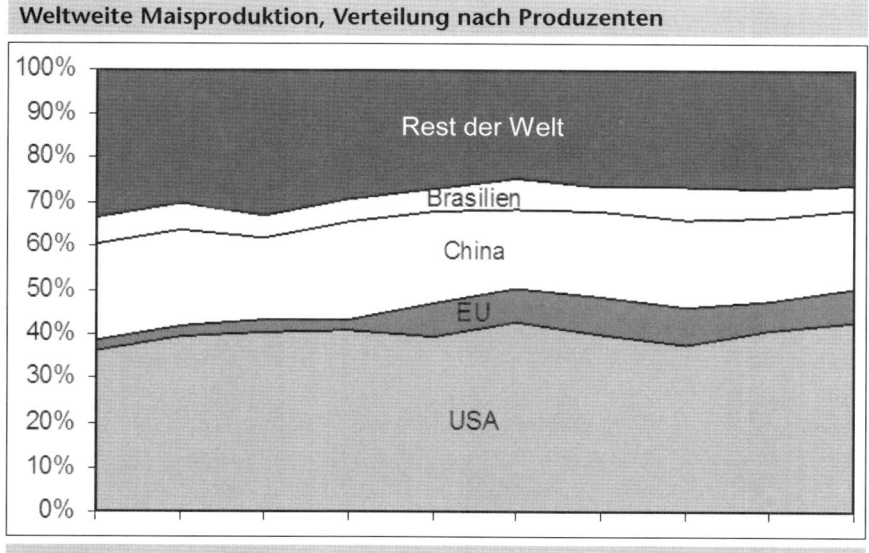

Weltweite Maisproduktion, Verteilung nach Produzenten

Quelle: eigenes Research

Abbildung 76: Die Grafik zeigt die Entwicklung der Anteile der Produzentenländer an der Maisernte der Welt seit dem Erntejahr 1995/1996. Weltweit größter Maisproduzent: die USA.

Die Grafik in Abbildung 76 zeigt mehrere interessante Punkte, die wir ausführlicher behandeln möchten: Der mit Abstand größte Maisproduzent der Welt sind die USA. In den Vereinigten Staaten wurden im Erntejahr 2004/2005 gut zwei Fünftel (42,8 Prozent) der weltweiten Maisernte eingefahren. Die USA sind der mit Abstand weltweit größte Produzent der Welt.

Und sie bauen ihre diesbezügliche Führerschaft weiter aus: Sie haben ihren Anteil an der weltweiten Maisproduktion innerhalb von zehn Jahren um 6,5 Prozentpunkte (von 36,3 Prozent im Erntejahr 1995/1996) gesteigert. In den USA wird Mais großflächig und sehr professionell angebaut; besonders die Bundesstaaten im Mittleren Westen sind zu den »Maiskammern« der Welt geworden.

Größter »Mais-Bundesstaat« der USA ist Iowa: Dort wurden im Erntejahr 2004/2005 satte 19,2 Prozent der US-Maisproduktion erzielt. Das bedeutet, dass in Iowa 8,22 Prozent der Maisernte der Welt eingefahren wurden. Damit wird bereits allein in Iowa mehr Mais geerntet als in der gesamten Europäischen Union. Und Iowa ist nicht der einzige »Mais-Staat« der USA: Da gibt es noch Illinois (17,7 Prozent der US-Maisproduktion, Erntejahr 2004/2005), Nebraska (11,3 Prozent), Minnesota (9,2 Prozent) und Indiana (7,9 Prozent).

Der weltweit zweitgrößte Maisproduzent der Welt ist zwar China, aber die Produktion deckt in etwa die chinesische Nachfrage. Deshalb ist China ausnahmsweise einmal recht langweilig, wenn es um Mais geht. Denn im vorigen Jahrzehnt hat die chinesische Maisproduktion mehr oder weniger stagniert, gleichzeitig deckte die eigene Produktion in etwa den chinesischen Bedarf.

China trat auf dem Weltmarkt für Mais deshalb weder als Exporteur noch als Importeur groß in Erscheinung. Das relativiert die Tatsache, dass China der weltweit zweitgrößte Maisproduzent ist. Ausnahmen gibt es natürlich von Zeit zu Zeit: Im für China sehr guten Erntejahr 2002/2003 exportierte das Reich der Mitte 15,24 Millionen Tonnen Mais. In den 1980ern hatte China seine Maisproduktion durch die Erhöhung der Maisanbauflächen kräftig gesteigert, um einen erhöhten Pro-Kopf-Verbrauch von Rindfleisch zu ermöglichen (silierter Mais wird auch in China als Futtermittel für Rinder genutzt). Danach wurden die Anbauflächen nicht weiter ausgeweitet, die chinesische Führung hat andere Prioritäten.

Der Anteil der EU an der weltweiten Maisproduktion ist im vergangenen Jahrzehnt deutlich gestiegen. Die EU ist weltweit gesehen der drittgrößte Maisproduzent: Ihre Maisernte lag im Erntejahr 2004/2005 mit 52,48 Millionen Tonnen zwar deutlich hinter der US-Ernte (299,917 Millionen Tonnen) und der chinesischen Ernte (126,0 Millionen Tonnen), aber signifikant vor dem letzten größeren Maisproduzentenland, Brasilien (42,0 Millionen Tonnen).

Der Anteil der EU an der Welt-Maisproduktion erreichte so 7,5 Prozent und stieg damit weiter (im Erntejahr 1995/1996 hatte dieser Anteil bei erst 2,4 Prozent gelegen). Die EU kann zwar nicht absolut, aber prozentual ein sehr hohes Wachstum bei ihrer Maisproduktion vorweisen: Innerhalb eines Jahrzehnts stieg die Maisproduktion der Europäischen Union um 323,4 Prozent (von 12,39 Millionen Tonnen im Erntejahr 1995/1996 auf 52,48 Millionen Tonnen).

Auf dem Weltmarkt tritt aber auch die EU nicht stark in Erscheinung. Denn die EU-Maisernte deckt hauptsächlich den Bedarf im eigenen Land. Mais wird in Europa vielfältig verwendet: hauptsächlich als Silagemais für die Viehzucht, aber auch als Körnermais für Konserven, außerdem für Popcorn, Polenta und auch Maispapier (Zigarettenpapier).

Zu den drei größten Maisexporteuren der Welt gehört Argentinien. Der mit Abstand größte Maisexporteur der Welt sind natürlich die USA, aber Argentinien konkurriert mit China um Platz zwei. Argentinien kommt zwar auf nur 2,43 Prozent der weltweiten Maisproduktion, aber da China ähnlich wie die Europäische Union hauptsächlich für den eigenen Bedarf produziert, gelingt es den Südamerikanern von Zeit zu Zeit, China als zweitgrößten Maisexporteur zu überholen.

Weniger als ein Drittel der Welt-Maisproduktion verteilt sich auf den Rest der Welt (ohne die bisher genannten Produzenten). Darunter: Indien mit 14,0 Millionen Tonnen Maisernte (2,0 Prozent der Weltproduktion, Zahlen jeweils für 2004/2005), Rumänien mit 12,0 Millionen Tonnen (1,7 Prozent der Weltproduktion), Südafrika mit 9,7 Millionen Tonnen (1,4 Prozent der weltweiten Produktion) und Kanada mit 8,85 Millionen Tonnen (was 1,3 Prozent der Weltproduktion entspricht).

Die Nachfrage

Die Nachfrage nach Mais steigt Jahr für Jahr. Nach einem besonders starken Nachfrageschub kann es in der folgenden Saison einmal eine Stagnation der Nachfrage beziehungsweise einen leichten Rückgang geben, aber generell geht es mit der Nachfrage seit den 1980ern eindeutig aufwärts.

Die jährlichen Zuwachsraten der zurückliegenden zehn Jahre können Sie der Tabelle in Abbildung 77 entnehmen. Diese schwankten im betreffenden Zeitraum zwischen minus 0,40 Prozent und plus 4,68 Prozent. Die durchschnittliche jährliche Wachstumsrate der Nachfrage lag damit bei plus 1,67 Prozent.

Entwicklung der weltweiten Maisnachfrage								
1996/ 1997	1997/ 1998	1998/ 1999	1999/ 2000	2000/ 2001	2001/ 2002	2002/ 2003	2003/ 2004	2004/ 2005
+4,05%	-0,26%	+0,27%	+1,44%	+0,20%	+2,41%	-0,40%	+4,68%	+2,68%

Quelle: The Commodity CRB Yearbook, eigenes Research

Abbildung 77: Durchschnittlich stieg die Nachfrage nach Mais im betrachteten Zeitraum um 1,67 Prozent.

Die absolute Höhe der Nachfrage erreichte 2003/2004 die Höhe von 641,93 Millionen Tonnen.

Die Vereinigten Staaten sind die entscheidende Größe auf dem Welt-Mais-markt. Nicht nur, dass sie der mit Abstand größte Maisproduzent der Welt sind – sie sind auch der größte Nachfrager der Welt. Sie verbrauchen rund ein Drittel der weltweiten Maisproduktion. Da sie aber gleichzeitig gut zwei Fünf-tel der weltweiten Maisproduktion erbringen, bleibt ein gewaltiger Über-schuss, der von den amerikanischen Maisproduzenten auf dem Weltmarkt verkauft werden kann. Kein Wunder, dass die USA als größter Nachfrager und größter Anbieter (in den 1990ern kamen 80 Prozent des auf dem Weltmarkt angebotenen Mais aus den USA) für den Maispreis zentral sind.

Die größten Nachfrager auf dem Weltmarkt sind generell die asiatischen Emerging Markets und Japan. Ausnahme: China, das seinen Bedarf durch eigene Produktion decken kann. Die dicht besiedelten Staaten wie Japan, Taiwan und Südkorea können dies jedoch nicht und treten deshalb als Nachfrager auf.

Interessanter als die Aufschlüsselung der Nachfrage nach Staaten ist jedoch die Aufschlüsselung der Nachfrage nach Verwendung. Für die USA gibt es hier ver-lässliche Zahlen. Und da die USA die entscheidende Größe auf dem Maismarkt sind, haben wir uns mit diesen Zahlen intensiv beschäftigt. Nehmen wir das Erntejahr 2003/2004, für das vollständige und endgültige Zahlen vorliegen.

In diesem Erntejahr wurden in den USA 256,28 Millionen Tonnen Mais geern-tet. Die Amerikaner messen Mais aber nicht in Kilogramm oder Tonnen, son-dern in Scheffeln (*bushel*). Jetzt wird es ein wenig schwierig: Denn ein Scheffel Mais ist leichter als zum Beispiel ein Scheffel Sojabohnen. »Ein Scheffel« ist deshalb noch keine konkrete Gewichtsangabe, »ein Scheffel Mais« hingegen schon: Das entspricht umgerechnet in etwa 25,4 Kilogramm (während ein Scheffel Sojabohnen etwa 27,2 Kilogramm sind).

Aufschlüsselung der Verwendung der US-Maisernte

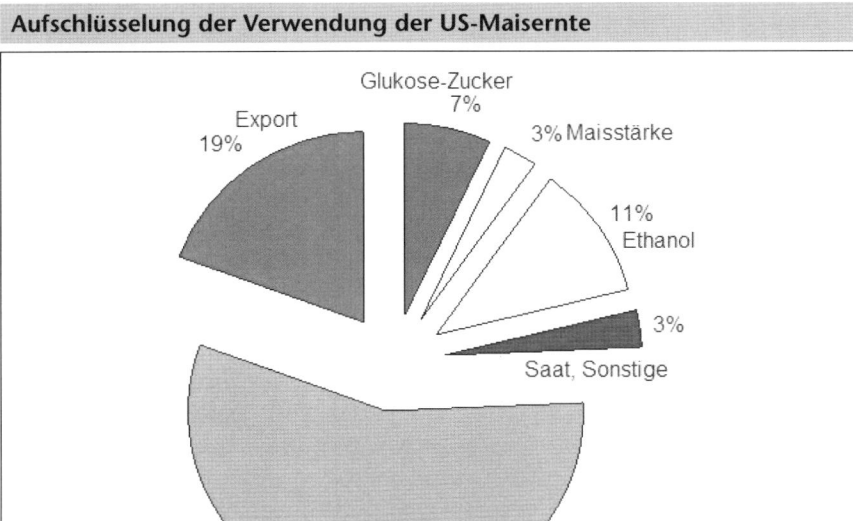

Abbildung 78: Der Großteil der US-Maisproduktion wird nach wie vor bei der Viehzucht verwendet (silierter Mais).

In Scheffel gerechnet betrug die amerikanische Maisernte des Erntejahres 2003/2004 10,36 Milliarden Scheffel. Milliarden, nicht Millionen. Die Grafik in Abbildung 78 zeigt, wie diese Ernte verwendet wurde.

Dabei gibt es folgende Verwendungsarten:

▌ **Viehfutter:**
  Nach wie vor wird der größte Teil der amerikanischen Maisproduktion als Futtermittel für Mastvieh (Rinder, Schweine und Geflügel) verwendet, entweder als silierter Mais oder in anderer Form. Im untersuchten Erntejahr wurden dafür 57 Prozent der US-Ernte genutzt.

▌ **Glukosezucker:**
  Für die Herstellung von Glukose- und Dextrosezucker sowie Fructose (»Fruchtzucker«) wurden sieben Prozent der amerikanischen Maisernte verwendet.

▌Maisstärke:
Drei Prozent der US-Maisernte wurden zur Herstellung dieser weißen, ge-
ruch- und geschmacklosen Substanz eingesetzt. Stärke ist ein komplex auf-
gebautes Kohlehydrat.

▌Ethanol:
Ethanol ist für Sie mittlerweile ein alter Bekannter! Brasilien stellt Ethanol
aus Zucker her. Aber, und das ist für die Rohware Mais sehr wichtig: Auch aus
Mais lässt sich Ethanol herstellen. Im Erntejahr 2003/2004 wurden elf Prozent der amerikanischen Maisernte zur Produktion von Ethanol verwendet.

▌Saat, Sonstige:
Ein geringer Teil der Maisernte (weniger als ein Prozent) muss als Saatgut
für das folgende Erntejahr verwendet werden. Der Punkt »Sonstige« umfasst zum Beispiel die Herstellung von Frühstücksflocken (»Corn Flakes«),
aber auch die Produktion von Maisschnaps.

▌Export:
Rund ein Fünftel der US-Maisernte des Erntejahres 2003/2004 ging in den
Export, da der Bedarf im eigenen Land mehr als gedeckt werden kann.

Der unserer Ansicht nach wichtigste Punkt in dieser Aufstellung: Elf Prozent
der amerikanischen Maisernte werden für die Herstellung von Ethanol verwendet. Wir finden: Das ist ein überraschend hoher Wert – denn die USA sind
weltweit nicht gerade als Produzent dieses »Bio-Sprits« bekannt.

Zum nächsten Schritt. Nach dieser statistischen Untersuchung eines Erntejahres nun zur dynamischen Analyse, also der Entwicklung der Verwendungszwecke im Zeitablauf. Der Grafik in Abbildung 79 können Sie entnehmen, wie
sich die Verwendung der Maisproduktion in den USA seit dem Erntejahr
1996/1997 verändert hat.

Die dynamische Analyse zeigt eindeutig: Der Verwendungszweck »Ethanol«
ist der Bereich mit der größten positiven Dynamik. Für die Ethanolproduktion
wurde in den USA im vorigen Jahrzehnt Jahr für Jahr ein absolut und prozentual höherer Teil der amerikanischen Maisernte bereitgestellt. Die Entwicklung der absoluten Zahlen zeigt Abbildung 79. Dort geht der starke Anstieg
von »Ethanol« wegen der absolut noch relativ niedrigen Größe dieses Verwen-
dungszweckes ein wenig unter.

In der Tabelle von Abbildung 80 hingegen ist sehr leicht zu erkennen, dass der
Verwendungszweck »Ethanolproduktion« in den vergangenen Jahren erheblich an Wichtigkeit zugenommen hat. Wurden 1996/1997 429 Millionen

Maisproduktion USA, sortiert nach Verwendung

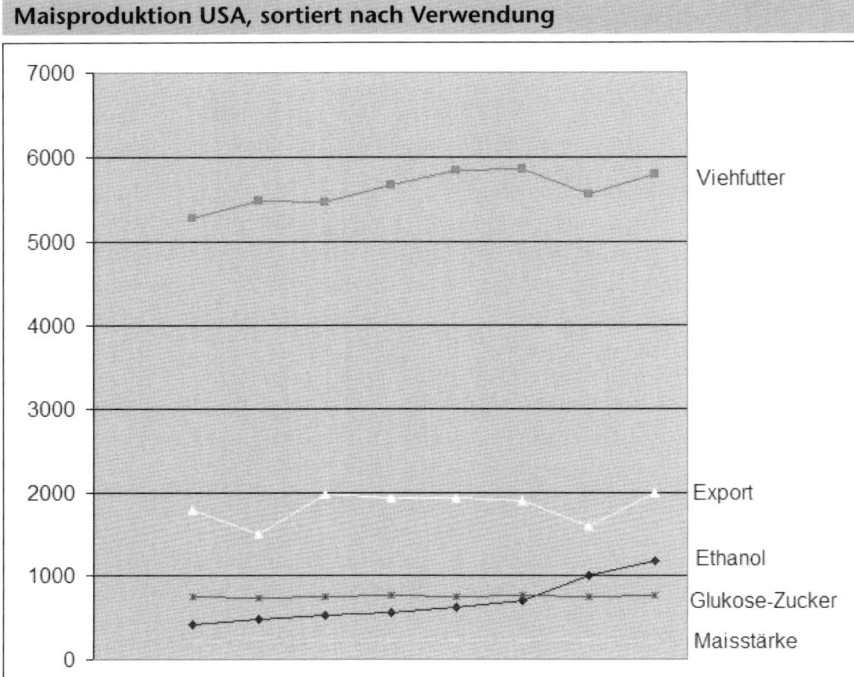

Quelle: The CRB Commodity Yearbook, eigenes Research

Abbildung 79: Dargestellt ist die Entwicklung seit dem Erntejahr 1996/1997. Die Skala zeigt die absolute Höhe der Verwendung in Millionen Scheffel.

Scheffel beziehungsweise 4,88 Prozent der amerikanischen Maisernte in die Produktion von Ethanol gesteckt, so waren es 2003/2004 bereits 1,17 Milliarden (!) Scheffel oder 11,28 Prozent der Maisernte.

Die Ethanolproduktion besitzt damit die größte Dynamik. Kein anderer Bereich kann eine solche Dynamik vorweisen. Der Bereich »Sonstige« stagnierte im betrachteten Zeitraum (von 3,25 auf 3,27 Prozent), bei allen anderen Bereichen ging der prozentuale Anteil an der Maisernte zurück – ausschließlich auf Kosten der Ethanolproduktion. Übrigens: Das Erntejahr 2004/2005, das in der Tabelle noch nicht enthalten ist (da es noch nicht für alle Teilbereiche endgültige Zahlen gab), hat diesen Boom im Bereich Ethanol bestätigt: Die für die Ethanolproduktion verwendete Menge an Weizen stieg weiter stark an. Gegenüber dem Erntejahr 2003/2004 betrug das Plus 22,0 Prozent, die absolute Zahl lag bei 1,43 Milliarden Scheffeln.

Fazit Nachfrageseite: Die USA sind der weltweit größte Nachfrager nach Mais, und in den USA boomt im Bereich »Ethanolproduktion« die Nachfrage nach Mais. Dieser Teilbereich erhöhte seinen Maisverbrauch im Erntejahr 2004/2005 um 22,0 Prozent, Tendenz weiter stark steigend. Dieser Teilbereich macht gut 11,0 Prozent der gesamten US-Nachfrage nach Mais aus.

Rückblick auf die historische Entwicklung des Maispreises

Der Maispreis ist nicht annähernd so volatil wie der Zuckerpreis, der sich innerhalb weniger Jahre verzehnfachen und wieder zehnteln konnte (vgl. Kapi-

Verwendung der US-Maisproduktion

Erntejahr	Ethanol	Anteil in %	Viehfutter	Anteil in %	Export	Anteil in %
1996-97	429	4,88	5277	60,04	1797,4	20,45
1997-98	481	5,47	5482	62,36	1504,4	17,11
1998-99	526	5,66	5468	58,81	1984,2	21,34
1999-00	566	5,95	5665	59,54	1936,6	20,35
2000-01	628	6,45	5842	59,98	1941,3	19,93
2001-02	706	7,19	5864	59,75	1904,8	19,41
2002-03	996	10,49	5558	58,56	1592,5	16,78
2003-04	1168	11,28	5800	56,01	2000,0	19,31

Erntejahr	Maisstärke	Anteil in %	Glukosezucker	Anteil in %	Sonstige	Anteil in %
1996-97	229	2,61	750	8,53	285,3	3,25
1997-98	246	2,80	742	8,44	335,4	3,82
1998-99	219	2,36	750	8,07	330,8	3,56
1999-00	222	2,33	762	8,01	335,3	3,52
2000-01	218	2,24	748	7,68	334,3	3,43
2001-02	217	2,21	758	7,72	337,1	3,43
2002-03	219	2,31	751	7,91	338,1	3,56
2003-04	228	2,20	758	7,32	339,0	3,27

Quelle: The CRB Commodity Yearbook, eigenes Research

Abbildung 80: Besonders ein Verwendungszweck wird absolut und relativ immer wichtiger: Ethanol. Angaben in Millionen Scheffel.

Entwicklung des Maispreises von 1901 bis 2005

Quelle: Commodity Research Bureau, the 2005 CD-ROM

Abbildung 81: US-Cent je Scheffel, dargestellt sind die monatlichen Durchschnittswerte. Notierungen der Rohwarenbörse Chicago (CBOT).

tel 9). Abbildung 81 gibt Ihnen einen Überblick über die Entwicklung des Maispreises seit 1901. Sie sehen sofort, dass der Maispreis noch keineswegs heiß gelaufen ist oder historisch gesehen besonders hoch notiert.

Anfang der 1970er konnte sich der Maispreis zwar innerhalb weniger Jahre verdoppeln und verdreifachen, als die Pilzkrankheit *Southern Corn Leaf Blight* in den USA über 15 Prozent, in einigen Gegenden bis zu 50 Prozent der Maisernte vernichtete und sich deshalb das Angebot des weltweit größten Maisproduzenten signifikant verknappte. Die Auswirkungen dieser Maiskrankheit war jedoch genauso wenig von Dauer wie die neuen Höchststände des Maispreises. Ende der 1990er pendelte sich der Maispreis dann auf niedrigerem Niveau (im Bereich von gut 200 Cent je Scheffel) ein.

Das aktuelle Niveau hatte der Maispreis bereits während des Ersten Weltkriegs und kurz nach dem Zweiten Weltkrieg. Absolut gesehen. Real (= bereinigt um die Inflationsrate) gesehen bedeutet das, dass der heutige Maispreis deutlich unter dem Niveau von 1914 bis 1918 notiert. Die Kaufkraft von 2,00 Dollar des Jahres 1914 beträgt schließlich ein Vielfaches der Kaufkraft von 2,00 Dollar des Jahres 2006. Es ist deshalb durchaus möglich, dass sich der Maispreis aufgrund des Ethanolnachfrageschubs absolut gesehen verdoppelt bis verdreifacht.

Ausblick auf die künftige Entwicklung des Maispreises

Beim Maispreis kommt die Phantasie von der Nachfrageseite. Denn aus Mais lässt sich Ethanol herstellen. Bis jetzt ist zweifellos Brasilien die Nummer eins, wenn es um die Ethanolproduktion geht. In Brasilien wird Ethanol aus Zuckerrohr hergestellt.

Doch die USA holen auf: Denn Ethanol kann auch aus Mais hergestellt werden, und davon haben die USA mehr als genug. Im Erntejahr 2003/2004 exportierten die USA 20 Prozent ihrer Maisernte = zwei Milliarden Scheffel. Zunehmend setzt sich in den Vereinigten Staaten die Erkenntnis durch, dass dieser überschüssige Mais ja auch in die Ethanolproduktion gesteckt werden kann.

Seitdem Mitte 2005 an der Rohstoffbörse Chicago, der CBOT (Chicago Board of Trade), der Handel mit Ethanol-Futures aufgenommen wurde (siehe Kapitel 8), sind die Weichen für einen weiteren Boom der Ethanolproduktion aus Mais gestellt. Denn in den USA ist es für die großen Anbieter extrem wichtig, dass sie auf Termin kaufen und verkaufen können, in standardisierten Größen. Das ist nun möglich, den Ethanol-Futures sei Dank.

Aufgrund des noch relativ niedrigen Kurses für Mais und des zusammen mit den Energiekosten steigenden Preises für Ethanol fahren die Ethanolproduzenten seit Einführung der Ethanol-Futures satte Gewinne ein. Der Maispreis macht in der Ethanolproduktion 70 Prozent der Inputkosten aus.

Ausdruck dieser Differenz ist der wiederum von der CBOT eingeführte sogenannte *Corn Crush*, eine Kennziffer, welche die Gewinnmargen der Ethanolhersteller beschreibt. Die Attraktivität dieser Gewinnchancen wird in Zukunft immer mehr landwirtschaftliche Betriebe anlocken und somit die Nachfrage nach Mais sehr stark steigen lassen – beste Voraussetzung für einen deutlich und nachhaltig steigenden Maispreis.

Bitte bedenken Sie: Bereits vor Einführung der Ethanol-Futures wuchs die Ethanolproduktion in den USA um zuletzt gut 20 Prozent. Jetzt, nach Einführung der Futures, dürfte sich das Wachstum eher beschleunigen als verlangsamen. Dafür sprechen die betriebswirtschaftliche Sicht (Gewinnstreben, hohe Gewinnmargen bei Ethanol-Produktion) und auch die volkswirtschaftliche Sicht.

Denn die USA setzen zunehmend auf Alternativen zum Erdöl – wie eben Ethanol, das Benzin ersetzen kann. Entsprechende Initiativen kommen weniger von der US-Bundesregierung als vielmehr von einzelnen Bundesstaaten, wie zum Beispiel dem bevölkerungsreichsten US-Bundesstaat Kalifornien, wo es Gouverneur Arnold Schwarzenegger war, der mehrere Maßnahmen wie die *Million Solar Roof Initiative* gestartet hat. Demnach müssen ab 2006 auf einem Viertel der neu gebauten Häuser in Kalifornien Solarzellen angebracht sein. Keine schlechte Idee im *sunshine state*, denn die in einem Jahr gebauten Häuser werden dann so viel Energie produzieren wie ein ausgebautes Kraftwerk.

Schwarzenegger hat zudem ein Programm aufgelegt, nach dem bis zum Jahr 2020 in Kalifornien jede dritte (!) Kilowattstunde aus alternativen Energiequellen gewonnen werden soll. Außerdem lässt er vorbildlicherweise den Ausstoß der Treibhausgase Methan und CO_2 ab 2006 streng limitieren. Schwarzenegger will von Ölimporten unabhängig werden, die alternativen Energiequellen wie die Ethanolproduktion bezeichnet er als *freedom fuel*, also sinngemäß »Treibstoff der Freiheit«. Kompliment dafür von unserer Seite, Arnold Schwarzenegger! Allerdings nicht dafür, dass er Stanley »Tookie« Williams im Dezember 2005 hat hinrichten lassen.

Kompliment aber dafür, dass er gezeigt hat, dass Ökonomie und Ökologie keine Gegensätze sein müssen. Im Gegenteil: Eine vernünftige Umweltpolitik wie in Kalifornien führt zu neuen Boom-Branchen, wie der Solarwirtschaft und eben der Ethanolproduktion. Das schafft neue Arbeitsplätze. Hier geht es um große Beträge – nämlich ein Drittel der kalifornischen Energieausgaben. Es würde uns freuen, wenn an dieses Thema nicht nur in Kalifornien aufgeschlossener herangegangen würde. Und Umweltschutz nicht fälschlicherweise als »wirtschaftsfeindlich« disqualifiziert würde.

Denn es ist volkswirtschaftlich sehr vernünftig, wenn die USA die im eigenen Land reichlich vorhandene Rohware Mais zur Ethanolproduktion einsetzen, um dadurch den Import von Rohöl entsprechend verringern zu können. Schließlich fließen durch die Erdölimporte täglich Hunderte Millionen Dollar außer Landes, was das US-Handelsbilanzdefizit vergrößert.

Mitte 2005 importierten die USA zum Beispiel aus Kanada 1,62 Millionen Barrel Erdöl pro Tag, aus Saudi-Arabien und Mexiko jeweils 1,5 Millionen Barrel, aus Venezuela 1,33 Millionen und aus Nigeria 1,05 Millionen Barrel. Volkswirtschaftlich ist es sehr erstrebenswert, dass sich zumindest ein weiterer Anstieg dieser Mengen durch eine im eigenen Land erfolgende Ethanolproduktion verhindern lässt.

Das ist gleichbedeutend mit einer erhöhten Nachfrage nach Mais. Zusätzlich bleibt Mais auch die wichtigste Futterpflanze in der Viehwirtschaft. Auch in diesem Bereich könnte es zu einer steigenden Nachfrage nach Futtermitteln und damit Mais kommen: Genau dann, wenn bei zunehmender Angst vor dem H5N1-Virus (= Vogelgrippe) – ob begründet oder nicht – die Verbraucher von Geflügelfleisch verstärkt auf Alternativen wie Rindfleisch umsteigen würden, es also zu einem Substitutionseffekt kommen würde. Auch unabhängig davon dürfte langfristig die Nachfrage der asiatischen Bevölkerung nach einer besseren Proteinversorgung steigen. Das würde die Nachfrage nach Rind- und Schweinefleisch und damit die Nachfrage nach Viehfutter wie Mais erhöhen.

Es ergibt sich folgende Gleichung: verstärktes Setzen auf alternative Energiequellen = erhöhte Ethanolproduktion = steigender Input von Mais = geringere Maisexporte der USA = steigender Maispreis auf dem Weltmarkt.

Fazit

Beim Mais ist es nicht die Angebotsseite, die für einen steigenden Maispreis spricht. Denn das Angebot an Mais wächst Jahr für Jahr. Der durchschnittliche Zuwachs des Angebots betrug seit dem Erntejahr 1998/1999 durchschnittlich 2,83 Prozent pro Jahr. Es ist vielmehr die Nachfrageseite, die für einen steigenden Maispreis spricht. Dazu muss die Nachfrage stärker steigen als das Angebot. Unsere Prognose: Das wird sie – aufgrund der amerikanischen Ethanolproduktion. Die Grundlagen für einen Boom in diesem Bereich sind gelegt.

KAPITEL 11

Soft Commodities: Kaffee

»Die beste Methode, das Leben angenehm zu verbringen, ist, guten Kaffee zu trinken. Und wenn man keinen haben kann, so soll man versuchen, so heiter und gelassen zu sein, als hätte man guten Kaffee getrunken.«
Jonathan Swift

Das Getränk Kaffee ist für Europäer gewiss kein Unbekannter: Staaten wie Deutschland, Italien und Frankreich gehören nicht ohne Grund zu den weltweit größten Kaffeenachfragern. Gerade unter Tradern gehört Kaffee zum Alltag. Aber wussten Sie auch, dass das erste Kaffeehaus Europas erst im 17. Jahrhundert in Europa eröffnet wurde?

Drei Städte können Anspruch darauf erheben, die Heimatstadt des ersten Kaffeehauses Europas zu sein: Venedig, London und Oxford. In allen drei Städten entstanden um 1650 Kaffeehäuser. In London wurde das erste Haus dieser Art *penny university* genannt, da eine Tasse Kaffee für einen Penny zu haben war.

Klassische Kaffeehausstadt wurde aber bald Wien: Denn den Wienern waren bei ihrer siegreichen Abwehr der Türken, die 1683 vor Wien standen und mit

Hilfe der Polen unter ihrem König Jan Sobieski und deutschen Verbündeten zurückgeschlagen wurden, als Siegesbeute zahlreiche Kaffeesäcke in die Hände gefallen. Das aus den gerösteten Kaffeebohnen gewonnene Getränk gefiel den Wienern so gut, dass der Kaffee schnell seinen Siegeszug antrat und zum nichtalkoholischen Lieblingsgetränk der Wiener wurde.

Die Kaffeebohnen wurden aus Afrika und dem arabischen Raum importiert. Ursprünglich soll der Kaffee aus Äthiopien kommen. Eine schöne Geschichte dazu besagt Folgendes: Dort war es einem Hirten aufgefallen, dass seine Ziegen nach dem Verzehr der roten Früchte eines Kaffeestrauches keine Müdigkeit mehr kannten. Die Mönche eines benachbarten Klosters gingen der Sache auf den Grund und bereiteten einen Aufguss aus den Früchten. Sie bemerkten bald, dass dieser Aufguss eine belebende Wirkung hatte und es ihnen ermöglichte, bis tief in die Nacht hinein zu meditieren und zu beten.

Ob diese Geschichte nun stimmt oder nicht – Fakt ist, dass die weltweite Nachfrage nach Kaffee ab 1650 deutlich stieg und bald das Angebot nicht mehr ausreichte. Kein Wunder, dass deshalb findige Kaufleute auf die Idee kamen, neue Anbauflächen für Kaffee zu erschließen. Es waren die hervorragenden niederländischen Kaufleute, die den Anstoß dazu gaben, sodass Ende des 17. Jahrhunderts im damaligen Niederländisch-Ostindien (heute die beiden Staaten Indonesien und Ost-Timor) Kaffeeplantagen angelegt wurden.

Nachdem die Niederländer damit positive Erfahrungen (= Gewinn) gemacht hatten, bauten sie auch in ihrer Kolonie Surinam in Südamerika Kaffeepflanzen an. Die Franzosen zogen nach und nutzten ihre karibischen Kolonien wie Guadeloupe und Martinique für das Anlegen von Kaffeeplantagen. Kaffee wurde – neben Zuckerrohr – schnell zu einem der wichtigsten Produkte der tropischen Kolonien der europäischen Mächte. Die Tatsache, dass die europäischen Großmächte Kaffeebohnen in ihren eigenen Kolonien heranzüchten konnten und deshalb von teuren Importen unabhängig wurden, trug erheblich zum anhaltenden Erfolg und zur weiterern Verbreitung des Kaffees bei.

Zur Kaffeepflanze selbst:[40] Es handelt sich um einen immergrünen Strauch (beziehungsweise kleinen Baum), der nur innerhalb der Tropen gedeiht. Der Grund: Kaffeesträucher benötigen reichliche Niederschläge und vertragen keinen Frost. Zu viel Hitze wiederum verkraften sie auch nicht. Die besten An-

---

40 Vgl. hierzu: »The CRB Commodity Yearbook 2005«, S. 44 ff., und Rogers, Jim: »Rohstoffe. Der attraktivste Markt der Welt«, München, 2005. S. 239 ff.

bauflächen sind deshalb höher gelegene Gebiete in den Tropen (bis maximal circa 2.000 Meter über Meeresspiegel), mit Jahrestemperaturen zwischen 13 und 26 Grad Celsius, denn das ist die Wachstumstemperatur der Kaffeesträucher.

Diese sind also – im Gegensatz zum Beispiel zu Mais – vergleichsweise empfindliche Pflanzen. Kaffeesträucher blühen nur einige Tage. In den Früchten (»Kaffeekirschen«) befinden sich als Samen je zwei Kaffeebohnen.[41] Aus diesen wird das Getränk Kaffee hergestellt.

Die Früchte sind zuerst hellgrün, im reifen Zustand dann karmesinrot. Gepflückt werden meist grüne Kaffeebohnen, die (im ungerösteten Zustand) rund 90 Prozent des weltweiten Kaffeehandels ausmachen. Ein einzelner Kaffeestrauch produziert in der Regel so viele Kaffeebohnen, dass aus ihnen pro Jahr 1,0 bis 1,8 Pfund gerösteter Kaffee hergestellt werden kann. Das ist nicht besonders viel, wenn Sie berücksichtigen, dass jeder einzelne Kaffeestrauch gepflegt werden muss und dass die Kaffeepflanzer harte Arbeit verrichten. Für ein Pfund Kaffee sind etwa 4.000 handgepflückte Kaffeebohnen notwendig.

Die Sträucher sind durch Pilz- und Insektenbefall und in Hochlagen durch überraschenden Frost gefährdet, was ganze Plantagen vernichten kann. Und: Ein Kaffeestrauch trägt erst nach circa fünf Jahren und danach 15 bis 20 Jahre. Dann muss er in der Regel ersetzt werden. Die relativ lange Vorlaufzeit macht ein schnelles Aufstocken vorhandener Bestände unmöglich.

Es gibt zwei Typen von Kaffeebohnen: *Arabica* und *Robusta*. Es gibt zwar noch einige kleinere Sorten, aber *Arabica* und *Robusta* sind zweifellos die wirtschaftlich wichtigsten. Rund 70 Prozent der weltweiten Kaffeeproduktion entfallen auf *Arabica*. Diese Sorte wird hauptsächlich in Brasilien und Kolumbien angebaut und wächst in Höhenlagen zwischen 700 und 2.000 Metern über dem Meeresspiegel. Diese Kaffeesorte wird an der Rohwarenbörse New York gehandelt (*New York Board of Trade NYBOT*).

Robusta ist die stärkere Kaffeesorte. Sie wird in tiefer gelegenen Regionen (bis maximal circa 800 Meter über dem Meeresspiegel) angebaut und ist schnellwüchsiger und widerstandsfähiger als die Sorte *Arabica*. Gehandelt wird diese Sorte an der Londoner Rohwarenbörse (*London International Financial Futures Exchange LIFFE*).

---

41 *Der Begriff »Kaffeebohne« ist botanisch nicht korrekt, da es sich um keine Bohnenart handelt. Botanisch wäre »Steinkern« angebrachter. Da sich der Begriff »Kaffeebohne« aber im deutschen Sprachraum generell durchgesetzt hat, nutzen auch wir ihn.*

Das Angebot

Im Kaffeeerntejahr 2004/2005, das am 30. Juni 2005 endete, wurde eine gute Ernte erzielt.[42] Insgesamt erreichte die Kaffeeproduktion die Höhe von 119,02 Millionen Säcken. Ein Sack Kaffee entspricht 60 Kilogramm, sodass diese Erntemenge 7,14 Millionen Tonnen Kaffee entspricht. Das war ein Plus von 8,7 Prozent gegenüber dem vorigen Erntejahr, blieb aber dennoch deutlich unter dem Rekordjahr 2002/2003, als weltweit 126,65 Millionen Säcke Kaffee produziert worden waren.

Entwicklung der weltweiten Kaffeeproduktion

	Erntejahr						
	1998/ 1999	1999/ 2000	2000/ 2001	2001/ 2002	2002/ 2003	2003/ 2004	2004/ 2005
Erntemenge in Mio. Säcken	108,453	113,819	118,170	111,351	126,649	109,506	119,020
Veränderung gg. Vorjahr	-	+4,95%	+3,82%	-5,77%	+13,74%	-13,54%	+8,69%

Quelle: The Commodity CRB Yearbook, eigenes Research

Abbildung 82: Das bisherige Rekorderntejahr war 2002/2003, als 126,649 Millionen Säcke Kaffee geerntet wurden.

Abbildung 82 gibt Ihnen einen Überblick über die Ernten der vergangenen Jahre. Im Durchschnitt lag der jährliche Zuwachs des Angebots im betrachteten Zeitraum bei 1,98 Prozent. Die Varianz (Schwankungsbreite) war allerdings vergleichsweise hoch: Nach plus 13,74 Prozent im Rekorderntejahr 2002/2003 ging die Kaffeeproduktion im folgenden Erntejahr um 13,54 Prozent zurück. Der Grund ist die unverändert hohe Abhängigkeit der Kaffeeproduktion vom Wetter. Denn da die Kaffeesträucher keinen Frost vertragen, gleichzeitig aber auch nicht zu große Hitze mögen und deshalb in tropischen Höhenlagen angebaut werden, kann es durchaus einmal vorkommen, dass es in diesen Höhenlagen zu Frost kommt.

Das betrifft besonders die Kaffeesträucher der Sorte *Arabica* (70 Prozent der gesamten Produktion!), da diese in Höhenlagen zwischen 700 und 2.000 Me-

---

42 *Aus Vereinfachungsgründen verwenden wir den Begriff »Sack Kaffee«, korrekt müsste es »Sack Kaffeebohnen« heißen.*

tern über dem Meer angebaut werden. Für kommerzielle Kaffeekäufer oder Verkäufer sind deshalb besonders die ersten Wochen des brasilianischen Winters spannend: Denn die brasilianische Kaffeeernte endet erst im brasilianischen Winter (Juni, Juli, August), und circa alle fünf Jahre kommt es dort zu Frosteinbrüchen.

Der »Brasilien-Frost« (*Brazilian freeze*) ist deshalb beim Handel mit Kaffee-Futures ein geflügeltes Wort geworden – dessen Eintreten oder Ausbleiben je nach Positionierung der betreffenden Person Glücks- oder Angstgefühle hervorruft. Zu den einzelnen Kaffeeproduzenten:

Keine Frage: Der Emerging Market Brasilien ist mit Abstand die Nummer eins unter den Kaffeeproduzenten der Welt! Der brasilianische Anteil an der Kaf-

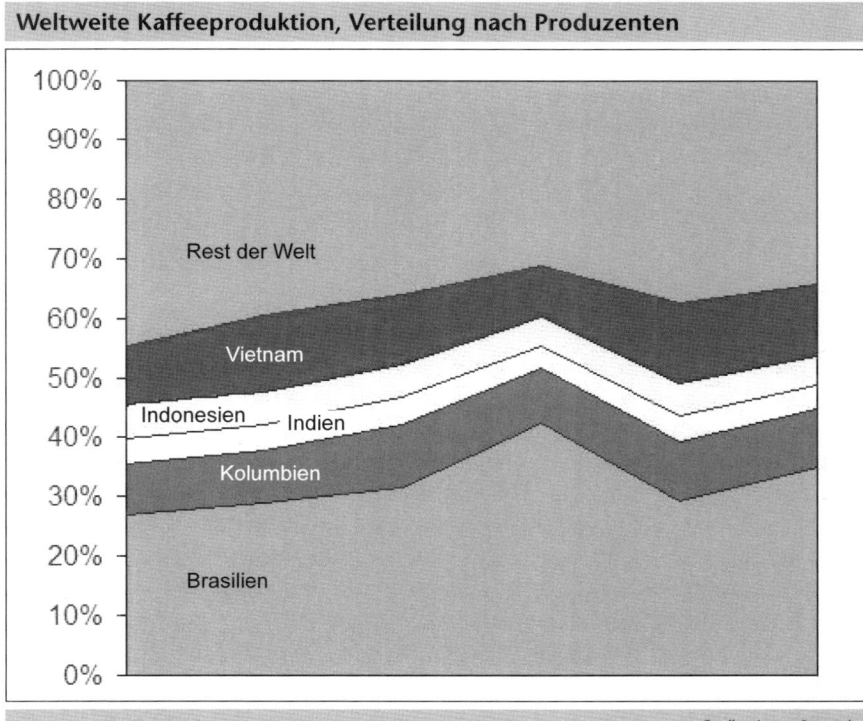

Quelle: eigenes Research

Abbildung 83: Die Grafik zeigt die Entwicklung der Anteile der Produzentenländer an der Kaffeeernte der Welt seit dem Erntejahr 1999/2000. Weltweit größter Kaffeeproduzent ist unangefochten Brasilien.

feeproduktion der Welt lag im Erntejahr 2004/2005 bei 35,0 Prozent. Die Grafik in Abbildung 83 zeigt die Verteilung der Kaffeeproduktion nach Staaten.

Gerade die Tatsache, dass Brasilien ein so wichtiger Produzent ist, macht kurzfristige Prognosen über die Höhe der nächsten Ernte relativ riskant. Denn wenn es im entsprechenden Erntejahr zu »Brasilien-Frost« kommt, dann kann die Ernte Brasiliens um 30 bis 40 Prozent einbrechen. Wenn nicht, dann ist Brasilien leicht für eine Rekordernte gut.

Das ist für den Weltmarkt entscheidend. Denn so war zum Beispiel der weltweite Rückgang der Kaffeeproduktion um 13,5 Prozent oder 17,14 Millionen Säcke Kaffee im Erntejahr 2003/2004 fast vollständig auf eine katastrophal schlechte Ernte Brasiliens zurückzuführen. Dort blieb die Kaffeeproduktion mit 32 Millionen Säcken um 21,6 Millionen Säcke Kaffee unter dem Vorjahreswert, ein Einbruch um 40,3 Prozent. Selbst die leichte Produktionssteigerung anderer Staaten konnte das nur zu einem kleinen Teil auffangen. Wie sprunghaft die brasilianische Kaffeeproduktion ist, zeigt Abbildung 84 eindrucksvoll.

Erste Schlussfolgerung: Kurzfristig sind Prognosen zur Höhe der Kaffeeproduktion und damit auch zum Kaffeepreis sehr schwierig, da zufallsabhängig (brasilianisches Wetter!). Mittel- bis langfristig sieht es anders aus. Denn gerade wegen der langen Vorlaufzeit bei der Kaffeeproduktion (fünf Jahre, bis ein

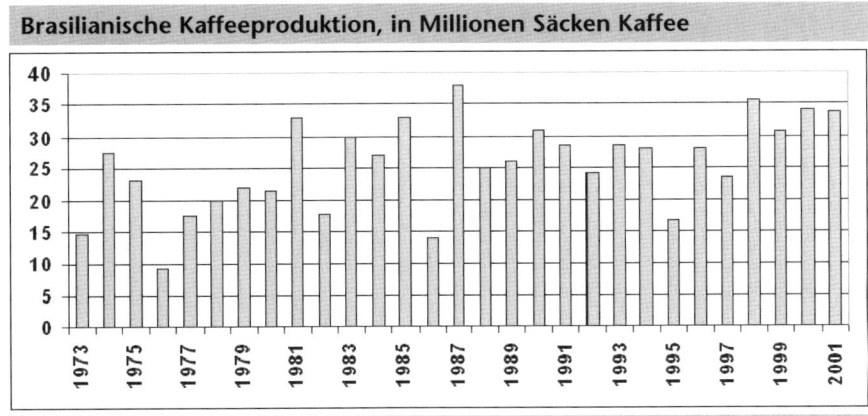

Brasilianische Kaffeeproduktion, in Millionen Säcken Kaffee

Quelle: Commodity Research Bureau, the 2005 CD-ROM

Abbildung 84: Die brasilianische Kaffeeproduktion ist recht volatil. Von einer stetig steigenden Tendenz kann keine Rede sein!

Kaffeestrauch trägt) braucht es Jahre, bis ein grundlegendes Angebotsdefizit behoben werden kann, und in der Zwischenzeit wird der Kaffeepreis tendenziell steigen.

Wie wird sich das Angebot in Zukunft entwickeln? Da der Kaffeepreis in den Jahren 2000 bis 2004 unter der Marke von 100 Cent je Pfund lag, haben viele Pflanzer aufgegeben und sich vom Kaffeeanbau abgewendet. Insbesondere in Brasilien haben sie sich stattdessen verstärkt auf den gewinnbringenderen Anbau von Zucker (Ethanolproduktion!) zugewendet. Besonders weh tat es den Kaffeepflanzern, als Ende 2000/2001 der Kaffeepreis sogar bei unter 60 Cent je Pfund lag. Denn ein kostendeckender Anbau ist zu solchen Preisen eigentlich nicht möglich. In solchen Zeiten werden die Kaffeesträucher vernachlässigt, was zu einer geringeren Qualität der Ernte führt. Die hart arbeitenden Kaffeepflanzer erhielten für ihre ehrliche Arbeit praktisch nichts beziehungsweise weniger als nichts, da Pflege und Düngung der Pflanzen in vielen Fällen mehr kosteten als der Ertrag, den sie einbrachten.

Kein Wunder, dass deshalb zahlreiche Bauern in Kolumbien verstärkt auf gewinnbringende Alternativen wie den Anbau der Cocasträucher (aus der Kokain gewonnen werden kann) ausgewichen sind. Die Heimat des Cocastrauches liegt in Kolumbien und Bolivien, also in Ländern, in denen sowohl Coca- als auch Kaffeesträucher angebaut werden können. Solange den Bauern für ihre Kaffeebohnen kein gewinnbringender Preis gezahlt wird, werden sie praktisch zum Anbau von Cocasträuchern getrieben. Natürlich ist dies nur die eine Seite (die des Angebots), denn ohne die Nachfrage nach Kokain wäre auch der Anbau von Cocasträuchern nicht profitabel. Wieder ein Beispiel dafür, wie sehr alles miteinander vernetzt ist.

Eine lobenswerte Ausnahme, was annehmbare Preise aus Sicht der Kaffeepflanzer betrifft, ist mit dem Siegel *Fair Trade* gezeichneter Kaffee. Dieses Siegel wird von »TransFair – Verein zur Förderung des Fairen Handels mit der ›Dritten Welt‹ e.V.« vergeben. Hinter diesem Verein stehen 37 Organisationen, von den Kirchen bis hin zur Heinrich-Böll- und Konrad-Adenauer-Stiftung.

Bei Kaffee mit dem internationalen Siegel *Fair Trade* (seit 2003, vorher lautete der Siegelname *TransFair*, siehe Abbildung 85) ist sichergestellt, dass die Kaffeepflanzer trotz ihrer harten Arbeit nicht noch draufzahlen müssen; dafür ist dieser Kaffee ein wenig teurer. Doch dieser Aufpreis wirkt sich sehr positiv aus: Eine Weltbankstudie[43] bestätigte bereits 2002 die intuitiv einleuchtende und nach wie vor gültige Erkenntnis, dass fair gehandelter Kaffee ein verbessertes

---

43 Quellen: Weltbank-Publikationen »Social impacts of sustainable coffee Vol. 1 of 1 (English)« und »Environmental benefits of sustainable coffee Vol. 1 of 1 (English)«, beide vom 1. Juni 2002.

Fair gehandelter Kaffee

Quelle: www.transfair.org

Abbildung 85: Links das aktuelle, internationale Fair-Trade-Siegel. Rechts das alte, bis 2003 gültige.

Ressourcenmanagement, geringeren Einsatz von Pestiziden – was die Gesundheitsrisiken reduziert – und mehr ländliche Arbeitsplätze ermöglicht.

Das wiederum hält die Kaffeepflanzer vom Anbau von Cocasträuchern oder Landflucht ab, was weitere gesellschaftliche Folgekosten hätte. Mehr Informationen zu dieser Thematik finden Sie unter www.transfair.org.

Fakt ist: Der Anfang des Jahrtausends auf Mehrjahrestief liegende Kaffeepreis hat viele kleinere Anbieter aus dem Markt gedrängt. Diese sind nun als Anbieter weggefallen. 2005 erholte sich der Kaffeepreis wieder, im Laufe des Jahres wurde wieder zumindest die Marke von 100 Cent je Pfund erreicht.

Das sind jedoch historisch gesehen noch keineswegs »hohe Preise«. Das bedeutet: Die kleineren Anbieter, die auf Alternativen zum Kaffee umgestiegen sind, sind noch nicht zum Kaffeeanbau zurückgekehrt, da der wirtschaftliche Anreiz noch zu gering ist. Aber selbst wenn die alten Anbieter zum Kaffeeanbau zurückgekehrt wären: Die alten Kaffeesträucher existieren nicht mehr, und neue brauchen fünf Jahre, bis sie das erste Mal tragen.

Selbst in dem utopischen Fall, dass sich der Kaffeepreis innerhalb von 24 Stunden verzehnfachen würde, könnte das Angebot nicht schlagartig erhöht werden. Die Ausweitung der Anbauflächen würde sich erst Jahre später in Form eines erhöhten Angebotes widerspiegeln.

Fazit Angebot: Wir rechnen für den Zeitraum bis 2010 mit einem mehr oder weniger stagnierenden Angebot an Kaffee. Der Rückgang der Anbauflächen, der durch den vorübergehend unter Kostendeckung liegenden Kaffeepreis verursacht worden war, betraf in erster Linie kleinere Anbieter und sollte durch Produktivitätsfortschritte in etwa ausgeglichen werden. Genaue Prognosen sind aufgrund der meteorologischen Auswirkungen (»brasilianischer Frost«!) schwieriger als bei robusteren Basiswerten wie Mais zu treffen.

Die Nachfrage

Die Kaffeenachfrage konnte zwischen 2000 und 2003 problemlos durch das Angebot befriedigt werden.[44] Eine Kaffeeknappheit gab es nicht, im Gegenteil: Das Erntejahr 2002/2003 brachte weltweit ein neues Rekordjahr, was die Kaffeeproduktion betraf. Das Angebot lag über der Nachfrage, der Kaffeepreis blieb relativ niedrig. Die Lager waren dementsprechend gut gefüllt.

Das änderte sich im Erntejahr 2003/2004, als aufgrund eines Ernteeinbruchs in Brasilien die Nachfrage das erste Mal in diesem Jahrtausend über dem Angebot lag: Die Nachfrage lag bei rund 114 Millionen Säcken Kaffee, die Produktion bei 109,5 Millionen Säcken. Diese Lücke konnte nur dank der vollen Lager (Lagerbestand von 28,2 Millionen Säcken Kaffee zu Beginn des Erntejahres 2003/2004) relativ problemlos geschlossen werden. Dennoch: Die Nachfrage lag über der Produktion, ein Punkt, der grundsätzlich für steigende Preise spricht.

Im folgenden Erntejahr 2004/2005 konnte aufgrund einer guten Ernte Brasiliens (plus 30,3 Prozent gegenüber Vorjahr!) das Angebot wieder die Nachfrage übertreffen. Die Nachfrage stieg jedoch weiter, und zwar um 2,6 Prozent. Und die Nachfrage wird weiter steigen. Und zwar weniger in den westlichen Industrienationen, da dort der Kaffeekonsum bereits ein relativ gesättigtes Niveau erreicht hat. Ein Beispiel: Jeder Deutsche konsumiert im Durchschnitt pro Tag vier Tassen Kaffee. Wir finden, dass dies ein recht hoher Durchschnittswert ist, der sich nicht mehr deutlich steigern dürfte (und vielleicht auch nicht weiter steigen sollte).

Anders sieht es in den Emerging Markets aus. Stichwort: China! Das Reich der Mitte ist zwar nicht als Nation von Kaffeetrinkern bekannt. Es ist auch durchaus unwahrscheinlich, dass der chinesische Kaffeekonsum innerhalb der nächsten 20 Jahre den chinesischen Teekonsum überflügeln wird. Darum geht

---

44 Vgl. hierzu: »The CRB Commodity Yearbook 2005«, S. 44 ff.

es aber auch gar nicht. Es geht darum, dass in China »wenig« statt »gar kein« Kaffee konsumiert werden wird. Denn selbst »wenig« ergibt multipliziert mit der chinesischen Bevölkerungszahl von 1,3 Milliarden beachtliche Mengen Kaffee.

Es handelt sich hier um keine unbegründete Aussicht beziehungsweise Wunschdenken unsererseits. Wir zitieren dazu eine chinesische Quelle, *China Radio International*. Dort hieß es in einer deutschsprachigen Sendung: »Kaffee ist in Chinas Mittelschicht zum unverzichtbaren Kennzeichen für Kultiviertheit geworden. Zwar füllt erst ein kleiner Prozentsatz der Chinesen ihre Tassen mit Kaffee statt Tee, doch lassen sich jedes Jahr Millionen bekehren, um zu zeigen, dass sie es zu etwas gebracht haben.«[45]

Jedes Jahr Millionen neue Kaffeetrinker! Das sollte den Kaffeeproduzenten die Dollar-Zeichen in die Augen springen lassen. Noch liegt der Anteil Chinas an der weltweiten Kaffeenachfrage bei bescheidenen ein bis zwei Prozent. Diese Nachfrage explodiert jedoch: Das Wachstum liegt bei jährlich 50 bis 100 Prozent.[46] Es ist nicht die chinesische Landbevölkerung, die zunehmend Kaffee trinkt. Es sind die chinesische Jugend sowie die städtische Ober- und Mittelschicht. Wir zitieren dazu nochmals China Radio International:

»Auf einer Mittelschule in der südchinesischen Provinz Fujian ist es schon üblich, dass die Schüler Päckchen mit Instantkaffee von zu Hause mitbringen. Löslicher Kaffee wird in China zumeist als trinkfertige Mischung mit Zucker und Milchpulver angeboten. Die praktische Verpackung und der süße Geschmack fanden bei den Jugendlichen in Fujian Anklang – sie trinken durchschnittlich eine Tasse Instantkaffee pro Tag. In den Kaffeegenuss eingeführt wurden diese Kinder auf Café-Besuchen mit ihren Eltern, der ersten Gruppe von Angestellten in Großunternehmen. (...) Mit der Verbreitung von Kaffeezubehör in den chinesischen Haushalten gehört ein wachsendes Angebot an Kaffeeprodukten zum Sortiment in den Supermärkten. In den größten chinesischen Städten führen gehobenere Warenhäuser schon Kaffeekannen und sogar italienische Kaffeemaschinen.«[47]

Das spricht für sich. Die chinesische Nachfrage nach Kaffee wird in den nächsten Jahren kräftig steigen, davon sind wir überzeugt. Das wird die weltweite Nachfrage insgesamt bis mindestens 2010 weiter steigen lassen.

---

45 Quelle: *China Radio International, deutschsprachige Sendung vom 7.4.2004, online abrufbar unter* http://de.chinabroadcast.cn/21/2004/04/07/1@8573.htm.

46 Quelle: *Ebenda.*

47 Quelle: *Ebenda.*

Fazit

2005 hielten sich beim Kaffee Angebot und Nachfrage in etwa die Waage. Das Angebot lag leicht über der Nachfrage, zudem waren die Lager gut gefüllt (rund 25 Millionen Säcke Kaffee im Jahr 2005).

Entscheidend ist aber die Tendenz, die Angebot und Nachfrage nehmen. Und diese Tendenz ist relativ eindeutig: Das Angebot stagniert, die Nachfrage steigt. Damit ist zwangsläufig irgendwann der Punkt erreicht, an dem die Nachfrage das Angebot übertrifft. Eine gute Ernte – das heißt ein Ausbleiben des »brasilianischen Frosts« – kann den Zeitpunkt des Erreichens dieses Punktes nur verzögern. Und auch die größten Lager sind irgendwann leer. Unserer Ansicht nach ist ein steigender Kaffeepreis deshalb praktisch programmiert. Natürlich wird ein steigender Preis neue Anbieter anziehen, sodass das Angebot an Kaffee mittel- bis langfristig wieder steigen wird und die Preise wieder fallen werden. Aufgrund der langen Vorlaufzeit (wie gesagt: Ein neuer Kaffeestrauch braucht fünf Jahre, bis er trägt) wird dies jedoch nicht vor 2010 der Fall sein.

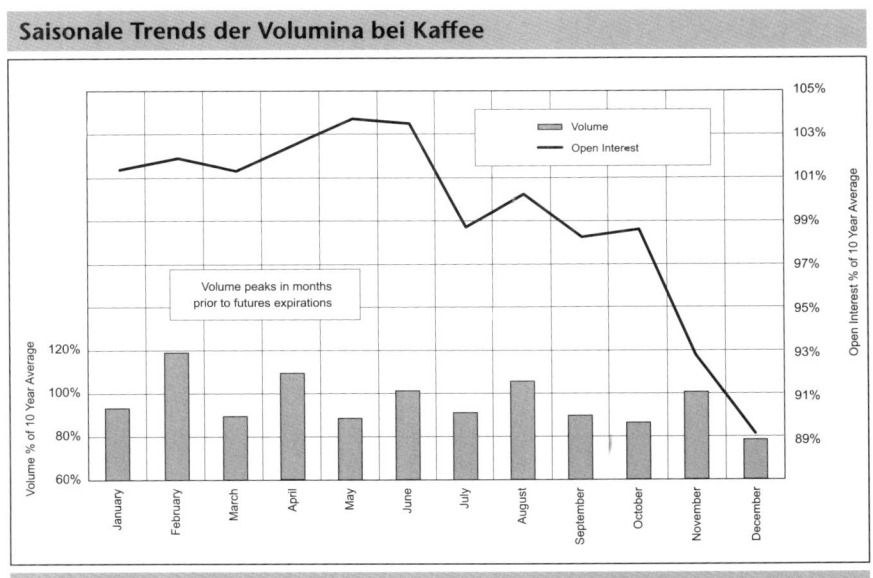

Saisonale Trends der Volumina bei Kaffee

Volume peaks in months prior to futures expirations

Volume
Open Interest

Quelle: Commodity Research Bureau, the 2005 CD-ROM

Abbildung 86: Beim Kaffee ist die Nachfrage im Februar – Winter auf der Nordhalbkugel – am größten.

Noch ein Hinweis für den Handel mit Kaffeezertifikaten: Die größten Preissprünge gibt es tendenziell im Juni, Juli und August. Das sind die brasilianischen Wintermonate, und ein Frosteinbruch kann den Preis des jeweiligen Kaffee-Futures schlagartig nach oben schießen lassen. Werden diese Monate jedoch überstanden, ohne dass es zu einem Frost in den brasilianischen Anbaugebieten gekommen ist, belastet das den Kaffeepreis tendenziell.

Kaffee wird auf dem Weltmarkt generell im Februar am stärksten nachgefragt. Im kalten Winter wird in den größten Nachfrageregionen USA, Europa und Japan offensichtlich mehr Kaffee konsumiert als an heißen Juli-Tagen. So ganz passt dieser Erklärungsansatz jedoch nicht, denn im August liegt die Nachfrage über der des Dezembers. Es sind wohl doch nicht nur die Trader, die bei jedem Wetter ihren Kaffee brauchen.

KAPITEL 12

Soft Commodities: Wasser

Wasser. H_2O. Diese zwei Buchstaben und eine Zahl klingen eher wie ein niedlicher Roboter aus einem Science-Fiction-Film als nach dem wichtigsten Rohstoff der Erde. Aber so ist es. Nicht umsonst wird Wasser, das aus einem Sauerstoffmolekül und zwei Wasserstoffmolekülen besteht, unter Rohstoffexperten bereits heute das »blaue Gold« genannt. Für viele Anleger, die sich noch nicht eingehend mit der Thematik Wasser beschäftigt haben, klingt diese Formulierung wie eine reißerische Phrase. Aber leider spiegelt diese Bezeichnung nur die künftige Entwicklung im Wassermarkt wider.

Auf den nächsten Seiten erfahren Sie, warum Wasser das Potenzial besitzt, sogar noch wertvoller als Gold oder Öl zu werden. Für uns hier in Deutschland ist das schwer vorstellbar, das geben wir zu. Wenn wir Durst haben, dann gehen wir an unseren Kühlschrank und trinken ein Mineralwasser oder ein gutes, altes »Kranberger on the rocks« aus dem Wasserhahn.

Wasser wird von uns in den entwickelten Industrieländern allgemein als billig empfunden. Wir haben ja auch Wasser im Überfluss. Aber machen Sie einfach mal folgenden Vergleich im Alltag: Ein Liter Benzin (Marke Super Bleifrei) kostet derzeit 1,25 Euro – und es gibt wohl niemanden, der das nicht viel zu teuer findet. Ganz ehrlich: Das sind Horrorpreise. Selbst 1,00 Euro ist historisch betrachtet teuer. Wir empfinden diesen Preis nur nicht mehr als teuer, da unsere Schmerzgrenze durch die Zeit der hohen Benzinpreise nach oben verschoben wurde.

Jetzt setzen wir diesen ultrahohen Benzinpreis von 1,25 Euro ins Verhältnis zu dem Preis für einen Liter Mineralwasser, das man ganz normal im Supermarkt kaufen kann: Hier kostet der Liter Mineralwasser circa 0,63 Euro. Das heißt: Nur zwei Liter Mineralwasser sind so teuer wie ein Liter Benzin. Und von den Benzinpreisen sind wir alle der Meinung, dass sie extrem hoch sind. De facto ist Trinkwasser selbst bei uns in Deutschland schon gar nicht mehr so billig, wie wir immer denken.

Das verwundert nicht wirklich. Denn Wasser wird im Zusammenspiel der Emerging Markets und der Rohstoffe einer der herausragenden Trends unserer Zeit werden. Nur hat die Masse der Anleger diesen Trend bisher noch nicht wahrgenommen. Das liegt zum einen daran, dass Wasser in unseren Ländern massenhaft vorhanden ist.

Zum anderen, und das ist ein entscheidender Punkt, ist Wasser kein Rohstoff im klassischen Sinne. Es gibt keinen Futures-Markt für Wasser. Folglich lässt sich die zunehmende Werthaltigkeit des blauen Goldes nicht so offensichtlich in einer steigenden Preisentwicklung festmachen, wie es zum Beispiel bei Silber, Uran oder Orangensaft der Fall ist.

Doch das ändert nichts an der brisanten Situation bei Wasser. Vielmehr sorgt es nur dafür, dass sich die Masse der Anleger mit diesem Thema überhaupt nicht beschäftigt. Das bietet weitsichtigen Investoren jedoch die Chance, sich schon jetzt den entscheidenden Informationsvorsprung in einem der zentralen Rohstoffe der Zukunft zu sichern.

Die globale Wassersituation

Als Daniel Wilhelmi im Herbst 2005 mit der Rohstoff-Legende Jim Rogers sprach, sagte dieser zum Thema Wasser Folgendes:

> »Wasser wird ein extrem bedeutender Rohstoff (...) in vielen Teilen der Welt über die nächsten zwei bis drei Jahrzehnte werden. Es werden Kriege um Wasser geführt werden. Wenn Sie einen Weg finden, das Wasserproblem der Welt zu lösen, werden Sie undenkbar viel Geld verdienen. (...) Es ist eine sehr brisante Situation, und sie wird noch viel, viel brisanter werden.«

Börsen-Legende Jim Rogers im Interview mit Daniel Wilhelmi

Quelle: Daniel Wilhelmi

Abbildung 87: Daniel Wilhelmi im Interview mit Börsen-Legende und Rohstoffexperte Jim Rogers auf der »Gewinn«-Messe in Wien am 21. Oktober 2005.

Er ist nicht der Einzige, der eine solch düstere Prognose stellt. Schon vor Jahren warnte der damalige UN-Generalsekretär Boutros Ghali: »Die nächsten Kriege werden um Wasser geführt.« Kriege um Wasser? Für die meisten Menschen aus Industrieländern klingt das absurd. Aber was würden Sie sagen, wenn wir Ihnen erklären, dass es sich hierbei um keine Fiktion handelt? Was würden Sie sagen, wenn wir Ihnen erklären, dass es den ersten Krieg um Wasser nämlich schon gegeben hat?

Nur wissen das nicht sehr viele Menschen. Doch Israel hat im »Sechs-Tage-Krieg« von 1967 die Golan-Höhen erfolgreich besetzt und später annektiert, obwohl die Golan-Höhen völkerrechtlich zu Syrien gehören. Der Hintergrund für diese Besetzung war keineswegs nur militärstrategischer Natur. Vielmehr weisen die wasserreichen Golan-Höhen für die Region sehr hohe Niederschläge auf und sind damit der Schlüssel für die unmittelbare regionale Wasserversorgung. Den ersten Krieg, dessen Motiv unter anderem die Sicherung einer Wasserversorgung ist, hat es also bereits gegeben. Es besteht die Befürchtung, dass es nicht der letzte gewesen sein wird. Doch warum? Schließlich haben wir jede Menge Weltmeere, die Polargletscher, und wenn es hart auf hart kommt, meine Güte, dann gibt es ja auch noch den Rhein ...

Leider stellt sich die wirkliche Situation völlig anders dar. Zwar stimmt es, dass 70 Prozent der Erde von Wasser bedeckt sind. Über zwei Drittel der Erdoberfläche ist blau. Aber: Lediglich 2,5 Prozent aller Wasservorkommen sind Süßwasser und damit für den Menschen, ohne vorherige Aufbereitung, trinkbar!

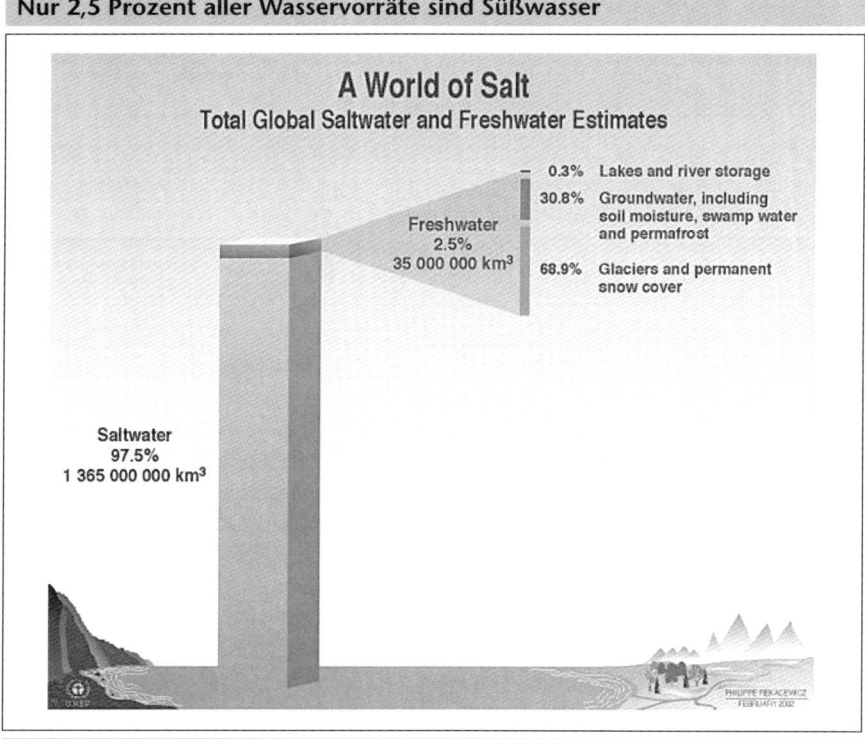

Nur 2,5 Prozent aller Wasservorräte sind Süßwasser

A World of Salt
Total Global Saltwater and Freshwater Estimates

Freshwater
2.5%
35 000 000 km³

— 0.3% Lakes and river storage

30.8% Groundwater, including soil moisture, swamp water and permafrost

68.9% Glaciers and permanent snow cover

Saltwater
97.5%
1 365 000 000 km³

Quelle: UNEP

Abbildung 88: Vom Weltraum aus sieht die Situation viel besser aus, als sie in Realität eigentlich ist: Der »blaue Planet« ist zwar zu 70 Prozent von Wasser bedeckt, aber davon sind nur 2,5 Prozent aller Wasservorkommen Süßwasser und damit für den Menschen direkt trinkbar.

Das ist noch nicht alles: Von diesen mickrigen 2,5 Prozent Süßwasser befindet sich der Löwenanteil, nämlich satte 68,9 Prozent, in den verschneiten Gletschern der arktischen Polare – und ist damit für den Menschen nicht direkt zugänglich. Oder anders ausgedrückt: Tatsächlich kann der Mensch daher nicht einmal ein Prozent aller Wasservorräte unmittelbar nutzen.

Der Rest des Wassers muss erst aufbereitet werden. Lassen Sie diesen Fakt auf sich wirken. Wenn Sie die Dimension dieser Aussage begreifen, dann verstehen Sie, warum die Wassersituation so explosiv ist. Reines Süßwasser ist ein knappes Gut. Ein sehr knappes Gut. Die Angebotsseite dieses Rohstoffes ist winzig. Deshalb ist der Vergleich zu Gold oder Öl absolut berechtigt.

Aber nicht nur das: Die Angebotsseite (sprich: die Wasservorräte) sinkt auch noch. Die verfügbare Wassermenge pro Kopf ist weltweit seit 1970 um 40 Prozent gesunken! Da sich die Wassersituation in den Industriestaaten kaum verändert hat, wird sofort klar, wie dramatisch die Lage in den Emerging Markets und in den Entwicklungsländern ist.

Aber das ist, wie Sie wissen, nur die eine Seite der Medaille: Dem Angebot steht bekanntlich die Nachfrage gegenüber. Erst das Zusammenspiel dieser beiden Faktoren (beziehungsweise das Missverhältnis beider Seiten) lässt im Rohstoffsektor Situationen entstehen, aus denen Anleger Profit schlagen können.

Bei Wasser trifft das niedrige Angebot auf eine weltweit steigende Nachfrage. Der globale Verbrauch von sauberem beziehungsweise aufbereitetem Wasser steigt seit Jahren rapide an. In den zurückliegenden 100 Jahren hat sich die Weltbevölkerung verdreifacht, aber der Wasserverbrauch hat sich gleichzeitig versiebenfacht. In den nächsten fünf Jahren soll die Nachfrage nach sauberem Wasser um circa 8,0 Prozent pro Jahr wachsen. Laut Schätzungen der UNO wird sich der Süßwasserverbrauch in den nächsten 30 Jahren noch mal verdreifachen.

Das Besondere am Rohstoff Wasser

Doch Wasser ist eben nicht wie jeder andere Rohstoff. Das macht die Situation des »blauen Goldes« so einzigartig und gleichzeitig brisant: Wasser ist für den Menschen absolut lebensnotwendig. Im Gegensatz zu fast allen anderen Rohstoffen ist Wasser für uns von existenzieller Bedeutung. So besteht der Mensch zu 60 Prozent aus Wasser – das ist ein Fakt, der allgemein bekannt ist. Aber wussten Sie auch: Wenn der Mensch nur 15 Prozent seiner Wassermenge verliert, stirbt er.

Das ist der entscheidende Unterschied zu den traditionellen Rohstoffen: Beim Rohstoff Wasser gibt es keine Möglichkeit einer Substitution (wie beispielsweise zwischen Platin und Palladium) oder eines Aufschubes, wie es bei anderen Agrarrohstoffen der Fall ist. Nehmen Sie zum Beispiel die Soft Commodity Kakao. Kakao ist ein sehr spannender Rohstoff, das steht völlig außer Frage. Als Begründung für steigende Kakaopreise wird dabei sehr häufig die China-Karte gespielt. Wenn sich nur jeder zweite Chinese eine Tafel Schokolade leisten kann, dann wird die Nachfrage nach Kakao explodieren.

Dem ist nicht zu widersprechen, aber Fakt ist auch: Wenn sich Millionen von Chinesen keine Schokoladentafel leisten können – gute Güte, dann essen sie eben halt keine. Das ist kein Problem. Das Gleiche gilt für Orangensaft oder Gewürze. Alle diese Soft Commodities sind wichtige Agrarrohstoffe. Doch was Anleger häufig falsch verstehen: Hierbei handelt es sich um Luxus-Agrarrohstoffe. Diese Rohstoffe bereichern unser Leben, sie machen unser aller Leben besser, aber wenn sie wegfallen, entstehen uns keine existenziellen Probleme.

Im Gegensatz dazu können die Menschen nicht auf Wasser verzichten – sonst sterben sie. Wasser besitzt also eine Nachfrage, die so unelastisch ist wie bei keinem anderen Rohstoff. Gleichzeitig gibt es keinen Rohstoff, bei dem sich die Nachfrage und das Angebot für die Zukunft so genau prognostizieren lassen – und damit den Wassernotstand dokumentieren. Denn Wasser ist ein endlicher Rohstoff, und die Nachfrage kann anhand des Bevölkerungswachstums und der Evolution der Weltwirtschaft recht genau bemessen werden.

Der aktuelle Wassernotstand

Kommen wir damit zu der aktuellen Wassersituation auf unserer Erde. Derzeit haben 20 Prozent der Erdbevölkerung keinen Zugang zu sauberem Trinkwasser. Die UNEP, eine Tochter der UNO, schätzt, dass derzeit 1,2 Milliarden Menschen keinen regelmäßigen Zugang zu sauberem Trinkwasser haben. Schon jetzt sterben jährlich zehn Millionen Menschen an den Folgen von verschmutztem Trinkwasser. In 2025 werden 3,4 Milliarden Menschen in Regionen leben, in denen Wasserknappheit herrschen wird. Das wird fast 40 Prozent der gesamten Weltbevölkerung entsprechen. Halten Sie sich diese Zahl bitte vor Augen: 40 Prozent aller Menschen auf diesem Erdball werden in nicht einmal 20 Jahren unter Wasserknappheit leiden!

Diese Menschen werden sterben ohne Zugang zu oder Versorgung mit sauberem Wasser. Und es werden noch mehr werden, wenn sich die Lage nicht schnell verbessert. Das entscheidende Wort für Börsianer ist hier »schnell«. Als Investoren sind wir an Anlagen interessiert, die unmittelbar oder aber zumindest in einem absehbaren, mittelfristigen Zeitfenster eine Rendite versprechen. Was bringt einem Investor der tollste Trend, wenn dieser erst in 30 Jahren seinen Durchbruch feiert? Für solche Aktien interessiert sich der Markt vielleicht in 20 oder 25 Jahren, aber noch nicht in den nächsten fünf Jahren. Glücklicherweise, und das meinen wir hier vor allem im Zusammenhang mit den bemitleidenswerten Menschen, die unter schrecklichem Wassermangel leiden, wird es bei Wasser nicht so lange dauern. So weit wollen und können es die Regierungen rund um den Globus gar nicht erst kommen lassen. Wir werden darauf gleich im Zusammenhang mit China genauer eingehen.

So hat die UNO das Jahrzehnt 2005/2015 dementsprechend als das »Water for Life«-Jahrzehnt deklariert. Das zeigt Ihnen, welchen Stellenwert Wasser nicht erst in 20 Jahren, sondern schon in der kommenden Dekade einnehmen wird. (Ziel des »Water for Life«-Projektes ist es, die Zahl der Menschen ohne Zugang zu sauberem Trinkwasser und ohne Zugang zu modernen Sanitäranlagen um jeweils 50 Prozent zu reduzieren.)

Der Wasserverbrauch

Wie Sie in Abbildung 89 sehen, wird Wasser in vier Bereichen verbraucht. Wichtig ist dabei, dass der industrielle Wasserverbrauch größer wird, je weiter

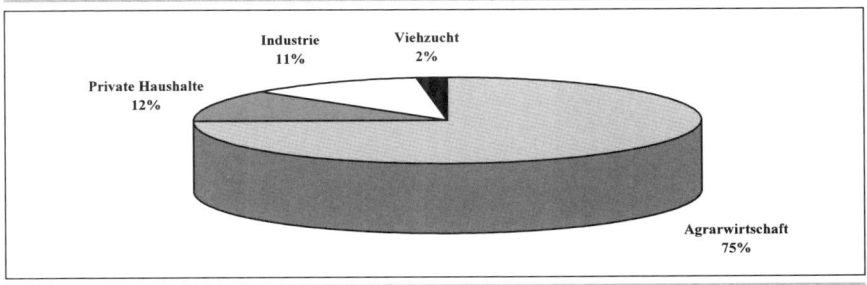

Prozentualer Anteil einzelner Sektoren am Wasserverbrauch in den Emerging Markets

Industrie 11%

Viehzucht 2%

Private Haushalte 12%

Agrarwirtschaft 75%

Quelle: *eigenes Research, Société Générale Research*

Abbildung 89: Diese Durchschnittswerte verschieben sich je nach dem Entwicklungsgrad eines Landes. In Industrieländern macht die Industrie einen Anteil von 59 Prozent aus, während die Landwirtschaft nur 30 Prozent des Wasserverbrauchs verursacht. In den unterentwickelten Emerging Markets ist es hingegen umgekehrt.

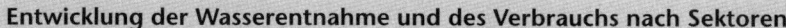

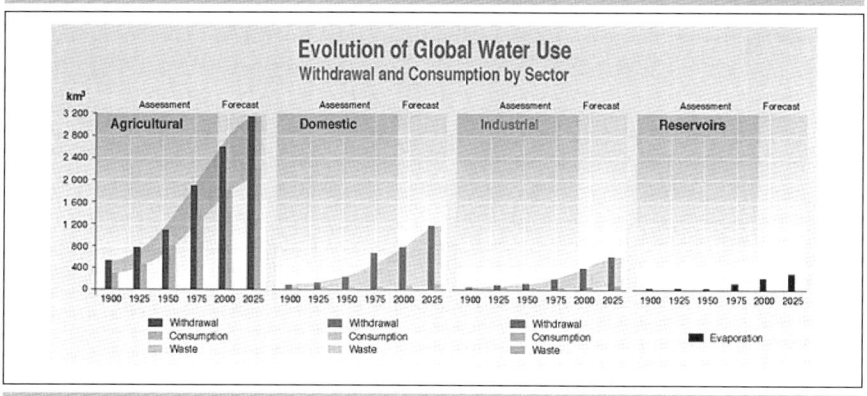

Entwicklung der Wasserentnahme und des Verbrauchs nach Sektoren

Evolution of Global Water Use
Withdrawal and Consumption by Sector

Quelle: UNEP

Abbildung 90: Wie Sie in den vier Grafiken sehen, wird der Wasserverbrauch in allen Bereichen in den nächsten 20 Jahren stark ansteigen. Besonders problematisch ist dabei die extrem ineffiziente Wassernutzung im Agrarsektor, da dieser Bereich den Hauptanteil des Wasserverbrauchs ausmacht.

ein Land in seiner wirtschaftlichen Entwicklung ist und je näher es damit dem Sprung zur Industrienation kommt. Der Hauptanteil des Wasserverbrauchs entfällt mit 75 Prozent auf die Agrarwirtschaft, wobei der Anteil in vielen Emerging Markets wesentlich höher ist. Teilweise liegt der Prozentsatz für die landwirtschaftliche Nutzung bei deutlich höheren 82 Prozent.

Das Problem im Wassersektor sehen Sie in Abbildung 90: In keinem Bereich ist die Verschwendung von sauberem Wasser so hoch wie im Agrarsektor. Aber nach den Schätzungen der UNEP wird sich die Situation in den nächsten 20 Jahren nicht verbessern, sondern verschlimmern.

Immer mehr Emerging Markets werden zwar wirtschaftliche Fortschritte machen, aber noch nicht den Sprung weg von einer Landwirtschaft getragenen Wirtschaft hin zur Industrienation schaffen. Das bedeutet: Die industrielle Nachfrage wird ansteigen, aber die hohe Nachfrage aus der Agrarwirtschaft wird nicht gleichzeitig massiv zurückgehen.

Die weltweite Wasserverteilung

Die beiden Regionen mit der schlechtesten Wasserversorgung sind Afrika und Asien. Wie Sie – traurigerweise klar – in Abbildung 91 erkennen, liegt der prozentuale Anteil der asiatischen Bevölkerung ohne Wasserversorgung bei 65 Prozent. Bei den Sanitäranlagen sind es sogar 80 Prozent. Die ganze Dimension dieser Zahlen wird klar, wenn man sie ins Verhältnis zu der hohen Bevölkerungszahl Asiens setzt. Denn in Asien leben mit vier Milliarden Menschen derzeit gut 60 Prozent der gesamten Erdbevölkerung.

Selbst im unterentwickelten Südamerika (inklusive der Karibik-Staaten) liegt der Prozentsatz der Bevölkerung ohne Wasserversorgung nur bei sechs Prozent und ohne Sanitäranlagen bei fünf Prozent. Das zeigt Ihnen, wie dramatisch die Lage in Asien ist. In keiner anderen Region der Welt klafft die Schere

Anteil der Bevölkerung ohne Wasserversorgung oder Sanitäranlagen

Anteil ohne Zugang zu Wasserversorgung:

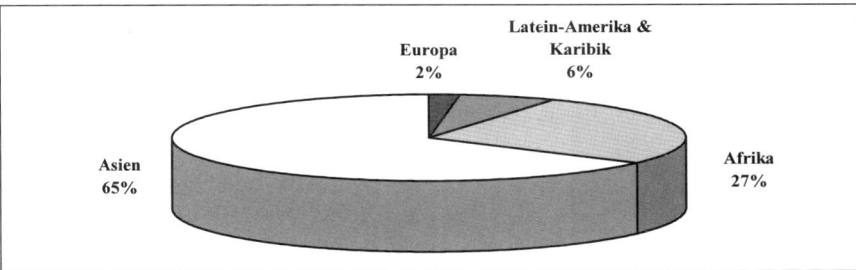

Anteil ohne Zugang zu Sanitäranlagen:

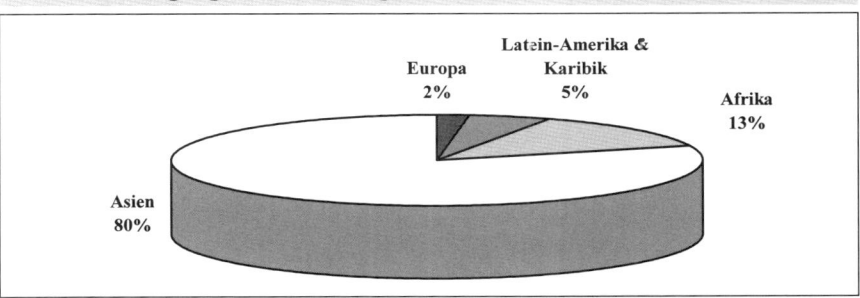

Quelle: UNO, Water for Life Decade 2005-2015

Abbildung 91: Die Situation ist dramatisch: In Asien haben 65 Prozent aller Menschen keine ausreichende Wasserversorgung. In Afrika sind nur 27 Prozent ausreichend mit Wasser versorgt. Obwohl die dortige Situation der Menschen ohne Wasser also noch katastrophaler ist als in Asien, legen wir im Folgenden den Fokus auf Asien und China.

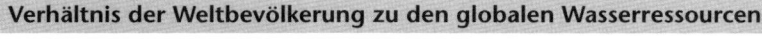

Verhältnis der Weltbevölkerung zu den globalen Wasserressourcen

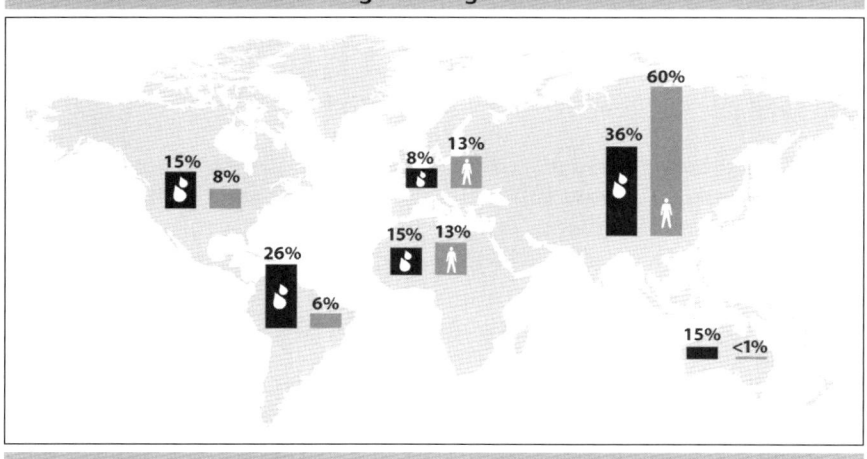

Quelle: UNO, Water for Life Decade 2005–2015

Abbildung 92: Eine wichtige Grafik für jeden Investor, der sich mit dem Wassersektor beschäftigt. Sie zeigt klar, dass der regionale Brennpunkt der Wasserknappheit in den nächsten Jahren in Asien liegt. Dort leben inzwischen bereits 60 Prozent aller Menschen, aber es befinden sich nur 36 Prozent aller Wasserressourcen vor Ort.

zwischen zugänglichen sauberen Wasserressourcen und Bevölkerungszahl so weit auseinander.

In Asien leben, wie gesagt, circa 60 Prozent der gesamten Erdbevölkerung, aber diese Menschen haben nur Zugang zu 36 Prozent der globalen Wasserressourcen! Dazu kommt das Problem der Sanitäranlagen: In Indien haben beispielsweise zwei Drittel der 1,1 Milliarden Menschen großen Bevölkerung immer noch keinen Zugang zu Sanitäranlagen (und 15 Prozent keinen Zugang zu sauberem Trinkwasser).

Abbildung 92 zeigt einen ganz entscheidenden Punkt für Investments im Wassersektor. Es ist eine häufige Fehleinschätzung, dass Wasser ein allgemeines Problem der Emerging Markets ist. Das stimmt so nicht. Schauen Sie sich nur Südamerika an: Auf sechs Prozent der Weltbevölkerung kommen satte 26 Prozent der Wasserressourcen. Natürlich gibt es auch in Südamerika Versorgungsprobleme. Schließlich ist die Wasserknappheit ein globales Problem, das selbst uns im industrialisierten Europa erfasst.

Denken Sie nur an den Wassermangel in Spanien, den das Land inzwischen fast jährlich während der immer heißer werdenden Sommermonate erlebt. Aber, und das ist der für Börsianer eigentlich wichtige Fakt, das Wasserproblem hat in unterschiedlichen Regionen der Welt eine unterschiedliche zeitliche Priorität.

Dementsprechend wird der Trend »Wasser« also auch nicht in einem großen Knall boomen, wie es bei den Internetwerten der Fall war: Vielmehr wird die Wasserversorgung in den verschiedenen Regionen in unterschiedlichen Zeitenphasen zum heißen Investmentthema werden. Clevere Anleger setzen also nicht auf den globalen Wassersektor, sondern filtern gezielt die Regionen heraus, in denen der Wassertrend zu dem jeweiligen Zeitpunkt besonders im Fokus von staatlichen Projekten und Investitionen steht.

Für Sie bedeutet das: Wenn Sie unmittelbar von dem Trend »Wasser« profitieren wollen, dann müssen Sie dorthin gehen, wo der Notstand in den nächsten Jahren besonders akut und groß ist. Das ist Asien, und hier vor allem China. Denn Asien hat weltweit den höchsten Wasserverbrauch, was aufgrund der Bevölkerungsdichte auch logisch ist. Das wirklich Dramatische an der Situation ist aber, dass Asien auch die meisten Wasserressourcen verbraucht, da bisher noch zu wenig gebrauchtes Wassers aufbereitet und geklärt wird.

Anstatt also bestehende Wasservorkommen durch Kläranlagen zu reinigen, werden die Ressourcen in Asien immer weiter ausgebeutet. Das Grundwasser

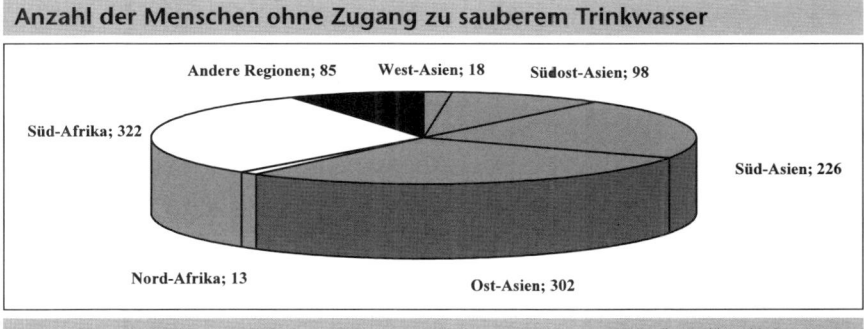

Anzahl der Menschen ohne Zugang zu sauberem Trinkwasser

Andere Regionen; 85   West-Asien; 18   Südost-Asien; 98

Süd-Afrika; 322

Süd-Asien; 226

Nord-Afrika; 13

Ost-Asien; 302

Quelle: World Health Organization

Abbildung 93: Angaben in Millionen. Bei Wasserverschmutzung und Trinkwasserknappheit denkt die Masse immer zuerst an Afrika. Das ist durchaus richtig. Aber aufgrund der höheren Bevölkerungsdichte ist der Anteil Asiens, gemessen an der Anzahl der Menschen, deutlich größer.

Globale Wasserentnahme und Verbrauch

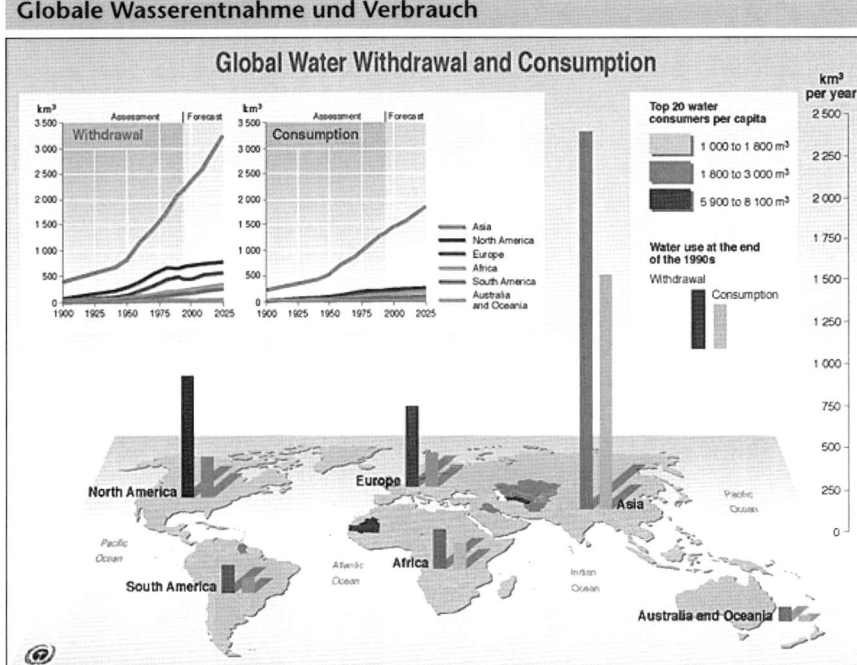

Quelle: UNEP

Abbildung 94: Asien hat nicht nur mit Abstand den höchsten Wasserverbrauch, sondern auch die höchste Abschöpfungsrate. Nach den Berechnungen der UNEP wird die Ausbeutung der Wasserressourcen in den kommenden 20 Jahren dramatisch ansteigen, was die Angebotsseite massiv verknappen wird.

wird immer weiter abgeschöpft, und nicht verseuchte Flüsse und Seen werden geradezu ausgesaugt, als seien es Milchshakes. Doch diese Ressourcen sind damit für immer verbraucht. Asien und China steuern nicht auf eine Wasserkrise zu, sie befinden sich schon mittendrin. Deshalb besitzt Asien auch nach Nordamerika und Europa den höchsten Investitionsbedarf in die Wasserwirtschaft.

Lassen Sie sich durch Abbildung 95 jedoch nicht täuschen. Der Grund, warum Europa und Nordamerika höhere Ausgaben haben, liegt darin, dass hier natürlich wesentlich mehr Haushalte und Städte mit Wasseranschlüssen verbunden sind als in Asien. Während es in Asien vielerorts erst um den existenziellen Aufbau und Ausbau von Wasseranschlüssen, Kanalisationssystemen,

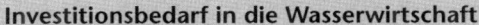

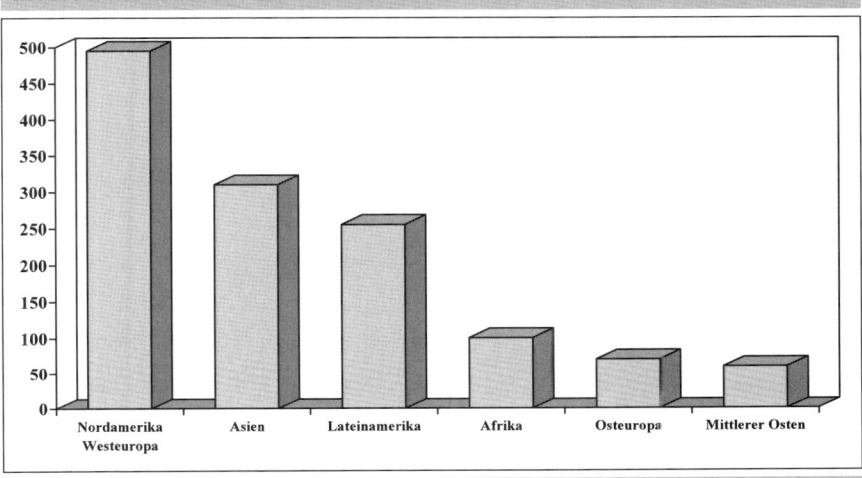

Investitionsbedarf in die Wasserwirtschaft

Quelle: Société Générale Research

Abbildung 95: Angaben in Milliarden US-Dollar. Nirgendwo in der Welt der Emerging Markets ist der Investitionsbedarf so riesig wie in Asien. Das bedeutet für Investoren: Wo die meisten Investitionen fließen, wird mit Aktien der richtigen Unternehmen auch das meiste Geld zu verdienen sein.

Sanitär- und vor allem Wasseraufbereitungsanlagen geht, drehen sich die Investitionen in den Industrieländern vielmehr um die Modernisierung und Instandhaltung der bereits vorhandenen Anlagen.

Die dramatische Eile wie in Asien ist in den USA und Europa also nicht gegeben. Wenn sich eine Stadt, ein Bundesland oder ein Privathaushalt eine Modernisierung der Anschlüsse und Kanäle nicht leisten kann, dann wird diese Investition eben um einige Jahre in die Zukunft verschoben. Keine große Sache. In Asien sieht die Situation ganz anders aus.

Wie Sie in Abbildung 96 sehen, hinkt die Emerging-Markets-Region Asien den Industrienationen Europa und Nordamerika beim prozentualen Anteil der Wasseranschlüsse und Kanalisationszugänge deutlich hinterher. Dabei müssen Sie zudem bedenken, dass in Asien mehr Menschen leben als in Nordamerika und Europa zusammen. Selbst wenn also der prozentuale Abstand zu den Industrieländern nicht so dramatisch ist wie der Abstand von Afrika zu den Industrieländern, so ist die absolute Anzahl der Asiaten ohne Wasseranschlüsse und Kanalisationszugänge jedoch deutlich hoch. Zudem zeigt diese Grafik

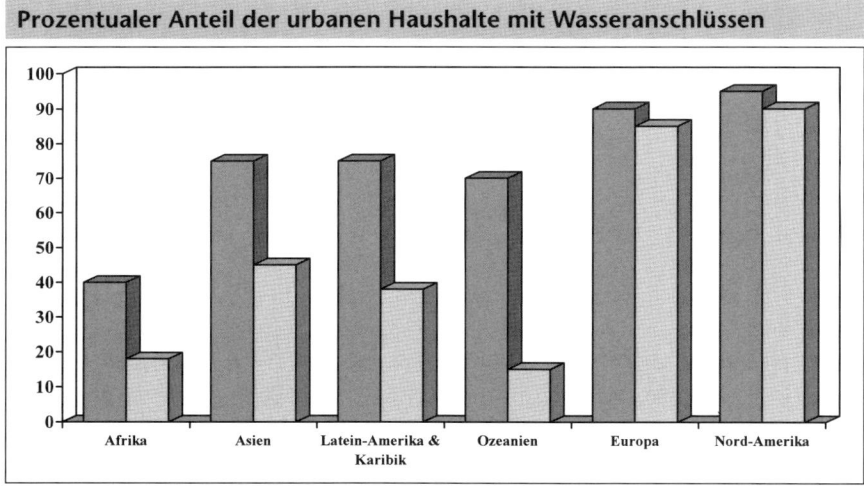

Prozentualer Anteil der urbanen Haushalte mit Wasseranschlüssen

Quelle: UNO, Water for Life Decade 2005–2015

Abbildung 96: Die dunkelgrauen Balken zeigen den Anteil der Haushalte in Städten mit einem Wasseranschluss. Die hellgrauen Balken zeigen den Anteil der Haushalte mit Kanalisationszugängen.

lediglich die Situation in den Großstädten. Da können Sie sich vorstellen, wie problematisch die Situation bei der unterentwickelten Landbevölkerung aussieht.

KAPITEL 13

Emerging Markets: China & Wasser

Im Folgenden wollen wir uns auf die Wassersituation in China konzentrieren, da wir in diesem Buch leider nicht den Platz haben, um auf alle Regionen einzugehen. Deshalb fokussieren wir uns, ganz nach dem oben beschriebenen Investmentsatz für den Wassersektor, auf das größte Land Asiens. Denn in China ist die Wasserproblematik besonders alarmierend, was das Reich der Mitte für Wasserinvestoren kurz- bis mittelfristig zum wichtigsten Land weltweit macht.

Dabei umfasst die Wasserkrise in China vier verschiedene Bereiche: die Wasserverschmutzung, den Wassermangel, die rapide sinkende Wasserqualität (wobei diese beiden Punkte eng miteinander verbunden sind) und Wasserkatastrophen, wie unkontrollierbare Überschwemmungen, die aufgrund der Umweltschäden immer häufiger auftreten. Im Folgenden konzentrieren wir uns aber auf die ersten zwei Punkte, die in Fachkreisen auch als das »Zwillingsproblem der chinesischen Wasserkrise« betitelt werden.

Auf den ersten Blick sieht die Situation in China gar nicht so problematisch aus. China besitzt nach Brasilien, Russland und Kanada die größten Wasser-

Länderfakten – China

Größe:	9,59 Mio. qkm
Bevölkerungszahl:	1,29 Mrd.
Hauptstadt:	Beijing (früher Peking)
Währung:	Yuan beziehungsweise Renmimbi
Börsenplatz:	Shanghai, Hongkong Stock Exchange
Leitindex:	Hang Seng
Leistungsbilanz 2006:	+199,0 Mrd. USD
BIP 2006:	2,61 Bil. USD
BIP pro Kopf 2006:	1.987 USD
BIP-Wachstum 2005:	10,2%
BIP-Wachstum 2006	10,5% (Prognose)
BIP-Wachstum 2007:	9,5% (Prognose)
Arbeitslosenquote:	8,5%
Inflationsrate:	1,6%

Quellen: Deutsche Bank Research, Allianz/Dresdner Bank Research, Auswärtiges Amt Wirtschaftsdaten

vorräte der Welt. Das Reich der Mitte ist also weltweit die Nummer vier bei den Wasserressourcen. Das klingt alles andere als nach einem Problemfall.

Aber: Es ist eben nicht die absolute Größe der Wasserressourcen entscheidend, sondern das Verhältnis zur Bevölkerung. So ist China zwar die Nummer vier bei den Wasserressourcen, aber im riesigen Reich der Mitte leben auch 1,3 Milliarden Menschen. Das Land beherbergt somit 22 Prozent der Weltbevölkerung, besitzt aber nur sieben Prozent aller Frischwasserressourcen. Oder anders ausgedrückt: Die Wasserressourcen von China sind so groß wie die von Kanada, aber die Bevölkerung in China ist um den Faktor 100 größer. Dadurch liegt China bei den Pro-Kopf-Ressourcen von Wasser weltweit nur auf Platz 88 – das ist die eigentlich bedeutende (und alarmierende) Zahl. Das macht China laut UNO zu einem der Länder mit den weltweit niedrigsten Wasserressourcen pro Kopf.

Die Pro-Kopf-Wasserressourcen liegen sage und schreibe 75 Prozent unter dem weltweiten Durchschnitt. Doch das ist noch nicht die schlechteste Nachricht: Der Höhepunkt des Wasserverbrauchs wird aufgrund der steigenden Bevölkerungszahl in China erst für 2030 erwartet. Bis dahin steigt die Nachfrage (gemessen am Bevölkerungszuwachs) immer weiter an, obwohl das Angebot durch die überdurchschnittlich stark ausgebeuteten Wasservorräte immer weiter zurückgeht. So prognostiziert das chinesische Ministerium für Wasserressourcen, dass die Wassermenge pro Kopf bis 2030 noch mal um 20 Prozent fallen wird.

Lassen Sie uns die Dramatik an einem Beispiel illustrieren, da nackte Zahlen immer sehr abstrakt sind und die Situation in China nur in der für Statistiken typischen unterkühlten Form widerspiegeln. Wir gehen davon aus, dass Sie gerne Mineralwasser trinken, so wie die meisten Deutschen. Wir trinken jedenfalls gerne Mineralwasser, und zwar gleich mehrere Flaschen täglich. Vielleicht haben Sie auch gerade ein Glas voll sprudelndem Wasser neben sich stehen und greifen danach.

Es ist für uns alltäglich und nichts Besonderes. Wir Deutschen trinken pro Jahr im Durchschnitt 125 Liter Mineralwasser. Was glauben Sie, wie viel Mineralwasser ein Chinese aktuell pro Jahr trinkt? Lesen Sie nicht weiter. Raten Sie einfach: 60 Liter? 40 Liter? Vielleicht sogar nur niedrige zehn Liter pro Jahr? Was meinen Sie?

Die Antwort lautet: Durchschnittlich trinkt ein Chinese pro Jahr gerade mal drei Liter Mineralwasser. Drei mickrige Liter. Das trinken die meisten von uns in zwei Tagen. Zugegeben, Mineralwasser ist in China fast noch ein Luxusartikel, aber dieses reale Beispiel verdeutlicht Ihnen, wie unterentwickelt die Wassersituation in China ist.

Das Hauptproblem in China ist die ungleiche Wasserverteilung zwischen dem Norden und dem Süden, als deren Trennlinie der Yangtze-Fluss gilt, der mit 6.300 Kilometern der längste Fluss und eine der blauen Adern Chinas ist. Hier liegt das Kernproblem der chinesischen Wasserversorgung. So leben 55 Prozent der Bevölkerung im Süden Chinas. Doch der Süden verfügt gleichzeitig über gut 81 Prozent der gesamten chinesischen Wasservorkommen (wobei das bei der unglaublichen Verschmutzung nichts heißt; aber darauf kommen wir gleich zu sprechen).

Demgegenüber verfügt der Norden nur über 19 Prozent des chinesischen Wasseraufkommens, obwohl hier 45 Prozent aller Chinesen leben. Das sind 585 Millionen Menschen. Fast zwei Mal so viele Menschen wie in den gesamten USA leben. Im ländlichen Norden Chinas liegt die Wasserversorgung damit 90 Prozent unter dem weltweiten Durchschnitt und 80 Prozent unter dem Niveau des chinesischen Südens. Einer der Hauptgründe ist die katastrophale Ausbeutung des Gelben Flusses, der nicht umsonst als »Lebensader des Nordens« bezeichnet wird. Doch diese »Lebensader« ist in den vergangenen Jahren gnadenlos ausgesaugt worden.

Landkarte von China mit den jährlichen Regenmengen

Quelle: www.china9.de

Abbildung 97: Diese Landkarte vom Reich der Mitte ist anhand der jährlichen Niederschläge strukturiert. Je dunkler eine Region ist, desto höher ist die Niederschlagsmenge. Je heller ein Gebiet, desto weniger Regen fällt dort. Südlich des größten chinesischen Flusses Yangtze liegen 81 Prozent der chinesischen Wasserressourcen, obwohl sich dort nur 36,5 Prozent der geographischen Fläche Chinas befinden.

So werden 60 Prozent des Gelben Flusses für Haushalte und Industrie genutzt. Das liegt um 50 Prozent über dem international angesetzten Limit von 40 Prozent für Flusswassernutzungen. Dadurch ist der Grundwasserspiegel derart stark gesunken, dass der Gelbe Fluss inzwischen jedes Jahr mehrere Monate lang das Meer nicht mehr erreicht.

Das chinesische »Yellow River Conservancy Committee« hat errechnet, dass die Wassermenge des Gelben Flusses, die das Meer erreicht, inzwischen auf ein Zehntel der Menge abgesunken ist, die noch vor 40 Jahren den Ozean erreichte. Dabei bildet der Gelbe Fluss für zwölf Prozent der gesamten chinesischen Bevölkerung (das sind 156 Millionen Menschen oder knapp zwei Mal

Ungleiche Verteilung der Wasserressourcen zwischen dem Norden und dem Süden Chinas

	Bevölkerung (absolut)	% der Bevölkerung	% der Agrarflächen	% des Niederschlags
Norden	585 Mio.	45%	67%	20%
Süden	715 Mio.	55%	33%	80%

Quelle: Chinese Ministry of Water Resources, eigenes Research

Abbildung 98: Obwohl im Norden Chinas 45 Prozent der Bevölkerung leben und sich 67 Prozent der Anbauflächen dort befinden, fallen dort nur 20 Prozent der Niederschläge. Ein problematisches Ungleichgewicht.

so viele Menschen wie in Deutschland leben) und für 15 Prozent der Agraranbauflächen die Hauptwasserquelle.

Doch inzwischen ist der Gelbe Fluss zu gut drei Vierteln kontaminiert. Die weiteren Hauptflüsse im Norden Chinas, die Flüsse Liao, Hai und Huai, sind jedoch nicht mehr in der Lage, diesen Ausfall zu kompensieren, da sie selbst teilweise stark verseucht sind.

Der Hauptgrund für diese problematische Diskrepanz liegt in den Niederschlägen. Fast alle niederschlagsreichen Gebiete finden sich im Süden und Südosten des Landes, während die Regionen mit sehr wenig Regen im Norden liegen.

Dazu kommt ein weiterer großer Problemfaktor: Im Nordosten Chinas liegen die meisten der Hauptanbaugebiete der Agrarindustrie. 67 Prozent der gesamten chinesischen Getreideernten werden aus dem sogenannten »chinesischen Cornbelt« (in Anlehnung an den amerikanischen Mittelwesten, der den Spitznamen »Cornbelt« trägt) gewonnen. Wie Sie wissen, benötigt die Agrarwirtschaft aber besonders große Mengen an sauberem Wasser. Das belastet die ohnehin knappen Wasserreserven des Nordens überdurchschnittlich stark. Die Landwirtschaft kann jedoch nicht einfach gedrosselt werden, denn durch diese Ernten werden Millionen Chinesen mit Nahrung versorgt.

Die katastrophale Wassersituation im Reich der Mitte

Das Problem einer detaillierten Analyse der chinesischen Wassersituation ist, dass es kaum 100-prozentig zuverlässige Zahlen gibt. Wir reden hier immer noch von China und keinem westeuropäischen Land. Der rote Drache ist ein zentral organisiertes, kommunistisches Land, das gerade bei politisch und gesellschaftlich sensiblen Themen wie Umwelt, Arbeitslosigkeit oder Armut für seine eingeschränkte Informationspolitik bekannt ist (wie übrigens jede Menge anderer Länder auch).

Jim Rogers hat es am treffendsten zusammengefasst, als er in einem Interview mit Daniel Wilhelmi bei einer Diskussion über amerikanische Wirtschaftsdaten meinte:»Daniel, that is because you are listening to the government. The government is known to lie.« (zu Deutsch:»Daniel, das liegt daran, dass Du auf die Regierungen hörst. Die Regierungen sind dafür bekannt zu lügen.«) Man muss diese Auffassung nicht unbedingt teilen, aber denken Sie mal darüber nach. Dann erkennen Sie ganz schnell, dass es sich dabei keinesfalls um ein exklusives Problem Chinas oder der Emerging Markets handelt. Erinnern Sie sich nur an die Mehrwertsteuererhöhung und die Versprechungen vor der letzten Bundestagswahl.

Die folgenden Zahlen sollten Sie deshalb eher als Richtwerte sehen. Denn fast alle hier genannten Zahlen sind offizielle Daten von chinesischen Behörden (wobei sich der Großteil der Zahlen auch noch auf 2004 und 2005 bezieht. Offensichtlich haben es die chinesischen Behörden nicht gerade eilig, die neuen Statistiken zu veröffentlichen. Und wenn Sie dieses Kapitel fertig gelesen haben, dann wissen Sie auch warum). Das bedeutet: Sie können davon ausgehen, dass die Situation in China in Wirklichkeit wahrscheinlich sogar noch schlimmer ist als das Bild, das wir Ihnen in diesem Buch aufzeigen.

Wie bedrohlich die Lage ist, sehen Sie in China schon daran, dass sich viele offizielle Stellen mit negativen Kommentaren zur Wasserkrise äußern. So sagte Zhai Haohui, Vizepräsident des chinesischen Ministeriums für Wasserressourcen, bereits im März 2005 in einem Interview:»Die höchste Priorität für Regierungsausgaben sollte auf den Bau von Projekten gelegt werden, die eine Versorgung aller Menschen in ganz China mit sauberem Trinkwasser ermöglichen. Besonders die Millionen von Menschen in den ländlichen Gegenden, die derzeit von verschmutztem Wasser betroffen sind.« (Beachten Sie hierbei: China besitzt inzwischen ein eigenes Ministerium nur für die Wasserproblematik. Das zeigt, wie ernst die Lage ist.)

Der chinesische Umweltminister Pan Yue formulierte die Situation in einem Interview im April 2006 sogar noch dramatischer:»Die größte Sorge mache ich mir um unser Wasser. Wassermangel und Wasserverschmutzung bedrohen die Wirtschaftsentwicklung, die Stabilität der Gesellschaft und die Gesundheit der Menschen.«

Bei diesen beiden Politikern handelt es sich wohlgemerkt nicht um Regime-kritiker im Exil oder ein paar langhaarige Greenpeace-Aktivisten, die sich in Paris an den Eiffelturm ketten, weil er so böse in den Himmel ragt und den Wolken weh tut. Diese beiden Herren sind ranghohe Politiker des kommunistischen Machtapparates. Wenn solch hohe politische Stellen offiziell solche Aussagen treffen, dann wissen Sie: In Wirklichkeit ist es bei der Wasserkrise in China nicht fünf *vor* zwölf. Es ist schon fünf *nach* zwölf.

Solch offene und kritische Aussagen von offizieller Seite sind für die Regierungszentralen in Beijing (früher bekannt unter dem Namen Peking) sehr, sehr ungewöhnlich. Zusammen mit den folgenden, von der Regierung veröffentlichten Fakten müssen bei jedem informierten Emerging-Markets-Anleger die Alarmsirenen angehen.

Denn freiwillig machen die Politiker in Beijing derartig deutliche Aussagen nicht. Sonst läuft laut offiziellen Mitteilungen nämlich im Reich der Mitte gerne alles so wunderbar wie drei Folgen der Soap-TV-Show »Verliebt in Berlin« am Stück. Damit ist klar: Die Wasserprobleme sind in China so gewaltig, dass sie nicht mehr unerkannt bleiben können.

Wie auch, denn Millionen Chinesen erleben die Situation täglich. So haben 400 der 660 größten Städte in China akute Probleme mit der Wasserversorgung (das sind 60,6 Prozent). 136 Städte sind sogar von chinesischen Behörden auf den Naturkatastrophen-Status »massiver Wassermangel« heraufgestuft worden (20,6 Prozent). Laut dem stellvertretenden Bauminister Qiu Baoxing kommt auf 100 der 400 gefährdeten Städte ein extremer Wassermangel zu.[48] Deshalb haben die öffentlichen Äußerungen ranghoher Politiker einen klaren Grund: Man braucht ausländisches Kapital und wissenschaftliches Know-how, um der Wasserkrise Herr zu werden.

Selbst für das Aushängeschild Beijing, immerhin der Austragungsort der olympischen Sommerspiele 2008, erwarten chinesische Wissenschaftler schon für 2010 massive Wasserversorgungsprobleme. Daran hängt jedoch nicht nur die Stadt, sondern der ganze Ballungsraum Beijing mit seinen Vorstädten. Insgesamt umfasst das Verwaltungsgebiet Beijing 15,2 Millionen Menschen.

Das Jahr 2010 klingt weit weg wie in einer fernen Zukunft, aber das ist schon in drei Jahren. Tatsächlich leidet die Hauptstadt schon heute unter einer chronischen Wasserknappheit. Das liegt zum einen an schweren Dürreperioden,

---

48 Quelle: *www.chinadaily.com, 07.06.2005. Qui Baoxing wird zitiert mit den Worten: »Die begrenzten Wasserressourcen werden durch Verschmutzung bedroht, und die Wassersicherheit in den Städten sieht sich schweren Herausforderungen gegenüber.«*

die Beijing als Resultat der Umweltverschmutzungen inzwischen seit sieben Jahren in Folge heimsuchen. Zum anderen ist das Grundwasser so exzessiv abgepumpt worden, dass der Grundwasserspiegel in den vergangenen zehn Jahren auf inzwischen 50 Meter unter den Meeresspiegel gesunken ist.

Vor allem in der Abwasserproblematik will man in Beijing bis 2008 gewaltige Verbesserungen erzielen. Aufgrund seiner gigantischen Größe macht Beijing allein rund drei Prozent der gesamten Abwasserverschmutzung Chinas aus. Kein Wunder: Fast 50 Prozent der Abwässer gelangen immer noch ungeklärt in die Umwelt. Der geklärte Anteil von 50 Prozent soll nun bis 2008 auf 90 Prozent erhöht werden. Das erscheint ambitioniert, zeigt aber auf jeden Fall, wie viel Geld in den nächsten Jahren in den Wassersektor fließen wird.

So abstrus es klingen mag: Das waren noch die guten Nachrichten. Denn in den ländlichen Gegenden sieht die Lage wesentlich schlimmer aus. Nach unterschiedlichen Schätzungen von verschiedenen Institutionen sind in den Landgebieten 80 Prozent des Wassers kontaminiert. 360 Millionen Menschen haben in China keinen Zugang zu sauberem Trinkwasser. Lassen Sie diese unglaubliche Zahl auf sich wirken: 360 Millionen Menschen. Das ist keine Schätzung von uns, sondern diese Zahl stammt von offiziellen chinesischen Quellen, nämlich von keinem Geringeren als Zhai Haohui, dem Vizepräsidenten des Ministeriums für Wasserressourcen.

Um Ihnen die Dimension dieser Zahl klar zu machen: Auf Europa bezogen würde das bedeuten, dass in den folgenden Ländern kein einziger Mensch sauberes Wasser zur Verfügung hätte: Deutschland, Frankreich, England, Italien, Spanien, Portugal, Österreich, Schweiz, Niederlande, Belgien, Luxemburg und Dänemark. Dieser Vergleich ist eigentlich kaum zu glauben, aber so stellt sich die aktuelle Situation am anderen Ende der Erde dar.

Hier schließt sich jetzt der Kreis zu der Brisanz, die Wasser gegenüber anderen Agrarrohstoffen wie Kakao hat. Fragen Sie sich selbst: Wenn Ihre Familie, Ihre Kinder oder Freunde kein sauberes Wasser zu trinken hätten, sondern nur verdrecktes Schmutzwasser mit schrecklichen Krankheitserregern – was würden Sie tun?

Ja, genau: Sie würden kämpfen. Sie würden dafür kämpfen, dass die Menschen, die Sie lieben, sauberes Wasser erhalten. Sie haben ja nichts zu verlieren. Ohne sauberes Wasser sterben sie sowieso.

Genau diese Situation macht die Wasserkrise so explosiv. Wenn es in China zu einem Engpass bei Aluminium kommt, dann werden halt ein paar Flugzeuge nicht gebaut. Das kostet die chinesische Regierung im schlimmsten Fall

Aufteilung des Budgets für Umweltschutz im zehnten »Fünf-Jahres-Plan« (2001–2005)

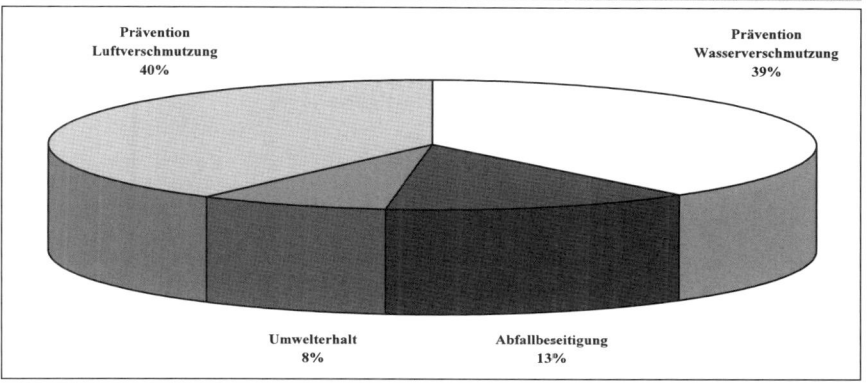

Prävention
Luftverschmutzung
40%

Prävention
Wasserverschmutzung
39%

Umwelterhalt
8%

Abfallbeseitigung
13%

Quelle: State Environmental Protection Administration of China

Abbildung 99: Neben dem akuten Wassermangel und der Wasserverseuchung ist die Luftverschmutzung das zweite große Umweltproblem in China. Folglich erhalten diese beiden Felder auch die meisten Fördergelder. Die Bekämpfung von Wasserverschmutzung erhielt im zehnten »Fünf-Jahres-Plan« (2001–2005) schon einen Anteil von 39 Prozent, was 35 Milliarden US-Dollar entsprach.

einige Zehntelpunkte BIP-Wachstum. Das ist zu verkraften. Aber wenn die Menschen nichts zu trinken haben und verdursten oder an verdrecktem Wasser sterben, dann wird es Aufstände geben. Tatsächlich gibt es in den ländlichen Provinzen bereits seit einigen Jahren schwere Unruhen über die Wassersituation, die jedoch von der Polizei niedergeschlagen werden.[49] So weist China weltweit die höchste Sterberate durch Leber- und Magenkrebs auf, deren Ausbruch direkt mit verschmutztem Trinkwasser in Verbindung steht.[50]

Das bedeutet: Die Wasserversorgung muss für die chinesische Regierung die allerhöchste Priorität haben – denn hier geht es um ihre eigenen Köpfe. Und politisches Überleben ist die Achillesferse jedes Berufspolitikers. Machterhalt ist das einzige wirkliche Druckmittel, das Politiker überall auf der Welt zu extrem schnellem Handeln antreibt. Deshalb sind der Wassermangel, die Wasserverschmutzung und die Wasserversorgung zusammen Chinas Umweltproblem Nummer eins.

---

49 Quelle: www.chinadaily.com, 07.06.2005.

50 Nach dem World Resources Institute liegt die Rate von Leber- und Magenkrebs-Patienten in ländlichen Gebieten mit starker Wasserverschmutzung, wie Shanxi oder Shenfu, drei bis sieben Mal höher als in sauberen Regionen. Zudem ist die Rate von Geburtsfehlern vier bis acht Mal höher in Gebieten, wo nicht geklärtes Wasser getrunken werden muss.

China ertrinkt in verseuchten Wasserreserven

Fangen wir das »Gute Nachrichten, schlechte Nachrichten«-Spiel gar nicht erst an. Hier ist direkt der größte Schocker vorneweg: In China sind, je nachdem welche Daten man auswählt, 70 bis 90 Prozent ALLER Wasservorkommen zu mindestens einem geringen Grad kontaminiert. Wenn Sie sich aus dem Wasserkapitel nur einen einzigen Satz merken, dann diesen: 70 bis 90 Prozent aller Wasservorkommen in China sind inzwischen im Schatten des gnadenlosen Wirtschaftswachstums verseucht worden.[51]

Viele dieser Wasserreserven sind damit nicht nur als Trinkwasser ungeeignet, sondern auch als Lebensraum für Fische und Meeresbewohner unmöglich geworden. Laut dem Internetnachrichtenportal China Daily sind allein in China aufgrund der Wasserverschmutzung in den vergangenen Jahren über 40 Fischarten ausgestorben.[52]

Laut einer Untersuchung der chinesischen Umweltbehörde SEPA (State Environmental Protection Administration) sind bei 44 untersuchten Städten unglaubliche 95 Prozent des gesamten Grundwassers so stark kontaminiert, dass es nicht mehr als Trinkwasser verwendet werden kann.

Insgesamt sind nach Angaben chinesischer Behörden 35 Prozent des gesamten Grundwassers in China aufgrund von Umweltverschmutzung nicht mehr trinkbar. Und die Qualität des Grundwassers sinkt durch die Umweltverseuchung in weiten Teilen Chinas immer weiter.[53] In China beziehen jedoch 75 Prozent der Menschen ihre Wasserzufuhr aus dem Grundwasser und 25 Prozent aus den Flüssen.

Womit wir bei der Situation der chinesischen Flüsse sind. Hier haben chinesische Behörden im Januar 2005 in einer umfangreichen Studie 345 Messungen in 175 der großen Flüsse Chinas durchgeführt. Das Ergebnis: Nur 47 Prozent des dort vorgefundenen Wassers ist noch trinkbar. Das ist wohlgemerkt die offizielle chinesische Version.

---

51 Quelle: *Offizielle Pressemitteilung der chinesischen Botschaft vom 12.03.2005. Darin wird He Shaoling, ein hohes Mitglied des NPC (National People's Congress), mit den Worten zitiert:* »Die vorhandenen Statistiken des Ministeriums für Wasserressourcen zeigen, dass mehr als 70 Prozent von Chinas Flüssen und Seen zu unterschiedlichen Graden verseucht sind.«*; vgl. außerdem www.chinadialogue.net, 21.09.2006.*

52 Quelle: *G. K. GOH Research, Water Sector, 08.07.2005, Seite 12. Erst im Dezember 2006 hatte der Schweizer Tierforscher August Pfluger die traurige Mitteilung machen müssen, dass die Rasse des chinesischen Flussdelfins inzwischen komplett ausgestorben ist.*

53 Quelle: *Ministry of Water Resources, »Groundwater quality ›deteriorating‹«.*

Die zwölf größten Flüsse in China

	Fluss	Länge (in km)		Fluss	Länge (in km)
1.	Changjiang (Yangtze)	6.300	7.	Tarim	2.046
2.	Huang He (Gelber Fluß)	5.464	8.	Lancangjiang	1.826
3.	Heilongjiang (Amur)	3.420	9.	Nujiang	1.659
4.	Songhua (Sungari)	2.308	10.	Liao He	1.390
5.	Xijiang (Pearl)	2.210	11.	Hai He	1.090
6.	Yarlung Zangbo	2.057	12.	Huai He	1.000

Quelle: Food & Agriculture Organization of the UN

Abbildung 100: Die zwölf größten Flüsse Chinas nach Länge in Kilometern.

Es gibt jedoch noch eine Studie der Weltbank, die ein wesentlich düstereres Bild zeichnet: Danach sind sogar 75 Prozent aller Flüsse in China verschmutzt. Laut dem World Resources Institute sind die Flüsse Yangtze, Gelber Fluss, Songhua, Xijiang, Liao, Hai und Huai allesamt verschmutzt und teilweise massiv kontaminiert. Das Ministerium für Wasserressourcen hat sogar selbst bekannt gegeben, dass die Wasserverschmutzung in den besonders wichtigen Flüssen Yangtze, Gelber Fluss und Huai He (die Nummern eins, zwei und zwölf unter den größten Flüssen Chinas) in den zurückliegenden Jahren weiter zugenommen hat.

Bei den Seen sind nach einer chinesischen Studie von 52 bedeutenden Seen übrigens 50 Prozent »stark kontaminiert«. Dieses Bild verzerrt jedoch die wirkliche Lage ein wenig. Denn im Sommer 2005 ergab eine Studie der chinesischen SEPA-Behörde, dass von 27 der größten Seen in China 25 verschmutzt bis stark verschmutzt sind.[54] Diese großen Seen sind ja für die Wasserversorgung wesentlich wichtiger als die sauberen kleinen Seen.

Gründe für die dramatische Wassersituation

Was sind die Gründe für die prekäre Wasserkrise in China? Auf der Nachfrageseite ist da natürlich zuerst die steigende Bevölkerungszahl. Im Reich der Mitte werden in 2030 über 1,4 Milliarden Menschen leben. In den nächsten

---

54 *Quelle: G. K. GOH Research, Water Sector, 08.07.2005, Seite 12.*

25 Jahren kommen also 100 Millionen neue Menschen (so viele Menschen wie in Deutschland und den Niederlande) hinzu, die alle mit Wasser versorgt werden müssen. Die Nachfrage bleibt also nicht nur konstant (was angesichts des zurückgehenden Angebotes schon schlecht genug wäre), sondern sie wird in den nächsten Jahren weiter anwachsen.

Dazu kommt das Problem der Landflucht. Jahr für Jahr packen Millionen von chinesischen Landbewohnern ihre Sachen, um aus ihren Dörfern zu flüchten und ihr Glück in den großen Städten zu versuchen. Der Wirtschafts-Boom hat nämlich längst nicht ganz China erfasst. Noch nicht einmal im Ansatz. Der Aufschwung findet vor allem in den Großstädten, den Industriemetropolen und den Wirtschaftszonen im sogenannten »Speckgürtel« Chinas statt, der vom Süden über den Südosten bis zum Osten läuft.

Die Dorfbevölkerung im Landesinneren hat von dem Aufschwung bisher wenig mitbekommen. Deshalb packen (vornehmlich junge) Menschen in den Dörfern in ganz China ihr kleines Hab und Gut zusammen, um in die Stadt zu ziehen und sich dort ihr Stück vom Wirtschaftswunder-Kuchen abzuschneiden. Dadurch ist die Wachstumsrate der Urbanisierung in den vergangenen 15 Jahren von 28 Prozent in 1993 auf inzwischen knapp 42 Prozent angestiegen. Als Folge des Ansturms entstehen in China jedes Jahr neue Stadtgebiete beziehungsweise neue Städte in der Größenordnung von New York!

Das Problem für den Wassersektor ist, dass die Stadtbevölkerung deutlich mehr Wasser verbraucht als die Landbevölkerung. Während ein Landbewohner am Tag durchschnittlich 89 Liter Wasser verbraucht, sind es bei einem Stadtbewohner 227 Liter. Die Urbanisierung der chinesischen Gesellschaft sorgt also dafür, dass die Nachfrage der wachsenden Bevölkerung durch die wachsende Zahl der Stadtbewohner sogar überproportional stark ansteigt. Doch die Angebotsseite kann dieser wachsenden Nachfrage aufgrund der Wasserverschmutzung schon lange nicht gerecht werden – und durch die steigende Nachfrage wird sich diese Situation sogar noch verschlimmern.

Hauptgrund für die horrende Wasserverschmutzung ist natürlich das ungebremste chinesische Wirtschaftswachstum. Jahrelang wurde dem wirtschaftlichen Aufschwung alles untergeordnet. Ob Arbeitnehmerrechte, Gesundheit der Bevölkerung oder Umwelt – alles wurde (und wird) für den wirtschaftlichen Erfolg übergangen. Das gilt eben vor allem für die Natur. So Yin Yueping, Direktor der Behörde für Umweltgeologie: »Das nationale Grundwassermanagement hinkt der Welt seit Jahren hinterher.«[55] Selbst in den zurücklie-

---

Erwartete Entwicklung des Wasserverbrauchs bis 2030				
	Prozentualer Anteil 1995	Absoluter Anteil 1995	Prozentualer Anteil 2030	Absoluter Anteil 2030
Landwirtschaft	83%	400	62%	665
Industrie	11%	52	25%	269
Haushalte	6%	31	13%	134
Gesamt	100%	483	100%	1.068

Quelle: Ministry of Water Resources

Abbildung 101: Angaben in Milliarden Tonnen. Fragen Sie uns bitte nicht, warum in der Tabelle 1995 steht. Wir haben diese Prognose nicht gemacht, sondern das chinesische Ministerium für Wasserressourcen. Das ist aber auch unwichtig. Die entscheidenden Punkte sind einerseits der überdurchschnittliche Aufstieg der Industrie bis 2030. Andererseits wird die Industrie trotz eines erwarteten Verbrauchsanstieges von 127 Prozent nicht einmal die Hälfte des weiterhin hohen Wasserverbrauchs der Landwirtschaft ausmachen.

genden fünf Jahren wurden von 159 Schlüsselprojekten innerhalb des Wassersektors, die im zehnten »Fünf-Jahres-Plan« definiert wurden, nur 61 abgeschlossen (das sind nur 38,3 Prozent).

Aber man kann die Fähigkeiten der Natur, solche Belastungen aufzufangen, eben nur bis zu einem gewissen Punkt beanspruchen und biegen – und dann bricht sie irgendwann. So ereignet sich nach einer Statistik der SEPA beim Songhua-Fluss, dem viertgrößten Fluss in China, jeden zweiten bis dritten Tag ein Industrieunfall, bei dem das Flusswasser verseucht wird. Es kann davon ausgegangen werden, dass diese Statistik repräsentativ für alle großen Flüsse in China ist. Denn es gibt über 20.000 Fabriken mit giftigen Chemikalien, die nahe der großen Flüsse gebaut sind. So befinden sich allein 10.000 dieser Fabriken an den Ufern des Yangtze-Flusses und 4.000 am Gelben Fluss.

Das Problem an der Situation: Die chinesische Regierung kann das Wachstum nicht dramatisch verlangsamen. Das wäre jedoch notwendig, um den Belastungsdruck von der Umwelt beziehungsweise in diesem Fall von den Wasserressourcen zu nehmen. Aber ohne Wachstum finden die Menschen keine Arbeit und verdienen kein Geld. Das gilt vor allem für die Millionen von Landflüchtlingen, die jedes Jahr in die Städte drängen und mit Arbeit versorgt werden müssen. Eine Massenarbeitslosigkeit kann sorst dafür sorgen, dass sich in den Straßen der Städte Herde für soziale Unruhen entwickeln. In den überfüllten Metropolen kann so etwas schnell zu Flächenbränden führen.

China ist deshalb zu weiterem Wirtschaftswachstum verdammt. Nicht ohne Grund hat die chinesische Regierung angekündigt, das BIP des Landes bis 2020 noch mal zu vervierfachen. Das bedeutet für die Wasserkrise, dass es von der industriellen Seite keine entlastenden Effekte geben wird. Dabei kostet die Wasserverschmutzung China schon jetzt rund ein Prozent des jährlichen BIP. Denn Industrie und Städte leiten jedes Jahr 40 bis 60 Milliarden Tonnen ungeklärte Abwässer in die Flusssysteme und Seen.

Allerdings kann man der chinesischen Regierung wahrlich nicht vorwerfen, dass sie völlig tatenlos zusieht. Für die fünf Schlüsselindustrien Energie, Textil, Petrochemie, Papier und Stahl wurden Wasserverbrauchsrestriktionen eingeführt, um so Wassereinsparungen durchzusetzen. Auch im Immobiliensektor greift die chinesische Regierung durch: Bauunternehmer müssen in Städten wie Shanghai neu errichtete Gebäude auf eigene Kosten mit Abwassersystemen ausstatten. Allerdings gestaltet sich die reale Umsetzung in dem Riesenreich schwierig, denn fernab der Befehlsgewalt von Beijing verfolgen Regionalgouverneure und lokale Politiker immer wieder eigene Ziele, die eine Umsetzung der Legislative erschweren.[56]

Es gibt aber auch noch ein wesentlich einfacheres Problem: den extrem verschwenderischen Umgang der Chinesen mit dem knappen Gut Wasser. So hat die Deutsche Bank errechnet, dass China die sieben- bis 15fache Wassermenge eines Industrielandes für eine Einheit des Bruttosozialproduktes verbraucht.

Dieses Problem gilt nicht nur für die Industrie, sondern auch für die privaten Haushalte. Die Chinesen haben nie gelernt, mit Wasser sparsam umzugehen, da Wasser bis 1985 fast umsonst war. Danach wurde Wasser zwar bis 2000 kostenpflichtig, aber die Preise waren unterirdisch niedrig. Nun will die chinesische Regierung ein klassisches Verbraucherpreissystem einführen. In Beijing erhofft man sich durch die konsequente Erhöhung der Wasserpreise, die Bevölkerung zum Wassersparen zu »animieren«. So wurden die Wasserpreise in 2005 um zehn Prozent angehoben und verteuerten sich in 2006 noch einmal. Nach dem Ministerium für Wasserressourcen haben sich die Wasserpreise von 0,028 Yuan pro Kubikmeter im Jahr 2000 auf 0,06 Yuan Kubikmeter in 2005 bereits mehr als verdoppelt.

Das schwerwiegendste Problem ist aber nicht die Verschwendung von sauberem Wasser, sondern die Abwässer, die ungeklärt in die Flüsse gelangen und dadurch das Wasser vergiften. Die Lage bei den Industrieabwässern hat sich leicht verbessert, aber der Kern des Problems liegt in der Landwirtschaft. Die

---

56 *Quelle: www.chinadialogue.net, 21.09.2006.*

macht, wie bereits anfangs beschrieben, den Löwenanteil des Wasserverbrauchs in China aus. Über die Bewässerung der Felder gelangen giftige Düngemittel und Pestizide ins Grundwasser. Der Schadstoffgehalt der Pestizide ist so hoch, dass nach Angaben der *Financial Times Deutschland* Schadstoffe aus Pestiziden sogar in Deutschland in grünem Tee aus China nachgewiesen wurden.

Zusätzlich wird die Wassersituation auch noch durch die gigantischen Umweltschäden und die wachsende Trockenheit belastet. Inzwischen leiden ganze Landregionen mehrmals jährlich unter Dürreperioden, was natürlich die offenen Wasserquellen dezimiert. So traf beispielsweise eine schwere Dürre im September 2006 die östliche Shandong-Provinz, die zehn Prozent der gesamten chinesischen Getreideernte produziert. 114 Flussarme trockneten während der Dürre komplett aus. Zudem kommt es aufgrund der gnadenlosen Abholzung der Wälder im Norden Chinas zu schweren Wüstenerosionen, wodurch Wasserquellen versiegen.

Wie Investoren profitieren können

Dem Börsianer stellt sich nach diesem Wissen nur eine Frage: Wie kann ich davon profitieren, dass sich die Wassersituation in China dramatisch verbessern muss? Als Erstes kommen einem da natürlich Unternehmen in den Sinn, die Trinkwasser produzieren und vertreiben. Mit Sicherheit bietet dieser Bereich gute Chancen, aber wir sehen das größte Potenzial in zwei anderen Sektoren.

Denn in diesen Sektoren wird es in den kommenden Jahren massive Investitionen von Regierungsseite geben. Firmen, die sich auf diese Gebiete spezialisiert haben, werden davon besonders stark profitieren. Dabei handelt es sich zum einen um den Sektor Wasserinfrastruktur und zum anderen um den Bereich Wasseraufbereitung.

Wasserinfrastruktur: Chinesische Regierung investiert Milliarden
Innerhalb des ohnehin stark wachsenden chinesischen Infrastrukturmarktes wird die Wasserversorgung ein Boom-Sektor werden. So startete die chinesische Regierung im November 2004 ein offizielles Programm mit dem Ziel, die Zahl der Chinesen ohne Zugang zu sauberem Trinkwasser bis 2010 um ein Drittel zu verringern. Das ist jedoch noch nicht alles. Bis 2020 soll die gesamte Landbevölkerung mit sauberem Trinkwasser versorgt sein.

Ein absolutes Mammutprojekt, das vor allem eines erfordert: jede Menge Infrastruktur, um den Wasserzugang für die Millionen Menschen abseits der

WHO-Einschätzung zur Verbesserung des chinesischen Wassernotstands in 2015

	Bevölkerung gesamt	Bevölkerung mit Wasserversorgung	Prozentualer Anteil	WHO-Einschätzung
Stadtbevölkerung	694,13 Mio.	680,25 Mio.	98%	Im Plan
Landbevölkerung	708,16 Mio.	601,93 Mio.	85%	Im Plan

Quelle: World Health Organization

Abbildung 102: Wir sind der Meinung, dass diese Einschätzungen der WHO zu ambitioniert sind. So hat es die chinesische Regierung beispielsweise nicht geschafft, die eigenen Vorgaben des zehnten »Fünf-Jahres-Plans« für Wasserprojekte zu erfüllen. Es zeigt jedoch, dass die chinesische Regierung in den kommenden Jahren viel Geld in die Hand nehmen wird, um die Wasserkrise aktiv zu bekämpfen.

Metropolen und Industriegebiete zu ermöglichen. Auch wenn die Zeithorizonte dieses Programms ambitioniert erscheinen, so wird doch klar: Die chinesische Regierung ist zu großen Investitionen bereit.

Dabei kommt die Jahreszahl 2020 nicht von ungefähr: Dieses Jahr ist die Deadline des sogenannten »Millennium«-Plans, den China vor der UNO offiziell verkündet hat. Hier steht man also bei der Weltöffentlichkeit im Wort. Deshalb wird die chinesische Regierung alles tun, um die Verbesserungen in der Wasserversorgung bis dahin so nah wie irgend möglich an die eigenen Vorgaben zu bringen. Das bedeutet massive Investitionen in die Wasserinfrastruktur.

So hat das Ministerium für Wasserressourcen einen Plan für den Bau von 360.000 Wasserwerken entwickelt. Denn derzeit gewinnen 60 Prozent der Landbevölkerung ihr Wasser noch aus selbst gebauten Brunnen. Weitere 17 Prozent der Bauern beziehen ihr Wasser aus gemeinschaftlichen Dorfbrunnen. Die meisten dieser Bauten haben nicht das Niveau gängiger Reinheitsstandards, und dementsprechend ist die Wasserqualität aus diesen Brunnensystemen deutlich niedriger.

Noch problematischer sind allerdings die sehr verbreiteten offenen Bewässerungssysteme, die vor allem in der Agrarwirtschaft eingesetzt werden. Diese führen dazu, dass in den heißen Sommermonaten oder den Dürreperioden fast 50 Prozent (!) des eingesetzten wertvollen Wassers verdunsten oder durch Löcher auslaufen.[57] Als wäre das noch nicht schlimm genug, kommt noch die

---

57 *Quelle: World Resources Institute.*

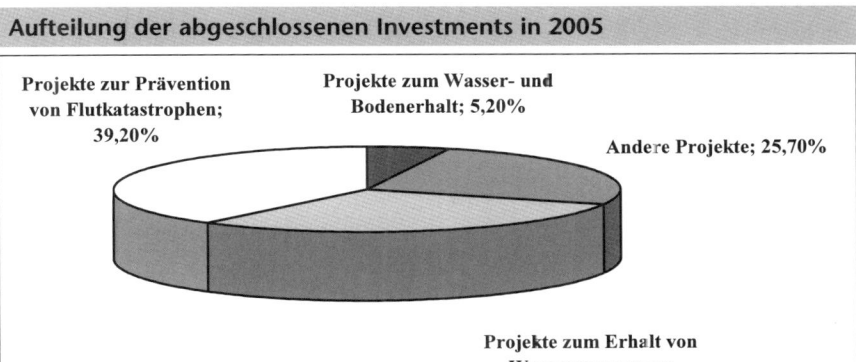

Aufteilung der abgeschlossenen Investments in 2005

Projekte zur Prävention von Flutkatastrophen; 39,20%

Projekte zum Wasser- und Bodenerhalt; 5,20%

Andere Projekte; 25,70%

Projekte zum Erhalt von Wasserressourcen; 29,90%

Quelle: Ministry of Water Resources

Abbildung 103: Bei den Infrastrukturprojekten gegen Überflutungen, die den Hauptanteil der Wasserinvestments ausmachen, geht es nicht nur um die Bekämpfung »klassischer« Sturmfluten. Auch die Absicherung der Flüsse gegen äußere Einflüsse fällt in diesen Bereich. Unter den Bereich »Andere Spezialprojekte« fallen auch die Investments in Wasserkraftwerke.

horrende Verschmutzungsgefahr hinzu. In den offenen Bewässerungssystemen ist das Wasser der verdreckten Luft, den immer stärker zunehmenden Sandstürmen und vor allem dem sauren Regen schutzlos ausgesetzt. Eine Modernisierung dieser Systeme ist unerlässlich.

Der Wasserkrise treten die Politiker aus dem Reich der Mitte mit den China-typischen Mega-Projekten von gigantischem Ausmaß entgegen. So hat die chinesische Regierung in den vergangenen fünf Jahren bereits 48,8 Milliarden US-Dollar in den Wassersektor investiert. Diese Zahl ist so groß wie die gesamten Ausgaben aller Wasserprojekte zwischen 1949 und 2000 zusammen.[58] Das Aushängeschild soll in Zukunft das derzeit entstehende Kanalsystem mit dem Namen »Süd-Nord-Wasser-Umleitung« werden.

Mit der »Süd-Nord-Wasser-Umleitung« soll das lebensnotwendige Nass aus dem Yangtze-Tal, wo der gleichnamige Fluss verläuft, über ein verzweigtes Kanalsystem von sage und schreibe 1.000 Kilometern in den trockenen Norden

---

58 *Quelle: Ministry of Water Resources.*

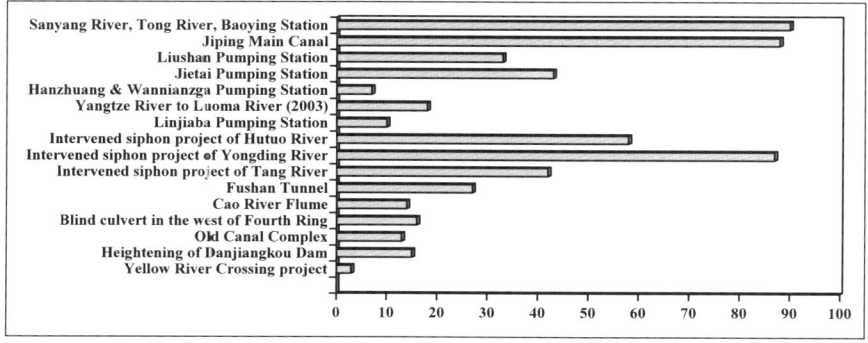

Stand der Investitionen für 16 aktuelle Teilprojekte der »Süd-Nord-Wasser-Umleitung« (Angaben in Prozent)

Quelle: Ministry of Water Resources

Abbildung 104: Diese Grafik des Kernstücks der chinesischen Wasserpolitik zeigt vor allem zwei Dinge: Die Regierung in Beijing hat die Zeichen der Zeit erkannt. Nun wird geklotzt und nicht gekleckert. Aber Sie sehen auch, dass sich viele Teilprojekte noch ganz am Anfang befinden. Eine ideale Situation für clevere Investoren.

gepumpt werden. Die Investitionskosten für das Projekt, das im Dezember 2002 gestartet wurde, liegen bei unglaublichen 60 Milliarden US-Dollar.

Es laufen derzeit die Projekte der Phase eins, die den Aufbau von Wasserrouten nach Ostchina und Zentralchina vorsehen. Die komplette Fertigstellung kann laut Regierung 60 Jahre (!) dauern. Das ist aber nur die prestigeträchtige Spitze des staatlichen Investmentberges. Clevere Investoren suchen deshalb gezielt nach chinesischen oder internationalen Baufirmen, die sich auf derartige Bauvorhaben spezialisieren. Denn rund 50 Prozent der geplanten Projekte sind noch gar nicht vergeben.[59]

Abwasserklärung: Erst 23 Prozent aller städtischen Abwässer werden gereinigt

Das gleiche Potenzial gilt auch für den zweiten Sektor: die Wasseraufbereitung, also die Klärung von Abwässern. Für Unternehmen, die sich auf die Abwasserklärung spezialisiert und in China einen Fuß in der Tür haben, tut sich im Reich der Mitte ein gigantischer Absatzmarkt auf. Denn in China hat der Bau von Kläranlagen höchste Priorität. Es ist kaum zu glauben, aber derzeit

---

59 *Quelle: Ministry of Water Resources.*

verfügen 60 Prozent aller chinesischen Städte über keine Kläranlagen. Die Abwässer gelangen zu 100 Prozent ungereinigt in die Flüsse und Seen.

Insgesamt werden in den chinesischen Metropolen erst 23 Prozent aller Abwässer geklärt. Das ist nicht mal ein Viertel. Dieser Anteil soll laut dem chinesischen Bauministerium bis 2010 auf 40 Prozent gesteigert werden. Das ist natürlich immer noch viel zu wenig, aber es entspricht fast einer Verdoppelung der Abwassermenge.

Dieser Anstieg auf 40 Prozent soll innerhalb der nächsten drei Jahre erzielt werden. Das ist nur möglich, wenn die chinesische Regierung massiv in den Bau von Kläranlagen investiert, damit die Wasservolumina überhaupt gereinigt werden können. Allerdings fokussieren sich diese Projekte zuerst mal auf die prestigeträchtigen Metropolen.

In den 17.000 kleinen bis mittleren Städten ist die Abwassersituation noch deutlich schlechter. Da wundert es nicht, dass das Bauministerium bekannt gegeben hat, dass man von 2006 bis 2010 satte 41,3 Milliarden Dollar in den Bereich Abwasseraufbereitung investieren wird.[60] So sollen 907 Abwasserbeseitigungsanlagen in zehn Flusstälern errichtet werden.

Allein schafft China diese Mammutaufgabe, sowohl finanziell als auch zeitlich, nicht. Deshalb setzt der Staat im Bereich des Kläranlagenbaus und -betriebs auf sogenannte TOT- und BOT-Projekte. BOT-Projekte (»Build – Operate – Transfer«, zu Deutsch: »Bauen – Betreiben – Übertragen«) sind in der chinesischen Umweltwirtschaft eine gängige Geschäftskonstruktion. Dabei handelt es sich um nichts anderes als eine zeitlich limitierte Form des Outsourcings. Anstatt Projekte auf eigene Kosten zu errichten, vergibt der Staat BOT-Projekte an private Unternehmen. Diese bauen dann die Kläranlagen etc. und erhalten im Gegenzug eine Betriebsgarantie zwischen 20 und 30 Jahre. Dafür schreibt die Stadt oder die Lokalregierung für einen bestimmten Zeitraum eine 100-prozentige Auslastung fest beziehungsweise bezahlt einen Teil der Abwassergebühren der Bewohner an das Unternehmen. Nach Ablauf der Betreiberfrist geht die Anlage dann aber ohne Verkaufsgebühren in Staatsbesitz über.

Für Investoren ist der Sektor für Wasseraufbereitung sehr spannend, denn die Branche ist stark fragmentiert. Es gibt zahlreiche kleine asiatische Unternehmen, deren Aktien noch unentdeckt sind. Im chinesischen Klärsektor engagieren sich bisher Wassertechnologieunternehmen aus Singapur besonders stark.

---

60 *Quelle: Ministry of Water Resources.*

Der (noch) unentdeckte Profiteur

Neben Unternehmen aus diesen beiden Sektoren, die direkt von der Wasserkrise Chinas profitieren, gibt es jedoch noch einen weiteren Profiteur. Nur springt dieser Gewinner nicht sofort ins Auge. Wir wollen an dieser Stelle gar nicht breit in Börsenstrategien abschweifen, aber einer der häufigen Fehler von Anlegern ist, dass diese sich immer nur mit den unmittelbaren Profiteuren von Trends und Entwicklungen beschäftigen.

Das ist mit Sicherheit richtig, aber die Top-Börsianer denken eben immer noch einen Schritt weiter in die Zukunft. Dieser Gedankenvorsprung sichert diesen Investoren die Chance, zu günstigen Preisen in die noch unentdeckten Profiteure einzusteigen – bevor die Masse der Anleger darauf aufmerksam wird.

Gerade im Bereich der Emerging Markets sollte dieses Konzept der vorausdenkenden Analysen zu Ihrem Strategierepertoire gehören. Nur so schaffen Sie es immer wieder, in Emerging Markets oder in Trends innerhalb einzelner Schwellenländer einzusteigen, bevor das internationale Kapital dort hineinfließt und die Kurse nach oben steigen lässt. Fragen Sie sich also immer: Wer profitiert noch von einem Trend, ohne dass es auf den ersten Blick offensichtlich ist? In dem Megatrend Wasser sind das die immer noch vernachlässigten Soft Commodities. Jetzt werden Sie vielleicht sagen:»Aber warum werden einige der Agrarrohstoffe von der Wassernot der chinesischen Bevölkerung profitieren? Ich sehe da keinen direkten Zusammenhang?«

Stimmt, im unmittelbaren, kurzfristigen Zeitfenster wird der Zusammenhang nicht offensichtlich. Aber Sie müssen weiter vorausdenken: Der dramatische Engpass an aufbereitetem Wasser wird dazu führen, dass China unausweichlich beim Wasserverbrauch einsparen muss. Die Wasserressourcen sinken immer weiter, und der Anteil an geklärten Abwässern wird auf Jahre viel zu niedrig sein, um die Wassernachfrage der Bevölkerung aufzufangen.

Ergo: Die einzige Möglichkeit, den Wassernotstand in der von der chinesischen Regierung ausgegebenen Zeit auch nur annähernd zu verringern, ist eine Senkung des Wasserverbrauchs im Agrarsektor. Dieser Sektor ist ja schließlich der größte Verbraucher von Wasser. Denn für die Produktion von einer einzigen Tonne Getreide werden 1.000 Tonnen Wasser benötigt.

Jetzt wird es interessant: Wie Sie in Abbildung 105 sehen, kommt über zwei Drittel des Wasserverbrauchs in China aus dem Agrarsektor. Ein Abzug von Wasser aus dem Landwirtschaftssektor ist für die chinesische Regierung der schnellste Weg, um sauberes Wasser zu gewinnen, ohne den Wirtschaftsaufschwung gravierend zu gefährden. Der Haken dabei ist: Wenn das Wasser aus

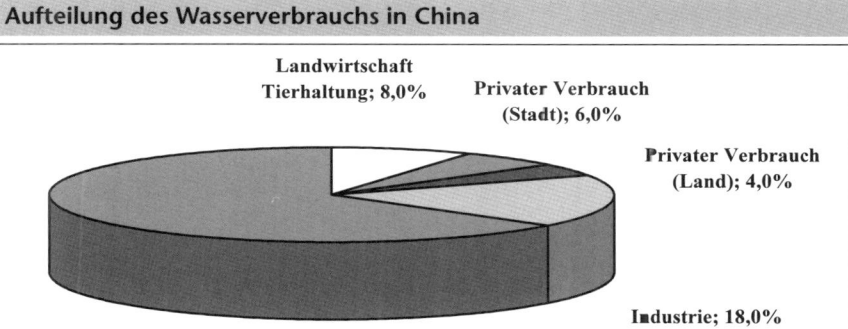

Aufteilung des Wasserverbrauchs in China

Landwirtschaft Tierhaltung; 8,0%
Privater Verbrauch (Stadt); 6,0%
Privater Verbrauch (Land); 4,0%
Industrie; 18,0%
Landwirtschaft Bewässerung; 64,0%

Quelle: Ministry of Water Resources, Food & Agriculture Organization of the UN

Abbildung 105: Das Diagramm zeigt eindrucksvoll die Dominanz des Landwirtschaftssektors, dessen Bewässerung über zwei Drittel des chinesischen Wasserverbrauchs ausmacht.

dem Agrarsektor abgezogen wird, dann führt das natürlich zu sinkender Bewässerung der Felder und damit zu sinkenden Ernteerträgen (und arbeitslosen Bauern). Diese Situation wird durch die steigende chinesische Bevölkerungszahl noch verschärft. Nehmen wir zum Beispiel Mais:

Wie Sie wissen, ist China zwar der zweitgrößte Maisproduzent der Welt, kann aber mit seinen riesigen Maisernten gerade mal die Inlandsnachfrage seiner eigenen Bevölkerung bedienen.

Doch schon in 2030 müssen eben nicht mehr 1,3 Milliarden Chinesen, sondern dann 1,4 Milliarden Chinesen mit Nahrung versorgt werden. Wir reden hier von 100 Millionen Menschen mehr, die in weniger als 25 Jahren dazukommen. Das heißt: Die Nachfrage nach Agrarprodukten steigt, obwohl das Angebot nach dem Wasserabzug sinken wird. Diese Schere kann China nur schließen, indem das Reich der Mitte zu einem großen Importeur von Soft Commodities wie zum Beispiel Getreide wird.

Es ist nicht zu prognostizieren, welche Ausmaße diese Importe haben werden. Aber bei der Größe der chinesischen Bevölkerung werden diese chinesischen Importe Dimensionen haben müssen, deren Größenordnungen zu massiven Verwerfungen an den Agrarmärkten führen werden. Oder anders ausgedrückt:

Wenn ein großer Player wie China auf den weltweiten Getreidemärkten auftaucht und massiv Rohwaren importieren muss, dann werden die Preise für ausgewählte Agrarrohstoffe auf diesen Nachfrageschock mit steigenden Kursen reagieren.

Zumal die Organisation World Water Council ohnehin davon ausgeht, dass im Jahr 2020 unglaubliche 17 Prozent des notwendigen Wassers fehlen werden, um genug Nahrung für die Erdbevölkerung zu produzieren. Die Schlussfolgerung ist klar: Bei einigen Soft Commodities, wie den »Grains« (Getreiden), trifft ein begrenztes Angebot auf einen Nachfrageüberhang – und knappe Güter werden bekanntlich immer teurer. Damit bieten Investments in Rohwaren wie Weizen und Mais, aber auch Reis weitsichtigen Anlegern langfristig eine weitere Chance, von der dramatischen Wassersituation in China zu profitieren.

Fazit

Jetzt wissen Sie, warum Wasser in Fachkreisen schon heute das »blaue Gold« genannt wird. Das »Smart Money« hat den Wassermarkt bereits entdeckt. Große Konzerne wie Siemens oder General Electric investieren bereits Milliarden in Wasserprojekte oder kaufen gezielt Wasserfirmen auf. So hat General Electric den Wassersektor für die Zukunft als eine von fünf Wachstumssäulen deklariert und erwartet sich von seinen Wassergeschäften in den nächsten zehn Jahren Umsätze von bis zu zehn Milliarden US-Dollar. Kein Wunder: Laut Weltbank liegt der weltweite Investitionsbedarf im Wassersektor bei 60 Milliarden Dollar pro Jahr – und diese Summe soll bis 2025 sogar auf 180 Milliarden Dollar jährlich anwachsen.

Wasser ist ein endlicher Rohstoff, der nicht substituiert werden kann und dessen Angebotsseite durch die Ausschöpfung der Ressourcen und die Umweltverschmutzung immer weiter absinkt. Gleichzeitig steigt jedoch mit der wachsenden Erdbevölkerung und dem steigenden Lebensstandard in den Emerging Markets die Nachfrageseite unaufhaltsam weiter an.

Börsianer, die sich bereits heute mit diesem Trend befassen und besonders lukrative Investmentmöglichkeiten suchen, betrachten die Wasserproblematik nicht global, sondern konzentrieren sich gezielt auf die besonders kritischen Regionen. Das ist in den nächsten Jahren China. Gleichzeitig wissen Anleger dann auch noch, dass sie mit ihren Investments in Wasserfirmen helfen, Menschenleben zu retten. Das ist für Anleger nun wirklich die beste aller Welten.

KAPITEL 14

Wie Sie die Megatrends an den Börsen umsetzen: Rohstoff-Futures

Wenn Sie es bis hierhin geschafft haben, dann ist die Wahrscheinlichkeit hoch, dass Sie mit unseren Überlegungen zumindest in Teilbereichen übereinstimmen. Vielleicht sind nun auch Sie davon überzeugt, dass die Preise von Zucker, Silber, Mais und Co. steigen werden. Doch wie können Sie davon profitieren? Um diese Frage zu beantworten, werden wir Ihnen die konkrete Umsetzung in diesem Kapitel erläutern.

Die meisten Rohstoffe waren noch Anfang des Jahrtausends für Privatanleger nicht handelbar. Es sei denn über den Umweg der Rohstoff-Futures an den Börsen New York oder Chicago. Dort fielen allerdings hohe Gebühren an, und – noch schlimmer: Die möglichen Verluste blieben nicht auf den Einsatz beschränkt. Denn mit diesen Geschäften konnte und kann man mehr als das ursprünglich investierte Kapital verlieren. Wir raten deshalb strikt vor diesem Weg ab. Das war der Hintergrund der hohen Spekulationsverluste vieler deutscher Privatanleger im Rohstoffsektor (vielleicht haben Sie in diesem Zusammenhang schon einmal etwas von den legendären »Schweinebäuchen« gehört).

Mittlerweile hat sich das Bild völlig geändert: Denn seit dem Siegeszug der Zertifikate und Optionsscheine an der Stuttgarter Börse (der »Euwax«) explodierte die Zahl der Basiswerte. Goldoptionsscheine hatte es bereits länger gegeben. Auch Erdöl war als Basiswert bekannt. Aber jetzt kamen Edelmetalle wie Silber, Platin und Palladium hinzu. Es folgten die Industriemetalle: Kupfer, Zink sowie Aluminium etc. Und schließlich auch die Rohwaren. Ob gefrorenes Orangensaftkonzentrat, Sojabohnen, Baumwolle oder Kakao – auf alle diese Basiswerte können Sie nun setzen.

Aus diesen Gründen ist das Rohstoffuniversum an der Euwax mittlerweile sehr gut abgedeckt. Die notwendige Infrastruktur für Privatanleger zum Investieren in Rohstoffe ist damit vorhanden. Es gibt zwar immer noch einige Rohwaren, die nicht abgedeckt sind. Diese sind allerdings wirtschaftlich relativ unbedeutend, und zum Glück sind alle unsere Favoriten dabei (bis auf Uran und Wasser).

Übrigens: Sie können sowohl von steigenden als auch von fallenden Rohstoffpreisen profitieren. Denn die entsprechenden Zertifikate gibt es meistens sowohl als »Long«- als auch als »Short«-Zertifikat. Mit einem »Long-Zertifikat« setzen Sie auf steigende, mit einem »Short-Zertifikat« auf fallende Kurse. Es wird Sie nicht überraschen, dass wir im aktuellen Rohstoff-Bullenmarkt eindeutig bessere Chancen auf der »Long«-Seite sehen.

Das bedeutet jedoch nicht, dass wir nicht gelegentlich in eindeutig erkennbaren Korrekturphasen auch einmal auf Short-Zertifikate setzen. Und es wird auch die Zeit kommen, in denen der Rohstoff-Bullenmarkt zu Ende geht und die Short-Zertifikate wieder generell attraktiver als die Long-Zertifikate sein werden, siehe dazu die Erläuterungen in Kapitel 1. Nichts ist für die Ewigkeit!

Halten wir fest: Sie brauchen sich nicht einige Zentner Zucker in den Keller zu legen und auch keine Maissäcke zu kaufen. Sie können sich einfach Rohstoffzertifikate kaufen, was problemlos möglich ist. Grundvoraussetzung dafür ist allerdings, dass Sie

1. ein Depot haben und

2. die Termingeschäftsfähigkeit besitzen (da Sie sonst nicht an den deutschen Börsen Zertifikate kaufen und verkaufen können).

Falls Sie beides haben, können Sie das folgende Kapitel überspringen. Falls nicht, empfehlen wir Ihnen, es aufmerksam zu lesen.

Die notwendige Infrastruktur

Zum Punkt **Depot:** Ein Depot brauchen Sie, da führt kein Weg dran vorbei. Sie brauchen kein »spezielles« Zertifikatedepot: Denn es gibt keinen Unterschied zwischen einem Aktien- und einem Zertifikatedepot. Ein Depot kann beide Anlagekategorien beherbergen. Wir wollen an dieser Stelle keine Werbung für einen bestimmten Anbieter machen. Generell empfehlen wir Ihnen, dass Sie aufgrund der niedrigeren Gebühren einen Direktbroker auswählen.

Wir möchten an dieser Stelle darauf hinweisen, dass sich die Direktbroker bei der Ausführung der Trades mittlerweile qualitätsmäßig kaum noch unterscheiden und Sie also aufgrund der Gebühren auswählen können. Da dieses Buch nicht tagesaktuell sein kann, verzichten wir auf einen Gebührenvergleich. Eine Faustregel können wir Ihnen allerdings mitgeben: Wählen Sie keinen Anbieter, bei dem für eine Transaktion im Volumen von 3.000 Euro mehr als 15,00 Euro Gebühren anfallen.

Am besten informieren Sie sich im Internet über die aktuellen Gebühren der jeweiligen Anbieter und wählen dann entsprechend aus. Hier die Adressen möglicher Anbieter, alphabetisch geordnet, um keine Wertung vorzunehmen: www.comdirect.de, www.cortalconsors.de, www.easytrade.de, www.maxblue. de, www.nordnetonline.de, www.s-broker.de.

Zum Punkt **Termingeschäftsfähigkeit:** Diese ist nach § 53 Abs. 2 Börsengesetz zum Handel mit Zertifikaten erforderlich und letztlich im Interesse der Anleger, denn dieser Punkt verlangt eine Aufklärung von Privatpersonen über die Verlustrisiken bei Termingeschäften. Das Wertpapierhandelsgesetz sieht eine Wiederholung dieser Unterschrift nach bestimmten Zeiträumen vor.

Beachten Sie bitte die folgenden Formalia: Die Vorgehensweise zur Erlangung der Termingeschäftsfähigkeit ist bei allen Anbietern (private Geschäftsbanken, Sparkassen, Direktbanken, Postbank, Raiffeisenbanken) sehr ähnlich. Ein Punkt ist entscheidend: Das Schreiben »Wichtige Informationen über Verlustrisiken bei Finanztermingeschäften« muss auf jeden Fall von Ihnen unterzeichnet werden, sonst dürfen Sie nicht mit Zertifikaten handeln.

In Ihrem eigenen Interesse sollten Sie die in diesem Schreiben gemachten Hinweise auf die Risiken sorgfältig lesen und wirklich verstanden haben, bevor Sie unterschreiben.

Dieser Aufwand ist notwendig, da die Anbieter verpflichtet sind, Sie über die Risiken aufzuklären. Deshalb können Sie nur dann mit Zertifikaten handeln, wenn Sie diese Formalitäten erfüllen. Discount-Broker kommen ihrer Aufklärungspflicht übrigens meistens durch das Zusenden einer Informationsbroschüre nach. Sie müssen dann bestätigen, dass Sie alles verstanden haben, was den Anbieter rechtlich gegen Schadensersatzansprüche absichert.

Rohstoff-Futures

An den zu Beginn dieses Kapitels erwähnten Rohstoff-Futures kommen wir allerdings nicht ganz vorbei. Denn Sie brauchen zwar nicht das Risiko einzugehen, in New York oder Chicago mit Futures zu traden und dabei mehr als Ihren Einsatz zu riskieren, aber die Rohstoff-Futures sind die Basiswerte der Rohstoffzertifikate. Aus diesem Grund werden wir die Rohstoff-Futures nun behandeln.

An den Rohstoffbörsen der Welt werden Rohstoffe auf Termin ge- und verkauft. Es gibt zwar auch den Spotmarkt, bei dem für sofortige Bezahlung sofort geliefert wird, aber wichtiger ist der Handel mit Futures. Der Grund ist einfach: Die meisten Produzenten wollen auf Termin verkaufen, die meisten Käufer wollen auf Termin kaufen.

Denn dies erhöht für beide Seiten die Planungssicherheit. Ein Beispiel für »auf Termin verkaufen«: Ein Maisproduzent kann seine Maisernte, die er erst in einigen Monaten einfahren wird, schon heute zu einem fixen Preis verkaufen, zu einem festgelegten Liefertermin in einigen Monaten. So weiß er bereits heute, wie viel er einnehmen wird. Natürlich könnte der Preis in einigen Monaten höher sein, aber er könnte eben auch niedriger sein. Das entsprechende Risiko kann der Maisproduzent durch den Verkauf auf Termin eliminieren.

Ein Beispiel für »auf Termin kaufen«: Ein Rinderzüchter möchte für seine Jahresplanung wissen, wie viel er für Viehfutter in Form von Mais ausgeben wird. Er kann dies genau beziffern, wenn er den Mais im Voraus kauft, zu einem fixen Preis. Natürlich könnte der Maispreis in einigen Monaten niedriger sein, aber er könnte auch höher sein. Genauso wie der Maisproduzent kann auch der Rinderzüchter das entsprechende Risiko eliminieren – durch den Kauf auf Termin.

Das ist der Grund, warum Rohstoff-Futures volkswirtschaftlich sinnvoll sind: Sowohl Produzenten als auch Großverbraucher können sich durch diese Instrumente vor unerwünschten Preisveränderunen »hedgen«[61], das heißt ab-

---

61 *Fachbegriff, der auch ins Börsendeutsch übernommen wurde: »hedge« steht für »absichern«. »Perfect hedge« ist eine vollständige Absicherung der entsprechenden Risiken.*

sichern. Das wurde in den USA 1848 erkannt, als 82 Chicagoer Rohwarenhändler den zentralen Marktplatz *Chicago Board of Trade* (CBOT) gründeten. Da es sich um die bis heute größte Rohwarenbörse der Welt handelt, möchten wir Ihnen einige Hintergrundinformationen zur CBOT geben.

Grundvoraussetzung für die Gründung der CBOT: Chicago lag für den Handel mit Mais, Sojabohnen, Weizen und Vieh sehr verkehrsgünstig, was das Wachstum dieses Handelsplatzes begünstigte. Zunächst war dies ein Spotmarkt, doch als 1851 der erste Future eingeführt wurde (der sich auf 3.000 Scheffel Mais bezog), gewannen die Futures aufgrund des gerade beschriebenen Vorteils schnell enorme Popularität unter Lieferanten und Käufern.

Die gehandelten Rohwaren hatten zudem den Vorteil, völlig fungibel (= austauschbar) zu sein. Auf diese Weise war eine gleiche Qualität bei allen Angeboten derselben Kategorie gewährleistet. Die CBOT wuchs sehr rasch und war wenige Jahre später, bei Ausbruch des Amerikanischen Bürgerkrieges, in der Lage, drei Regimente und eine Artillerie-Batterie der Nordstaaten zu finanzieren (die *Board of Trade Regiments*).

Nach dem Ende des Bürgerkriegs, der den Sieg der Nordstaaten brachte, konnte sich die CBOT wieder aufs Geschäft konzentrieren: Zur Vereinfachung des Handels wurden die Futures standardisiert. Zuvor konnten sich Käufer und Verkäufer individuell einigen. Nun gab die CBOT bestimmte Standards vor:

Sie legte fest, dass sich jeder einzelne Kontrakt auf eine bestimmte Menge und eine bestimmte Fälligkeit bezog; außerdem wurden weitere Details standardisiert. Zudem wurde die CBOT zur »Clearing-Stelle« und garantierte somit die Erfüllung aller Transaktionen. Das machte sie für Käufer und Verkäufer noch attraktiver, denn das Lieferungs- beziehungsweise Zahlungsrisiko fiel nun weg.

An diesem grundlegenden Erfolgsrezept hat sich bis heute nichts geändert. Auch heute noch werden an der CBOT standardisierte Futures gehandelt. Das bedeutet, dass jeder Future klar definierte Eigenschaften hat. Ein Beispiel: Der Dezember-Mais-Future bezieht sich auf 5.000 Scheffel Mais. Dieser Future kann bis zum letzten Börsentag vor dem 15. Kalendertag des Fälligkeitsmonats gehandelt werden. Liefertermin ist der zweite Börsentag nach dem letzten Handelstag des Fälligkeitsmonats. Es gibt Kontrakte mit Fälligkeit März, Mai, Juli, September und Dezember. Preisnotierung: Cent und Viertelcent je Scheffel.

Das alles ist eindeutig reglementiert, vollständig transparent. Sowohl Käufer als auch Verkäufer wissen, woran sie mit einem Kontrakt sind. Die Erfolgsgeschichte der CBOT geht weiter: 2002, 2003 und 2004 wurden jedes Jahr neue Rekorde erreicht, was die Zahl der gehandelten Kontrakte betrifft. 2004 wurden 599,99 Millionen Kontrakte gehandelt – ein Zuwachs von 32 Prozent gegenüber dem Vorjahr.

Rohstoff-Futures als Basiswerte

Nun zurück zu den Zertifikaten. Rohstoffzertifikate haben einen bestimmten Rohstoff-Future als Basiswert, ihre Kursentwicklung ist von der Entwicklung des Basiswertes abhängig.

Welcher Rohstoff-Future das genau ist, hängt vom konkreten Rohstoff ab. Beispiel: Im Fall von Mais beziehen sich die an der Euwax gehandelten Maiszertifikate generell auf einen an der CBOT gehandelten Mais-Future.

Rein theoretisch könnte es auch Maiszertifikate auf andere Mais-Futures geben, denn Mais wird auch an anderen Börsen gehandelt:

■ an der brasilianischen BM&F (*Bolsa de Mercadorias & Futuros*)

■ an der ungarischen Rohstoffbörse in Budapest

■ an der französischen Warenterminbörse MATIF (*Marche a Termen International de France*)

■ in Argentinien, an der *Mercado a Termino de Buenos Aires*

■ an der südkoreanischen KCE (*Kanmon Commodity Exchange*)

■ an der Tokioter Getreidebörse TGE (*Tokio Grain Exchange*)

Die CBOT ist allerdings die am weiten wichtigste Rohstoffbörse für Mais und deshalb die Leitbörse. Dort ist der Handel am liquidesten, die CBOT gibt die Richtung vor. Kein Wunder, dass sich die in Deutschland handelbaren Zertifikate deshalb auf einen an der CBOT gehandelten Mais-Future beziehen.

Sie können sich selbst sehr leicht einen Überblick über die an der CBOT gehandelten Futures verschaffen: Gehen Sie dazu einfach auf die Internetseite der CBOT, www.cbot.com. Dort finden Sie direkt auf der Startseite rechts eine Übersicht über die Basiswerte. Klicken Sie dort auf *Corn* (= Mais). Sie erhalten dann einen Überblick über die aktuellen Notierungen der Mais-Futures.

Wie oben bereits dargelegt, gibt es im Fall von Mais sechs Fälligkeitsmonate und damit grundsätzlich sechs unterschiedliche Mais-Futures. Kurz vor Fälligkeit eines Futures gibt es dann sieben unterschiedliche Mais-Futures: Der kurz vor Fälligkeit stehende wird noch gehandelt, gleichzeitig ist ein neuer Future mit demselben Fälligkeitsmonat – aber ein Jahr später – eingeführt worden.

Welchen dieser Mais-Futures nehmen die Emittenten nun als Basiswert für ein Maiszertifikat? In der Regel den Future mit der nächsten Fälligkeit. Ausnahme: Es sind nur noch wenige Handelstage bis Fälligkeit dieses Futures. Denn der nächstfällige Future ist normalerweise der am meisten gehandelte und deshalb liquideste Future.

Der Punkt der Liquidität ist sehr wichtig für den Emittenten eines Rohstoffzertifikats, denn er muss sich abhedgen (= absichern). Das bedeutet, dass der Emittent für seine verkauften Rohstoffzertifikate entsprechende Gegenpositionen eingeht, sodass er risikoneutral positioniert ist.

Ihm ist es dann egal, ob der entsprechende Rohstoffpreis steigt oder fällt, denn er ist für jedes von ihm verkaufte Rohstoffzertifikat an der CBOT (beziehungsweise der Börse, an der der Basiswert gehandelt wird) eine Gegenposition eingegangen. Der Emittent verdient deshalb auch nicht daran, wenn die von ihm verkauften Rohstoffzertifikate im Kurs fallen. Seinen Verdienst erzielt er stattdessen durch den Spread (Spanne zwischen An- und Verkaufskurs des Zertifikats). Dieses »Hedgen« (= Eingehen von Gegenpositionen) ist bei liquidem Markt selbstverständlich einfacher und kostengünstiger möglich, weshalb der Basiswert in der Regel der nächstfällige Future ist.

Sie haben vielleicht schon erkannt, welches Problem sich dabei stellt: Der Basiswert Rohstoff-Future läuft irgendwann aus, wird fällig – was geschieht dann aber mit dem Rohstoffzertifikat, das sich auf diesen Future bezieht?

Das Rollen

Hier kommt es zu dem Phänomen, das in der Börsensprache »Rollen« genannt wird. Das ist im Prinzip nichts anderes als ein Tausch: Der Emittent steigt rechtzeitig vor Fälligkeit des Futures (denn er möchte die entsprechenden Waren ja nicht liefern beziehungsweise geliefert bekommen) aus diesem aus und kauft dafür den nächstfälligen Future. So einfach ist das.

Der Basiswert wird also ausgewechselt: vom fälligen Future auf den nächstfälligen Future. Wenn dieser neue Basiswert dann kurz vor seiner Fälligkeit steht, wird erneut »gerollt«. Auf diese Weise werden die sogenannten »Endloszertifikate« möglich: Bei diesen wird grundsätzlich kurz vor Fälligkeit eines Futures in den nächstfälligen gerollt.

Zum Zeitpunkt des Rollens gibt es drei Möglichkeiten:

1. Der Future, in den gerollt wird, ist genauso teuer wie der Future, aus dem gerollt wird.

2. Der Future, in den gerollt wird, ist teurer als der Future, aus dem gerollt wird.

3. Der Future, in den gerollt wird, ist billiger als der Future, aus dem gerollt wird.

Zum ersten Fall: Der ist völlig problemlos. Der Kauf des neuen Futures kostet genauso viel, wie der Verkauf des alten Futures eingebracht hat. Der alte Future ist in einen länger laufenden Future getauscht worden, der dasselbe kostet.

Zum zweiten Fall: Dieser sieht zunächst ein wenig problematisch aus. Denn der Kauf des neuen Futures kostet mehr, als der Verkauf des alten eingebracht hat. Dieses Problem wird dadurch gelöst: Auch in diesem Fall wird nicht mehr als der zuvor durch den Verkauf erhaltene Betrag in den neuen Future investiert. Es können deshalb nur weniger neue Kontrakte erworben werden.

Es ist aber dennoch eine wertneutrale Umschichtung. Denn nach dem Rollen hat sich zwar die Zahl der Kontrakte verringert, jeder einzelne Kontrakte ist aber auch mehr wert. Die Höhe des eingesetzten Betrags hat sich nicht verändert. In solchen Fällen verringert der Emittent die sogenannte Partizipationsrate eines Rohstoffzertifikats.

Hat es sich vor dem Rollen zum Beispiel auf genau einen Rohstoff-Future bezogen, bezieht es sich nach dem Rollen auf weniger als einen neuen Rohstoff-Future. Da dieser neue Future aber teurer ist, war die Umschichtung insgesamt wertneutral – von den Transaktionskosten einmal abgesehen, die der Emittent in Rechnung stellt, die aber verhältnismäßig gering sind.

Zum dritten Fall: Dieser sieht auf den ersten Blick sehr erfreulich aus. Denn der Kauf des neuen Futures kostet weniger, als der Verkauf des alten eingebracht hat. Da auch hier wiederum der komplette erlöste Betrag neu eingesetzt wird, können durch das Rollen nun mehr Kontrakte als zuvor gekauft werden.

Aber auch dies ist letztlich eine wertneutrale Umschichtung: Denn nach dem Rollen hat sich zwar die Zahl der Kontrakte erhöht, jeder einzelne Kontrakt ist allerdings auch weniger wert. Deshalb hat sich auch in diesem Fall weder die Höhe des eingesetzten Betrags noch das Vermögen durch das Rollen geändert (ohne Berücksichtigung der Transaktionskosten).

Das Rollen ist eine rein technische Angelegenheit, die der Emittent erledigt und mit der Sie nichts zu tun haben. Dennoch sollten Sie verstehen, was damit gemeint ist! Und sei es nur, damit Sie wissen, dass der Basiswert nicht immer derselbe bleibt. Das kann er gar nicht.

Wenn Sie zum Beispiel ein Mais-Zertifikat kaufen und bei *www.cbot.com* den Kurs des nächstfälligen Mais-Futures (= Basiswert) verfolgen, dann wissen Sie, dass mit Fälligkeit dieses Futures nicht das Rohstoffzertifikat verfällt, sondern einfach einen neuen Basiswert bekommen hat. Eben den nächstfälligen Future.

Außerdem ist es beim Rollen zwar egal, ob der neue Future niedriger oder höher als der alte notiert. Die Umschichtung erfolgt in jedem Fall wertneutral, wie gerade erläutert. Es ist auf längere Sicht aber durchaus wichtig zu beobachten, in welchem Verhältnis die Kurse der Futures unterschiedlicher Laufzeit zueinander stehen.

Backwardation

Denn wenn generell die Futures mit längerer Laufzeit niedriger notieren – und zwar umso niedriger, je länger die Laufzeit ist –, dann spricht dies dafür, dass die Marktteilnehmer generell mit einem Preisrückgang für diesen Basiswert rechnen.

Ein Beispiel dafür: Wenn aufgrund eines Hurrikans zu Beginn der Orangenernte Floridas die dortige Ernte vernichtet worden ist, dann werden die Preise für sofortige oder baldige Lieferung (= nächstfälliger Future) von gefrorenem Orangensaftkonzentrat nach oben schießen.

Wenn aber gleichzeitig bekannt ist, dass wenige Monate später in Brasilien die Erntezeit für Orangen beginnt und dort das Wetter bisher optimal für Orangen war, dann spricht das für ein reichliches künftiges Angebot an brasilianischen Orangen. Der Preis für gefrorenes Orangensaftkonzentrat mit späterer Lieferung (= länger laufender Future) wird deshalb tendenziell sinken.

Hier hätten wir also die Situation, dass die kurz laufenden Futures für gefrorenes Orangensaftkonzentrat teurer wären als die länger laufenden Futures. Eine solche Situation wird in der Börsensprache mit *Backwardation* bezeichnet.

Wenn diese Situation länger andauert, hat sie einen gewissen Vorteil: Denn der Kurs eines gerade gekauften Futures wird mit abnehmender Restlaufzeit *ceteris paribus* (das heißt, wenn sich außer diesem Faktor nichts ändert) tendenziell steigen. Dies ist ein Faktor – der jedoch keineswegs ausschlaggebend sein muss –, der für das Investieren in einen Markt spricht, der sich in *Backwardation* befindet.

Contango

Der umgekehrte Fall wird mit *Contango* bezeichnet. Dieser Fachterminus beschreibt eine Situation, in der länger laufende Futures generell teurer sind als kürzer laufende. Dieses Phänomen kann öfter beobachtet werden als der oben beschriebene Fall der *Backwardation*.

Ein Grund dafür: Wenn ein Marktteilnehmer bereits vorhandene, gelagerte Rohstoffe in der Zukunft verkaufen möchte, fallen dafür Lager- und auch Versicherungskosten an. Allein aufgrund dieses Kostenfaktors wird der Preis für länger laufende Futures über dem für kürzer liegende Futures liegen.

Ein *Contango*-Markt kann aber auch anders entstehen, wie wir wiederum an einem Orangenbeispiel zeigen können: Nehmen wir an, die Orangenernte ist in Florida gerade abgeschlossen worden. Sie ist reichlich ausgefallen, und deshalb übertrifft das Angebot an gefrorenem Orangensaftkonzentrat die Nachfrage sehr deutlich. Dann wird der Preis für sofortige oder baldige Lieferung (= nächstfälliger Future) von gefrorenem Orangensaftkonzentrat zurückgehen.

Gleichzeitig ist – analog zu obigem Beispiel – jedoch bekannt, dass wenige Monate später in Brasilien die Erntezeit für Orangen beginnt, und dort ist durch einen unerwarteten und heftigen Frosteinbruch ein großer Teil der Pflanzen erfroren. Das spricht für ein deutlich zurückgehendes künftiges Angebot an brasilianischen Orangen.

Der Preis für gefrorenes Orangensaftkonzentrat mit späterer Lieferung (= länger laufender Future) wird deshalb deutlich steigen. Das würde zu der Situation führen, dass die lang laufenden Futures für gefrorenes Orangensaftkonzentrat teurer wären als die kurz laufenden Futures. Ein klassischer *Contango*-Markt.

Wenn diese Situation länger andauert, hat sie einen gewissen Nachteil: Denn der Kurs eines gerade gekauften Futures wird mit abnehmender Restlaufzeit *ceteris paribus* (das heißt, wenn sich außer diesem Faktor nichts ändert) tendenziell fallen. Dies ist ein Faktor – der jedoch keineswegs ausschlaggebend sein muss –, der gegen das Investieren in einen Markt spricht, der sich in *Contango* befindet.

Bitte beachten Sie aber, dass ein *Contango*-Markt eher die Regel als die Ausnahme ist und es in einem Bullenmarkt meist vernachlässigbar ist, wenn die länger laufenden Futures einen moderaten Aufschlag gegenüber den kurz laufenden Futures haben. Zum Vergleich: DAX-Futures notieren immer in *Contango*.

KAPITEL 15

Wie Sie die Megatrends an den Börsen umsetzen: Rohstoffzertifikate

Nachdem wir den wichtigen Punkt »Rohstoff-Futures« als Basiswert abgehandelt haben, nun konkret zu den Rohstoffzertifikaten. Hier müssen wir nun genauer differenzieren. Denn »das« typische Rohstoffzertifikat gibt es einfach nicht. Es gibt Eins-zu-eins-Zertifikate, die einfach den Kurs eines Futures abbilden. Es gibt Zertifikate mit Hebel, ohne Hebel, mit Währungssicherung, ohne Währungssicherung.

Um Ihnen einen strukturierten Überblick zu geben, stellen wir jede Zertifikatkategorie einzeln vor. Jede Kategorie hat spezifische Vor- und Nachteile. Der Vorteil bei allen jedoch: Sie sind problemlos an der Stuttgarter Börse handelbar (dazu später mehr).

Partizipations-/Eins-zu-eins-Zertifikate

Beide Begriffe werden synonym verwendet. Ein weiterer Begriff, der für diese Zertifikate verwendet wird, lautet »Open-End-Zertifikat«. Es handelt sich um eine recht einfache Kategorie von Zertifikaten. Basiswert ist ein Rohstoff-

Future, und zwar standardmäßig der nächstfällige. Wie der Name schon sagt, vollziehen Eins-zu-eins-Zertifikate die Kursentwicklung des zugrunde liegenden Futures nahezu eins zu eins nach.

Wenn der entsprechende Future um fünf Prozent steigt, steigen diese Zertifikate ebenfalls um rund fünf Prozent (das »rund« deshalb, weil die Partizipation nicht bei exakt 100,0 Prozent liegt, mehr dazu weiter unten). Wenn der Future um fünf Prozent fällt, fällt der Kurs des Zertifikats um rund fünf Prozent. Hierbei ist allerdings ein wichtiger Punkt zu beachten: der Währungseffekt.

Denn die meisten Futures notieren in Dollar. Wenn also zum Beispiel der Future zwar um fünf Prozent steigt, gleichzeitig aber der Dollar gegenüber dem Euro um sieben Prozent einbricht, dann gilt die obige Rechnung nicht mehr. Dann wird der Währungseffekt den entstandenen Gewinn mehr als auffressen, sodass der Kurs des in Euro notierenden Zertifikats fallen wird. Obwohl der Basiswert gestiegen ist – aber eben in Dollar, nicht in Euro.

Es gibt eine einfache Lösung für dieses Problem: währungsgesicherte Eins-zu-eins-Zertifkate. Ein guter Emittent bietet diese spezielle Kategorie an, der wir gegenüber »ungesicherten« Eins-zu-eins-Zertifikaten auf jeden Fall den Vorzug geben. Begehen Sie nicht den oft gemachten Fehler, den Währungseffekt zu ignorieren!

Währungsgesicherte Eins-zu-eins-Zertifikate funktionieren so: Der Währungseffekt wird komplett ignoriert. Wenn der Basiswert-Future um fünf Prozent steigt, dann steigt auch der Kurs des Zertifikats um rund fünf Prozent. Was der Dollar-Kurs macht, spielt dabei keine Rolle. Dies ist möglich, da der Emittent sich bei währungsgesicherten Geschäften zusätzlich gegen das Währungsrisiko hedgt (= absichert). Dafür zahlen Sie allerdings einen gewissen Preis: Denn diese Absicherung lässt sich der Emittent mit Gebühren zwischen einem und fünf Prozent jährlich entgelten.

Die genaue Höhe ist von Emittent zu Emittent und Zertifikat zu Zertifikat verschieden. Generell gilt natürlich: je niedriger diese Gebühr, desto besser. Denn die Währungsabsicherung ist immer vollständig. Währungsgesicherte Zertifikate werden auch als »Quanto«-Zertifikate bezeichnet.

Eins-zu-eins-Zertifikate haben grundsätzlich keine Laufzeitbegrenzung. Allerdings behalten sich die Emittenten ein Sonderkündigungsrecht vor, falls zum Beispiel der Handel mit einem Rohstoff generell eingestellt werden sollte. Um diese theoretisch unbegrenzte Laufzeit zu ermöglichen, kommt es kurz vor Auslaufen desjenigen Futures, der Basiswert ist, zum »Rollen« in den nächstfälligen Future.

Dafür berechnet der Emittent eine kleine Gebühr, ebenso wie für die Währungssicherung. Diese Gebühr wird Ihnen nicht explizit in Rechnung gestellt, sondern spiegelt sich in einem minimal niedrigeren Kurs des Zertifikats wider. Aus diesem Grund spiegeln diese Zertifikate übrigens die Kursentwicklung des zugrunde liegenden Futures nicht exakt 100,0-prozentig wider – aber fast. Es ist deshalb nur eine sehr kleine Vereinfachung, wenn wir die Eigenschaften dieser Zertifikatekategorie so zusammenfassen:

Fazit

Währungsgesicherte Eins-zu-eins-Zertifkate vollziehen die Kursentwicklung des jeweils nächstfälligen Futures des Basiswertes vollständig nach, nach unten wie nach oben, ohne Laufzeitbegrenzung.

Long- beziehungsweise Short-Zertifikate

Auch als »Turbos«, »Waves«, »Mini Long« oder »Mini Short«-Zertifikate bekannt (von Emittent zu Emittent verschieden). Sie bauen auf den Eins-zu-eins-Zertifikaten auf und haben mit diesen deshalb einige Gemeinsamkeiten: Beide Kategorien haben als Basiswert jeweils den nächstfälligen Future eines bestimmten Rohstoffs, kurz vor Fälligkeit wird in den nächsten länger laufenden Future gerollt.

Deshalb haben beide Kategorien grundsätzlich keine Laufzeitbegrenzung. Entscheidender Unterschied: Long- und Short-Zertifikate bilden die Entwicklung des Basiswertes nicht einfach nahezu eins zu eins ab, sondern mit einem Hebel. Die Höhe des Hebels wiederum kann je nach Zertifikat variieren, ein Hebel von zwei findet sich genauso wie ein Hebel von 9,5.[62]

Im Prinzip funktioniert ein Long-Zertifikat deshalb genauso wie ein Eins-zu-eins-Zertifikat auf denselben Basiswert – mit dem Unterschied, dass die Kursentwicklung des Eins-zu-eins-Zertifikats mit der Höhe des Hebels multipliziert wird. Wenn das entsprechende Eins-zu-eins-Zertifikat um fünf Prozent steigen würde, dann würde ein Long-Zertifikat mit Hebel 3,5 um 17,5 Prozent steigen.

---

62 *Der Hebel ist allerdings in der Regel keine konstante Größe, sondern sinkt im Fall eines Long-Zertifikats tendenziell bei steigendem Kurs des Basiswertes (bei Short-Zertifikaten sinkt er bei fallendem Kurs des Basiswertes tendenziell). Dieser Effekt hat jedoch den erfreulichen Vorteil, dass er nur dann eintritt, wenn sich der Basiswert in die gewünschte Richtung bewegt, also Gewinne eingetreten sind. Es gibt zudem speziell konstruierte Long- und Short-Zertifikate mit dauerhaft konstantem Hebel wie die »Rolling Turbos« des Emittenten Goldman Sachs.*

Vorsicht: Dieser Hebel wirkt natürlich in beide Richtungen! Es gibt deshalb keine optimale Höhe des Hebels – diese hängt von Ihrer Risikobereitschaft ab. Eine spezielle Besonderheit der Short-Zertifikate: Mit diesen setzen Sie mit Hebel auf fallende Kurse des Basiswertes – anders als mit Long- und Eins-zu-eins-Zertifikaten, mit denen Sie auf steigende Kurse des Basiswertes setzen.

Punkt Währungssicherung: Es gibt kaum währungsgesicherte Long- und Short-Zertifikate, da diese Scheine aufgrund der hohen Hebelwirkung generell kurzfristiger gehalten werden. Auf kurze Sicht fällt die Währungsentwicklung gegenüber der – gehebelten – Preisentwicklung des Basiswertes meistens relativ gering aus. Dennoch: Sollte es währungsgesicherte Long- oder Short-Zertifikate auf einen Basiswert geben, dann bevorzugen wir diese gegenüber nicht währungsgesicherten.

Die Knock-out-Barriere: Auch »Barriere«, »Knock-out-Marke«, »Stop-Loss-Level« oder »Knock-out-Schwelle« genannt (leider haben sich die Emittenten auch hier nicht auf eine einheitliche Terminologie geeinigt). Das ist ein sehr wichtiger Punkt, der nur bei dieser Kategorie von Rohstoffzertifikaten relevant ist.

Worum es geht: Sobald der Kurs des Basiswertes die Knock-out-Barriere erreicht oder unterschreitet (bei einem Long-Zertifikat) beziehungsweise erreicht oder überschreitet (bei einem Short-Zertifikat), verfällt das Zertifikat. Und zwar entweder wertlos, oder es wird ein Restwert ausbezahlt, je nach Schein.

Es ist deshalb sehr wichtig, dass Sie wissen, wo diese Knock-out-Barriere platziert ist! Wir empfehlen Ihnen, grundsätzlich keine Scheine zu kaufen, bei denen der Kurs des Basiswertes weniger als fünf Prozent von der Knock-out-Barriere entfernt ist. Besonders gefährlich sind Zertifikate, bei denen bei Erreichen der Knock-out-Barriere ein Totalverlust anfällt. Denn bei dieser Kategorie besteht – neben dem Totalverlustrisiko – ein weiteres, kaum bekanntes Risiko. Darauf gehen wir im Rahmen eines Exkurses im folgenden Teil ein.

Exkurs: Warnung vor der »magischen« Anziehungskraft der Knock-out-Barriere

Was damit gemeint ist: Wenn der Kurs des Basiswertes kurz vor der Knock-out-Barriere steht, dann wird er scheinbar »magisch« von dieser angezogen. Diese Anziehungskraft wird umso größer, je näher die Knock-out-Barriere gerückt ist. Mit Magie hat das jedoch nichts zu tun. Dafür gibt es vielmehr handfeste Gründe! Versetzen wir uns einmal in die Lage eines Emittenten, der Long-Zertifikate verkauft hat:

Der Emittent sichert sich wie gehabt für seine verkauften Long-Zertifikate ab, sodass er risikoneutral positioniert ist (*perfect hedge*). Wenn der Emittent Mais-Long-Zertifikate verkauft, dann kauft er zur Absicherung eine entsprechende Anzahl Kontrakte des passenden Mais-Futures. Wenn der Preis des Mais-Futures steigt, muss der Emittent zwar seine Mais-Long-Zertifikate für mehr Geld zurücknehmen, wenn ein Investor die Stücke an ihn zurückgeben möchte. Aber dafür hat er mit den Kontrakten Gewinn gemacht.

Das gleicht sich aus, da der Emittent risikoneutral positioniert ist. Und wenn der Kurs des Mais-Futures fällt, hat er zwar mit den Kontrakten Verluste, muss dafür aber weniger bezahlen, wenn ein Anleger seine Mais-Long-Zertifikate zurückgibt. So weit, so gut. Das ist die bekannte risikoneutrale Positionierung des Emittenten.

Es ergibt sich aber ein bestimmtes Problem: Denn sobald die Knock-out-Barriere erreicht ist – die Mais-Long-Zertifikate also verfallen –, muss der Emittent auch seine Hedge-Position völlig aufgelöst haben. Denn ansonsten könnte er Verluste erleiden, wenn der Kurs des Mais-Futures weiter fallen würde. Ab dem Erreichen der Knock-out-Barriere wäre der Emittent in diesem Fall nicht mehr risikoneutral positioniert.

Und das ist der entscheidende Punkt: Denn das bedeutet, dass der Emittent seine Hedge-Position nicht erst dann verkauft, wenn die Knock-out-Barriere erreicht ist, sondern bereits etwas vorher. Diese Verkäufe gehen gestaffelt vor sich (wir haben mit einem Bekannten gesprochen, der für einen Emittenten arbeitet und uns das bestätigt hat), das heißt, je näher die Knock-out-Barriere rückt, desto stärker wird verkauft.

Hier kann es nun zu selbstverstärkenden Effekten kommen: Denn durch die Verkäufe des Emittenten kann der Mais-Future weiter unter Druck geraten, dann rückt die Knock-out-Barriere noch näher, der Emittent verkauft weitere Kontrakte, der Kurs gerät dadurch noch weiter unter Druck ... bis die Knock-out-Barriere erreicht ist. Das ist der wirkliche Grund für die Anziehungskraft der Knock-out-Barriere!

Eine fatale Anziehungskraft. Und nun stellen wir uns folgende Situation vor: Der Kurs des Mais-Futures hat sich der Knock-out-Barriere sehr stark genähert – er ist vielleicht nur noch fünf Cent von ihr entfernt. Der Emittent hat fast seine gesamte Hedge-Position (das heißt die entsprechenden Kontrakte) verkauft.

Und nun passiert Folgendes: Der Kurs des Mais-Futures stabilisiert sich. Er fällt nicht weiter, sondern klettert sogar ein paar Cents nach oben. Aus Sicht des Emittenten bedeutet das: Er müsste sich jetzt umgehend neu absichern, das heißt, wieder Kontrakte kaufen. Das kostet Geld, und zwar möglicherweise mehr, als der vorige Verkauf erbracht hat. In dieser Situation ist für den Emittenten folgende Verlockung groß:

Da die Knock-out-Barriere nur wenige Cents entfernt ist, würde es reichen, mit einem größeren Verkaufsauftrag dafür zu sorgen, dass der zugrunde liegende Mais-Future ein wenig fällt und dadurch die Knock-out-Barriere erreicht wird.

Dann müsste sich der Emittent nicht neu absichern – und, noch besser für ihn: Die von ihm ausgegebenen Mais-Long-Zertifikate wären verfallen. Und zwar wertlos. Das heißt, der Emittent müsste keine Rückzahlung für diese Scheine leisten. Wie gesagt, die »Anziehungskraft der Knock-out-Barriere« gilt für Long- und Short-Zertifikate, die bei Erreichen der Knock-out-Barriere wertlos verfallen.

An diesem Punkt fragen wir Sie: Würden Sie Ihre Hand dafür ins Feuer legen, dass der Emittent nicht für das Erreichen der Knock-out-Barriere sorgt? Wir ganz bestimmt nicht. Vielmehr rechnen wir in solchen Fällen geradezu damit, dass der Emittent für das Erreichen der Knock-out-Barriere sorgen wird. Das ist übrigens legal, und genau deshalb wird diese Möglichkeit von den Emittenten auch genutzt. Um sich rechtlich abzusichern, finden sich in den entsprechenden Verkaufsprospekten der Emittenten Formulierungen, die eine solche Vorgehensweise möglich machen. Formulierungen wie diese:

»Bitte beachten Sie in diesem Zusammenhang auch, dass die Anbieterin und mit ihr verbundene Unternehmen im Rahmen ihrer üblichen Geschäftstätig-

keit beziehungsweise zur Absicherung von Risikopositionen aus den begebenen Optionsscheinen Geschäfte in dem Basiswert beziehungsweise in auf den Basiswert bezogenen Derivaten tätigen, und dass insbesondere unter ungünstigen Umständen (niedrige Liquidität des Basiswertes) ein solches Geschäft den Eintritt eines Stopp-Loss-Ereignisses auslösen kann.«

Nun wissen Sie, was mit solchen Formulierungen gemeint ist, die die meisten Privatanleger sicherlich überlesen. Dieses Risiko besteht explizit bei Scheinen, die bei Erreichen der Knock-out-Barriere wertlos verfallen. Bei Scheinen, bei denen bei Erreichen der Knock-out-Barriere noch ein Restwert ausbezahlt wird, besteht dieses Risiko nicht beziehungsweise lediglich in stark verringerter Form: Denn bei dieser Kategorie löst der Emittent seine Hedge-Position auch erst bei Erreichen der Knock-out-Barriere aus.

Aus diesem Grund können wir vor Long- und Short-Zertifikaten ohne Restwertauszahlung bei Erreichen der Knock-out-Barriere nur warnen, wenn der Kurs des Basiswertes dieser Knock-out-Barriere sehr nahe gerückt ist! Einige Trader setzen leider gerade auf solche Scheine, weil diese den höchsten Hebel haben.

Das mit dem Hebel stimmt zwar – aber dafür wirkt die fatale Anziehungskraft der Knock-out-Barriere. Diese Anziehungskraft wird umso größer, je näher die Knock-out-Barriere rückt. Finger weg von diesen Scheinen!

Bitte beachten Sie: Das ändert nichts daran, dass Long- und Short-Zertifikate, bei denen die Knock-out-Barriere mehr als fünf Prozent entfernt ist, sehr gute Instrumente zum optimalen Ausreizen einer Kursbewegung sind. Wir halten jedoch nichts davon, nur die Vorteile bestimmter Anlageformen zu betonen, sondern möchten Sie auch vor den Risiken warnen.

Bonuszertifikate

Zertifikate dieser Kategorie bieten eines der besten Chance-Risiko-Profile im Rohstoffuniversum. Auch sie bauen auf den Eins-zu-eins-Zertifikaten auf. Sie profitieren grundsätzlich genau wie diese eins zu eins von steigenden Notierungen des Basiswertes. Ohne Hebelwirkung, wie im Fall der Long- oder Short-Zertifikate. Anders als die Eins-zu-eins-Zertifikate haben Bonuszertifikate aber eine festgeschriebene Laufzeit. Und sie können eine ganze Reihe handfester Vorteile gegenüber diesen vorweisen:

1. Risikopuffer:

Bonuszertifikate besitzen einen Risikopuffer. Dieser greift bis zu einem vorher festgelegten, konkreten Wert des Basiswertes. Deshalb lässt sich der Risikopuffer auch prozentual angeben: als Abstand des aktuellen Kurses des Basiswertes zur Grenze, bis zu der der Risikopuffer greift.

Für die Höhe des Risikopuffers gibt es keine bestimmte Vorgabe: Er kann bei fünf, 25 oder auch 60 Prozent liegen. Je größer der Risikopuffer, desto sicherer das Investment. Denn: Solange der Kurs des Basiswertes nicht unter das Absicherungsniveau fällt, garantiert der Emittent zu Laufzeitende eine vorher festgelegte fixe Auszahlung. Diese besteht aus dem Nennwert des Scheins (meist 100,00 oder 1.000,00 Euro) zuzüglich eines Bonus. Damit sind wir beim nächsten Punkt:

2. Bonuszahlung:

Diesen Bonus erhält der Anleger bei Laufzeitende immer dann, wenn der Kurs des Basiswertes während der Laufzeit niemals das Absicherungsniveau unterschritten hat. Zweite Bedingung: Die Bonuszahlung ist höher als der Betrag, den der Anleger durch Eins-zu-eins-Partizipation erhalten würde. Wäre der Betrag durch Eins-zu-eins-Partizipation höher, dann erhält der Anleger statt des Bonus bei Laufzeitende diesen Betrag ausbezahlt.

Das wäre allerdings für Sie als Anleger umso besser! Generell gilt: je höher der Bonus, desto besser. Um unterschiedliche Bonuszertifikate vergleichen zu können, empfehlen wir Ihnen, die Bonuszahlung auf einen Prozentwert pro Jahr umzurechnen. Denn üblicherweise wird die Bonuszahlung als Gesamtwert zu Laufzeitende angegeben (zum Beispiel 30 Prozent Bonuszahlung zu Laufzeitende), was die Vergleichbarkeit erschwert.

3. Währungssicherung:

Bei Bonuszertifikaten ist eine Währungssicherung in der Regel (bitte im Einzelfall prüfen) inklusive, diese Zertifikate sind also von möglichen Veränderungen des Dollar-Kurses überhaupt nicht betroffen.

Fazit

Mit Bonuszertifikaten profitieren Sie generell eins zu eins von steigenden Notierungen des Basiswertes. Aber selbst wenn der Basiswert stagniert, erhalten Sie eine attraktive Seitwärtsrendite: Denn dann erhalten Sie am Laufzeitende den Nennwert des Scheins zuzüglich einer Bonuszahlung, die bei aufs Jahr umgerechneten rund drei bis zehn Prozen liegen kann. Diese Seitwärtsrendite können Sie noch steigern, wenn Sie unter Nennwert einsteigen können. Außerdem: Die Bonuszahlung erhalten Sie selbst dann, wenn der Kurs des Basiswertes zwar fällt, das Absicherungsniveau jedoch nicht verletzt wird. Bei einem besonders hohen Absicherungsniveau von zum Beispiel 50 Prozent und einem aussichtsreichen Basiswert macht das das entsprechende Bonuszertifikat zu einer relativ sicheren Anlage.

Mit gleichzeitig großer Chance: Denn von Gewinnen des Basiswertes profitieren Sie eins zu eins, ohne Begrenzung nach oben. Zum schlechtesten Fall: Der Risikopuffer wird verletzt, das heißt, das Absicherungsniveau unterschritten. Selbst dieser Fall ist keine Katastrophe: Denn dann gibt es zwar keine Bonuszahlung, und der Risikopuffer wird dauerhaft eliminiert – aber das Zertifikat verfällt keineswegs wertlos. Es wird stattdessen zum ganz normalen Eins-zu-eins-Zertifikat, das bei Laufzeitende gemäß der Performance des Basiswertes eins zu eins ausbezahlt wird. Bonuszertifikate kommen der »Eier legenden Wollmilchsau« für Investoren sehr nahe! Sie sind die Basis jedes Rohstoffdepots.

Discountzertifikate

Discountzertifikate bauen ebenfalls auf den Eins-zu-eins-Zertifikaten auf. Grundsätzlich entwickeln sich Discountzertifikate im Verhältnis eins zu eins zur Entwicklung des Basiswertes. Mit einer entscheidenden Einschränkung: Nach oben existiert eine Begrenzung. Es gibt einen sogenannten Cap, der sich auf die Notierung des Basiswertes oder die Notierung des Discountzertifikats beziehen kann. So oder so wird dadurch im Endeffekt eine absolute Kurshöhe festgelegt, über die ein Discountzertifikat nicht steigen kann. Dieser Cap ist fix und bei Emission vom Emittenten festgelegt worden. Der maximale Kursgewinn ist deshalb auf einen konkreten Betrag beschränkt.

Das ist gegenüber einem »normalen« Eins-zu-eins-Zertifikat eindeutig ein Nachteil. Dafür bieten Discountzertifikate einen Vorteil: Der Anleger kann Discountzertifikate mit einem Preisabschlag (= Discount, daher der Name dieser Zertifikate) gegenüber dem aktuellen Kurs des Basiswertes kaufen. Generell gilt: je niedriger der Cap und damit je niedriger die maximale Gewinnchance, desto höher der Discount. Außerdem fällt der Discount umso höher aus, je höher die Volatilität (= Schwankungsbreite des Basiswertes) ist.

Zertifikate im Vergleich

	Eins-zu-eins-Zertifikat	Long-/Short-Zertifikat	Bonus-zertifikat	Discount-zertifikat
Alternative Bezeichnung (Auswahl)	Open-End-Zertifikat, Partizipationszertifikat	Turbos, Waves, Mini-Long- beziehungsweise Mini-Short-Zertifikat	-	Discount-zertifikat
Kauf/Verkauf auch vor Laufzeitende	Ja	Ja	Ja	Ja
Theoretisch unbegrenzte Laufzeit	Ja	Ja	Nein	Nein
Risikopuffer	Nein	Nein	Ja	Ja (Discount bei Kauf)
Hebel	Nein	Ja	Nein	Nein
Chance auf Bonuszahlung	Nein	Nein	Ja	Nein
Währungssicherung	Ja/Nein	Meistens nein	Meistens ja	Ja/Nein
Kein Cap (Gewinnbegrenzung)	Ja	Ja	Ja	Nein
Discount beim Kauf	Nein	Nein	Nein	Ja

Quelle: eigenes Research

Abbidlung 106: Das perfekte Zertifikat gibt es nicht. Jede Kategorie hat Vor- und Nachteile.

Fazit

Jedes Zertifikat ist in einer bestimmten Situation optimal. Generell bieten Bonuszertifikate ein besseres Chance-Risiko-Profil als Discountzertifikate. Aber in Zeiten relativ hoher Volatilität beziehungsweise bei vergleichsweise hoher Volatilität des Basiswertes und einem Seitwärtsmarkt können Discountzertifikate die Nase vorn haben. Die Tabelle in Abbildung 106 gibt Ihnen einen Überblick über die Eigenschaften der verschiedenen Zertifikate.

KAPITEL 16

Wie Sie die Megatrends an den Börsen umsetzen: Commitment of Traders (CoT)

Eine wichtige Informationsquelle für Rohstoff-Profis ist der *Commitment of Traders Report*, kurz: *CoT*; hier wird der englische Begriff verwendet, er wird nicht eingedeutscht. Da sich die Profis nach diesem Report richten, möchten wir Ihnen beschreiben, was er aussagt und wie Sie an diese Informationsquelle gelangen.

Der *CoT-Report* gibt an, wie viele Kommerzielle und Spekulanten in einem bestimmten Rohstoff-Future »long« gegangen sind (auf der Käuferseite stehen) und wie viele »short« (auf der Verkäuferseite stehen).

Mit »Kommerzielle« (*Commercials*) meinen wir diejenigen, die sich gegen Preisrisiken absichern möchten beziehungsweise denen es um die tatsächliche Warenlieferung geht, also Rohstofffförderer und Großfarmer auf der einen, Restaurantketten etc. auf der anderen Seite. »Spekulanten« hingegen sind Leute wie Sie und wir – die auf Gewinne hoffen, ohne an einer Warenlieferung interessiert zu sein, beziehungsweise ein Preisrisiko absichern möchten (wir gehen mal davon aus, dass Sie nicht an der Lieferung von einigen Tonnen Mais oder Zucker interessiert sind).

Mit einem Unterschied: Diese Spekulanten setzen direkt auf die Futures. Wir gehen aus den bekannten Gründen den Umweg über Zertifikate, die sich auf diese Futures beziehen. Die Gruppe der »Spekulanten« wird noch einmal unterteilt in die großen Spekulanten, deren Geschäfte meldepflichtig sind, und die nicht meldepflichtigen (*Large Speculators, Small Speculators*).

Was sagt der Begriff *Commitment of Traders* nun aus? Dieser Begriff bedeutet übersetzt »Engagement der Trader«. Er gibt an, wie viele Short- und wie viele Long-Positionen von Kommerziellen und Spekulanten eingegangen worden sind. Daraus lassen sich wichtige Rückschlüsse ziehen. Ein Beispiel:

Der Kurs eines Rohstoff-Futures ist wochenlang nahezu ohne Pause gestiegen, und die Gruppe der Spekulanten stand die ganze Zeit über netto eindeutig auf der Long-Seite (setzte also auf steigende Notierungen). Wenn nun der Kurs »heißgelaufen ist« und plötzlich die großen Spekulanten switchen – von der Long-Seite auf die Short-Seite (also auf fallende Notierungen setzen) –, dann ist das ein Zeichen dafür, dass kurzfristig eine Korrektur bevorsteht.

Oder, genau anders herum: Der Kurs eines Rohstoff-Futures ist wochenlang praktisch nur gefallen, und die Gruppe der Spekulanten stand die ganze Zeit über netto auf der Short-Seite (das heißt, sie setzte auf fallende Notierungen). Wenn sich der Kurs nach den deutlichen Verlusten nun stabilisiert und plötzlich schlagartig die großen Spekulanten von der Short- auf die Long-Seite wechseln, dann sollten Sie zumindest mit einer sogenannten technischen Erholung des Kurses rechnen.

Nicht immer ist es so einfach, denn extreme Werte können auch ein »Kontra-Indikator« sein – nach dem Motto: Die Mehrheit liegt immer falsch. Und die Mehrheit liegt auch oft falsch, was die mittelfristige weitere Entwicklung eines Rohstoffes betrifft. Zur Prognose mittel- bis langfristiger Preisbewegungen ist der *CoT-Report* unserer Ansicht nach aber auch gar nicht das richtige Instrument.

Da halten wir uns lieber an unsere Fundamentalanalyse von Angebot und Nachfrage. Wenn es jedoch um das Timing geht – das möglichst vollständige Ausreizen einer Aufwärtsbewegung, das Bestimmen eines möglichst günstigen Einstiegszeitpunkts zum Ende einer Korrekturphase –, dann leistet der *CoT-Report* gute Dienste. Für uns sind neben den absoluten Werten insbesondere die Entwicklungen interessant.

Den CoT-Report veröffentlicht die amerikanische Bundesbehörde CFTF (Commodity Futures Trading Commission) in der Regel einmal wöchentlich: jeden Freitag gegen 21:30 Uhr mitteleuropäischer Zeit. Der CoT-Report ist frei zugänglich. Sie finden ihn im Internet, direkt auf der Startseite der CFTF. Dort sind der jeweils aktuelle und historische Berichte hinterlegt. Sauber sortiert nach Börsen und Futures. Die Internetadresse lautet: *www.cftc.gov.*

KAPITEL 17

Wie Sie die Megatrends an den Börsen umsetzen: Kauf und Verkauf von Zertifikaten in der Praxis

Wenn Sie ein Depot haben und die Termingeschäftsfähigkeit sowie das notwendige Startkapital (bitte nicht auf Kredit kaufen!) besitzen, dann kann es losgehen. Diese Infrastruktur muss vorhanden sein. Dann sind der Kauf und der Verkauf von Zertifikaten genauso einfach wie der Kauf und Verkauf von Aktien.

Jedes Zertifikat hat eine WKN (Wertpapier-Kennnummer) beziehungsweise ISIN *(International Securities Identification Number)*, die jeweils nur einmal vergeben worden ist. Sie brauchen für den Kauf eines Zertifikats deshalb nur vier Angaben: WKN oder ISIN, Stückzahl, Kauflimit (beziehungsweise »billigst«), Börsenplatz. Das ist alles.

Als Börsenplatz empfehlen wir generell die Börse Stuttgart (= Euwax), die erste Adresse in Deutschland und Europa, wenn es um Zertifikate geht. Frankfurt holt auf, wir bleiben jedoch Stuttgart treu, da wir dort sehr gute Erfahrungen gemacht haben. Wenn Sie sich über den Kurs eines Rohstoffzertifikats informieren möchten, so können Sie das direkt bei der Börse Stuttgart: *www.euwax.de.*

Wenn Sie dort in das Feld »Kurssuche« die WKN oder ISIN eingeben, erhalten Sie zahlreiche Daten zu dem Schein, inklusive der aktuellen Notierung. Sie können sich auch die Umsätze in dem jeweiligen Schein anzeigen lassen (Punkt »Times and Sales«). Anfänger(innen) lassen sich oft davon irritieren, dass bei Rohstoffzertifikaten die Umsätze oft ziemlich gering sind. Sie haben dann Sorge, dass der Handel illiquide ist und sie nicht verkaufen können, wenn sie das möchten. Diese Sorge ist jedoch unbegründet.

Denn in der Regel sind Sie nicht von tatsächlichen Umsätzen abhängig, wenn Sie kaufen oder verkaufen möchten. Der Grund: Der Emittent (= »Herausgeber«) der Zertifikate übernimmt die Funktion eines sogenannten *Market Makers*. Das bedeutet, dass er an Handelstagen fortlaufend verbindliche An- und Verkaufs- kurse stellt. Diese werden laufend aktualisiert, manchmal alle paar Sekunden. Die Höhe dieser An- und Verkaufskurse können Sie sehr leicht bestimmen, denn das sind der Geld- und der Briefkurs, die zu jedem Zertifikat angezeigt werden.

Der Geldkurs ist der Kurs, den Sie vom Emittenten erhalten, wenn Sie Stücke verkaufen möchten. Der Briefkurs ist der Kurs, den Sie bezahlen müssen, wenn Sie Stücke kaufen möchten. Generell liegt der Briefkurs über dem Geld- kurs. Die Differenz zwischen beiden wird *Spread* genannt, an ihm verdient der Emittent. Aus unserer Sicht ist ein niedrigerer *Spread* besser als ein hoher *Spread* (der Emittent sieht das natürlich anders).

Was passiert nun, wenn Sie kaufen möchten? Wenn Sie einen Kaufauftrag für ein bestimmtes Zertifikat in den Markt legen und gerade kein anderer Investor diesen Schein verkaufen möchte, dann springt sofort der Emittent ein und verkauft Ihnen die gewünschten Stücke. Das ist normalerweise eine Frage von Sekunden, maximal Minuten. Genauso verhält es sich bei Verkäufen: Wenn Sie eine Verkaufsorder für ein bestimmtes Zertifikat in den Markt legen und kein anderer Investor kaufen möchte, dann springt der Emittent ein und kauft alle Ihre Stücke zum gerade aktuellen Ankaufskurs auf. Mit einer Einschrän- kung: Die von Ihnen gewünschte Stückzahl muss innerhalb des sogenannten Emittenten-Quotes liegen. Das ist die Obergrenze, bis zu der der Emittent die genannten Geld- und Briefkurse garantiert.

Hier haben wir deshalb den seltenen Fall, dass größere Beträge nicht automa- tisch zu einer Bevorzugung führen (wie es sonst zum Beispiel bei den prozen- tualen Gebühren und generell im Leben ist). Denn für die vom Emittenten gestellten verbindlichen An- und Verkaufskurse gibt es eine Obergrenze, was das Volumen angeht.

Der Grund: Der Emittent sichert sich bei Eingehen einer Position ab (das be- reits beschriebene »Hedging«), und ab einer gewissen Größe kann das insbesondere bei kleineren Basiswerten für den Emittenten schwierig werden beziehungsweise dessen Kosten erhöhen. Aus diesem Grund ist die Obergrenze bei liquiden Basiswerten wie Gold oder Erdöl sehr hoch (da relativ problemlos eine Absicherung im Basiswert eingegangen werden kann), bei kleineren Basiswerten (wie zum Beispiel Raps) ist diese Obergrenze tendenziell geringer.

Wie hoch diese Obergrenze genau ist, das können Sie sehr leicht überprüfen: Auf der Internetseite der Euwax steht neben dem Geld- und dem Briefkurs eines Zertifikats jeweils eine Zahl mit dem Zusatz »Vol.«. Da haben Sie die Obergrenze – denn diese Zahl teilt Ihnen die maximale Zahl der Scheine mit, auf die sich diese Kursstellung bezieht.

Wenn Sie einen Auftrag abgeben möchten, bei dem die Stückzahl über dieser Obergrenze liegt, dann sollten Sie Ihre Order telefonisch durchgeben. Aufgrund der möglicherweise erhöhten Kosten, die auf den Emittenten zukommen, werden Sie in diesem Fall wahrscheinlich einen leicht schlechteren Kurs erhalten. Für durchschnittliche Kleinanleger reicht die Emittenten-Quote im Normalfall aber völlig aus!

Das ist deshalb ein wichtiger Vorteil der Zertifikate gegenüber den Aktien: Es kommt beim Zertifikatehandel mit dem jeweiligen Emittenten zu keinen Teilausführungen, bei Stoppkursen wird in der Regel auch tatsächlich zur Höhe des Stoppkurses oder nur unwesentlich davon entfernt verkauft, und Sie sind eben nicht davon abhängig, dass es zu tatsächlichen Umsätzen an der Börse gekommen ist. Auch wenn ein Schein wochenlang keine Umsätze generiert hat, können Sie problemlos kaufen und verkaufen, da der Emittent einspringt!

Wir möchten Ihnen jedoch nicht verschweigen, dass wir mit einigen Emittenten auch bereits schlechte Erfahrungen gemacht haben, was das Stellen von Kursen und das »Ausgestoppt-Werden« betrifft. Hier wiederum haben wir aber einen mächtigen Verbündeten: die Börse Stuttgart. Denn diese ist genau wie wir an sauberen Kursstellungen der Emittenten und fairen Kursen interessiert.

Sowohl der Börsenhandel als auch alle Organisationseinheiten der öffentlich-rechtlichen Baden-Württembergischen Wertpapierbörse unterliegen einer unabhängigen staatlichen und börseneigenen Überwachung. Zum Glück gibt es Institutitionen wie die unbestechliche Handelsüberwachungsstelle (kurz: »Hüst«). Börsenaufsichtsbehörde ist das Wirtschaftsministerium Baden-Württemberg.

Sie sehen, im Fall von Fehlern der Emittenten haben wir mächtige Verbündete. Dazu ein Zitat der Börse Stuttgart: »*Neben den börseneigenen Organen besitzt auch die Börsenaufsichtsbehörde das Recht, Anordnungen und Weisungen gegen Marktteilnehmer, aber auch gegen die Börse selbst, zu erlassen, um einen ordnungsgemäßen Börsenhandel sicherzustellen. Hauptaufgabe der börseneigenen unabhängigen Handelsüberwachungsstelle ist vor allem die Überwachung der regelwerkgerechten Feststellung der Börsenpreise.«*

Deshalb unser Rat: Sollten Sie den Verdacht haben, dass die Ausführung Ihrer Order nicht korrekt erfolgt ist, dann wenden Sie sich bitte möglichst umgehend an die Börse Stuttgart. Diese hat für solche Fälle eine »Beschwerde-Hotline« freigeschaltet. Hier die Telefonnummer: 0 800 / 2 26 88 55.

Es handelt sich um eine kostenlose Servicerufnummer, die börsentäglich zwischen 9:00 und 20:00 Uhr freigeschaltet ist. Bitte haben Sie keine Hemmungen, dort anzurufen! Im Zweifel lieber einmal zu oft als zu selten. Oder Sie wenden sich direkt an die Handelsüberwachung, die Sie per E-Mail erreichen können (handelsueberwachung@boerse-stuttgart.de).

KAPITEL 18

Wie Sie die Megatrends an den Börsen umsetzen: ETFs

Die drei Buchstaben ETF sorgen in der deutschen Börsenlandschaft mit rasender Geschwindigkeit für immer größere Wellen. Besonders interessant sind ETFs für die Bereiche Emerging Markets und Rohstoffe. Deshalb müssen Sie als Investor, der sich für diese beiden Megatrends interessiert, über ETFs Bescheid wissen. Denn ETFs werden als Anlageprodukt immer beliebter.

ETF steht für »Exchange Traded Funds«. Wenn man den Titel auseinandernimmt, dann wird die Struktur hinter ETFs sofort klar. Bei einem ETF handelt es sich um einen passiv gemanagten Fonds (»Funds«), der aber an der Börse wie eine Aktie gehandelt wird (»Exchange Traded«, zu Deutsch: »börsengehandelt«). Deshalb werden ETFs in Deutschland auch gerne als »Index-Aktien« bezeichnet, denn sie bilden einen bestimmten Index oder einen vorher festgelegten Basket aus Aktien zu einem bestimmten Thema passiv eins zu eins ab. (Inzwischen gibt es auch erste aktiv gemanagte ETFs, aber der Großteil besitzt immer noch die klassische passive Abbildungsstruktur.)

ETFs verbinden also den Hauptvorteil von Fonds – die hohe Diversifikation über einen ganzen Index voller Aktien bei einem kleinen Kapitaleinsatz – mit dem Hauptvorteil von Aktien – der flexiblen und regelmäßigen Handelbarkeit bei marktnahen Kursen. Gleichzeitig fallen aber viele Nachteile der Fonds- oder Zertifikatanlage bei ETFs weg (worauf wir gleich eingehen).

ETFs wurden bei der deutschen Anlegermasse erst im März/April 2006 mit der Einführung des Silber-ETFs »iShares Silver Trust« durch Barclays wirklich bekannt (Erstnotiz: 28. April 2006), obwohl der erste ETF in Deutschland schon im April 2000 seine Zulassung erhielt. Tatsächlich sind ETFs aber noch wesentlich älter. Das Konzept der ETFs wurde bereits Anfang der 70er am größten Kapitalmarkt der Welt, der Wall Street, erfunden.

Der wirkliche Durchbruch erfolgte erst Anfang der 90er, als 1993 einer der bis heute bekanntesten und erfolgreichsten ETFs auf den Markt kam: Dieser ETF bildet den Index Standard & Poor's ab und hieß »Standard & Poor's Depositary Receipt«. Dafür bekam er das Kürzel »SPY«, was ihm einen klangvollen Spitznamen einbrachte, der ihn bis heute zu einem der drei bekanntesten ETFs machte: Spider.

Diesen Namen haben Sie mit Sicherheit schon mal gehört, genauso wie sein Gegenstück für den Dow Jones Index, der in Börsenkreisen wegen seines Kürzels »DIA« nur »Diamond« genannt wird. Der dritte Musketier ist der bekannte ETF auf den Nasdaq-100-Index mit dem Kürzel QQQ.

Inzwischen sind ETFs aus der weltweiten Investmentlandschaft nicht mehr wegzudenken. Denn in den USA sind ETFs steuerlich günstiger gestellt als traditionelle Index-Fonds. Waren Mitte der 90er nur zehn ETFs an der Nasdaq gelistet, sind es zehn Jahre später weit über 300. In Europa sind die Zahlen noch beeindruckender: 2000 gab es in Europa gerade mal sechs ETFs. 2006 waren es bereits 216, wodurch sich das verwaltete Kapital in ETFs in den vergangenen sechs Jahren mal eben mehr als verhundertfachte (von 680 Millionen US-Dollar in 2000 auf jetzt 71 Milliarden US-Dollar).

Inzwischen haben ETFs damit einen sehr hohen Stellenwert in der Investmentlandschaft. So hoch, dass in dem ETF QQQ auf den Nasdaq-100-Index heute mit einem täglichen Handelsvolumen von über 100 Millionen Aktien gehandelt werden. Das sind weit mehr Aktien, als bei Microsoft (um die 72 Millionen), Oracle (um die 35 Millionen) oder Dell (um die 20 Millionen) täglich über den Tisch gehen. Der Spider-ETF alleine besitzt inzwischen ein Volumen von 50 Milliarden Dollar.

Es gibt viele Vorteile, die für ETF-Investments sprechen. Der wahre Hintergrund für den Erfolg der ETFs ist jedoch vor allem ein Faktor: Mit Hilfe von ETFs können amerikanische institutionelle Investoren in Emerging Markets,

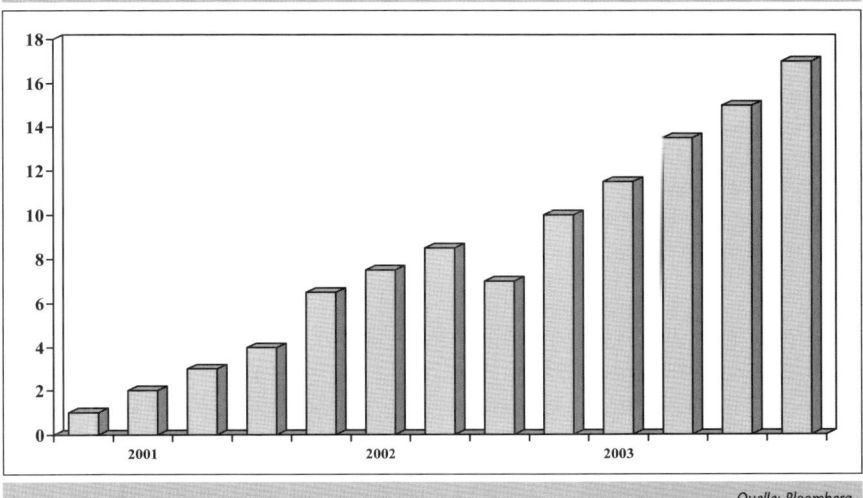

Abbildung 107: Das ist ein beeindruckender Anstieg: Die Grafik zeigt das verwaltete Vermögen in europäischen ETFs in Milliarden Euro. Die Botschaft ist klar: ETFs erfreuen sich unter institutionellen wie privaten Anlegern immer größerer Beliebtheit.

ausländische Aktien oder Rohstoffe investieren, obwohl sie offiziell nur amerikanische Aktien kaufen dürfen.

Viele der ultra-mächtigen und vor allem sehr kapitalkräftigen amerikanischen Pensionsfonds können laut ihren strengen Anlagestatuten nur in Aktien investieren, die an amerikanischen Börsen gelistet sind. Das bedeutet jedoch, dass den Pensionsfonds viele Investmentmöglichkeiten im Ausland verschlossen bleiben, da deren Aktien nicht an US-Börsen gelistet sind. Zudem können sie nicht in Rohstoffe investieren, da diese ja keine Aktien sind. Diese Not verhalf den ETFs bei den institutionellen Investoren zum entscheidenden Durchbruch.

Die ETFs sind der elegante Trick, wie die Fonds ihre eigenen Richtlinien geschickt umgehen können. Schließlich sind ETFs ja in den USA gelistete Aktien – und so können die Fonds dann über entsprechende ETFs plötzlich doch in Emerging Markets wie Indonesien oder Malaysia oder Rohstoffe wie Gold und Öl investieren, was ihnen laut ihrer Statuten eigentlich gar nicht möglich ist.

Über diesen Grund redet man in der Fondsbranche sehr offen, denn er ist ja eigentlich eine Werbung für die Fonds, da sich der Anlagehorizont erweitert, ohne das Etikett einer »rein amerikanischen Anlage« zu gefährden. Es gibt aber noch einen zweiten Schlüsselfaktor für den Erfolg von ETFs, über den man in der Fondsbranche lieber gern den Mantel des Schweigens ausbreitet.

Dabei handelt es sich um die so genannte »Core & Satelliten-Strategie« (zu Deutsch: »Kern & Satelliten«-Strategie). Hintergrund ist, dass es die Mehrheit

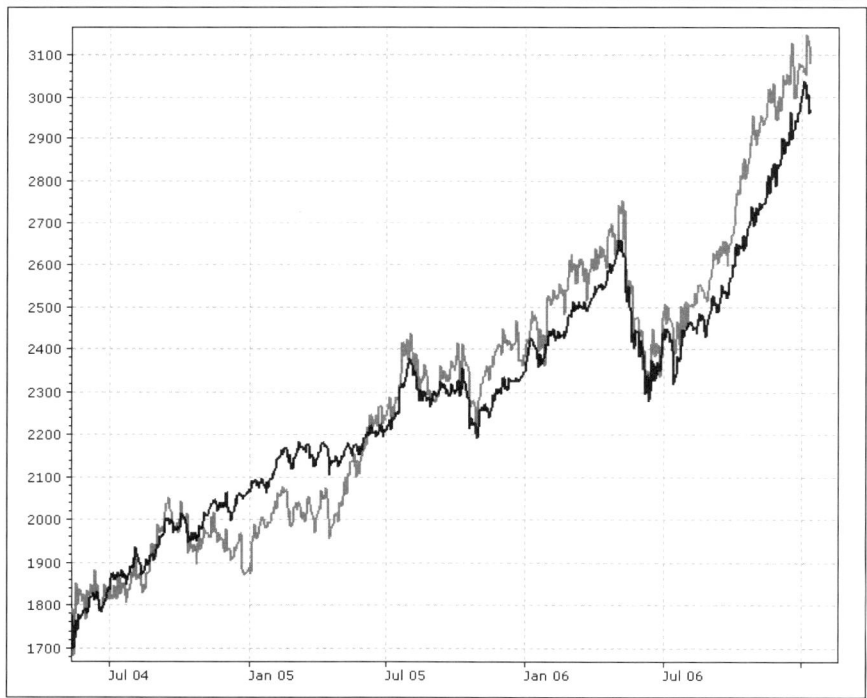

Entwicklung des Singapur-Index Straits Times und des ETF »iShares MSCI Singapore«

Quelle: vwd

Abbildung 108: Ein ETF bildet als passives Spiegelbild den jeweiligen Index eins zu eins ab. Damit können Investoren mit einem ETF die Entwicklung eines Index zu fast 100 Prozent nachvollziehen. Die Performance des ETF und des zugrunde liegenden Index sind fast identisch. Hier die Entwicklung des Index Straits Times der Börse Singapur (schwarz) und des ETF »iShares MSCI Singapore«.

der Fondsmanager Jahr für Jahr nicht schafft, ihre Benchmark (also den Vergleichindex, wie zum Beispiel den Index Bovespa für einen Brasilien-Fonds) zu schlagen (vergleichen Sie auch Abbildung 110).

Daher gehen viele Fondsmanager dazu über, einen großen Kernanteil (den »Core«) der ihnen anvertrauten Fondsgelder einfach in Produkten zu parken, die den Index eins zu eins widerspiegeln. Dazu kommt dann ein kleiner aktiv gemanagter Teil (die Satelliten), mit dem über zusätzliche Investments eine Outperformance gegenüber dem Index erzielt werden soll. Daher auch der Name: Diese zusätzlichen Positionen werden wie Satelliten um den Kern herum aufgebaut.

Der passiv gemanagte Kern soll verhindern, dass der Fonds in eine große Underperformance gegenüber den Indizes gerät. ETFs sind aufgrund ihrer hohen Liquidität, der niedrigen Gebühren, der variablen Handelbarkeit und der Einszu-eins-Abbildungsstruktur dafür ein perfektes Anlageinstrument.

Natürlich hat die Fondsbranche kein Interesse daran, diesen Aufbau bekannt werden zu lassen. Denn es bedeutet nichts anderes, als dass Anleger vielen Fondsmanagern hohe Managementgebühren dafür zahlen, dass diese einen großen Teil ihrer Gelder einfach in ETFs parken, was jeder Kleinanleger auch ohne den Gebührenaufwand selbst machen könnte.

Inzwischen gibt es ETFs auf so ziemlich alles, was man sich vorstellen kann: Emerging Markets, Rohstoffe, REITS, Anleihen, Hedge Funds oder einzelne Branchen. Suchen Sie sich eine Investmentidee aus, und die Chancen stehen exzellent, dass es darauf einen ETF gibt. Wahrscheinlich gibt es sogar einen ETF auf Ex-Bayer-Leverkusen-Manager Reiner Calmund, immerhin hat er ja den Umfang einiger kleinerer Emerging Markets ...

Der große Haifisch im ETF-Teich ist iShares, die Tochterfirma von Barclays für ETFs. Mit einem verwalteten ETF-Kapitalvermögen von 140 Milliarden Dollar ist iShares ganz klar die Nummer eins der Branche.[63]

Das Marktsegment der ETFs wächst trotz des harten Konkurrenzkampfes mit Fonds und Zertifikaten rasant. Inzwischen wird das Volumen für den ETF-Sektor auf 525 Milliarden Dollar geschätzt.[64] Der Boom ist jedoch erst in den letzten Jahren durch die Haussen in den Emerging Markets und bei den Rohstoffen richtig losgetreten worden.

---

63 *Mehr Informationen finden Sie unter: www.ishares.de.*
64 *Quelle: Merrill Lynch Research.*

Liste verschiedener ETFs mit besonderem Fokus

Name	US-Kürzel	ISIN	Besonderer Fokus
iShares Lehman TIPS Bond	TIP	US4642871762	US-Staatsanleihen
iShares MSCI Sweden Index	EWN	US4642867562	Schwedische Aktien
PowerShares Lux Nanotech	PXN	US73935X6334	Nanotechnologie
WisdomTree Pacific ex-Japan Dividend	DND	US9771W8284	Dividendentitel aus Asien (ohne Japan)

Quelle: Morningstar, XTF, iShares, Wall Street Journal, eigenes Research

Abbildung 109: Von amerikanischen Staatsanleihen über schwedische Aktien bis zu asiatischen Dividendenperlen – bei den ETFs gibt es nichts, was es nicht gibt. Vor allem die Produkte auf Nischen, in die man sonst schwerlich mit einem gut diversifizierten Investment einsteigen kann, machen ETFs zu einer interessanten Anlagegattung.

So erhöhte sich die Zahl der ETFs allein im vergangenen Jahr um 61 Prozent auf inzwischen 665 ETFs. In Europa hat sich, wie schon bei den Zertifikaten, Deutschland als der progressivste Kapitalmarkt etabliert. Derzeit sind in Frankfurt schon über 150 ETFs gelistet. Dadurch besitzt die ETF-Handelsplattform XTF der Deutschen Börse nach eigenen Angaben in Europa einen Marktanteil von 36,7 Prozent und ist damit Spitzenreiter in der »Alten Welt«.

Aber warum werden ETFs immer beliebter? Nun, es gibt gleich eine ganze Serie an Vorteilen, von denen wir die wichtigsten hier genauer vorstellen:

1. **Einfache Struktur:**
   ETFs sind, ähnlich wie Indexzertifikate, ganz simpel strukturiert und deshalb leicht zu verstehen. Der Index oder der vorher festgelegte Themenbasket wird passiv eins zu eins abgebildet. Fertig. Aus. Ende. Hier müssen Anleger nicht wie bei Optionsscheinen mit Delta, Theta und Omega herumwerkeln. Tatsächlich kommt Anfängern bei Optionsscheinen oft der Gedanke, man müsse erst mal vier Jahre den Trojanischen Krieg nachspielen, bevor man Optionsscheine richtig versteht.

2. **Diversifikation:**
   Das Risiko bei einem ETF ist aufgrund der Streuung über mehrere Aktien natürlich viel geringer als bei einem Engagement in einen Einzelwert. Gleichzeitig brauchen Investoren, die eine Direktanlage in Einzelwerte bevorzugen, einen hohen Kapital- und Zeitaufwand, um einen Index mit Einzelengagements genau so nachzubilden wie der ETF.

Beide Punkte entfallen beim Kauf eines ETFs, mit dem der Anleger ja mit einem einzigen Wertpapier gleich eine Vielzahl verschiedener Aktien erwirbt oder einen ganzen Index abbildet. Das ist ideal für Fondsmanager, deren Ziel es ist, mindestens so gut wie der Vergleichsindex zu sein.

Dazu kommt noch ein zweiter Vorteil: Sie denken beispielsweise, dass Hightech-Aktien vor einer Rallye stehen, wissen aber nicht, auf welche Einzelaktie Sie setzen sollen? Mit einem Kauf des QQQ können Sie sofort breit diversifiziert in den Tech-Sektor einsteigen und sind bei einer Rallye der Technologie-Aktien mit dabei.

3. **Anlageminimum:**
Bei vielen Fonds brauchen Sie ein Anlageminimum. Das gilt auch für Fondssparpläne. Diese Mindestanlage entfällt bei ETFs. Wenn Sie es lustig finden, können Sie immer eine einzige ETF-Aktie kaufen. ETFs bieten sich also gerade für Kleinanleger mit wenig Kapital an.

4. **Gebühreneinsparungen:**
Einer der Hauptvorteile sind die niedrigeren Produktgebühren. So gibt es keine Ausgabeaufschläge oder Rücknahmegebühren wie bei traditionellen Fonds. Aufgrund der passiven Abbildungsstruktur ist kein aktives Management notwendig (was bei den Underperformances vieler Fondsmanager sogar positiv sein kann).

Deshalb liegen die jährlichen Verwaltungsgebühren von ETFs im Durchschnitt zwischen 0,1 und 1,0 Prozent und damit deutlich unter den normalen Fondsgebühren, bei denen Manager bis zu 3,0 Prozent pro Jahr verlangen. Das ist bei einem Index, der in einem Jahr 10,0 Prozent zulegt, ein gewaltiger Performance-Unterschied.

Des Weiteren ist die Geld- und Briefspanne meist deutlich enger als bei Fonds. So liegen die Spreads (die Differenz zwischen An- und Verkaufskursen) bei ETFs normalerweise zwischen 0,1 und 1,0 Prozent, während es bei Fonds schnell 2,0 bis 3,0 Prozent sein können. Damit ermöglichen ETFs den Anlegern wesentlich bessere Ein- und Ausstiegskurse.

Zudem führen immer mehr Emittenten der Fondsbranche eine zusätzliche prozentuale Beteiligung des Emittenten an der Outperformance des Fonds ein. Dieses Modell findet sich vor allem bei exotischen Fonds für kleinere Emerging Markets. Diese Gewinnbeteiligung, die zu Lasten der Anleger geht, entfällt bei ETFs.

5. Flexibel einsetzbar für unterschiedliche Börsenstrategien:
Dies ist ein wichtiger Punkt. ETFs eignen sich hervorragend für den Einsatz in verschiedenen Börsenstrategien. So können Anleger beispielsweise die immer populärer werdende Dividendenstrategie mit ETFs ausspielen, die auf speziellen Subindizes mit Dividendenaktien basieren. Oder in Baissephasen kann man ETFs wie ganz normale Aktien shorten – sei es als Hedge-Absicherung oder um an fallenden Kursen Geld zu verdienen.

ETFs bieten sich auch perfekt für Profi-Börsenstrategien an: Wenn Sie beispielsweise positiv für ein bestimmtes Biotech-Unternehmen, aber gegenüber dem Sektor negativ eingestellt sind, dann kaufen Sie die Einzel-Aktie des Unternehmens und shorten gleichzeitig einen ETF auf den Biotech-Index. So profitieren Sie von beiden Entwicklungen.

6. Instrument für Investments in Branchentrends:
Dies ist der bedeutendste Unterpunkt innerhalb der Börsenstrategien, weshalb wir ihn gezielt herausgepickt haben. In Haussephasen können Anleger durch den Einsatz von Branchen-ETFs von der Sektorrotation profitieren (zum Beispiel von defensiven Sektoren wie Pharma zu zyklischen Bereichen). Denn es gibt ja zahllose ETFs auf die unterschiedlichen Sub-Branchenindizes.

Damit lassen sich mit ETFs Anlagestrategien hervorragend umsetzen, die sich mit der typischen Rotation des Kapitals in den unterschiedlichen Branchen befassen (die sogenannte »Branchenrotation«). Zudem können Anleger mit Hilfe von ETFs auf Branchenindizes auch bestimmte Sektoren innerhalb eines Index gezielt übergewichten.

Da man bei Branchenrotations-Strategien aktives Trading betreibt, machen hierbei aber nur Produkte Sinn, die eine günstige Gebührenstruktur aufweisen und jederzeit zum Marktwert gehandelt werden können, um die Volatilitäten zu günstigen Käufen und hohen Verkäufen zu nutzen. Genau diese Vorteile bieten ETFs.

7. Markttiming:
Da bei ETFs fortlaufend Kurse gestellt werden, die direkt die Entwicklung des Basisindex widerspiegeln, bietet sich aktiven Tradern mit ETFs die Chance, Ein- und Ausstiege besser zu timen als mit klassischen Indexfonds. Trader können durch die fortlaufenden Kursnotierungen die idealen Zeitpunkte für Käufe und Verkäufe abwarten und dann zu marktnahen Kursen umsetzen. Denn für ETFs werden, wie bei ganz normalen Aktien, fortlaufend Börsenkurse gestellt.

8. **Transparenz:**
ETFs sind wesentlich transparenter als Fonds, insbesondere Hedge Fonds. So weiß der Investor immer, in welchen Aktien der ETF zu welchen Gewichtungen investiert ist, da ja ein Index beziehungsweise ein vordefinierter Basket passiv abgebildet wird. Da die einzelnen Aktien aber innerhalb des Handelstages teilweise stark schwanken, berechnet die Deutsche Börse börsentäglich circa alle 45 Sekunden den realen Wert für ETFs auf bekannte Indizes wie DAX oder EuroStoxx.

Diesen Wert können Anleger dann sofort mit dem aktuellen Aktienkurs des ETFs vergleichen. So lässt sich objektiv feststellen, ob der Preis des ETFs fair ist. Bei Indexfonds wird der NAV (Net Asset Value) des Fonds hingegen normalerweise nur ein Mal pro Tag berechnet. Ein weiterer großer Vorteil gegenüber Fonds: Bei ETFs beträgt die Investitionsquote immer 100 Prozent – anders als bei einigen Fonds, die eine hohe Cashquote halten.

9. **Fortlaufender Handel:**
Da ETFs ja Aktien sind, findet der Handel fortlaufend über den ganzen Börsentag statt. Die Preise werden ständig aktualisiert. Wichtig ist dabei, dass sich die Preise der ETFs direkt an die Kursschwankungen des zugrunde liegenden Index anpassen.

10. **Bessere Performance als Fonds:**
Etwa 80 Prozent der aktiv gemanagten Fonds sind nicht in der Lage, langfristig ihre Benchmark zu schlagen. Damit outperformen ETFs die meisten Fondskonkurrenten, obwohl sie sich ja eigentlich nur eins zu eins zum Index entwickeln. Langfristig performen ETFs als passive Eins-zu-eins-Produkte also besser als der Großteil der aktiv gemanagten Fondskonkurrenten, da es die Mehrheit der Manager nicht schafft, ihre Benchmark langfristig kontinuierlich outzuperformen.

11. **Niedriger »Tracking Error«:**
»Tracking Error« ist der Fachausdruck für die Abweichung zwischen einem ETF, Indexfonds oder Indexzertifikat und dem abgebildeten Basisindex. Denn aufgrund der anfallenden Gebühren entspricht die Preisstellung nie zu 100 Prozent dem Basisindex. Den meisten Privatanlegern fällt das gar nicht auf, da sie die Performances gar nicht vergleichen, aber hier können schnell Unterschiede von 1,0 bis sogar 2,0 Prozent zusammenkommen. Da ETFs eine niedrige Gebührenstruktur haben, beläuft sich der »Tracking Error« jedoch meist nur auf niedrige 0,25 bis 0,50 Prozent.

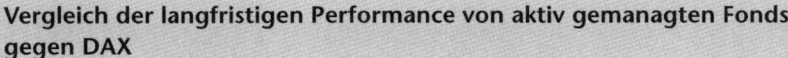

Vergleich der langfristigen Performance von aktiv gemanagten Fonds gegen DAX

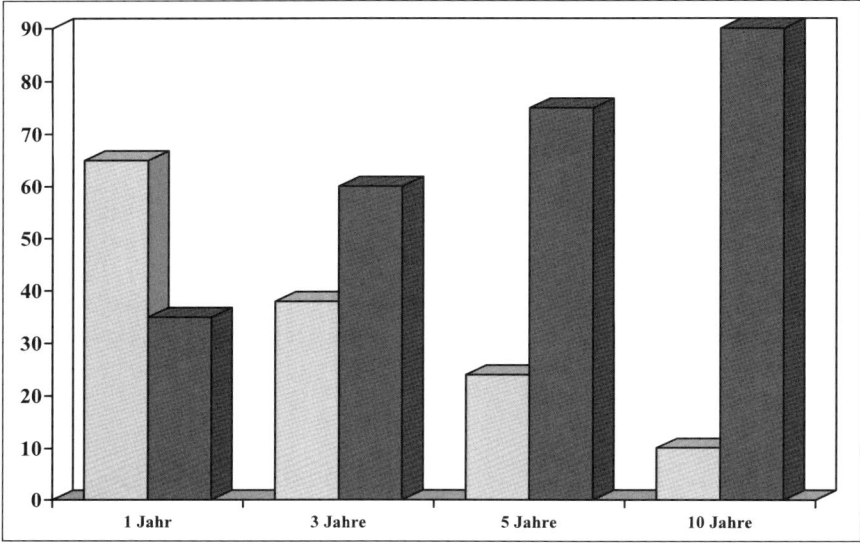

Quelle: BVI, Deutsche Börse

Abbildung 110: Das Bild ist vernichtend. Der graue Balken ist der prozentuale Anteil jener Fonds, die besser als die Benchmark DAX sind. Der schwarze Balken ist der prozentuale Anteil der Fonds, die schlechter als die Benchmark DAX sind. Über einen langfristigen Anlagehorizont von zehn Jahren schneiden rund 90 Prozent aller aktiv gemanagten DAX-Fonds (schwarzer Balken) schlechter ab als die Benchmark, der DAX-Index. Da liegen Sie mit einem Eins-zu-eins-ETF deutlich besser und sparen sich die hohen Managementgebühren.

Viele der Vorteile von ETFs, die zumeist ohne Laufzeitbeschränkung aufgelegt werden, gelten jedoch auch für Indexzertifikate. Der Hauptunterschied zu den klassischen Indexzertifikaten ist, dass der Emittent bei Indexzertifikaten die ausgeschütteten Dividenden der enthaltenen Aktien selbst einstreicht (es sei denn, der Basiswert ist ein Performanceindex).

Das ist ein wenig bekannter Fakt, der von den Emittenten gern verschwiegen wird. Bei den ETFs fließen die Dividenden jedoch in das ETF-Vermögen ein (wie bei Performanceindizes) oder werden direkt an den Anleger ausgeschüttet (je nach ETF quartalsweise, halbjährlich oder jährlich).

Liste verschiedener ETFs mit dem Fokus auf den Emerging Markets

Name	US-Kürzel	ISIN	Land
IShares MSCI Malaysia Ind.	EWM	US4641868305	Malaysia
IShares MSCI Mexico Ind.	EWW	US4642868222	Mexiko
IShares MSCI Singapore Ind.	EWS	US4642866739	Singapur
IShares MSCI South Africa Ind.	EZA	US4642867802	Südafrika
IShares MSCI Taiwan Ind.	EWT	DE000A0HG2K5	Taiwan

Quelle: Morningstar, XTF, iShares, Wall Street Journal, eigenes Research

Abbildung 111: In keinem Sektor wird die dominierende Marktführerschaft von iShares, der Barclays-Tochter für ETFs, so offensichtlich wie bei den ETFs auf Emerging Markets. ETFs für den Leitindex MSCI Emerging Markets gibt es viele, aber das Salz in der Suppe sind die Spezial-ETFs auf kleinere Schwellenländer.

Ein weiterer wichtiger Unterschied zu Eins-zu-eins-Zertifikaten auf Rohstoffe: Diese Zertifikate beziehen sich normalerweise auf einen Future des jeweiligen Rohstoffes. Beim ETF ist das anders: Hier muss der Emittent den Rohstoff physisch hinterlegen. Theoretisch können Sie sich als ETF-Besitzer den Rohstoff sogar auszahlen lassen.

Denn Ihnen gehört als ETF-Besitzer der entsprechende Anteil an dem hinterlegten Rohstoff (je nach ETF verschieden, aber häufig mit dem Verhältnis von eins zu zehn). Sie sind also mit einem ETF de facto Besitzer von Gold oder Silber, ohne aber die Nachteile eines physischen Besitzes zu haben (Lagerungskosten etc.).

Dazu kommt als weiterer Unterschied, dass Eins-zu-eins-Indexzertifikate nur als Long-Position auf steigende Märkte gekauft werden können. Das klassische Indexzertifikat profitiert also nur in Haussephasen, während Anleger mit ETFs durch das Short-Selling (Leerverkäufe) der ETFs auch bei fallenden Märkten verdienen können.

Dieser Punkt ist besonders bei den traditionell volatilen Emerging Markets aus der zweiten Reihe interessant. So können Sie mit ETFs kostengünstig auf kleine, von der Fonds- und Zertifikateindustrie vernachlässigte, Schwellenländer wie Singapur oder Malaysia setzen. Es gibt zwar vereinzelt Fonds und Zertifikate auf einige dieser kleinen Emerging Markets, doch die Spezialfonds für diese Länder erheben sehr oft horrende Gebühren, die Ihnen bei den ETFs erspart bleiben.

Deshalb decken die meisten Privatanleger diese kleinen Emerging Markets mit Einzelinvestments aus diesen Schwellenländern ab. So ausdrücklich wir den Weitblick dieser Anleger loben, sich auch für Kapitalmärkte abseits der bekannten Emerging Markets zu interessieren, so risikoreich ist ein solches Investment ohne Diversifikation jedoch auch.

Die meisten Privatanleger können es sich aber finanziell und zeitlich nicht leisten, drei bis vier Positionen aus dem jeweiligen Land zu kaufen, was unter einem Diversifizierungsansatz richtig wäre.

Kursentwicklung des thailändischen Leitindex SET50 seit 2003

Quelle: vwd

Abbildung 112: Da wird einem schon beim bloßen Anblick schwindelig. Die wilden Kursausschläge des thailändischen Index Set50 in den vergangenen beiden Jahren sind typisch für kleine Emerging Markets. Allerdings bieten diese Volatilitäten auch große Chancen für Investoren, die sowohl auf steigende als auch auf fallende Kurse setzen können.

Dieses Verhalten der Privatanleger ist völlig verständlich: Wenn man mit einer vernünftigen Diversifikationsstrategie in fünf kleine Emerging Markets investieren will, ist man schnell bei 15 bis 20 Aktien. Bei dieser hohen Anzahl verlieren Privatanleger oft den Überblick. Das führt häufig zu unnötigen Verlusten, da einzelne Positionen ins Minus abrutschen, ohne dass es der Anleger richtig mitbekommt und rechtzeitig aussteigt. Ein ETF auf Singapur löst beispielsweise dieses Problem. Mit einer einzigen Position sind Anleger dann in dem asiatischen Land investiert und gleichzeitig optimal diversifiziert.

Der wirkliche Clou der ETFs auf Emerging Markets, der dieses Anlageinstrument gegenüber der klassischen Fonds- und Zertifikateanlage so überlegen macht, ist jedoch folgender: Mit ETFs können Sie auch an fallenden Kursen der Emerging Markets verdienen. Das ist mit herkömmlichen Fonds und Zertifikaten, soweit diese überhaupt für derartig kleine Länder existieren, nicht möglich. Denn diese Produkte sind klassisch long ausgerichtet und werfen daher nur bei steigenden Kursen Gewinne ab. Fallen die Aktien eines der Schwellenländer, entstehen Verluste.

Wie Sie in dem Chart des thailändischen Leitindex SET50 sehen, können diese Verluste hoch sein. Denn die kleinen Emerging Markets aus der zweiten und dritten Reihe sind fast alle sowohl wirtschaftlich und politisch als auch gesellschaftlich deutlich instabiler als die großen Schwellenländer. Folglich ist die Volatilität an den Börsen auch deutlich höher, da die Anleger hier immer besonders nervös sind. Das eröffnet jedoch auch auf der Short-Seite gewaltige Chancen, von fallenden Kursen zu profitieren. Genau diese Möglichkeit besitzen ETFs, denn diese können Sie ja wie ganz normale Aktien shorten.[65] ETFs bieten Ihnen damit eine Anlagealternative in der Welt der Emerging Markets, die Ihnen sonst verschlossen bleibt.

Bei der Anlage im Rohstoffsektor haben ETFs neben den allgemein gültigen Pluspunkten vor allem zwei Vorteile. Zum einen können Investoren durch ETFs gezielt in einzelne Spezialbereiche der Rohstoffe investieren und sind dabei trotzdem maximal diversifiziert. Mit einem ETF im Bereich »Ölausrüster« setzt man beispielsweise mit einer einzigen Aktie auf einen Basket voller Unternehmen, die als Anbieter der »Hacken und Schaufeln« die Ölproduzenten ausrüsten. Diese Spezialnische profitiert immer vom Ölboom – und dabei ist es den Ausrüstern völlig egal, welche Firma am Ende die Ölquelle findet. Denn Bohrgeräte etc. brauchen alle Firmen. Aber anstatt das Risiko eines Einzelinvestments auf einen einzigen Ausrüster einzugehen, kaufen Sie

---

65 *Bitte bachten Sie: Short-Selling ist hochriskant. Informieren Sie sich ausführlich über die Risiken des Short-Sellings, bevor Sie überhaupt daran denken, diese Investmentstrategie einzusetzen.*

mit einem ETF einen Basket voller Werte aus diesem Sektor und reduzieren so die Risiken.

Der zweite Vorteil steckt noch in den Kinderschuhen. Aber genau das ist ja der Grund, warum Sie dieses Buch lesen: um Informationen zu erhalten, die heute kaum ein Anleger wahrnimmt. Wir gehen davon aus, dass in Zukunft immer mehr ETFs auf Rohstoffe oder Rohstoffkombinationen aufgelegt werden, in die Anleger über Zertifikate oder Fonds nicht investieren können.

Nehmen wir beispielsweise Uran. Wenn Sie mit zehn Börsianern reden, werden Ihnen neun sagen, dass es leider keine Anlageprodukte gibt, mit denen Investoren direkt an einem Anstieg des Uranpreises partizipieren können. So wie es zum Beispiel mit Zertifikaten auf Öl, Gold oder Kupfer problemlos möglich ist. Denn es gibt bei Uran keine klassische Terminbörse. Stattdessen müssen Anleger, die an einem steigenden Uranpreis verdienen wollen, den Umweg über Investments in Uranproduzenten oder -Explorer gehen. So lautet jedenfalls die einhellige Meinung.

Und die ist falsch! Es ist hier an der Zeit, mit diesem Mythos aufzuräumen. Denn entgegen der weit verbreiteten falschen Meinung ist es sehr wohl möglich, vom Uranpreisanstieg zu profitieren, ohne dabei Aktien von Uran-Explorern kaufen zu müssen. Nur wissen das bisher die wenigsten Investoren.

Liste verschiedener ETFs mit dem Fokus auf dem Rohstoffsektor

Name	Kürzel	ISIN	Sektor
iShares Silver Trust	SLV	US46428Q1094	Silber
Oil Service HOLDRs	OIH	US6780021068	Basket auf Ausrüster für Ölbranche
PowerShares Water Resources	PHO	US73935X5757	Wasser
PowerShares W.H. Clean Energy	PBW	US73935X500	Alternative Energien
StreetTRACKS Gold	GLD	US8633071043	Gold

Quelle: Morningstar, XTF, iShares, Wall Street Journal, eigenes Research

Abbildung 113: Die bekanntesten Rohstoff-ETFs sind in Deutschland fraglos der Silber-ETF und die sechs Gold-ETFs, von denen wir hier aber nur den größten aufgelistet haben. Doch wie Sie sehen, gibt es auch hochspannende ETFs auf aussichtsreiche Sektoren und spezielle Nischengebiete innerhalb des Rohstoffuniversums. Dies sind keine Kaufempfehlungen.

Kursentwicklung von Uranium Participation Corp.

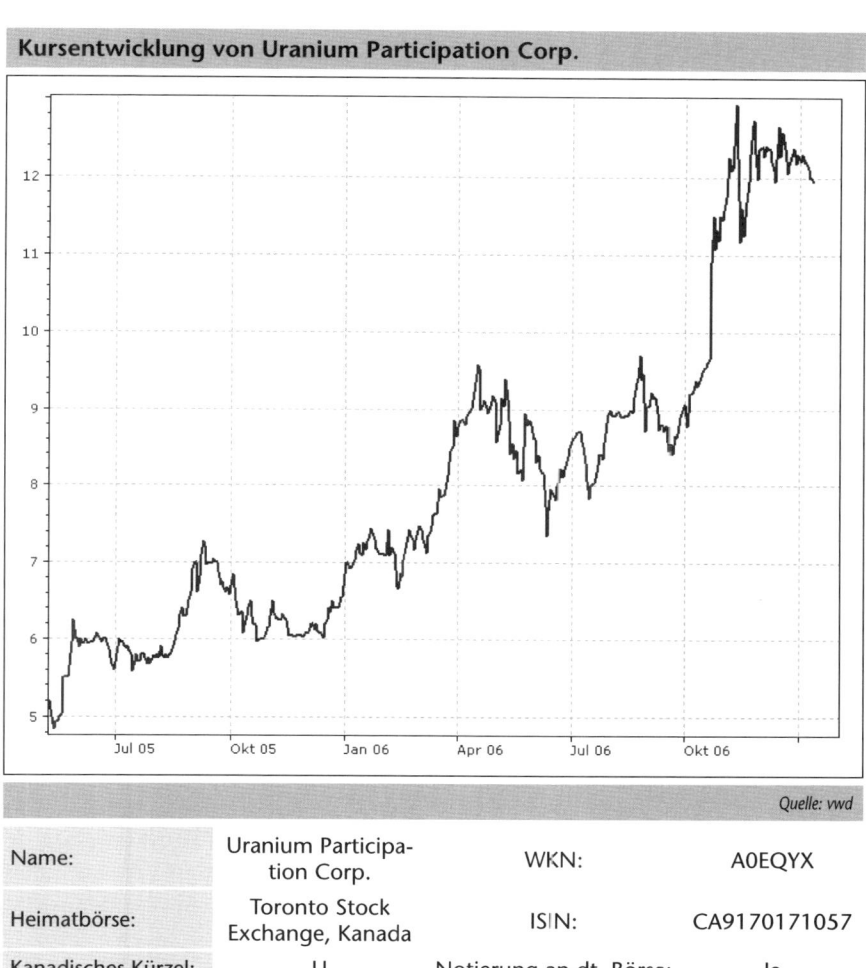

Quelle: vwd

Name:	Uranium Participa- tion Corp.	WKN:	A0EQYX
Heimatbörse:	Toronto Stock Exchange, Kanada	ISIN:	CA9170171057
Kanadisches Kürzel:	U	Notierung an dt. Börse:	Ja

Quelle: TSX, eigenes Research

Abbildung 114: Der Quasi-ETF auf Uran: Uranium Participation Corp.

Ja, es gibt keine Zertifikate auf Uran. Es gibt auch keine Derivate. Aber es gibt ein Unternehmen, das de facto ein ETF auf Uran ist! Nur kennt diesen Quasi-ETF auf Uran kaum jemand, da er an der kanadischen Börse und nicht in den USA, London oder in Frankfurt gelistet ist. Der Name ist Uranium Participation Corp., und genau wie Rohstoff-ETFs investiert das Unternehmen sein eingesammeltes Kapital in Uran und lagert dieses ein. Faktisch ist Uranium

Participation damit ein ETF. So haben Sie also sehr wohl die Chance, von steigenden Uranpreisen zu profitieren, ohne dafür einen der zahlreichen Uran-Explorer kaufen zu müssen.

Noch ist Gold mit insgesamt sieben zugelassenen ETFs (zwei in den USA und jeweils einer in Australien, Großbritannien, Indien, der Schweiz und Südafrika) der mit großem Abstand begehrteste Rohstoff der ETF-Branche. Wir rechnen aber damit, dass es in Zukunft weitere ETFs auf bekannte Rohstoffe und vor allem auf »neue« Rohstoffe geben wird, die über die traditionellen Zertifikate, Fonds oder Derivate nicht abgedeckt werden. Damit haben Sie durch ETFs dann die Chance, eins zu eins in die Preisentwicklung von Rohstoffen zu investieren, an die Sie sonst als Direktinvestment nicht herankommen. Halten Sie also immer Augen und Ohren offen, was sich in der ETF-Branche so tut.

Sind ETFs also nun das Anlage-Wundermittel, das so mächtig ist, dass es Tote zum Leben erweckt, Regen in der Sahara schafft oder den 1. FC Köln zur deutschen Fußballmeisterschaft führt? (Wobei da die ersten zwei Aufgaben wohl deutlich leichter zu erfüllen sein dürften.) Nein, natürlich nicht. Wie alle Anlagemöglichkeiten haben auch ETFs Nachteile, nur sind sie aufgrund der Kombination der Vorteile von Aktien und Fonds wesentlich geringer.

Doch dafür haben es die zwei größten Nachteile von ETFs dann auch gleich gewaltig in sich: Beide hängen direkt mit der Eins-zu-eins-Struktur der ETFs zusammen. Aufgrund der passiven Indexabbildung können ETF-Besitzer in Hausse-Phasen immer nur so gut sein wie der Markt. Mit einem einzelnen ETF-Investment ist es nicht möglich, eine Outperformance zu erzielen und besser als die Benchmark zu sein. (Eine Outperformance ist aber möglich, wenn Sie verschiedene ETFs kombinieren, zum Beispiel einen ETF auf einen Basisindex und einen ETF auf einen Subindex, der sich besser als der Markt entwickelt).

Bei steigenden Märkten ist das kein so großes Problem. Immerhin erzielen Anleger die gleiche Performance wie die Benchmark. Das ist ja schon mal was. Extrem problematisch wird es aber, wenn Anleger in einem ETF long investiert sind, aber die Märkte und der dem ETF zugrunde liegende Index fallen! Denn mit der Eins-zu-eins-Abbildung werden fallende Kurse im Index natürlich ebenfalls spiegelbildlich nachvollzogen. Da ETFs passiv gemanagt sind, gibt es keine Möglichkeiten einer Cash-Quoten-Erhöhung, einer Reduzierung der Aktienpositionen oder einer Umschichtung in Werte, die sich besser als der fallende Index entwickeln.

In diesem Fall gilt dann also: mitgefangen, mitgehangen. Hier ist der ETF einem Fonds mit einem hervorragenden Management deutlich unterlegen.

**Vergleich der Kursentwicklung des brasilianischen Index Bovespa
und des ETFs iShares MSCI-Brazil**

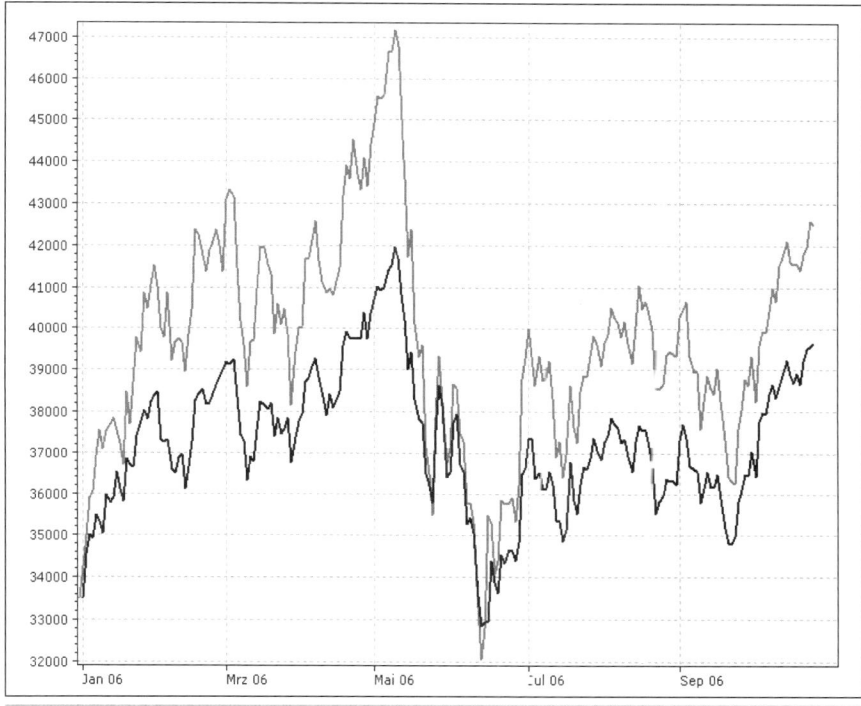

Quelle: vwd

*Abbildung 115: Der Nachteil der ETFs: ETFs fallen aufgrund ihrer Eins-zu-eins-Struktur immer
so stark wie der Markt. Als beispielsweise der brasilianische Bovespa-Index
(schwarz) im Frühling 2006 im Zuge politischer Skandale einbrach, fiel der ETF
iShares MSCI-Brazil (grau) im Gleichklang mit nach unten. Eine Outperformance war nicht möglich.*

Das Fondsmanagement ist in solchen Marktphasen nämlich aktiv in der Lage,
die Kursverluste durch die oben genannten Maßnahmen abzufedern und die
eigenen Verluste für die Fondskunden niedriger zu halten als die Benchmark-
verluste.

Zudem müssen Anleger, die amerikanische oder kanadische ETFs kaufen, das
Währungsrisiko beachten. Denn da ETFs die Underlyings immer nur ungehe-
belt eins zu eins abbilden, können größere Verluste des Dollars in den Cross-

rates USD-EUR oder CAD-EUR die Euro-Performance von amerikanischen ETFs massiv beeinträchtigen. Tja, so ist das nun mal im Leben: Nichts ist perfekt (außer Michelle Hunziker – nach Meinung von Daniel Wilhelmi). Auch der ETF kann nicht über das Wasser laufen. Aber die Vorteile, vor allem gegenüber klassischen Indexfonds, sind fraglos überragend.

Fazit

ETFs eignen sich für alle Arten von Anlegern. Langfristig orientierte Anleger haben mit ETFs den Vorteil, dass sie die gängigen Indizes und Subindizes zu günstigen Konditionen eins zu eins abbilden können und nur minimal schlechter als die Benchmark laufen werden. Progressiven Investoren, die über den Tellerrand hinausschauen, eröffnen sich durch ETFs neue Investmentfelder in dem Megatrend der Emerging Markets, die über Fonds und Zertifikate nur ungenügend oder zu saftigen Gebühren abgedeckt werden. Die kurzfristig orientierten Trader haben wiederum durch ETFs die Chance, ihre Positionen schnell zu wesentlich günstigeren Gebühren und marktnäheren Kursstellungen zu kaufen und zu verkaufen.

KAPITEL 19

Wie Sie die Megatrends an den Börsen umsetzen: Aktien

Neben Derivaten und ETFs sind Aktien von Rohstoff- und Emerging-Markets-Unternehmen die klassische Anlagealternative, um von den beiden Megatrends zu profitieren.

(Der eine der beiden Autoren, Michael Vaupel, setzt allerdings so wenig wie möglich auf Aktien, laut seiner Devise »Märkte statt Einzeltitel« bevorzugt er Zertifikate mit Rohstoff-Futures als Basiswert. Also zum Beispiel lieber ein Silberzertifikat als die Aktie eines Silberminenbetreibers.)

Es gibt vier verschiedene Arten der Aktienengagements: das direkte Investment in Einzelaktien und die indirekten Investmentmöglichkeiten über Fonds, über ETFs und über Zertifikate (Indexzertifikate, Basketzertifikate oder Spezialzertifikate, zum Beispiel Discountzertifikate auf Einzelwerte).

Sowohl auf Zertifikate als auch auf ETFs sind wir ja bereits ausführlich eingegangen. Die Fondsanlage kann eine ganz hervorragende Anlageform sein, aber über das Thema sind so viele Bücher geschrieben worden, dass wir diesen kalten Kaffee nicht auch noch aufwärmen müssen. Das Thema Fondsanlage ist so ausgelutscht wie drei Staffeln »Deutschland sucht den Superstar« hintereinander. Hier gibt es keine neuen Investmentansätze, und deshalb hat dieses Thema in unserem Buch nichts verloren. Wer aber das dringende Bedürfnis hat, sein Leben müsse deutlich langweiliger werden, dem seien an dieser Stelle die zahllosen Bücher und Internetseiten zur Fondsanlage empfohlen.[66]

Wir konzentrieren uns deshalb mit Ihnen im Folgenden auf die Königsdisziplin: die Anlage in Einzelaktien. Die direkte Beteiligung an einem Unternehmen über deren Aktien hat drei besondere Vorteile für Investoren, die mit den beiden Megatrends der Emerging Markets und der Rohstoffe Geld verdienen wollen:

1. Vorteil:

Mit Einzelaktien haben Sie, ganz dem Thema des Buches entsprechend, die Möglichkeit, von den beiden Trends zusammen zu profitieren, indem Sie in Aktien von Rohstoffunternehmen aus den Schwellenländern investieren.

2. Vorteil:

Durch Investments in einzelne Unternehmen können Sie von dem Boom spezieller Themen aus dem Rohstoffsektor und den Emerging Markets profitieren, die ihnen sonst verwehrt bleiben. So wie der in diesem Buch angesprochene Trend »China und Wasser«. Auf diese Kombination gibt es keine Zertifikate oder ETFs. In solche Themen können Sie nur über Aktien einsteigen.

Im Rohstoffsektor gilt das für einzelne Rohstoffe aus der zweiten und dritten Reihe, die (noch) weitgehend unbeachtet ebenfalls einen Boom erleben, aber hochspannend sind. Zu solchen »vergessenen« Rohstoffen gehören so unbekannte Industriemetalle wie zum Beispiel Wolfram oder Titan. Auf diese Nischenrohstoffe gibt es keine Zertifikate. Leider – denn die Rohstoffe sind mindestens genauso chancenreich wie Aluminium oder Nickel. Doch für diese kleinen Rohstoffe existieren keine Futures-Märkte. Die Preise werden vielmehr direkt zwischen den Käufern und Verkäufern ausgehandelt.

So läuft bei Titan bereits seit einigen Jahren eine Kursparty, die so heftig ist, dass die Investoren aus dem Feiern gar nicht mehr herauskommen

---

66 Einige der guten Bücher zum Thema Fonds: Gunter, Markus: »Investmentfonds – Simplified«, FinanzBuch Verlag 2006; Rühl, Andreas: »Investmentfonds verstehen und erfolgreich nutzen«, FinanzBuch Verlag 2006; Wachtendorf, Egon: »Die 222 wichtigsten Fragen zu Investmentfonds«, FinanzBuch Verlag 2005.

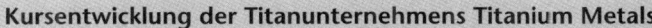

Kursentwicklung der Titanunternehmens Titanium Metals

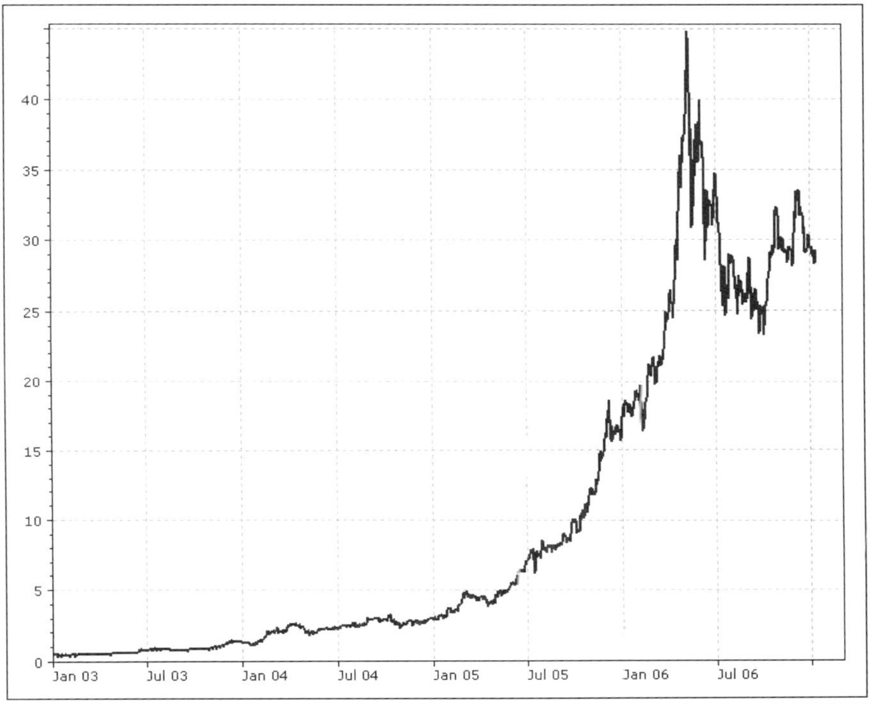

Quelle: vwd

Abbildung 116: Eine unglaubliche Performance – und kaum jemand weiß davon. Das Titanunternehmen Titanium Metals (US-Kürzel-TIE, ISIN-US8883392073) hat in den vergangenen Jahren eine atemberaubende Rallye hingelegt. Der Chart zeigt eindrucksvoll, welches Potenzial auch in wenig beachteten Rohstoffen steckt.

(wenn sie auf der Long-Seite engagiert waren. Anleger, die auf fallende Kurse gesetzt haben, hocken inzwischen draußen am Bordstein und fragen nach einem Euro).

Aber es gibt keine strukturierten Produkte (also Zertifikate etc.) auf dieses Metall. Von den Kurssteigerungen bei Titan können Sie nur über Investments in Unternehmen profitieren, die im Titansektor tätig sind. Aufgeweckte Rohstoffinvestoren sollten sich Titan und Wolfram trotzdem mal genauer anschauen.

Die Möglichkeit, über die Aktienanlage von Rohstoffen zu profitieren, die man über klassische Zertifikate und Futures-Märkte nur schwer oder überhaupt nicht abdecken kann, ist nicht nur auf Industriemetalle begrenzt. Das bekannteste Beispiel ist der Diamantensektor, aber die meisten Möglichkeiten gibt es im Sektor der Agrarrohstoffe.

Hier haben Sie mit Direktinvestments die Chance, in sonst weitgehend verkannten Rohwaren wie Reis, Butter, Hafer oder Geflügel und Fisch zu investieren. Denn in diesen Sektoren gibt es natürlich auch Preisentwicklungen, genau wie bei Weizen oder Sojabohnen. Für diese unbekannten Soft Commodities gelten natürlich genau die gleichen Begründungen, die für steigende Kurse bei Kaffee oder Rindfleisch angeführt werden: Die Weltbevölkerung wächst weiter, und der steigende Wohlstand in den Emerging Markets erlaubt den Menschen dort eine immer bessere Ernährung.

3. Vorteil:
Was wir unter Punkt zwei bezüglich der Rohstoffe geschrieben haben, gilt umso mehr für die Emerging Markets. Vor allem bei jungen Emerging Markets, wie zum Beispiel dem in diesem Buch vorgestellten Land Kasachstan oder vielen der afrikanischen Länder, können Sie nur über die direkte Anlage in Einzelaktien am Aufstieg dieser Emerging Markets teilhaben. Fast immer gibt es für diese kleinen Schwellenländer weder Fonds noch Zertifikate.

Liste verschiedener Unternehmen aus unbekannten Rohstoffsektoren				
Aktie	ISIN	Marktkapitalisierung	Rohstoff	Land
Indofood Sukses	ID1000057003	1,74 Mrd. USD	Nudeln & Speiseöle	Indonesien
Pescanova	ES0169350016	473,7 Mio. USD	Fisch	Spanien
Pan Sino	KYG6891C11050	60,4 Mio. USD	Kakao	Indonesien / Hongkong
Sadia	US7863261084	2,21 Mrd. USD	Geflügel	Brasilien
			Quelle: Bloomberg, eigenes Research	

Abbildung 117: Wie Sie sehen, gibt es gerade in den Emerging Markets spannende Nischenanbieter für spezielle Rohwaren. Dabei reicht die Bandbreite der Unternehmen von milliardenschweren Konzernen bis zu Pennystocks aus dem Micro-Cap-Sektor. Dies sind keine Kaufempfehlungen.

Das ist auch ganz logisch: Die Marktkapitalisierungen solcher Börsen und die dortigen Umsätze sind häufig noch so illiquide, dass die Banken darauf keine Fonds oder Zertifikate auflegen können. Wenn Sie also vom Aufstieg der dritten und vierten Generation der Emerging Markets profitieren wollen, dann geht das nur über Engagements in Einzelaktien.

Der Mythos der negativen Korrelation von Rohstoff-Aktien

Eben haben wir erstmals über Aktien von Rohstoffunternehmen gesprochen. Deshalb müssen wir an dieser Stelle auf einen extrem wichtigen Fakt eingehen. Einen Fakt, der in der Öffentlichkeit immer wieder komplett falsch dargestellt wird. Tatsächlich ist dieser Fehler so tief verwurzelt, dass man ihn selbst in der allgemeinen Wirtschaftspresse liest oder von Bankberatern hört.

Es geht um die negative Korrelation von Rohstoff-Aktien mit den Gesamtmärkten. In der Börsenöffentlichkeit ist es eine weit verbreitete Meinung, dass Anleger ihr Depot mit Rohstoff-Aktien gut diversifizieren. So kaufen Sie ja schließlich Rohstoffinvestments und verringern dadurch die Abhängigkeit von den Aktienmärkten. Das ist falsch! Hierbei handelt es sich um einen Mythos – einen für Anleger sehr folgenschweren, weil oft verlustreichen Mythos.

Wie Sie in Abbildung 118 sehen, existiert nämlich sehr wohl eine positive Korrelation zwischen den Börsen und Rohstoff-Aktien. Die Aktien von Rohstoffunternehmen sind immer noch Aktien und besitzen damit auch eine positive Korrelation zu den Börsen. Natürlich ist diese positive Korrelation nicht so hoch wie bei Aktien aus klassischen Wirtschaftsbranchen. Aber sie ist sehr wohl vorhanden.

Das gilt besonders für Rohstoff-Aktien aus den Emerging Markets! Häufig gehören die Rohstoffunternehmen zu den Blue Chips der jeweiligen Länder. Wenn die Börsen dieser Länder fallen, werden sich diese Blue Chips dem Abgabedruck als Indexschwergewichte nicht entziehen können.

Um in Ihrem Depot also eine wirklich effektive Diversifikation durch Rohstoffengagements aufzubauen, müssen Sie auf die realen Rohstoffe setzen (entweder über deren Futures oder den effektiven Kauf). Ein Investment in eine Rohstoff-Aktie besitzt immer eine gewisse positive Korrelation mit den Aktien-

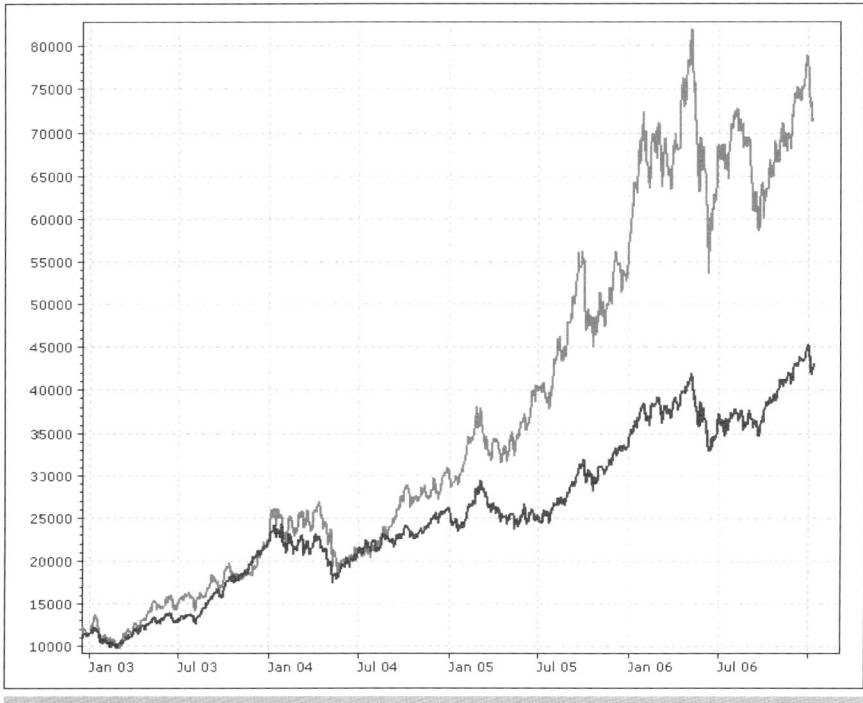

Vergleich der Kursentwicklung von Petrobras zum brasilianischen Aktienindex Bovespa

Quelle: vwd

Abbildung 118: Hier sehen Sie sehr schön die positive Korrelation von Rohstoff-Aktien und den Aktienmärkten. Der brasilianische Ölwert Petrobras (grau) vollzieht die überge-ordneten Entwicklungen des brasilianischen Leitindex Bovespa (schwarz) nach.

märkten. Dabei gilt als Daumenregel: Je größer die Marktkapitalisierung des Wertes ist, desto höher ist die positive Korrelation.

Ein weiterer wichtiger Punkt, den es bei der Aktienanlage in Rohstoffunter-nehmen zu beachten gilt: Neben der Preisentwicklung des Rohstoffes spielt natürlich auch die individuelle Firmenentwicklung bei der Kursbildung der Aktie eine ganz entscheidende Rolle.

Das kann dazu führen, dass zum Beispiel die Aktie eines Goldunternehmens nach schlechten Explorationsergebnissen fällt, obwohl der Goldpreis steigt.

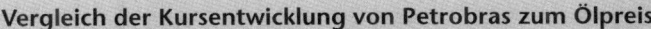

Vergleich der Kursentwicklung von Petrobras zum Ölpreis

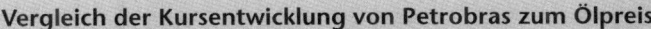

Quelle: vwd

Abbildung 119: Gleichzeitig sehen Sie, dass die Korrelation von Petrobras (grau) zum Ölpreis (schwarz) nicht immer übereinstimmt. So stieg die Aktie von Petrobras in der zweiten Jahreshälfte 2006 stark an (weil der brasilianische Aktienmarkt stieg), obwohl der Ölpreis fiel.

Ein Direktengagement in ein Rohstoffunternehmen wird daher nicht zwangsläufig die Entwicklung des Basisrohstoffs nachvollziehen.

Das gilt besonders für die im Rohstoffsektor so heiß gehandelten »Explorer«-Aktien. Der Unterschied zwischen den hoch spekulativen – und wir betonen die Worte »hoch« und »spekulativ« – Explorern und den etablierten, großen Produzenten ist, dass sich Letztere bereits in der Produktion befinden. Diese Unternehmen fördern Rohstoffe und verkaufen diese an den Weltmärkten. Für diese Konzerne spielen die Preisentwicklungen der Rohstoffe eine zentrale Rolle, da sie die Verkaufspreise für die geförderten Bodenschätze bestimmen.

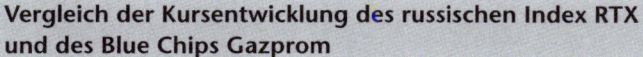

**Vergleich der Kursentwicklung des russischen Index RTX
und des Blue Chips Gazprom**

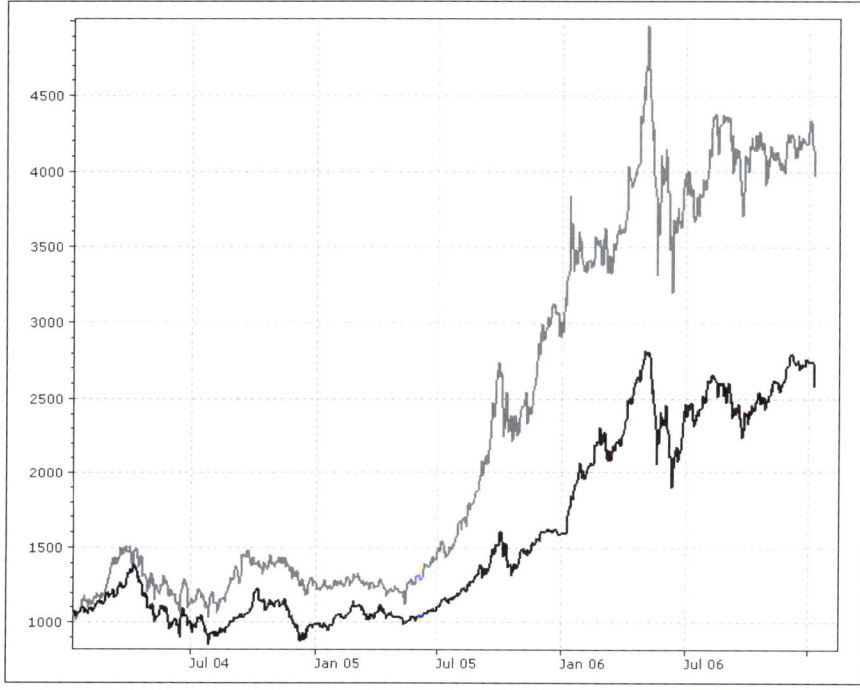

Quelle: vwd

*Abbildung 120: Ein Herz und eine Seele. Wie Sie sehen, ist die Entwicklung des russischen Gas-
riesen Gazprom (grau) und des russischen Index RTX (schwarz) fast identisch.
Interessant sind in dem Chart vor allem die Korrekturphasen: Gazprom kann
sich als Indexschwergewicht dem negativen Trend des RTX nie entziehen und
fällt immer mit dem Markt.*

Die Aktienanlage in Rohstoff-Explorer

Bei den Explorern ist es anders. Die deutsche Übersetzung des Wortes »ex-
ploring« lautet »auskundschaften, erforschen« und beschreibt damit exakt, in
welchem Stadium sich Rohstoff-Explorer befinden: im absoluten Anfangsstadium. Diese Explorer fördern noch gar keine Rohstoffe, sondern befinden sich
meist erst in dem frühen Entwicklungsstadium der Erschließung möglicher
Produktionsstätten.

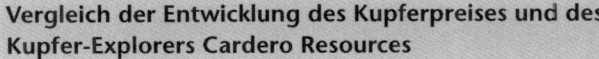

**Vergleich der Entwicklung des Kupferpreises und des
Kupfer-Explorers Cardero Resources**

Quelle: vwd

*Abbildung 121: Vor allem in 2006 sehen Sie die unterschiedliche Entwicklung des Kupferpreises
(schwarz) und des Kupfer-Explorers Cardero Resources (grau). Denn die Aktien
von Rohstoffunternehmen reagieren auf konzernspezifische Entwicklungen.
Bei Cardero Resources schickten schlechte Explorationsergebnisse den Aktienkurs in den Keller, obwohl der Kupferpreis nach oben schoss.*

Das ist der Grund, warum diese Explorer an den Börsen so niedrig bewertet
sind. Fast alle Explorer gehören mit ihren winzigen Börsenbewertungen zu
den Micro Caps der höchsten Risikoklasse (aber damit auch der höchsten
Chancenklasse). Micro Caps sind winzige Unternehmen, deren Börsenbewertungen unter 200 Millionen US-Dollar liegen.

Eigentlich handelt es sich bei Explorern also um nichts anderes als um Startups, und Ihre Investments sind nicht anders als Venture Capital, also Risiko-

Kursanstieg des Uran-Explorers Paladin Resources seit 2004

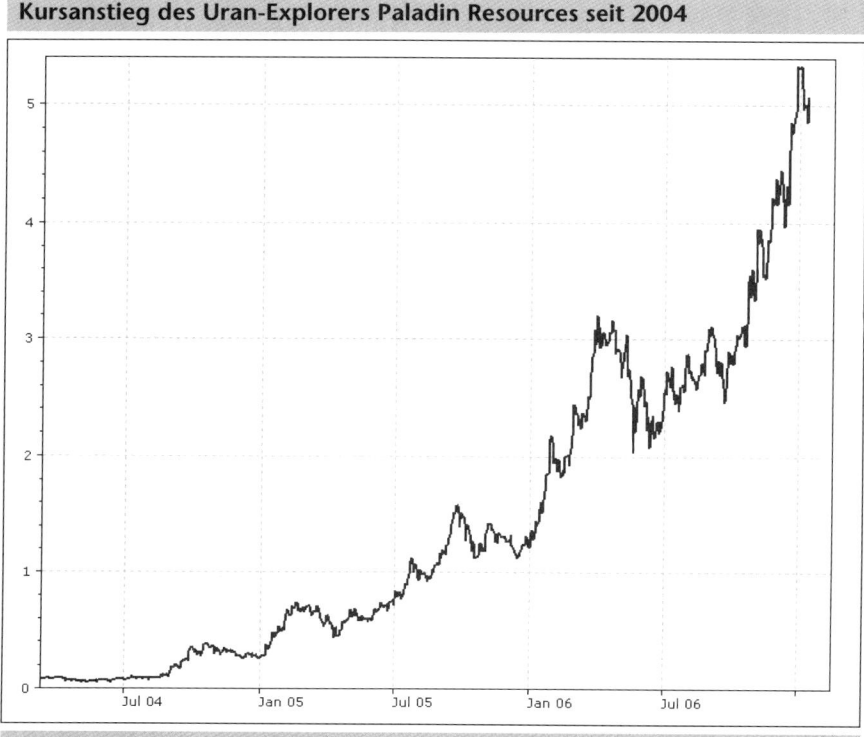

Quelle: vwd

Abbildung 122: So sehen die Träume eines jeden Explorer-Anlegers aus. Die Aktie des Uran-Explorers Paladin Resources ist in den vergangenen zwei Jahren um über 6.000 Prozent gestiegen.

kapital. Trotzdem haben die Aktien von Rohstoff-Explorern in den vergangenen Jahren einen unglaublichen Boom erlebt. Privatanleger lieben die immer gleiche Story hinter den Explorern: als Aktionär von Anfang an bei einem aussichtsreichen Gold-, Uran oder Öl-Explorer dabei zu sein und den gesamten Aufstieg bis zu einem erfolgreichen Produzenten mitzunehmen. Das sind die Träume eines jeden Rohstoffinvestors.

Leider zerplatzen die meisten dieser Träume in horrenden Kursverlusten. Denn wie in jedem anderen Wirtschaftszweig auch, gehen die meisten Startups unter – nur wenige kommen durch. Dazu kommt im Explorer-Sektor noch eine unglaubliche kriminelle Energie. Fraglos ist die »dunkle Seite der Macht«

(die Beschreibung des Bösen aus dem Film »Krieg der Sterne«) hier noch stärker ausgeprägt als in schlimmsten »Neuer Markt«-Zeiten. Die Rohstoff-Legende Jim Rogers brachte es in einem Interview mit Buchautor Daniel Wilhelmi im Oktober 2005 treffend auf den Punkt:

> *»Nun, in den vergangenen 100 Jahren wurde mit Aktien in Goldminen mehr Geld verloren als selbst mit Aktien von Fluggesellschaften und Eisenbahnunternehmen. In der Historie hat es Tausende von Unternehmen, Förderprojekten und Firmengeschichten gegeben, aus denen nie etwas geworden ist. Ein berühmter Amerikaner hat einmal gesagt: Die Definition einer Goldmine ist ein Loch im Boden mit einem Lügner, der daneben steht.*
>
> *Wenn Sie also viel über Goldminen wissen, ein guter Geologe sind oder einen guten Geologen kennen, dann kann ein solches Investment funktionieren. Aber die Chancen stehen gegen Sie. Aller Wahrscheinlichkeit nach werden Sie Geld verlieren. Die Historie hat klar gezeigt, dass der Großteil der Investoren bei Goldminen-Aktien Geld verliert. Und zwar viel Geld.*
>
> *Wie ich bereits sagte: Ich glaube, dass in den vergangenen 100 Jahren im Goldminensektor mehr Geld verloren wurde als in irgendeinem anderen Börsensektor, inklusive Fluglinien und Eisenbahnfirmen.«*[67]

Trotzdem: Nicht mal ein Sommerurlaub mit dem schwedischen Bikiniteam ist bei Börsianern so beliebt wie die heißen Explorer-Aktien aus dem Rohstoffsektor. Wir wollen an dieser Stelle gar keine Wertung vornehmen, ob Investments in diese Explorer-Aktien nun gut oder schlecht sind. Das hängt von dem jeweiligen Risikoprofil und Renditeziel des einzelnen Investors ab.

Allerdings ist es keine Frage: Es wäre fatal, den Explorer-Sektor komplett zu verdammen. Es gibt fraglos phantastische Explorer-Unternehmen, die über aussichtsreiche Projekte verfügen, diese in Produktion bringen werden (oder übernommen werden) und ihren Aktionären gigantische Gewinne bescheren.

Das Problem an der Sache: Es ist auch keine Frage, dass diese erfolgreichen Explorer in der absoluten Minderheit sind. In der Explorer-Szene in Kanada wird hinter vorgehaltener Hand folgendes Verhältnis geschätzt: Auf einen erfolgreichen Explorer kommen zehn Explorer, die es nicht schaffen. Deren Pro-

---

67 Wenn Sie sich für Bücher von Jim Rogers interessieren, dann seien an dieser Stelle genannt: »Rohstoffe – der attraktivste Markt der Welt«, FinanzBuch Verlag 2005, und »Die Abenteuer eines Kapitalisten«, FinanzBuch Verlag 2005.

jekte sind in Wahrheit nicht gut genug, oder das Management ist schlecht. Vielleicht geht auch vorher das Kapital aus, oder hinter dem Unternehmen stecken einfach nur kriminelle Personen, die sich an den Geldern gutgläubiger Aktionäre bereichern.

Eins zu zehn. Lassen Sie sich dieses Verhältnis auf der Zunge zergehen.

Konservative Anleger machen bei einer derartig schlechten Erfolgswahrscheinlichkeit einen größeren Bogen um den Explorer-Sektor als die Zuschauer der nachmittäglichen TV-Talk-Shows um einen Langenscheidt-Duden. Risikobewussten Anlegern muss dieser Prozentsatz vor allem eines sagen: Wenn Sie im Explorer-Sektor erfolgreich agieren wollen, dann müssen Sie Ihre Hausaufgaben ganz, ganz genau machen.

Das Problem bei den Explorer-Aktien ist das Herausfiltern der wirklichen Perlen. Die Manager der schlechten Explorer-Unternehmen sind sehr clever. Die wissen ganz genau, wie sie ihre Unternehmen präsentieren müssen, damit Anleger auf die Aktien aufmerksam werden. Kein Explorer-Unternehmen der Welt wird sich hinstellen und sagen:»Also, auf unserem ach-so-aussichtsreichen Goldfeld in Usbekistan war gar kein Gold, aber wir bauen hier jetzt einen super Parkplatz. Bleiben Sie Aktionär.«Jeder Explorer sagt, dass er über Lizenzen für Gebiete mit gigantischen xxx-Reserven und -Ressourcen verfügt (bei xxx bitte einsetzen: Gold-, Silber-, Uran-, Öl-, Platin-, Kupfer-, Nickeletc.).

Das macht es selbst Branchenexperten so schwer, den einen Diamanten unter den zehn Glassteinen herauszufiltern, die nur wie Diamanten geschliffen wurden. Fraglos gibt es unter den Tausenden der Rohstoff-Explorer ganz hervorragende Qualitätsunternehmen, deren einziger »Fehler« es ist, dass sie sich noch in einem sehr frühen Firmenstadium befinden. Diese Unternehmen werden von Explorern zu Produzenten aufsteigen und ihren Anteilseignern über die Jahre grandiose Gewinne bescheren. Aber dafür müssen Anleger vorher die Spreu vom Weizen trennen. Wie bereits angedeutet, ist das im Explorer-Sektor leider extrem schwer. Das hat vor allem vier Gründe:

Erster Grund:

Die schlechten Explorer und vor allem die schwarzen Schafe wissen längst, mit welchen Pressemitteilungen und welchen Formulierungen sie die Gier der Anleger auslösen können. Das bedeutet: Die Meldungen der Explorer klingen fast alle gleich. Das erschwert es den Anlegern herauszufiltern, welche Meldungen wirklich fundamental gut sind.

Zweiter Grund:
Es gibt bei der Masse der Explorer kaum Belege für die Prognosen und Versprechungen. De facto vertrauen Sie Ihr hart erarbeitetes Geld den Versprechungen eines Managements an, dessen Menschen Sie noch nie im Leben gesehen haben.

Hier sollten Sie sich den entscheidenden Punkt der Aktienanlage immer wieder genau vor Augen führen. Eigentlich ist dieser ebenso logisch wie selbstverständlich. Aber trotzdem ist auffällig, dass die Masse der Privatanleger diesen alles entscheidenden Fakt im gierigen Rausch nach Gewinnen immer wieder vergisst: Wenn Sie eine Aktie kaufen, dann werden Sie Teilhaber dieses Unternehmens! Sie investieren Ihr eigenes Geld in diese Firma und werden damit Besitzer (wenn auch meist nur ein kleiner) dieser Company.

Die meisten Explorer haben bisher kaum Probebohrungen mit Testergebnissen aufzuweisen. Von den wichtigen N43-101-Gutachten ganz zu schweigen. (Das N43-101-Gutachten über Explorationsergebnisse ist eine spezielle Studie, die von der Toronto Stock Exchange offiziell anerkannt und deshalb qualitativ besonders anspruchsvoll ist.)

Das ist der große Unterschied zwischen dem Explorer-Sektor und anderen Wirtschaftszweigen: Wenn ein Internetunternehmen große Versprechungen macht, dann lässt sich anhand der Besucherzahlen schnell erkennen, ob diese Prognosen realistisch sind oder nicht. Oder nehmen wir einen Handy-Hersteller: Wenn die Kids das neue Gerät nicht kaufen, dann ist das Produkt gescheitert. Bei der Masse der Explorer sind derartige Vergleiche mit der Realität häufig unmöglich.

Dritter Grund:
Grund drei schließt nahtlos an Grund zwei an: Da sich Explorer in einem sehr frühen Stadium befinden, lassen sich die Geschäftsentwicklungen kaum physisch überprüfen. In den meisten Fällen ist alles, was ein Explorer vorzuweisen hat, ein riesiges Landgebiet voller Natur und vielleicht irgendwo eine Bohrvorrichtung für Probebohrungen. Daran lassen sich die Qualitätsunterschiede also kaum feststellen. Anders als zum Beispiel bei einem Chip-Hersteller: Da gibt es einen Computer-Chip, den man anfassen und persönlich testen kann.

Vierter Grund:
Fast alle Explorer sind so klein, dass sie von renommierten Analystenhäusern so gut wie nie gecovert werden. Über diese Werte gibt es daher kaum Analysen von anerkannten Finanzhäusern (wobei das nicht immer eine Garantie für Qualität ist).

Aus diesen vier Gründen existiert leider keine allgemein gültige Formel, wie man die qualitativ überzeugenden Explorer von den schlechten Unternehmen unterscheiden kann. Es gibt allerdings einige Analyseansätze, mit denen Anleger die schwarzen Schafe unter den Explorern besser identifizieren können. Deshalb wollen wir Ihnen als praktische Hilfe den folgenden Leitfaden mit acht Punkten an die Hand geben. Auf diese Punkte sollten Sie bei der Analyse von Explorern achten.

Wie bei so ziemlich allen Dingen im Leben und an der Börse gilt aber: Diese Analyseansätze sind nie pauschal gültig. Nur weil ein Explorer-Unternehmen einen oder zwei Punkte der Liste erfüllt, muss es noch lange kein schlechtes Unternehmen sein. Erst die auffällige Häufung der folgenden Punkte sind Warnzeichen.

Leitfaden zur Analyse von Rohstoff-Explorern

Es besteht gar keine Frage: Mit den Aktien der wenigen qualitativ starken Explorer lassen sich exorbitant hohe Gewinne machen. Aber dafür müssen Sie bei der Auswahl der Werte Ihre Hausaufgaben machen. Und zwar nicht wie früher: mal eben schnell in der kleinen Pause zwischen der vierten und fünften Schulstunde. Sondern ordentlich und zeitaufwendig mit Geodreieck und gespitztem Bleistift.

Das ist anstrengend, nervenaufreibend und kostet vor allem Zeit – das wissen wir alles (schließlich gehört das zu unserem täglichen Geschäft). Doch wenn Sie mit Investments in Explorer-Aktien erfolgreich sein wollen, dann kommen Sie an genauen Unternehmensanalysen nicht vorbei. Erinnern Sie sich an den Satz von Gordon Gecko, den Daniel Wilhelmi in seinem Vorwort zitierte: »The most valuable commodity I know of is information« (zu Deutsch: »Das wertvollste Gut was in kenne ist die Information.«).

Hierbei handelt es sich um eine lineare Entwicklung: Je mehr Informationen Sie sich beschaffen, desto besser werden Ihre Anlageentscheidungen ausfallen. Natürlich wird Informationsbeschaffung nicht verhindern, dass Sie an der Börse Verluste machen. Die macht jeder von uns. Aber es wird den Prozentsatz der Fehlentscheidungen dramatisch reduzieren.

Das wissen übrigens auch die schwarzen Explorer-Schafe. Genau deshalb sind die Texte auch immer so reißerisch geschrieben. Die Texte sollen bei den Lesern einen extrem hohen Zeitdruck auflösen. Denn diese »Buden« sind überhaupt nicht interessiert daran, dass Sie sich die Zeit gönnen, um die Firma genauer unter die Lupe nehmen.

Also lautet die oberste Regel für eine Anlage in ein Explorer-Unternehmen: Kaufen Sie niemals blind einen Explorer. Wir wiederholen diesen Satz noch mal, damit Sie ihn ja nicht mehr vergessen: Kaufen Sie niemals blind einen Explorer. Lassen Sie sich von der kreierten Eile nicht anstecken. Wenn der Explorer tatsächlich einer der wenigen Qualitätswerte ist, dann können Sie auch noch etwas später einsteigen, nachdem Sie den Wert einer Analyse unterzogen haben.

Die guten Explorer bieten ein so gewaltiges Langfristpotenzial, dass die paar Prozent, die Sie durch einen verspäteten Einstieg verlieren, am Ende überhaupt nicht mehr ins Gewicht fallen. Auf der anderen Seite haben Sie Ihr Kapital durch eine Analyse aber gleichzeitig vor Verlustrisiken geschützt, die durch übereiltes und uninformiertes Handeln entstehen. Kommen wir damit zu dem Leitfaden für acht verschiedene Punkte, die Sie analysieren sollten:

1. Die PR-Politik
Die Öffentlichkeitsarbeit des Explorers. Wenn die PR-Abteilung eines Explorers jede zweite Woche eine Meldung herausschickt, deren Inhalte für die Firmenentwicklung jedoch von sekundärer Bedeutung sind, müssen Sie sofort hellhörig werden.

Dann geht es der Firma vor allem darum, den eigenen Namen in Anlegerkreisen zu pushen. Gibt eine Firma beispielsweise eine Pressemitteilung darüber heraus, dass ein Geologe eingestellt wurde, so kann das in Ausnahmefällen (bei einer besonderen Koryphäe) ein echter Meilenstein sein. Googlen Sie den Namen des Geologen einfach und schauen Sie mal, was das Internet so findet. Es wird sich sehr schnell herausstellen, ob es sich bei dem neuen Geologen tatsächlich um Superman ohne blauen Trainingsanzug und roten Umhang handelt.

Ist es nur ein »normaler« Geologe, dann sollten Sie sich dringend die Frage stellen, warum das eine Pressemitteilung wert sein soll. Nach Rohstoffen zu suchen ist schließlich sein Job. Also ist es auch das Normalste von der Welt, dass der Geologe bei einem Rohstoffunternehmen anheuert. SAP oder Microsoft geben ja auch nicht jedes Mal eine Pressemitteilung heraus, wenn sie einen neuen IT-Programmierer einstellen.

Diese »Werbung« für die eigene Firma durch das Vehikel der Ad-hoc-Mitteilungen geriet erstmals mit den Skandalen des Neuen Marktes ins Fadenkreuz. Viele der damaligen Schrottunternehmen versuchten damals, über eine hohe Anzahl an PR-Mitteilungen die Euphorie so weit wie möglich nach oben zu treiben. Die folgenden horrenden Kursverluste vieler Neuer-Markt-Unternehmen sollten Investoren für einen Missbrauch der PR-Maschinerie sensibilisiert haben.

2. Die Börsenumsätze

Um den zweiten Analyseansatz zu verstehen, müssen wir erst ein wenig ausholen: Die meisten Rohstoffunternehmen haben ihre Heimatbörse im Ausland. Das Börsenlisting an einer deutschen Börse ist fast immer nur ein Zweitlisting. Der Großteil der Rohstoffunternehmen und der Explorer kommt aus Kanada, Australien und den USA.

Gegen ein Zweitlisting ist nichts einzuwenden. Viele Unternehmen aus Europa oder den Emerging Markets streben neben ihrem ursprünglichen Listing an ihrer Heimatbörse ein Zweitlisting an den großen US-Börsen, zum Beispiel der NYSE, an. Durch das Zweitlisting an einer anderen Börse erschließt sich einem Unternehmen nämlich eine neue Anlegerschaft. So haben inzwischen zahlreiche deutsche Standardwerte ein Zweitlisting an den US-Börsen.

Denn wie Sie wissen, dürfen die mächtigen und finanzstarken US-Pensionfonds aufgrund ihrer Statuten zumeist nicht in Aktien investieren, die nicht an den US-Börsen gelistet sind. Amerikanische Fondsmanager können von einer BASF-Aktie noch so überzeugt sein – wenn sie nicht in den USA notiert ist und es die Fondsstatuten nicht zulassen, dann dürfen sie die Aktie nicht kaufen. Da macht es für das ausländische Unternehmen natürlich Sinn, sich in den USA listen zu lassen und sich so eine neue und finanzkräftige Aktionärsschicht zu erschließen.

Fast immer sind die Börsenumsätze an den Zweitbörsen aber deutlich niedriger als an den Heimatbörsen. Das ist ja auch logisch. Es ist ja nur die »zweite« Börse und soll lediglich zusätzliche Aktienkäufer anzuziehen. Der Großteil der Aktionäre, vor allem Großinvestoren und internationale Fonds, kaufen natürlich immer an der Heimatbörse. Denn dort gibt es die höchsten Umsätze und damit fairere Kursstellungen.

Mit diesen Hintergrundinformationen schließt sich jetzt der Kreis zu unserem zweiten Analyseansatz. Hier geht es um die unterschiedlichen Umsätze an der jeweiligen Heimatbörse und in Deutschland. Wenn die Umsätze an der Heimatbörse niedrig sind, aber an den deutschen Börsen um ein Vielfaches höher liegen, dann sollten Sie ganz vorsichtig werden.

Dies kann ein Warnzeichen sein, dass an den deutschen Börsen eine Aktie gezielt gepusht wird. Dafür müssen Sie wissen: Für die Amerikaner (und das gilt auch für viele Kanadier) hat der deutsche Finanzmarkt überhaupt keine Bedeutung hat. Für sie ist es wichtig, dass man in dem amerikanischen beziehungsweise kanadischen Markt präsent

Liste von Rohstoff-Explorern, deren Umsätze an deutschen Börsen deutlich höher sind als an der Heimatbörse

Name	ISIN	Umsätze Heimatbörse	Umsätze an umsatzstärkster deutscher Börse
xxxxxx Minerals	CAxxxxxxxxxx	11.000	27.650
xxxx xxxx Resources	CAxxxxxxxxxx	20.900	141.256
xxxx xxxx Energy	USxxxxxxxxxx	20.000	155.479
xxxx xxxx Exploration	CAxxxxxxxxxx	76.500	137.270

Quelle: eigenes Research, CortalConsors

Abbildung 123: Die hier aufgelisteten Unternehmen existieren alle, wie Sie anhand der Umsätze sehen können. Wir haben die Namen und ISINs allerdings geschwärzt. Der entscheidende Punkt wird trotzdem klar: Die Umsätze in Deutschland sind um ein x-faches höher als an den Heimatbörsen. Die Umsätze stammen vom 10.01.2007.

ist. Deshalb sind die Pressemitteilungen auch nur auf Englisch. Die typisch amerikanisch ignorante Sichtweise lautet hier: Englisch ist die Finanzsprache Nummer eins, und wenn der Rest der Welt diese Meldungen nicht versteht, dann ist das eben das Problem vom Rest der Welt.

Mit einer Ausnahme: die Explorer. Für die Explorer-Industrie ist Deutschland der wichtigste Kapitalmarkt geworden. Jetzt lehnen Sie sich mal zurück und fragen, warum das wohl so ist. Warum können so viele Explorer die Investoren aus dem eigenen Heimatland von ihren Unternehmen nicht überzeugen, sondern brauchen dafür den tausende Kilometer weit weg gelegenen deutschen Markt? Vergleichen sie also immer die Umsätze an den deutschen Börsen und den Heimatbörsen. Das könnte ein Hinweis sein.

3. Der Firmenauftritt im Internet
Hierbei geht es um die Firmenpräsentation im Internet. Analysieren Sie die Homepage des Unternehmens. Wie informativ und detailliert ist sie? Wird sie regelmäßig aktualisiert? Wie konkret sind die Informationen zu den Projekten und deren Fortschritten?

Achten Sie dabei auch darauf, ob die Homepage und die Pressemitteilungen auch in deutscher Sprache anzuwählen sind. Manche Explorer haben deutsche Manager oder Forschungskooperationen mit deutschen

Unternehmen. Dann ist diese Zweisprachigkeit ganz normal und sogar lobenswert. Das finden Sie schnell über eine Analyse der Projektpartner und des Managements heraus.

Wenn es sich jedoch um ein rein ausländisches Unternehmen ohne Projekte und Kooperationen in Deutschland handelt, sollten Sie beim Entdecken eines Deutschland-Fähnchen (bedeutet die Möglichkeit einer deutschen Übersetzung der Homepage) ins Grübeln kommen. Wie wir Ihnen ja erklärt haben, bieten angelsächsische Konzerne eine derartige Wahlmöglichkeit für die deutsche Sprache ja nicht aus purer Nächstenliebe an.

Vielmehr zeigt dies, dass sich das Unternehmen gezielt um deutsche Anleger bemüht. Aber warum keine Franzosen, keine Spanier, Osteuropäer oder Italiener? (Okay, wer will schon Italiener als Aktionäre. Die können ja nichts anderes außer Petzen, weil sie sonst ein WM-Halbfinale verlieren.) Da muss sich jeder kluge Investor die Frage stellen: Warum tun diese Unternehmen so etwas?

4. Das Management
Eigentlich der entscheidende Analysepunkt. Aber leider hat die »dunkle Seite der Macht« hier dazugelernt. Beim Geschäft mit Lizenzen für aussichtsreiche Explorationsgebiete spielt das Management beim Erfolg oder Misserfolg eines Explorer-Unternehmens die entscheidende Rolle. Deshalb ist es besonders wichtig, dass Sie sich gut über das Senior-Management und die Geologen informieren.

Sind sie schon lange im Geschäft? Oder handelt es sich dabei um ein paar junge Schnullibären, die in der Schule mal Erdkunde-Leistungskurs hatten? Welche Referenzen hat das Management aufzuweisen? Wo haben sie vorher gearbeitet? Wie viele Jahre Expertise haben sie in dem jeweiligen Rohstoffsektor?

Gerade auf den letzten Punkt sind viele der schwarzen Schafe aufgesprungen und haben sich erfahrene, alteingesessene Geologen mit an Bord geholt. Überprüfen Sie deshalb nicht nur die reine Anzahl der Arbeitsjahre, sondern was die Manager und Geologen in den Jahren gemacht haben, bevor sie bei dem jeweiligen Explorer anheuerten.

5. Vorherige Firmen und Explorationsprojekte
Dieser Unterpunkt zur »Management«-Analyse ist so wichtig und aussagekräftig, dass wir ihm einen Extra-Punkt zugebilligt haben. Beschaffen Sie sich Informationen über die Firmen, bei denen die Manager vorher beschäftigt waren.

Sie werden sich wundern, was nach einer guten Recherche manchmal so alles ans Tageslicht kommt. Es geht nicht darum, ob jede der vorherigen Firmen ein Börsen-Hit war oder jedes Projekt ein Treffer. Das ist unmöglich. Aber gerade bei den schwarzen Schafen findet man häufig eine auffällig hohe Anzahl alter Explorer-Unternehmen, die mit großem Hype an die Börse gebracht wurden und heute nur noch als fast wertlose Pennystocks vor sich hin vegetieren.

Auf der anderen Seite gilt: Haben der CEO oder andere Manager bereits in der Vergangenheit erfolgreiche Explorer gegründet oder Projekte erfolgreich in die Produktion gebracht? Das sind positive Hinweise. Bitte beachten Sie: Hier geht es nur um die Firmenentwicklung und nicht um Börsengänge. Einen Explorer an die Börse zu bringen ist heutzutage keine Kunst mehr und sagt deshalb nichts über die Seriosität des Unternehmens aus. Ein guter Trackrekord von erfolgreichen Explorationen oder dem Aufbau von Explorern zu Produzenten sind hingegen echte Qualitätsmerkmale.

6. Die Bilanz

Dass Explorer keine Umsätze machen und noch Verluste schreiben, liegt in der Natur des Geschäftsmodells. Das ist normal. Unerlässlich ist aber eine Analyse der Bilanz. Als Faustregel können Sie sich merken: Das Unternehmen sollte genug Cash für die nächsten zwölf Monate, besser noch für 18 Monate haben. Sonst drohen schnell Kapitalerhöhungen oder im schlimmsten Fall sogar die Insolvenz.

7. Das Länderrisiko

In welchen Regionen der Welt befinden sich die Projekte? Handelt es sich dabei um politisch und gesellschaftlich sichere Länder wie Kanada, Australien oder den USA? Oder befinden sich die Projekte in instabilen Regionen wie Teilen von Südamerika, Afrika oder Asien?

Dann liegt hier ein hohes Länderrisiko vor, das die Entwicklung der Projekte stark beeinträchtigen könnte (der Super-GAU ist hierbei natürlich die Verstaatlichung von Projekten).

8. Explorationsergebnisse

Ein wichtiger Punkt, der aber mit den weiter steigenden Rohstoffpreisen an Bedeutung verliert. Trotzdem ist es neben dem Management der Kernansatz für eine Analyse eines Explorers. Welche Ergebnisse haben Probebohrungen geliefert? Der entscheidende Punkt für eine erfolgreiche Unternehmensentwicklung eines Explorers ist nämlich nicht, ob man Gold, Uran oder Kupfer findet – das ist relativ einfach. Der entscheidende Punkt ist, ob diese Vorkommen so hochgradig sind, dass sie einen wirtschaftlich rentablen Abbau rechtfertigen. Dies ist ein ganz entscheidender Unterschied.

Bei Explorern wird häufig mit herausragenden einzelnen Bohrergebnissen geworben, aber was hat die ganze Probebohrung noch für Ergebnisse geliefert? Ein hoher Erzanteil am Gestein ist hervorragend, aber wenn diese Vorkommen 300 Meter unter der Erde liegen, dann wird es teuer, diese ans Tageslicht zu fördern. Lassen Sie sich nie von einzelnen Bohrergebnissen blenden, sondern analysieren Sie alle Bohrergebnisse. Das gibt Ihnen ein Gefühl über die wahre Werthaltigkeit eines Projektes.

Wenn Sie diese acht Parameter für die Analyse von Explorern ansetzen, werden Sie sehen: Sehr viele Explorer fallen ganz schnell durch das Raster. Für die fortgeschrittenen Explorer-Investoren unter Ihnen haben wir im Folgenden noch einen Bonus-Tipp, der ebenfalls hochinteressant ist.

9. **Bonus-Analyseansatz:**
Manager von Explorern bereichern sich nicht nur über den Verkauf von Aktienpaketen. Das ist zwar der offensichtlichste Weg, aber keineswegs der einzige. Immer wieder finden sich kleine Explorer, bei denen die Manager Berateraufträge etc. an Unternehmen vergeben, in denen andere Manager des Explorers ebenfalls aktiv sind. So schieben sich die Manager die Gelder des Explorers gegenseitig in die eigenen Taschen. Diese Geschäfte in der Grauzone sind schwer aufzudecken, aber die »Bluthunde« unter Ihnen (und das meinen wir mit allem analytischen Respekt) werden die richtigen Fährten finden und Witterung aufnehmen.

Die Pusher-Strategie bei Rohstoff-Explorern

Als ob die Analyse von Rohstoff-Explorern aufgrund des jungen Entwicklungsstadiums nicht schon schwer genug wäre, hat die Situation in der Explorer-Szene in den vergangenen Jahren eine neue Dimension erreicht. Sie wissen sicher, wovon wir reden: das Pushen von Explorer-Aktien in vereinzelten Medien. Die Marketingwege sind verschieden, aber die Strategie ist immer die gleiche:

Durch einen aggressiven Werbefeldzug wird die Aktie eines winzigen, bis dahin völlig unbekannten Explorers in kürzester Zeit durch euphorische Analysen und Kursziele von mehreren 100 Prozent massiv angepriesen. Privatanle-

Chart eines typischen hochgepushten Explorer

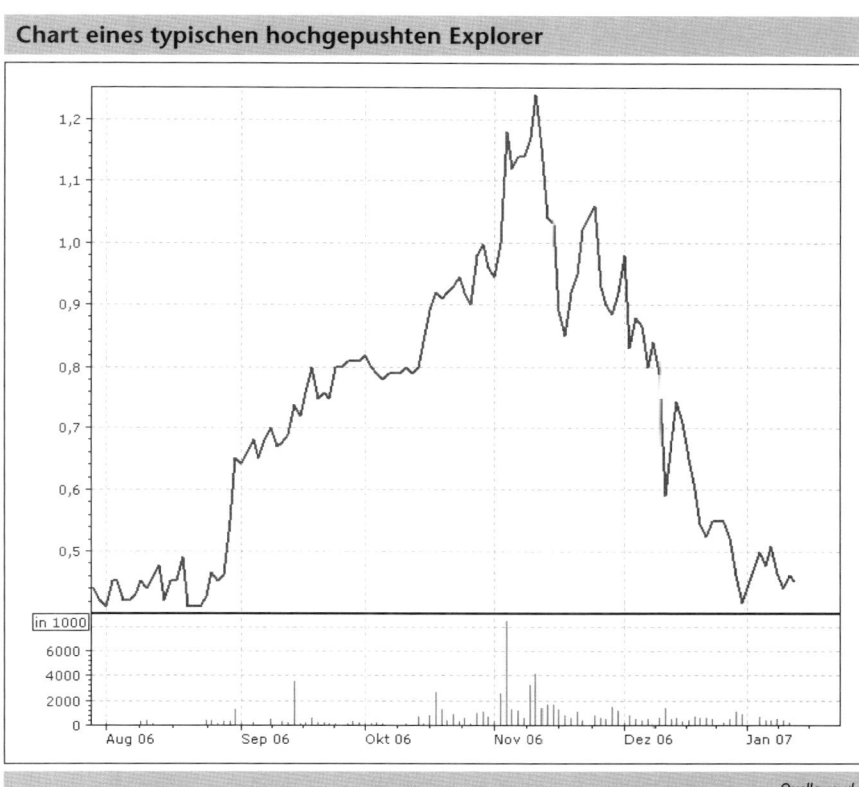

Quelle: vwd

Abbildung 124: Das typische Bild eines hochgepushten Explorers. An den Umsätzen erkennen Sie, wie die Anleger zu Höchstkursen in die Aktie gejagt wurden, bevor der Wert wieder in sich zusammenfiel. Heute steht die Aktie wieder da, wo sie vor der Pusher-Aktion notierte.

ger springen blind auf den Zug auf, kaufen zu immer höheren Preisen und treiben so die Kurse nach oben. Für viele Anleger folgt dann leider viel zu häufig der lange Weg der Leiden – die Kurse fallen ins Bodenlose, nachdem der Pusher-Feldzug vorüber ist.

Die meisten dieser Werbungen, häufig wie Unternehmensanalysen aufgebaut, sind für die Leser kostenlos. Das ist auch logisch: Ziel des Marketings ist es ja, möglichst viele Anleger zum Kauf des Explorers zu bewegen. Die größte Reichweite erzielt man immer, wenn diese »Informationen« umsonst angeboten werden.

Wir wollen hier mit klaren Worten sprechen: Es ist für uns völlig unbegreiflich, wie Anleger solchen Werbungen blind vertrauen können. Ausgerechnet wenn es um das hart ersparte eigene Investmentkapital geht, werfen Privatanleger jede Vorsicht blind über Bord. Wir wollen die Situation an einem Beispiel aus dem Alltag verdeutlichen: Jemand kommt mit einem 1.000-Euro-Plasma-TV auf Sie zu und sagt:»Sie können diesen Plasma-TV für 100 Euro haben.« Was wäre Ihr erster Gedanke? Richtig:»Was ist an der Sache faul?« Aber wenn es um Börseninvestments und Geldbeträge weit, weit über 100 Euro geht, stellen sich viele Privatanleger diese Frage nie.

Wahrscheinlich liegt es bei uns beiden, Herrn Vaupel und Herrn Wilhelmi, daran, dass wir mit der Analyse von Aktienmärkten und Unternehmen unser Geld verdienen. Jeden Tag tun wir nichts anderes, als in den Emerging Markets nach aussichtsreichen Unternehmen zu suchen (die Expertise von Herrn Wilhelmi) und an Rohstoffmärkten die neuesten Lagerdaten etc. richtig zu interpretieren (die Expertise von Herrn Vaupel). Wir wissen, wie zeitaufwendig und arbeitsintensiv dieser Job ist.

Deshalb sind unsere Börsendienste auch kostenpflichtig. So verdienen wir unser Geld und entschädigen unseren Arbeitsaufwand. Das Gleiche gilt für die meisten Börsendienste. Jetzt fragen Sie sich bitte: Warum sollte jemand diese aufwendig zu recherchierenden Informationen kostenlos anbieten? Sind wir hier bei den Samaritern?

Nein, genau das Gegenteil ist der Fall: Wir sind hier an der Börse – dem ultimativen Zentrum des Kapitalismus. Im Leben hat alles seinen Preis, und das gilt erst recht für die Börse. Also: Falls die Verfasser der kostenlosen Werbungen für Explorer nicht aus einem tibetanischen Kloster kommen, wie verdienen sie dann ihr Geld? Denn um nichts anderes geht es nun mal an der Börse. Den Aufschluss darüber findet man in den Disclaimern der »Analysen«.

Die von uns unterstrichenen Stellen in Abbildung 125 zeigen es ganz klar: Die Verfasser werden von den Explorern für das Marketing bezahlt. Deshalb können diese Informationen auch kostenlos sein. Damit fehlt jedoch eine kritische Objektivität in den »Analysen«. Wir wollen hier keinesfalls sagen, dass Explorer, die auf diese Arten beworben werden, schlechte Unternehmen sind. Ganz ehrlich: Das können wir überhaupt nicht beurteilen, da wir die Firmen selbst nicht analysiert haben.

Was wir aber beurteilen und ganz klar kritisieren können, ist das Verhalten der Privatanleger. Es ist schon seltsam: In der heutigen Zeit gilt in unserer Konsumgesellschaft der Leitsatz:»Qualität hat ihren Preis«. Nur ausgerechnet an

---

Disclaimer eines kostenlosen Börseninformations-Newsletters

»Die Hintergrundinformationen, Markteinschätzungen und Wertpapieranalysen, die xxx auf seinen Webseiten veröffentlicht, stellen weder ein Verkaufsangebot für die behandelten Notierungen noch eine Aufforderung zum Kauf oder Verkauf von Wertpapieren dar. Den Ausführungen liegen Quellen zugrunde, die der Herausgeber für vertrauenswürdig erachtet. ... Jeglicher Haftungsanspruch auch für ausländische Aktienempfehlungen, Derivate und Fondsempfehlungen wird daher grundsätzlich ausgeschlossen. Sie sollten sich vor jeder Anlageentscheidung (zum Beispiel durch Ihre Hausbank oder einen Berater Ihres Vertrauens) weitergehend beraten lassen. <u>Der Herausgeber kann Short- oder Long-Positionen in der/den behandelte(n) Aktie(n) halten.</u> *Obwohl die in den Analysen und Markteinschätzungen von xxx enthaltenen Wertungen und Aussagen mit der angemessenen Sorgfalt erstellt wurden, übernehmen wir keinerlei Verantwortung oder Haftung für Fehler, Versäumnisse oder falsche Angaben. ...*

Offenlegung der Interessen:
<u>Es kann nicht ausgeschlossen werden, dass in Einzelfällen die auf den Webseiten von xxx veröffentlichten Interviews von den jeweiligen Unternehmen in Auftrag gegeben und bezahlt worden sind. Für den Versand unserer Information hat uns das Unternehmen eine Aufwandsentschädigung gezahlt. Aus diesem Grund kann allerdings die Unabhängigkeit der Analyse in Zweifel gezogen werden.</u> *Diese ist deshalb per definitionem nur eine Information. Auch wenn wir jede Analyse nach bestem Wissen und Gewissen sowie fachmännischen Standards erstellen, raten wir Ihnen in solchen Fällen, bezüglich Ihrer Anlageentscheidung noch eine externe unabhängige Quelle hinzuzuziehen ...«*

Quelle: Disclaimer aus einem kostenlosen Newsletter vom 22.11.2006

Abbildung 125: *Textauszüge aus einem Disclaimer eines kostenlosen Newsletters. Der Name des Newsletters wurde von uns mit »xxx« geschwärzt. Die entscheidenden Textpassagen sind von uns unterstrichen worden.*

---

der Börse halten sich viele Privatanleger nicht daran und vertrauen auf kostenlose Werbung.

Die Aktienanlage in den Emerging Markets

Ein ähnliches Phänomen findet sich auch bei Emerging-Markets-Aktien. Oftmals setzen Anleger hier vor lauter Gier nach riesigen Gewinnen nur auf risikoreiche Small- und Micro-Cap-Aktien. Dabei ist das bei den Emerging Markets überhaupt nicht nötig. Viele Blue-Chip-Aktien aus den Schwellenländern bieten aufgrund ihrer günstigen Börsenbewertungen überdurchschnittliche Kurspotenziale gegenüber ihrer Konkurrenz aus den Industrieländern.

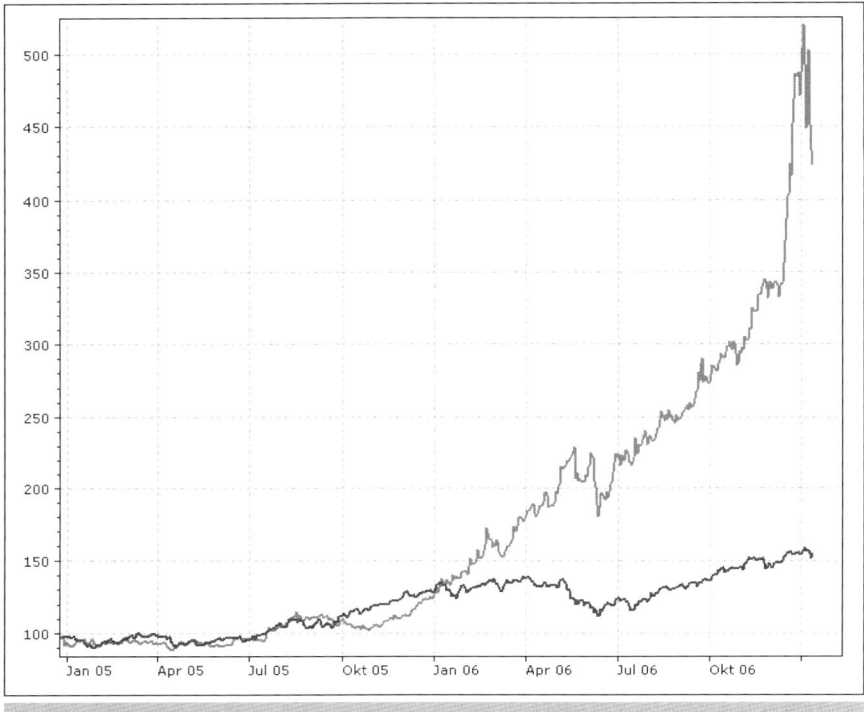

Kursentwicklung des chinesischen Versicherers China Life im Vergleich zur deutschen Allianz

Quelle: vwd

Abbildung 126: Die Allianz-Aktie (schwarz) hat sich seit Anfang 2005 hervorragend entwickelt. Aber das ist nichts im Vergleich zur Performance des chinesischen Versicherers China Life (grau).

Dazu kommen dann häufig auch noch die üppigen Dividendenzahlungen, die bei Emerging-Markets-Unternehmen teilweise auf einem Niveau liegen, von dem DAX-Anleger nur träumen können. (Dies ist übrigens auch ein wichtiger Pluspunkt für die Anlage in Rohstoffunternehmen im Vergleich zu Direktinvestments in Rohstoffe, die außer Wertsteigerungen keine Renditen abwerfen).

Sie brauchen bei der Anlage in den Emerging Markets also gar nicht »volles Risiko« zu gehen. Viele der großen Aktien aus den Schwellenländern sind trotz der Kursanstiege der zurückliegenden Jahre noch attraktiv bewertet. So lassen

Kursentwicklung von CVRD seit 2001

Quelle: vwd

Abbildung 127: Wer sagt, dass man mit groß kapitalisierten Blue Chips keine überdurchschnitt-
lichen Gewinne machen kann? In den Emerging Markets brauchen Sie nicht
zwangsläufig kleine Micro-Cap-Aktien, um die Chance auf dreistellige Ge-
winne zu erhalten.

sich selbst mit seriösen etablierten Blue Chips aus den Emerging Markets Gewinne machen, von denen DAX-Anleger nur träumen können.

Schauen Sie sich beispielsweise den Chart des brasilianischen Eisenerzprodu-
zenten Companhia Vale do Rio Doce (kurz CVRD genannt) in Abbildung 127
an. CVRD ist mit einer Marktkapitalisierung von 66,8 Milliarden US-Dollar
einer der größten Werte an der brasilianischen Börse. Das Unternehmen hat
30.538 Mitarbeiter (da hat aber jemand drei Mal nachgezählt) und machte in
2005 einen Jahresumsatz von 12,8 Milliarden US-Dollar. Doch obwohl es sich

bei CVRD um einen klassischen Blue Chip handelte, konnten Investoren mit der Aktie zwischen 2003 und 2006 stolze 443,7 Prozent Gewinn machen.

Der Chart in Abbildung 127 zeigt Ihnen: Blue Chips aus den Emerging Markets sind beileibe nicht nur etwas für konservative Anleger. Mit den Aktien der großen Unternehmen können auch risikobereite Investoren gutes Geld verdienen. Die meisten großen Blue-Chip-Werte sind inzwischen längst nicht mehr nur an den jeweiligen Heimatbörsen, sondern als ADR- oder GDR-Aktien in den USA, London oder in Deutschland gelistet.

Allerdings entspricht die Liquidität der Aktien oft nur einem Bruchteil der Umsätze, die an den Heimatbörsen stattfinden. Größere Order sollten Sie deshalb an den jeweiligen Heimatbörsen platzieren, wo die meisten Aktien gehandelt werden.

Dieses Buch soll kein »Basiswerk« sein. Daher wollen wir an dieser Stelle gar nicht auf das unverzichtbare Hintergrundwissen für den Kauf und Verkauf von Aktien aus den Emerging Markets eingehen. Diese Informationen können Sie beispielsweise in dem Buch *Emerging Markets – Simplified* von Daniel Wil-

---

Performance von drei DAX-Werten vs. drei Emerging-Markets-Konkurrenten seit 2003

Aktie	ISIN	Branche	Land	Performance seit 01.01.2003
E.ON	DE0007614406	Stromversorger	Deutschland	+ 141,4%
CEZ	CZ0005112300	Stromversorger	Tschechei	+ 1.048,7%
Deutsche Bank	DE0005140008	Banken	Deutschland	+ 120,6%
Banco Itau	US0596022014	Banken	Brasilien	+ 613,7%
BMW	DE0005190003	Automobil	Deutschland	+ 46,3%
Tata Motors	US8765685024	Automobil	Indien	+ 520,6%

Quelle: eigenes Research, Cortal Consors

Abbildung 128: Keine Frage, die DAX-Titel haben seit 2003 eine beeindruckende Performance hingelegt. Aber wie Sie sehen, ist das nichts gegen ihre Konkurrenten aus den verschiedenen Schwellenländern. Im DAX haben Anleger in den vergangenen Jahren gutes Geld verdient, aber das große Geld wurde in den Emerging Markets gemacht. Dies sind keine Kaufempfehlungen.

helmi nachlesen, das als spezielles Buch für Einsteiger in der erfolgreichen »Simplified«-Serie erschienen ist.[68]

Vielmehr wollen wir direkt auf wichtige Faktoren eingehen, die Anleger beim Handel mit Emerging-Markets-Aktien unbedingt beachten müssen (viele dieser Punkte sind natürlich auch für Rohstoff-Aktien gültig). Die Faktoren gelten vor allem für den Handel mit risikoreichen Micro-Cap-Aktien oder Pennystocks. Pennystocks sind Aktien mit einem Preis unter einem US-Dollar beziehungsweise einem Euro. Gerade bei Privatanlegern sind Pennystocks aus den Emerging Markets extrem beliebt.

Allerdings bergen diese Werte natürlich die größten Risiken. Zu diesen Risiken bei Pennystocks gehört, dass man nur sehr schwer an aktuelle Unternehmensinformationen herankommt. Häufig sind die zugänglichen Informationen und Nachrichten um Tage, teilweise sogar Monate veraltet. Analystenberichte von seriösen Bankhäusern sind sowieso so gut wie nie vorhanden. Oft ist es sogar schwierig, Pressemitteilungen und Geschäftszahlen in englischer Sprache zu erhalten. Es versteht sich von selbst, dass Werte, von denen Sie nicht mal die Geschäftszahlen lesen können, kein Investment sind.

Zudem bilanzieren viele kleine Firmen in den Emerging Markets noch nach unterschiedlichen Standards beziehungsweise benutzen keine der anerkannten Bilanzierungsstandards wie GAAP oder IAS. Bei solchen Zahlen sollten Anleger doppelt Vorsicht walten lassen. Sie sehen: Viele Micro Caps und Pennystocks aus den Schwellenländern weisen einen »Black Box«-Faktor auf.

Sprich: Im Gegensatz zu Blue Chips besitzen Sie bei diesen Werten ein Informationsdefizit, das Sie bei einem Kauf als Risikofaktor tragen müssen. Eben wie eine »Black Box«, der uneinsehbare, schwarze Zauberkasten: Man weiß eben nicht genau, was wirklich drin ist. Allerdings verbessert sich die Situation mit der fortschreitenden Globalisierung zusehens. Trotzdem eignen sich die kleinen Emerging-Markets-Aktien nur als spekulative Beimischung und nie als Basisinvestment.

Der »Black Box«-Faktor ist ein Risiko, das man nicht eliminieren kann (aber man kann es durch Recherche deutlich reduzieren). Daher ist es wichtig, dass spekulativ orientierte Anleger zumindest das Verlustrisiko durch andere Faktoren minimieren. Denn diese Faktoren liegen sehr wohl in der Kontrolle des Anlegers.

---

68 *»Emerging Markets – Simplified« von Daniel Wilhelmi, FinanzBuch Verlag 2006. Mehr Informationen zur »Simplified«-Reihe finden Sie auch unter www.simplified.de.*

Im Folgenden haben wir eine Liste von vier wichtigen Punkten zusammengestellt, die Anleger beim Kauf und Verkauf von niedrig kapitalisierten Werten und Pennystocks aus den Emerging Markets (aber auch aus dem Rohstoffsektor) beachten sollten. So können Sie zusätzliche Verlustrisiken durch Fehler beim Handel eliminieren. (Diese Tipps gelten natürlich auch für groß kapitalisierte Werte.)

1. **Orderlimits**
   Dies ist ein existenzieller Bestandteil Ihres Börsenerfolges: Sie sollten immer mit Kauf- und Verkaufslimiten agieren. Auf den Grund gehen wir gleich ein. Kurz eine Definition von Limiten: Ein Kauflimit ist ein vorher festgesetzter Kurs, zu dem Sie maximal bereit sind, ein Wertpapier (sei es eine Aktie oder ein Zertifikat) zu kaufen oder zu verkaufen. Beispiel: Wenn Sie für die Aktie des chinesischen Ölgiganten Petrochina eine Kauforder mit einem Zusatz »Kauflimit von 120,00 US-Dollar« aufgeben, dann bedeutet dies, dass Sie bereit sind, für die Aktie von Petrochina maximal 120,00 US-Dollar zu bezahlen. Sprich: Alle Kurse unter 120,00 US-Dollar einschließlich 120,00 US-Dollar sind Kaufkurse. Doch ab 120,01 US-Dollar kaufen Sie nicht mehr (zum Beispiel weil sich dann das Chance-Risiko-Verhältnis zu Ihren Ungunsten verschiebt).

   Ein Verkaufslimit ist das Gleiche auf der Verkaufsseite. Ein Verkaufslimit von 45,00 Euro für das polnische Kupferunternehmen Polska Miedz bedeutet, dass Sie mindestens 45,00 Euro je Aktie oder jeden Kurs darüber haben wollen. Ab 44,99 Euro verkaufen Sie nicht mehr.

   Der Grund für die existenzielle Wichtigkeit von Limiten ist schnell erklärt: Die Umsätze von Nebenwerten aus den Emerging Markets sind selbst an den Heimatmärkten oft sehr niedrig. An den deutschen Börsen gibt es bei vielen unbekannten kleinen Emerging-Markets-Werten oft tagelang keinen einzigen Umsatz, oder die Umsätze sind sehr niedrig.

   Das bedeutet aber: Wenn nur wenig Handel zustande kommt, ist die Preisbildung ungenau. Sprich: Die Spanne zwischen Brief- und Geldkurs ist oft sehr weit. Wenn Sie dann ohne Limit kaufen/verkaufen, erhalten Sie immer den höchsten/niedrigsten Kurs. Dadurch können Sie schnell eine Performance von fünf bis zehn Prozent verschenken, weil Sie ohne Limite zu teuer gekauft beziehungsweise zu billig verkauft haben.

2. **Ordergrößen**
   Ein sehr wichtiger Punkt: Beim Kauf einer dieser zahlreichen illiquiden Aktien müssen Sie unbedingt auf die Größe Ihrer Order achten. Wenn Sie 100.000 Aktien von einem Unternehmen kaufen wollen, bei dem

Vier ukrainische Aktien mit Umsätzen an deutschen Börsen an einem normalen Handelstag			
Name	ISIN	Branche	Umsatz an allen deutschen Börsen
Anhausa	US03702N1046	Einzelhandel	0
Concern Galnaftogaz	US20601L1044	Versorger	0
International Mortgage Bank	US4510541000	Finanzen	0
Khartsyzk	US49373P2092	Stahlindustrie	0
Poltava	US7316281036	Rohstoffe	30 (Süß, was?)

Quelle: eigenes Research, Cortal Consors

Abbildung 129: Wir haben hier beispielhaft vier ukrainische Aktien aufgelistet, aber es könnten Werte aus fast jedem kleineren Emerging Market sein. Dies sind keine Kaufempfehlungen. Die Umsätze stammen vom 10.01.2007.

am Tag durchschnittlich nur 15.000 Aktien umgehen, dann stehen Sie vor einem Problem. Dabei liegt die Hauptgefahr nicht, wie viele Anleger fälschlicherweise immer denken, im Kauf, sondern im Verkauf dieser illiquiden Werte.

Besitzen Sie eine große Position in einer Aktie (in unserem Beispiel 100.000 Aktien), die weit über dem durchschnittlichen Handelsvolumen liegt (15.000 Aktien), dann werden Sie bei fallenden Kursen ernsthafte Schwierigkeiten kriegen, alle 100.000 Aktien schnell zu akzeptablen Preisen wieder zu verkaufen. Häufig ist der einzige Ausweg für den Verkauf des ganzen Aktienpaketes ein Verkaufskurs, der deutlich unter dem aktuellen Marktpreis liegt. Sonst ist niemand bereit, ein so großes Paket zu kaufen. Doch dann erhalten Sie einen grottenschlechten Verkaufskurs und fahren hohe Verluste ein.

Ein sehr häufiger Fehler von Privatanlegern ist, dass sie die Größe ihrer Position nur anhand ihrer finanziellen Mittel berechnen. Das ist falsch. Sie sollten die Größe einer Position immer auch am Handelsvolumen des liquidesten Börsenplatzes ausrichten. Liegt das Handelsvolumen durchschnittlich nur bei 5.000 Euro, dann sollten Sie keine Order zu 10.000 Euro aufgeben, auch wenn Ihre finanziellen Mittel dies eigentlich erlauben. Ihre Position sollte immer eine Größenordnung besitzen, mit der diese Position an einem Tag mit durchschnittlichem Handelsvolumen problemlos bedient werden kann.

Nun ist der argumentative Kick bei kleinen Emerging-Markets-Werten ja aber genau, dass man eben vor der Masse einsteigt. Deshalb gibt es momentan nur ein niedriges Handelsvolumen. Denn die Aktie kennt eben noch kaum jemand. Aber Ihre Informationen und Analysen haben ergeben, dass diesem Unternehmen eine goldene Zukunft bevorsteht. Dadurch wird die Aktie steigen und bekannter, was mehr Volumen in den Wert bringt. Das ist eine legitime Argumentation, und sie ist richtig. Trotzdem hat unter einem Risk-Management-Ansatz die gesicherte Möglichkeit eines täglichen Verkaufs Vorrang.

Deshalb gilt: Sind Sie von einem kleinen Unternehmen absolut überzeugt und wollen deshalb ein großes Aktienpaket kaufen, so platzieren Sie diese Order immer an der Heimatbörse beziehungsweise bei ADR-Notierungen in den USA. Dort werden meist wesentlich mehr Aktien als an den deutschen Börsen gehandelt, und die Handelsumsätze sind normalerweise um ein Vielfaches höher als in Deutschland.

Die Gebühren für An- und Verkauf sind zwar höher als bei einem Kauf an der deutschen Börse, doch dieser Nachteil amortisiert sich durch die besseren Kurse, zu denen Sie kaufen beziehungsweise verkaufen können. Ganz abgesehen von der Gewissheit, dass Sie selbst große Aktienpakete jederzeit zu fairen Kursen verkaufen können. An der Börse gibt es nichts Schlimmeres, als wenn die Kurse fallen, und Sie kommen nicht aus Ihrer Position raus.

Vergleich der Umsätze verschiedener Emerging-Markets-Aktien an deutschen und amerikanischen Börsen

Aktie	ISIN	Land	Umsätze an deutschem Börsenplatz	Umsätze in den USA
Cresud	US2264061068	Argentinien	585	82.673
Kookmin Bank	US50049M1099	Südkorea	187	274.800
Rediff.com	US7574791007	Indien	170	151.860
Vimpel Com.	US68370R1095	Russland	1.927	711.400

Quelle: eigenes Research, Cortal Consors

Abbildung 130: Man muss gar nicht immer an die Heimatbörse gehen, um einen liquiden Handel zu erhalten. Bei vielen Werten gibt es an den US-Börsen hervorragende Umsätze. Ganz im Gegensatz zu den deutschen Börsen, wie Sie hier sehen. Dies sind keine Kaufempfehlungen. Die Umsätze sind vom 10.01.2007.

3. Währungsschwankungen

Dies ist ein wichtiger Punkt, der von Privatanlegern gerne übersehen wird. Eine ausländische Aktie, die an deutschen Börsen gekauft wird, unterliegt natürlich immer Währungsschwankungen. Der Kurs der in Deutschland gelisteten Aktie ist ja von der Heimatwährung in Euro umgerechnet worden (beziehungsweise bei einer ADR-Aktie von US-Dollar in Euro). Die Devisenschwankungen haben demnach starke Auswirkungen auf die Wertentwicklung Ihres Investments in Deutschland, auch wenn dieses in Euro notiert.

Diese Auswirkungen können sowohl positiv als auch negativ sein. Steigt die Landeswährung Ihrer Aktie gegenüber dem Euro an, fallen für Sie zusätzliche Währungsgewinne an. Leider funktioniert es auch umgekehrt: Bei fallender Landeswährung erleiden Sie Verluste, obwohl sich der Aktienkurs vielleicht gar nicht bewegt hat.

Deshalb müssen Sie bei Emerging-Markets-Investments immer die Entwicklung des jeweiligen Währungspaares, also der jeweiligen Landeswährung gegenüber dem Euro oder dem US-Dollar, im Auge haben. Bei einem Kauf der Aktie des südafrikanischen Goldproduzenten DRD Gold wird der deutsche Aktienkurs also auch von Währungsschwankungen des Devisenpaares ZAR-EUR (südafrikanischer Rand zu Euro) beeinflusst.

Das gilt natürlich auch, wenn Sie ausländische Aktien an der jeweiligen Heimatbörse kaufen. Zwar erwerben Sie die Aktien an der Heimatbörse in der jeweiligen Landeswährung, aber Sie legen Ihr Geld ja im Ausland an. Sie kaufen also mit Euro eine Aktie aus einem fremden Land in dessen Währung. Bei Verkauf wird der Erlös aus der Landeswährung wieder in Euro umgerechnet und erst dann auf Ihrem Konto gutgeschrieben. Bei dieser Rückrechnung schlägt sich dann die Währungsentwicklung in den Wechselkursen nieder.

Hier ein fiktives Beispiel, um Ihnen die Korrelation zwischen der Währungsentwicklung und der Aktienkursentwicklung zu verdeutlichen:[69] Sie kaufen die Aktie des thailändischen Zementherstellers Siam Cement. Die Aktie notiert an der Börse in Bangkok bei 250 Baht (thailändische Währung). Am Devisenmarkt kriegen sie für einen Euro 50 Baht. Das bedeutet also, dass die Aktie von Siam Cement umgerechnet 5,00 Euro kostet. Im nächsten halben Jahr passiert nichts, und die Aktie notiert in

---

69 Quelle: Wilhelmi, Daniel: *„Emerging Markets – Simplified"*, FinanzBuch Verlag 2006.

Bangkok weiterhin bei 250 Baht, als wäre sie selbst in ihren eigenen Zement gegossen.

Aber am Devisenmarkt ging es richtig ab. Die thailändische Wirtschaft boomt, während es in Europa enttäuschende Wirtschaftsdaten gab. Daraufhin steigt der Baht, und am Devisenmarkt bekommen Sie für einen Euro nur noch 40 Baht. Das bedeutet aber, dass die Siam-Aktie jetzt umgerechnet 6,25 Euro kostet (250:40). Sie haben schöne 25,0 Prozent aus Währungsgewinnen gemacht, obwohl sich der Aktienkurs keinen Cent bewegt hat.

Das klingt ja erst mal toll, aber leider funktioniert es auch in die andere Richtung. Denn wenn die Währung fällt, erleiden Sie Währungsverluste: Sie kaufen die Aktie des thailändischen Zementherstellers Siam Cement. Die Aktie notiert an der Börse in Bangkok bei 250 Baht, und das Wechselkursverhältnis steht bei einem Euro zu 50 Baht. Sie zahlen also 5,00 Euro pro Siam-Cement-Aktie.

Soweit ist alles wie gehabt. Aber im nächsten halben Jahr passiert richtig viel. Die thailändische Regierung startet ein milliardenschweres Programm zum Ausbau der maroden Infrastruktur. Bei Siam Cement regnet es danach Großaufträge der Baufirmen. Die Aktie steigt in Bangkok auf 400 Baht. Ein sensationeller Anstieg um 60 Prozent in sechs Monaten.

Nicht so sensationell sieht es aber am Devisenmarkt aus. Politische Unruhen in einigen Provinzen und Skandale innerhalb der Regierungspartei haben die Landeswährung massiv unter Druck gebracht. Gerüchte über einen möglichen Rebellenaufstand machten die Runde. Daraufhin ist der Baht gefallen, und für einen Euro kriegen Sie nun 100 Baht. Das bedeutet: Die Siam-Aktie kostet jetzt umgerechnet nur noch 4,00 Euro. Sie haben also einen Verlust von minus 20,0 Prozent gemacht, obwohl die Aktie in Wirklichkeit um plus 60 Prozent gestiegen ist.

Wie Sie sehen, können Ihnen die Währungsschwankungen zusätzliche Kursgewinne einbringen oder aber auch die Performance der Aktie gehörig zerschießen. Deshalb müssen Sie die Währungsentwicklung immer genau beobachten.

4. Währungsumrechnungen
Jetzt werden Sie vielleicht sagen: »Aber das ist doch das Gleiche wie Währungsschwankungen«. Oh nein, das ist es nicht. Dies ist ein sehr wichtiger Punkt, den Sie beim Aktienkauf unbedingt beachten müssen. Das gilt besonders für kleine Pennystock-Werte, in denen die Umsätze

sehr gering sind (übrigens ist das auch ein ganz, ganz wichtiger Punkt bei Investments in Rohstoff-Explorer).

Bei der Währungsumrechnung geht es darum, ob eine Aktie in Deutschland im Vergleich zum eigentlichen Preis an der Heimatbörse zu einem fair umgerechneten Kurs notiert. Das ist bei kleinen Werten leider nicht immer der Fall. Eigentlich muss ein Kurs in Deutschland ja den exakten Kurs der Heimatbörse widerspiegeln, nachdem dieser durch das Währungsverhältnis in Euro umgerechnet wurde. Doch Anleger bezahlen an den deutschen Börsen oft Preise, die gegenüber dem realen Kurs an der Heimatbörse viel zu hoch oder zu niedrig sind. Der Kurs einer ausländischen Aktie, die in Deutschland gelistet ist, ergibt sich aus folgender Gleichung:

$$\frac{\text{Originalkurs an der Heimatbörse x}}{\text{ADR/GDR-Verhältnis}}$$

Sprich: Der Originalkurs wird mit dem Wechselkurs multipliziert und dann durch das Anteilsverhältnis der ADR/GDR-Notierung geteilt (zum Beispiel 1:10). Wenn es eine Eins-zu-eins-Notierung ist, dann entfällt natürlich der letzte Schritt. Leider ist es gerade bei Werten mit niedriger Liquidität so, dass die Kurse nicht immer fair umgerechnet werden. Da tauchen in Deutschland plötzlich Aktienkurse auf, die bei einer realen Währungsumrechnung zum Originalkurs an der Heimatbörse schnell einen Aufschlag von fünf Prozent oder mehr zum Vorschein bringen.

Deshalb ist es unerlässlich, dass Sie vor einer Kauforder den Originalkurs an der Heimatbörse checken und anhand des aktuellen Wechselkurses in Euro umrechnen. So erhalten Sie den fairen Wert und können verhindern, dass Sie zu übersteuerten Kursen in eine Aktie einsteigen.

Das sind natürlich noch lange nicht alle Punkte, aber wenn Sie nur diese vier Punkte beachten, werden sich Ihre Verlustrisiken bei Emerging-Markets-Werten (und auch in Rohstoff-Aktien) deutlich reduzieren.

Genau das macht die erfolgreichen Börsianer aus: Nicht dass sie keine Verluste machen. Sondern dass sie die Verluste so gut minimieren, dass am Ende unterm Stich mehr Gewinne als Verluste stehen.

KAPITEL 20

Schlusswort Daniel Wilhelmi

Kennen Sie das Gefühl? Sie schauen sich einen Chart wie den folgenden Kurs-verlauf des indischen Leitindex Sensex an und denken sich: »Mann, warum habe ich das nicht früher gewusst?«

An der Börse kommt es am Ende nur auf einen einzigen Fakt an: Haben Sie zu einem frühen Zeitpunkt die richtigen Informationen? Wenn diese Informationen erst die Masse der Marktteilnehmer erreichen, dann sind sie wertlos. Wertvoll sind sie, wenn eben noch nicht überall darüber gesprochen wird. Dann verschaf-fen Ihnen diese Informationen einen Investmentvorsprung, durch den Sie eben nicht erst in der Mitte oder zum Ende einer Aufwärtsbewegung einsteigen.

Dafür haben Herr Vaupel und ich dieses Buch geschrieben: um Ihnen Infor-mationen über noch wenig beachtete Gebiete in den beiden Megatrends der Emerging Markets und der Rohstoffe zu liefern, die heute noch nicht so im Fokus stehen wie Indien oder Öl.

Sehen Sie: Oft wird gesagt, dass der entscheidende Punkt für Erfolg ist, nur zur richtigen Zeit am richtigen Ort zu sein. Das stimmt natürlich, aber hier fehlt

Entwicklung des indischen Leitindex Sensex seit 2002

Quelle: vwd

Abbildung 131: Das sind die unglaublichen Chancen, die sich Anlegern in den Emerging Markets bieten. In den vergangenen drei Jahren hat sich der indische Leitindex Sensex mehr als vervierfacht. Wer schaut nicht auf dieses Bild und sagt sich: »Hätte ich nur über den indischen Markt schon 2003 Bescheid gewusst!«

der zweite Teil der Gleichung. Nehmen wir die Elite der Investoren wie Warren Buffett, Jim Rogers oder Peter Lynch. Sie waren alle zur richtigen Zeit am richtigen Ort, nämlich am Anfang des unvergleichlichen Börsen-Booms in den USA.

Aber mit ihnen waren noch Tausende andere Investoren ebenfalls zur richtigen Zeit am richtigen Ort (allerdings im Vergleich zu Millionen von Menschen, die es eben nicht waren). Warum sind aus den Tausenden keine ähnlich erfolgreichen Multimillionäre geworden, wenn sie doch ebenfalls an der Wall Street waren?

Entwicklung des Dow-Jones-Index seit 1980

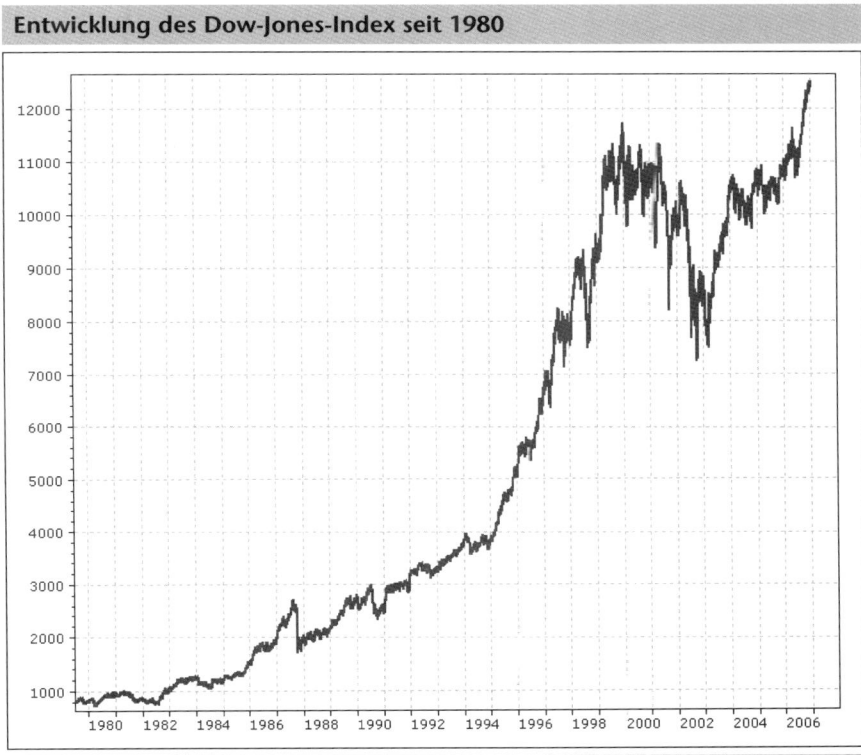

Quelle: vwd

Abbildung 132: Der Anstieg des Dow Jones hat einige Anleger steinreich gemacht. Denn sie waren nicht nur zur richtigen Zeit am richtigen Ort, sondern waren im Gegensatz zur Masse der Anleger auch besser informiert.

Weil das nur die eine Hälfte der Erfolgsgleichung ist: Der zusätzliche Unterschied zwischen den erfolgreichen Investoren und den erfolglosen ist, dass die erfolgreichen Anleger ihre Hausaufgaben genau machen. Dass sie sich einen Informationsvorsprung erarbeiten, mit dem sie erkennen, wo die besonders zukunftsträchtigen Investmentchancen liegen, über die noch nicht jeder spricht.

Dass Sie dieses Buch lesen, zeigt mir: Sie gehören zu der kleinen Gruppe von Investoren, die bei den zwei großen Megatrends dieses Jahrhunderts zur richtigen Zeit am richtigen Ort ist: beim Aufstieg der Emerging Markets und beim Bullenmarkt der Rohstoffe.

Das hebt Sie von der Masse der durchschnittlichen Investoren ab. Aber jetzt kommt es darauf an, dass Sie sich auch Informationen beschaffen, um innerhalb dieser Megatrends unentdeckte oder noch verkannte Chancen aufzuspüren. Wenn Ihnen dieses Buch dazu verschiedene Ideen und einiges Wissen geliefert hat, dann haben Herr Vaupel und ich unser Ziel erreicht.

Für mein Spezialgebiet der Emerging Markets bedeutet das: Konzentrieren Sie sich nicht nur auf die bekannten BRIC-Staaten, sondern achten Sie schon jetzt auf die aufstrebenden Emerging Markets von morgen aus der zweiten und dritten Reihe.

Es gibt an der Börse viele Trends und noch mehr Modetrends. Aber es existieren nur ganz wenige wirkliche Megatrends. Wir haben das Glück, jetzt in einer Phase zu leben, in der es gleich zwei Megatrends gibt.

Ob an der Börse in Ho Chi Minh City oder in den Goldminen Südafrikas – in diesen beiden Megatrends werden in den kommenden Jahren die neuen Erben von Warren Buffett und Jim Rogers geboren. Nicht an der Wall Street mit einem Dow Jones über 12.000 Punkten oder in Frankfurt mit ein paar angeschimmelten Daimler-Aktien.

Lassen Sie diese Megatrends nicht verstreichen. Wenn solche historischen Chancen vorbei sind, werden sie nie wiederkommen.

Daniel Wilhelmi

PS: Denken Sie daran: »The most valuable commodity I know of is information.«

KAPITEL 21

Schlusswort Michael Vaupel

In der Einleitung dieses Buchs kündigte ich an: »Ich möchte Ihnen keinen Fisch geben, sondern Ihnen beibringen, wie man Fische fängt!«

Wenn Sie bis hierhin durchgehalten haben – jedes Kapitel gelesen (und nicht etwa das Schlusswort gleich zu Beginn) –, dann sehe ich sehr gute Chancen, dass ich dieses Ziel erreicht habe. Dazu ein kleiner Test. Können Sie folgende Fragen beantworten?

Was ist die CBOT? Was hat es mit der magischen Anziehungskraft der Knock-out-Barriere auf sich? Was bedeutet der Begriff »Backwardation«, was hat es mit einer Währungssicherung auf sich? Welche Soft Commodities sind für die Ethanolproduktion weltwirtschaftlich wichtig?

Wenn Sie all diese Fragen ohne Zurückblättern beantworten können, dann sage ich: Herzlichen Glückwunsch! Sie haben das notwendige Rüstzeug, um erfolgreich Rohstoffe zu traden. Und falls Sie bei einer oder mehreren Antworten noch ins Stocken geraten sind: Dann empfehle ich Ihnen dringend, dieses Buch noch mal durchzugehen. Es wird sich lohnen. Denn nicht bei Dow

Jones und DAX wird in den nächsten Jahren (bis mindestens 2010) die Musik spielen – sondern bei Rohstoffen und Emerging Markets. Davon bin ich zutiefst überzeugt.

Michael Vaupel

KAPITEL 22

Der Autor:
Daniel Wilhelmi

Daniel Wilhelmi ist Jahrgang 1972 (ein hervorragender Jahrgang, wie er selbst meint). In Bonn geboren, absolvierte er sein Studium in den USA an der University of Georgia und an der Arizona State University. Wenn er nicht beruflich in den Emerging Markets unterwegs ist, lebt er in Deutschland und den USA.

Herr Wilhelmi ist als langjähriger Börsenjournalist aus Printmedien, Vorträgen und TV bekannt. Sein Spezialgebiet sind die Emerging Markets, worüber er für verschiedene Börsendienste schreibt. So ist Herr Wilhelmi unter anderem Chefredakteur des *Emerging Markets Radar*, stellvertretender Chefredakteur von *Taipan* und Chefredakteur des börsentäglichen Newsletters *Profit-Radar*.

Das erste Buch von Daniel Wilhelmi mit dem Titel *Emerging Markets – Simplified* ist 2006 im FinanzBuch Verlag erschienen. Emerging Markets – Simplified ist speziell für Anleger geschrieben, die neu in die Welt der Emerging Markets einsteigen. Das Buch wurde in der erfolgreichen Börsenbuch-Reihe »Simplified« publiziert (mehr Informationen unter www.simplified.de).

KAPITEL 23

Der Autor:
Michael Vaupel

Michael Vaupel, Jahrgang 1974, ist ebenso wie sein Co-Autor in Bonn geboren und waschechter Rheinländer. Der diplomierte Volkswirt und Historiker (M. A.) arbeitete bereits während des Studiums als freier Börsenjournalist und tradet seit seinem zwölften Lebensjahr (erster Kauf im Februar 1987: Fiat- und Sony-Aktien).

Es folgten Volontariat, danach Chefredaktion diverser Börsenbriefe im Bereich Derivate, Rohstoffe und Emerging Markets sowie Auftritte bei N24. Sein Herzblut gilt auch seinem täglichen kostenlosen Newsletter (www.traders-daily.de).

Michael Vaupel tradet »Märkte«, weniger »Einzeltitel«. Das heißt: Er kauft zum Beispiel lieber ein Silberzertifikat als eine Silberminen-Aktie. Den nötigen Hebel liefert die Umsetzung mit Derivaten.